聴いて鍛える 中国語通訳実践講座

ニュースとスピーチで学ぶ

神崎多實子＋大森喜久恵＋梅田純子 著

東方書店

通訳の魅力とは？──まえがきに代えて

　思えば、中国語に触れて 60 年余り、私の通訳歴は半世紀を越えてしまいました。この間、まるでゴールのないマラソンをひた走るかのように、時にはスピードアップし、時にはやや緩やかにと緩急の差はあるものの、ただひたすら中国語ひと筋に走り抜き、いまもまだ走り続けて止むことがありません。

　それは通訳という仕事が、時代の変遷とともに歩むのを宿命とし、社会の発展にともなって分業が一段と進み、創出される新語が増殖していくかぎり、学ぶことを怠るわけにはいかないからです。ましてやこの情報化の波のなかで、多様化する人々の考え、無限に創出される言葉があるかぎり、ここまで学んだから充分といえるゴールはありません。

　とりわけ会議通訳や放送通訳は、その点では、ある意味でスポーツ選手にも似ています。トレーニングを怠っていると、どんどん筋力が萎えてしまうように、通訳力もダウンしてしまいます。まさに"逆水行舟，不进则退"のたとえのとおり、流れに逆らって舟を漕ぐときに、櫂を手離せば、舟はただちに後ろに押し流されてしまうようなものです。ただ通訳には、スポーツのように競う相手がいるわけではありません。強いて言えば相手は自分、常に自らの限界との戦いです。

　通訳者は、異なる言語を話す人々の間をとりもつ、コミュニケーションの媒体の役目を果たすプロではありますが、各ジャンルの専門家ではありません。つまり、様々なクライアントのニーズに応じて、あらゆる分野に対応しなければなりません。これは至難の技です。しかしながら、通訳者は自主トレーニングに励み、自らの限界に挑戦して力を蓄えることで、クライアントには満足感をお届けし、自らには何物にも代えがたい達成感を得ることができます。

　ではこの終りなきレース、一体どこまで続くのでしょうか？

　端的に言えば、会議通訳や放送通訳の仕事を続けているかぎり続くといえましょう。

　日本語通訳をめざして頑張っている北京大学の学生から訊かれました。

　「怠けたくなるときはないのですか？」

　それは別の言い方をすれば、通訳の喜び、通訳の魅力とはなにか？　学ぶ、学びたいというモチベーションは一体どこからくるのか？　を訊いているのでしょう。

　前著（『中国語通訳トレーニング講座──逐次通訳から同時通訳まで』神崎多實子・待場裕子編著、東方書店、1997 年）でも記したように、翻訳と同様、通訳という仕事には、

i

一定の枠があります。枠からはみ出て、勝手にしゃべるわけにはいきません。これは、よく言われる"信"、忠実につながります。

しかしたとえ枠はあっても、無限の発見があります。

表意文字の中国語は、他の多くの表音文字の言語と異なり、リスニングの難度が遥かに高いと思います。つまり一字一字に秘められた中味が濃厚で、味わいもありますが、反面迷いも多いのです。漢字をコンピュータのチップにたとえるなら、一つのチップのなかにたくさんの情報がつまっているようなもので、難しくもあれば、好奇心を駆り立ててくれるとも言えるでしょう。

ただいくら年季を入れてもやはり中国語ネイティブとの違いを思い知らされることもあります。例えば"bānmáyú"という魚の名前、ふつう四声は、ほぼ間違えなくとらえることができます。この場合、一声、二声、三声と取りました。しかし最初の子音を適確に"b"にとらえることができず、いくら辞書を引いても闇の中、諦めかけたときに中国の同僚からの助け船で、危うく難を逃れました。なんと"斑马鱼"、「ゼブラ・フィッシュ」だったのです。"斑马"といえば、「シマウマ」、ちなみに横断歩道の白黒の線のことを"斑马线"というのだそうです。

しかし母国語の日本語でも聴きとりにくい、あるいは聴き間違えることもあるのではありませんか？　例えば、みなに親しまれた長寿の双子の姉妹「キンさん」「ギンさん」、「キ」と「ギ」の一字違い、アクセントは完全に同じ、さて"阿金"か"阿银"か、うっかりしていると迷います。

最近の放送に、西安付近で唐代の墓が発見されたというニュースがありました。悠久の歴史をもつ中国ならではですが、不動産開発の波にともない、いまもあちこちから古墓が発見されています。わずか20秒余りの短信ですが、いくつかの難題にぶつかりました。

一つは被葬者の名前。この人は、かつて則天武后に仕えたこともある、言わば"女强人"、女傑、今風にいえばスーパーウーマンだったらしく、唐代の女性政治家で詩人。それに続き"shàngguān wǎn'ér 上官婉儿"と紹介されていました。私はこの"上官"をすんでのところで、上級官吏と誤訳するところでした。たとえば中国では、欧陽、司馬、諸葛など複姓がたまに見られますが、その数はごく僅か。劇作家の"欧阳予倩"氏（故人）、また友人にも欧陽さんがいますが、この"上官"も複姓だったのです。

しかし難関はこれだけではありません。墓の構造の"tiānjǐng 天井"。"天井"が五つあるとの説明です。中国語の"天井"は、日本語では「中庭」あるいは「天窓」ですが、墓に「天窓」？　映像には、五つの角ばった穴が見えます。迷って

いるうちにオンエアの時間が刻々と迫ってきます。なにせ中国語の原文1分をおよそ3、40分で日本語に翻訳しなければならないのが放送通訳です。しかも訳すべきニュースがほかにもあり、遥か1300年ほど昔の被葬者の墓にばかり思いを馳せてはいられません。最後にえいっとばかりそのまま「てんじょう」としてしまいました。

そして翌朝、新聞には天井が「　」付きで小さな記事になっていました。いささか胸をなで下ろしたものの、まさか放送で「カッコ付きです」とは言えません。これには、さらに後日談があります。ある考古学者によれば、これは「てんじょう」ではなく、むしろ「てんせい」と読むべきだとか。

唐代が凝縮されたようなこのお墓、盗掘に遭って、栄華を極めた長安を偲ぶにたる副葬品などはありませんが、立派な墓誌銘が残されていたのです。現場の不動産開発は、考古学者の調査のため中断しているそうです。

どのニュースにも、起承転結があり、とりわけ結びの部分は大切です。犯人が摘発され、そのニュースの〆とも言えるキャスターの一言に、"目的在于liancai吧！"と出てきました。構図としては、犯罪の意図は何かということですが、肝心な最後の二文字が浮かびません。ただわからないときは、往々にしてリスニングの誤り、つまり頭に描いたピンインが間違っている場合もあります。しかしこの時は、幸い電子辞書に"莲菜"（レンコン）、"怜才"（才能を惜しむ）、"脸彩"（フェイスペインティング）、"敛财"（財貨を収奪して私腹を肥やす）という四つの単語が出てきました。消去法でいけば、最後の"敛财"が正解です。

"財"といえば、さしずめ思い当たるのは"理財"（財テク、資産運用）、逆に「私腹を肥やす」とくれば、"謀私利"と中国語訳したくなりますが、"敛财"という表現もあったのです。

自分の知らない言葉を覚える、それをまず耳で判断し、記憶に留める。なんだかパズルでも解いているようで、ゲームのおもしろさに似たものを感じます。

会議通訳でも、スピーカーの思考、ロジックにしっかりついていき、スピーカーの思いに感動し、それを如実に表現できたときは、なんともいえない達成感を感じるものです。アスリートのようにガッツポーズこそしないまでも、たまに、ほんのたまにですが、体のなかを春風が吹き抜けるような心地よさを実感できるときがあります。

こんなときこそ、この仕事を天職とした喜びと誇りが胸一杯に広がり、通訳冥利に尽きることになります。

先の『中国語通訳トレーニング講座——逐次通訳から同時通訳まで』は、出版してから長い歳月を経たにもかかわらず、いまなお増刷を続けています。そこでこの度、姉妹編として本書を出版することにいたしました。

　周知の通りこの間、グローバル化の波にともない、世界は大きな変貌を遂げました。国と国との関係は、紆余曲折の道をたどってはいますが、日々の暮らしにおいては、ともに多くの共通の課題を抱え、国を隔てる国境の壁は事実上ますます低くなっているようにすら感じます。正に日中両国は「和すればともに栄え、闘えばともに傷つく」、"和则俱荣、斗则俱伤"の名言の通り、切っても切り離せない関係にあります。

　また私たちの想像を遥かに超えるスピードで情報化時代を迎え、テレビやパソコンを媒体として、中国語が居ながらにして茶の間に飛びこんでくる時代になりました。

　本書は、いかにしてリスニング力を向上し、通訳力をレベルアップさせるかをテーマに、中国と日本の文化交流の第一人者としていまなお活躍中の劉徳有先生はじめ中国各界の著名な方々のスピーチを収録しました（第一部、第二部）。また急速な情報化時代のニーズに応えるべく、CCTV大富のニュースを音源として、新たな時代にふさわしい斬新なコンテンツを盛り込み、中国語や中国への理解を深めるための学習方法を模索し、その応用、実用化に努めました（第三部）。

　毎日耳にする中国語放送は、ある程度のレベルをクリアした方にとっては、独学でも日々通訳力を磨くことのできる最適の教材です。そこで様々なジャンルのニュースを収録し、放送通訳の長年の経験を通じて習得した、放送を聴くためのノウハウをまとめてみました。

　音声教材は、第一部「基礎編」は、オリジナル音声（中国語）のみ、第二部「さまざまな通訳」はオリジナル音声および同時通訳入り音声の2種類、第三部「放送通訳」はゆっくりバージョン（ニュース放送をゆっくり読み直した音声）、オリジナル音声、同時通訳入り音声の3種類となっています。同時通訳の収録は、現役の同時通訳者、放送通訳者が担当し、事前にスクリプトを確認する「時差同通」（155ページ参照）で行いました。放送と同時に通訳する「生同通」の見本として、第三部の最初に「国際児童デー」特別番組の実際の放送音声を収録しています。文字教材には、中日対訳ならびに注釈、ひとこと解説をつけました。

　本書が、皆さんの通訳力アップにいささかなりともお役に立てれば幸いです。

著者（神崎多實子）

目　次　◆　聴いて鍛える中国語通訳実践講座

第一部　基礎編 ……………………………………………… 1
口译工作的心得与体会 ……………………………………………5
　劉徳有（元中華人民共和国文化部副部長）

第二部　さまざまな通訳 ……………………………… 53
逐次通訳 ……………………………………………… 58
　張麗玲（CCTV 大富社長）努力成为增进了解与交流的桥梁
フリートーキングを聴き取るコツ訳すコツ ……………… 79
　盛中国（バイオリニスト）音乐是人类最美好的语言
レジュメ、アドリブへの対応と原稿あり同時通訳 …………………100
　楊琳（通訳者）浅谈正能量
会議通訳〜作業の流れ………………………………………119
　徐星（恐竜研究者）飞向蓝天的恐龙
同時通訳………………………………………………136
　劉徳有（元中華人民共和国文化部副部長）在八大为毛主席做同声传译

第三部　放送通訳 ……………………………………… 155
【1】外交 ………………………………………………162
　1―BRICS 首脳会議まもなく開幕
　2―アセアンサミット閉幕へ
　3―李克強首相　インドのシン首相と会談
【2】天気・気象 ………………………………………176
　1―強風・黄砂
　2―大雪
　3―雹
【3】中国経済 ………………………………………188
　1―数字で見る中国経済
　2―CPI 消費者物価指数
　3―三公経費について

v

【4】 地震関連 ……………………………………………………………202

  1―地震警報

  2―救援活動――四川省蘆山県地震の救援・復旧作業すすむ

  3―地震局の見解――四川省で起きた二つの地震について

  4―東日本大震災後のがれき処理、道のり遠し

  5―東京タワー　ライトアップ

【5】 医療・衛生 ……………………………………………………………220

  1―世界保健機関 WHO の見解

  2―鳥インフルエンザの予防対策について――中医へのインタビュー

  3―手洗いの呼びかけ

【6】 人々の仕事 ……………………………………………………………233

  1―労働 Style

  2―就活シーズン

  3―モノのインターネット

【7】 科学技術 1 ……………………………………………………………243

  1―中国宇宙事業における年間打ち上げ計画

  2―有人宇宙船「神舟 10 号」打ち上げ成功！

  3―大飯原発定期検査のため運転停止

  4―福建省寧徳原発稼働

【8】 観光・歳事 ……………………………………………………………255

  1―武漢大学で桜の花見

  2―三沙観光スポット　クルーズ開通

  3―竜頭節

  4―春の大地――花の競演

【9】 対外交流 ……………………………………………………………269

  1―タンザニアの国際会議センター

  2―ボアオ・アジア・フォーラム

  3―ドイツの都市化

【10】 交通事情 ……………………………………………………………282

  1―連休中の交通ラッシュ

  2―ハルビン―大連の高速鉄道

  3―タクシーの乗車難

【11】日本経済 ･･･ 292

1―円安の影響

2―TPP 交渉参加決定

3―円安に懸念示す米報告書

【12】国防関係 ･･･ 304

1―軍事白書発表

2―早期警戒機の連続訓練

3―遼寧号の補給機能

【13】新しい政策 ･･････････････････････････････････････ 314

1―食品安全

2―香港の個人情報安全保護新条例

3―サービス業の税制改革

【14】メディア・文化 ･････････････････････････････ 325

1―CCTV、ブラジルと協力

2―プラスのエネルギーを伝え、「中国の夢」をかなえよう！

3―台湾の教材を大陸で採用

4―煬帝の墓　発見！

【15】科学技術2 ･･･････････････････････････････････････ 340

1―「燃える氷」メタンハイドレート

2―科学調査船「南峰号」

3―「北斗2号」衛星測位システム

語句索引……351

【コラム】通訳奮戦記

花火に似た一瞬の勝負…52	標準語聞くとひと安心…99
電子ブックが不用意発言…118	事前の資料集めに苦労…135
未知の言葉　適訳への情熱…153	中国語1分300字の「恐怖」…175
耳慣れない単語に戸惑い…232	要人の通訳は細心の注意…281
うぶ毛の生えたシンゾー…339	激励・努力で「何でも屋」に…349

vii

音声について

・音声（MP3 形式）は東方書店ホームページからダウンロードできます。

① http://www.toho-shoten.co.jp/jbook/download.html にアクセス

（トップページから「音声ダウンロード」をクリックしてもアクセスできます）

② 『聴いて鍛える中国語通訳実践講座』の GO DOWNLOAD をクリック

③ ダウンロードキー　7931468937　を入力

④ 圧縮ファイル（ZIP 形式）をダウンロード、解凍して音楽再生ソフト
   などに取り込んでご利用ください

＊タイトル名の前のチェックボックスが ☑ になっているものがダウンロード対象に
   なります。ダウンロードが不要なものはチェックを外してください。

＊一括ダウンロードがうまくいかない場合は、1 ファイルずつお試しください。

＊ZIP 形式につき、スマートフォンやタブレット端末でダウンロードするには、解凍
   ソフトが必要です。

トラック番号の表記について

トラック番号は「通し番号―スクリプト―音声の種類」で表記しています。

音声の種類はアルファベットで、A ＝ゆっくりバージョン、B ＝オリジナル音声、C ＝同時通訳入りを示しています。第三部を例にすると

💿 064_3-1-1A　第三部【1】外交 1―BRICS 首脳会議まもなく開幕（ゆっくりバージョン）

🎤 065_3-1-1B　第三部【1】外交 1―BRICS 首脳会議まもなく開幕（オリジナル音声）

🎧 066_3-1-1C　第三部【1】外交 1―BRICS 首脳会議まもなく開幕（同時通訳入り）

となります。番号の前の記号は

💿 ゆっくりバージョン　　🎤 オリジナル音声　　🎧 同時通訳入り

を示しています。

特別収録

放送通訳のサンプルとして、実際に放送された「国際児童デー」特別番組の音声（部分）を収録しています。➡ 💻 063_3-0

また、盛中国氏のバイオリン演奏も 3 曲収録していますので、学習の合間にお楽しみください。

➡ 🎻 027_m1 新疆の春、🎻 221_m2 梁山伯与祝英台（部分）、🎻 222_m3 浜辺のうた

第一部　基礎編

1. 通訳に必要な基礎能力

「通訳に必要な能力は何ですか？」と質問されると、私は「①リスニング力、②スピーキング力、③記憶保持力、④瞬発力、⑤推察力」と答えます。

もう少し具体的に説明しますと、①リスニング力は、話し手のメッセージを「聴く」力ということです。すなわち、単に「聞き」取るだけではなく、話し手の意図する所を理解するという意味での聴く力です。②スピーキング力は、話し手のメッセージの真意を適切に聞き手に伝える力のことです。外国語に堪能であることはもちろん、自国語についても幅広い知識が求められます。③記憶保持力は、聴いて理解した内容を訳出するまでの短期間、記憶に留めておく力です。この場合の記憶は、必ずしも頭の中での記憶とは限りません。メモとして紙の上に記録しておくことも含みます。④瞬発力、⑤推察力は、リスニングした内容に瞬時に反応し、スピーキングにつなげる力です。うまい通訳は、まるでテニスのラリーを観戦しているかのような爽快感があるものです。これは、瞬発力と推察力に起因するところが大きいでしょう。

中国語で通訳のことを"翻译"と言いますが、この"翻"という漢字は、鳥が羽をひるがえす様子を表しています。優れた通訳者は大空を渡る鳥が、まさに翼を上下させるが如く、リズミカルに日本語から中国語へ、中国語から日本語へと瞬時に訳出していきますよね。

2. 通訳の形態と技法・トレーニング方法

通訳の形態には、大きく分けて「逐次通訳」と「同時通訳」があります。いずれも高度なリスニング力、スピーキング力が必要となりますが、それに加えて逐次通訳では記憶保持力が、同時通訳では瞬発力と推察力が大切な能力となります。

逐次通訳 ▶▶　一定量の話を聴いた後に、その部分を訳出していく通訳方法のことです。発話者によっては、センテンスごとに区切って通訳を求めるケースも

あれば、延々と話した後にようやく通訳を求めるケースもあります。ですから逐次通訳をする際には、発言内容を漏らさず正確に記憶しておく能力が重要になります。そのためには効率的なメモ取りの技術を習得しておきましょう。

同時通訳 ▶▶　話者が話し終わるのを待たずに、ヘッドフォンから流れて来る音声を聴きながら、ほぼ同時に訳していく通訳方法です。区切りごとに整理して訳していく逐次通訳とは異なり、音声が耳に入って来る順番に即座に訳出していく技術を身につけなければなりません。文章構造の異なる中国語と日本語を瞬時に置き換えていく作業には、瞬発力と推察力が必要になります。

　次に、通訳をする上で欠かすことのできない技法とトレーニング方法を確認しておきましょう。本書ではこれらの実践トレーニングを繰り返し行うことで、通訳に必要な能力を鍛えていきます。

▶サイトトランスレーション◀　原稿を見ながら通訳する技法 (トレーニング)
　音声を耳で聴き原稿を目で追いながら順次、口頭で訳出していく通訳技法のことです。通常は「サイトラ」と簡略化して呼ばれています。形態は逐次通訳の場合もあれば、同時通訳の場合もあります。公式の会議や講演会などでは、スピーカーが読み原稿を予め用意していることがほとんどであるため、自ずとサイトラ方式で通訳することが多くなります。従って、サイトラの練習を繰り返し、コツを身につけておくことが大切です。

▶ノートテーキング◀　スピーチを聴きながらメモを取る技法 (トレーニング)
　スピーチを聴きながら、必要な情報だけを選択し、スピーカーの発言内容を過不足なく通訳できるようメモを取ることです。メモがしっかり取れていれば、どんなに長い文章でも、正確に訳出することが可能になります。ノートテーキングのコツは、聴いたことの全てを書き取ろうとするのではなく、一定のルールに基づいてメモを取っていくことです。

▶シャドーイング◀　影のように音声を繰り返すトレーニング
　聞こえてくる音声を、影 (shadow) のように、すぐ後ろから追いかけて復唱する練習方法です。聴きながら口に出して言うことで瞬発力 (同時音声処理能力) が養われる同時通訳の基礎となる練習方法です。また、音そのものをコピーするシャドーイングには、中国語の音声的特徴を頭と体に刻み込む効果があるので、リスニング力やスピーキング力のアップにつながります。

シャドーイングは通常、原稿を見ずに行いますが、初心者はシャドーイングの前段階の練習として原稿を目で追いながら音声に合わせて音読する「シンクロリーディング」をするとよいでしょう。

3. 第一部の内容

　第一部の教材として、『中国語通訳トレーニング講座』で好評を博した劉徳有さんに再びご登壇いただき、将来の通訳者を志す皆さんのために"口译工作的心得与体会"（私の通訳体験談）という演題でスピーチをしていただきました。長年にわたる豊かな経験を通し、劉さんの「心」と「体」の双方で学び取ってきた「体験談」と「実践通訳論」を惜しみなく披露してくださっています。

　論理的でありながらも情熱を持った語り口に魅了され、聴き進めていくうちにリスニング力がアップするばかりか、劉さん直伝の通訳ノウハウを身につけることができる"一箭双雕"（一石二鳥）のトレーニングになること請け合いです。

　尚、劉さんのスピーチは以下の四つのセクションに分かれています。セクション❶、❷ではシャドーイングを、セクション❸ではサイトラの手法を用いた練習をします。また、セクション❹では劉さんの日本語を聴いていただきます。

　　❶ 我是怎样开始搞翻译的?
　　❷ 翻译的本质是什么?
　　❸ 怎么样处理好翻译中的几个关系?
　　❹ 翻译工作者的希望（日本語音声）

4. 練習の流れ

　第一部基礎編では、聴く力を鍛えること、通訳をする上で必要な通訳技法及びそのトレーニング方法を身につけることを目標にしています。具体的な練習の流れは以下の通りです。

セクション❶／❷	セクション❸
STEP1 リスニング	STEP1 リスニング
STEP2 シンクロリーディング	STEP2 シャドーイング
STEP3 シャドーイング	STEP3 サイトラ
STEP4 逐次通訳	STEP4 逐次通訳

5. 事前準備

　さて実際に通訳の依頼を受けた場合、クライアントからできるだけ多くの資料（読み原稿、パワーポイント、パンフレット、進行表など）を早めに入手し準備しておきましょう。

　何も資料を提供してもらえない状況であれば、通訳者が個人レベルで行える準備をしましょう。例えば、インターネットなどを活用してスピーカーの経歴を調べておくこと、著書があればスピーチテーマと関係のありそうなものを中心に読んでおくこと、当日の発言の中に出てきそうな専門用語を調べておくことなどです。

　スピーカーと聴衆は知っているのに、架け橋になるべき通訳者だけが知らないことがあっては困りますよね。"知彼知己，百战不殆"（彼を知り己を知れば百戦してあやうからず）。

　では、スピーカーの劉徳有さんについて経歴を確認しておきましょう。

劉徳有（りゅう・とくゆう／Liú Déyǒu）

略歴●1931年大連に生まれる。1952年から12年間、中国外文出版局にて日本向け総合月刊誌『人民中国』の翻訳・編集に従事。1964年から『光明日報』記者、新華社首席記者として東京に駐在。1978年、帰国後、外文出版局副局長を経て、中華人民共和国文化部副部長に任命される。現在は、中華日本学会名誉会長、北京大学客員教授など、日中両国の架け橋として活躍中。

主な著作●『在日本十五年』(1981年、邦訳『日本探索十五年』)、『战后日语新谈』(1988年、邦訳『日本語の旅』) など多数。

　経歴とスピーチのおおよその内容を把握したら、練習に入りましょう。

口译工作的心得与体会 （私の通訳体験談）

❶ 我是怎样开始搞翻译（含笔译，口译）工作的？
（訳すことを仕事として始めた理由）

セクション**❶**-1　　🎙 001_1-1B

　まずは一つ目のテーマの前半部分を用いて基礎的な練習方法を確認しながら、実践トレーニングを開始しましょう。ここでは劉さんが日本語通訳をするようになったいきさつと、その当時の日中関係について述べています。

STEP **1**──リスニング
(1) スクリプトを見ないでリスニングし、大意をつかみましょう。
(2) 次の語句や表現でわからないものがあればチェックし、もう一度音声を聴いてみましょう。

✳ 語句

xīndé	心得	仕事や学習を通して得た知識や感想
biéjiǎo	蹩脚	「足をくじく」が本来の意。転じて品質や能力が劣ること
bàn lù chū jiā	半路出家	〔成〕中年から出家するということ。即ち、中途で職業替えをすること
tóngliáo	同僚	同僚。現代中国語では、"同事 tóngshì" と言う
Zhōng Rì jiànjiāo	中日建交	中日国交回復
jiēduàn	阶段	段階
diào	调	"调动 diàodòng" とも言う。計画に従って、仕事・軍隊などを移動させる
chóubèi	筹备	計画準備する
chǔyú	处于	〜の中に身を置く
yíwèi	一味	ひたすら、ずっと
xiānqǐ	掀起	（運動や議論が）巻き起こる
zǔnáo	阻挠	妨害する
chóngchóng zhàng'ài	重重障碍	度重なる障害

5

fèng máo lín jiǎo	凤毛麟角	〔成〕古代中国の想像上の動物である鳳凰の羽毛と麒麟の角。稀有であることのたとえ。"凤毛""麟角""麟凤"と表すこともある
zhújiàn	逐渐	次第に
yìlái	一来	〜すると〜になる

✻ アドバイス

中国語のスピーチでは、理論的に内容を列挙して話すことが多いです。"第一，第二，第三""首先，其次，最后"などという言葉を聴き逃さなければ、ポイントがいくつあるのかをキャッチでき、聴き取りやすくなります。

STEP 2──シンクロリーディング

音声を聴きながらスクリプトを音声と同じタイミングで読み上げていく練習をしましょう。

✻ 目標

①リスニングの段階で、理解できなかった箇所（未知の語句や意味のつかめなかった部分）をスクリプトを見ながら音読することで確認する。
②自然な発音や音声的な特徴を同時音読することによって身につける。
③視覚情報と音声情報を結びつけ、言語理解した上で発声するという一連の流れを自動化させる。

✻ コツ

このトレーニングのコツは「遅れずについて行くこと」と、「音の強弱や間の取り方などをそっくりまねすること」です。簡単そうに見えて意外と音源と自分のリズムが合わないことが多く、慣れるまで時間がかかるかもしれません。劉さんの声と自分の声が重なり合うまで何度も繰り返しましょう。

スクリプト

❶今天我要谈的题目是《口译工作的心得与体会》。我想谈四个问题。第一个问题呢，我是怎样开始搞翻译，包括笔译和口译工作的？第二个问题是翻译，当然也是包括口译和笔译的本质是什么？第三个

6　第一部　基礎編

问题呢，怎样处理好翻译工作中的几个关系？第四个问题是对翻译工作者的希望。前三个问题我用汉语讲，也就是这里面我所说的是中文，用中文讲。最后一个问题我用我的蹩脚的日语讲。

❷下面谈第一个问题。我是怎样开始搞翻译工作的？就象我刚才所说的包含笔译和口译。主要是谈口译。我本来是搞笔译的，口译是"半路出家"，我没有受过专门的口译的训练。我的口译是在工作中边干边学。如果要问我：你口译的老师是谁？我的回答是：老前辈和跟我一起工作的同僚。他们是我最好的老师。

❸回想战后，中日关系经历了民间交流—半官半民—中日建交—官民并举这样几个阶段。我是在 1952 年冬天从东北的大连调到北京参与了筹备面向日本读者的一本杂志，叫《人民中国》的创刊工作。从那以后，我就一直在《人民中国》工作十几年，我的主要工作是把向日本读者介绍中国情况的中文稿翻译成日文。我的笔译工作就是从这个时候开始的。我在《人民中国》杂志工作了 12 年。那个时候的主要工作就是笔译和编辑工作。

❹那个时候，中日关系处于民间交流的阶段。因为两国还没有恢复邦交。二次大战结束以后，世界进入了冷战的时代，当时的日本政府一味追随美国，敌视新生的中国。但是，广大的日本人民在全国各地可以说北自北海道南至冲绳，东自太平洋沿岸西至日本海海滨，掀起了日中友好运动，要求早日恢复中日邦交。

开始的时候，由于当时的日本政府进行阻挠，能够冲破重重障碍来中国访问的个人或者代表团，可以说是凤毛麟角，很少很少。

❺随着中日之间民间交流逐渐地增多，日本代表团相继来访中国。中国这方面呢。——当然为数虽然不多——也开始向日本派出代表团。这样一来，中国也需要一些口译的人员。我本人一方面在《人民中国》杂志社搞笔译工作，另一方面常常被一些接待部门借调去做日常的口译工作。后来呢，渐渐地就开始做一点重要的会见，领导人的重要会

7

見或者是会谈的口译工作。

STEP **3**——シャドーイング

スクリプトを見ないで音声だけを頼りにシャドーイングしてみましょう。

✷ 目標

回を重ねるごとに目標レベルを①→③へ移行させましょう。

①音声に遅れずについていく。

②音声的特徴をそっくり再現する。

③シャドーイングしながら意味を頭に思い浮かべることができる。

✷ コツ

流れて来る音を追いかけて、聴いたままを口に出して再生していきます。耳から入る音声に忠実に、間の取り方や抑揚などもまねすることがポイントです。

STEP **4**——逐次通訳

中国語音声をメモを取りながら聴き、日本語に訳しましょう。この時、各自のレベルに合わせて初めは一文ごと、次に小段落ごと、さらにより長い段落ごとに音声を止めながら練習しましょう。

✷ メモの取り方

①メモは速記ではありませんので、全てを書き取ろうとしてはいけません。書き取ることに神経を集中させると、聴き取りがおろそかになります。あくまでも聴き取った内容の記憶保持のための手段ですから、記憶した内容を引き出すことができるようなキーワードをメモします。話の筋道が一目瞭然でわかるように自分なりに工夫しましょう。

②単語をそのまま書き取るよりも、記号（○／×／＝／→／♂／♀）などを工夫して用いることで、時間短縮と、集中力の持続をはかりましょう。

③メモ取りは中国語でも、日本語でも、両方の言語の混在でも構いません。

④最も大切なことは、手と耳（頭）を別々に働かせることです。耳から入って来る音声を聴いて理解し、それをメモしながら、耳はさらに次の内容を聴いて理解するという作業を行います。

※メモ取りの具体例は 60 ページをご覧ください。

● 訳例

❶ 今日は「通訳の体験談」という演題で、四つのテーマについて話したいと思います。最初に、いかにして通訳・翻訳を含めて、訳すという仕事をするようになったのか。次に、「訳す」ということの真義は何か。三つ目は、訳すという作業の中のいくつかの関係をどのように処理したらよいのか。四つ目は、通訳・翻訳者に期待することについてです。最初の三つの事項は、漢語、則ち中国語で話します。最後の事項は、拙い日本語で話します。

❷ 次に第1番目の事柄について話します。なぜ「訳す」ことを仕事とするようになったのか。先ほど申しましたように翻訳と通訳を含めてですが、主に通訳に関して話します。私は最初、翻訳の仕事をしていました。通訳は中途から始めたのです。従って、専門的に通訳のトレーニングを受けたことはありません。仕事をしながら学び取ったものです。「通訳の先生はどなたですか?」と問われたならば、「それは、諸先輩方、そして一緒に仕事をしていた仲間たちです」と答えるでしょう。彼らこそが、私の最良の先生に他なりません。

❸ 戦後の中日関係は、民間交流—半官半民交流—中日国交回復—官・民二本立ての交流といういくつものステップを経てきました。私は 1952 年の冬に大連から北京に配置転換となり、日本人向けの雑誌、『人民中国』の創刊準備に参画しました。そしてそのまま『人民中国』雑誌社で十数年間、仕事をしました。主な仕事は、日本人読者向けに書かれた中国事情の紹介記事を、日本語に翻訳することでした。こうして、この時から翻訳を仕事とするようになったのです。結局、『人民中国』の編集部で 12 年もの長きに渡り、翻訳と編集を担当しました。

❹ その頃の中日関係は民間交流の段階にありました。第二次世界大戦が終結した後、世界は冷戦時代に入り、日本政府はひたすらアメリカに追随し、新中国を敵視していました。ところが、多くの日本人は、北は北海道から南は沖縄まで、東は太平洋沿岸から西は日本海沿岸までの全国各地で、日中友好運動を巻き起こし、1 日も早く中日国交回復するよう求めました。

当初、当時の日本政府が阻んだため、数々の障害を乗り越えて中国訪問の許可を勝ち取った個人や団体はわずかで、まるで鳳凰の羽毛や麒麟の角の如く、極めて稀であったと言ってもよいでしょう。

❺ 中日の民間交流が少しずつ増えるにつれて、日本からの代表団が相次いで中国を訪れるようになりました。一方、中国も数は少ないながらも、日本へ代表団を送り出し始めました。こうして、通訳者がだんだん必要になってきたのです。私は『人民中国』の翻訳をしながら、しばしば、接待部門に駆り出されて初めは一般の通訳をしていました。その後、徐々に重要な会見や会談の通訳をも任されるようになっていったのです。

✱ アドバイス

中国側のスピーカーは必ず"中日建交""中日友好"などというように"中"を前に"日"を後にして話をします。通訳者もそれに従って「中日国交回復」「中日友好」と訳すのがルールになっています。同じく、日本側のスピーカーは「日中××」と話しますので、通訳する時も"日中××"と訳します。

ただし、時には例外もあります。状況に応じ臨機応変に訳出することも必要です。

セクション **1**-2　📻 002_1-2B

どうですか？　少しコツがつかめましたか？　この後の練習においても、基本的には STEP 1 から STEP 4 のトレーニングを繰り返してください。ただし三つ目の段落（③）のように日本語と中国語が混在しているところは、シンクロリーディングとシャドーイングの練習は省略して構いません。それでは、"我是怎样开始搞翻译（含笔译，口译）工作的？"の後半部分のリスニングからスタートしましょう。ここでは、劉さんの通訳デビューでのエピソードや、思い出に残る通訳体験について語られています。

STEP **1**──リスニング

(1) スクリプトを見ないでリスニングし、大意をつかみましょう。
(2) 次の語句や表現でわからないものがあればチェックし、もう一度音声を聴いてみましょう。

✱ 語句

Sīdégē'ěrmó	斯德哥尔摩	ストックホルム
Shìjiè hépíng huìyì	世界和平会议	世界平和大会。原水爆反対を唱える人々による世界的規模の集会
qiánbèi	前辈	先輩。"长辈 zhǎngbèi"とも言う
zhǔrén	主人	（ここでは）スピーチをする人
Xiāo Xiàngqián	萧向前	しょう・こうぜん（1918 ～ 2009）
háowú	毫无	全く～ない
tuǐdùzi cóng hòumiàn zhuàndàole qiánmiàn	腿肚子从后面转到了前面	〔俗〕緊張のあまり足が震える

10　第一部　基礎編

Léi Rènmín	雷任民	らい・にんみん（1909 ～ 2005）
Guō Mòruò	郭沫若	かく・まつじゃく（1892 ～ 1978）
zhōngshēn nánwàng	终身难忘	生涯忘れられない。"终身"は、一生涯。"难忘"は、忘れ難い。"终生莫忘"とも言う
Liú Shàoqí	刘少奇	りゅう・しょうき（1898 ～ 1969）
Chén Yì	陈毅	ちん・き（1901 ～ 1972）
Wáng Zhèn	王震	おう・しん（1908 ～ 1993）
Zhū Dé	朱德	しゅ・とく（1886 ～ 1976）
Péng Déhuái	彭德怀	ほう・とくかい（1898 ～ 1974）
Dèng Xiǎopíng	邓小平	とう・しょうへい（1904 ～ 1997）
xīnwénjiè	新闻界	報道関係者

STEP 2——シンクロリーディング

音声を聴きながらスクリプトを音声と同じタイミングで読み上げていく練習をしましょう。

> **スクリプト**

❶记得那是在 1954 年的 7 月，日本国会议员代表团出席在斯德哥尔摩举行的世界和平会议以后，来到北京，我被调去做接待工作。代表团的团员当中就有后来担任总理大臣的中曾根康弘，担任外相的园田直，还有一位是曾担任过众议院议长的樱内义雄。这是我第一次做口译工作。代表团到达北京的那一天，我被安排去机场迎接。那个时候北京还不是现在的机场，是北京西郊的机场。

❷因为同去的还有几位从事日语翻译的老前辈，因此我想在机场上主人讲话的时候，致词的时候一定会有哪一位老前辈出来担任翻译。未料想，当主人站起来致词的时候，带队的萧向前先生突然对我说："小刘，你上！"我毫无思想准备，赶忙站在主人的旁边。当时啊我紧张得要命，吓得我连自己都感到腿肚子从后面转到了前面。

11

❸主人在致词的最后说："希望你们在北京多看一些地方"。既然是致词あいさつ，就应该按致词あいさつ的口气翻译，但是由于我过分的紧张，竟然是这样译的："みなさん、北京でネ、たくさんのところを見てくださいネェ!"慌忙中，连口气词的"ネ""ネェ"都上来了。按理，在正式的场合致词的时候不应该用这样的口气。译完以后，我自己感到没有译好，很不好意思。这算作是我第一次口译的"失敗談（しっぱいだん）"、失败谈。

❹从上世纪50年代后半到60年代的中期，我作为一名口译的译员曾经随中国代表团访问过日本。第一次是1955年春天，我随以中国对外贸易部副部长雷任民先生为团长的中国贸易代表团到日本签订第三次民间贸易协定。当时，在座的神崎多实子女士在日方代表团做翻译。我们从那个时候起就已经有合作关系了。这一年也就是1955年的12月，我还作为一名译员随以中国科学院院长郭沫若先生为团长的中国科学代表团到日本访问。

❺当然使我终身难忘的是，就在这一段时期，我曾经多次为毛主席、周总理、刘少奇、陈毅、王震、郭沫若等国家领导人会见重要的日本代表团或者举行重要会谈的时候，担任过口译。朱德、彭德怀等会见日本客人的时候，我也做过口译工作。那么1978年就是中国实现改革开放以后到80年代初，我还多次为邓小平会见日本新闻界代表团做过口译。

❻我开始给中国领导人做口译的时候，还是二十几岁的小伙子。现在想来也就是快60年以前的事情了。刚来北京不久就担任如此重要的任务，简直就像做梦。我想一个人的命运，是和他生活的那个时代不可分的。这样想来，我只能说我是非常幸运的。

❼我认为，翻译——无论是笔译还是口译，都是非常艰苦的工作。特别是给毛主席、周总理等国家领导人做翻译，不同于一般的口译，每一场都感到特别地紧张。我本人也是从"见习"、"实习"开始，经

12　第一部　基礎編

历了从失败、再失败，到逐渐熟练这样一个过程。上面我所谈的就是我从事笔译和口译，特别是口译的一些经历。谈不上有什么经验。因为长年从事这一方面的工作，自然会有一些体会和一些失败的教训。这就是我要谈的第一个问题。

STEP 3——シャドーイング
スクリプトを見ないで音声だけを頼りにシャドーイングしてみましょう。

STEP 4——逐次通訳
中国語音声をメモを取りながら聴き、日本語に訳しましょう。各自のレベルに合わせて初めは一文ごと、次に小段落ごと、さらにより長い段落ごとに音声を止めながら練習しましょう。

● 訳例
❶ 1954 年 7 月に日本の国会議員代表団がストックホルムで行われた世界平和大会に参加した帰りに、北京を訪問することになり、私もその接待要員に駆り出されました。団員の中には後に総理大臣となった中曽根康弘氏、外務大臣の園田直氏、そして、元衆議院議長の桜内義雄氏がおられました。これが、私の通訳デビューでした。代表団が北京に到着した日、空港に迎えに出るよう申しつかりました。その当時の北京の空港は今とは異なり、西の郊外にありました。

❷ 日本語通訳の先輩方、数名と一緒でしたので、空港で主催者が歓迎の挨拶を述べる場面では、てっきり先輩のどなたかが通訳の任に当たるものと思っていました。思いもよらないことに、ホストスピーカーが立ち上がって挨拶をする段になると突然、通訳チームリーダーの蕭向前氏が私に向かって「劉くん、君やって！」と言ったのです。全く心の準備をしていなかったものですから、それはもう、大慌てでホストの隣に立ちました。緊張のあまり、立っていられない程に膝が震えるのを感じました。

❸ ホストは挨拶の最後を「皆様が北京で、少しでも多くの箇所をご覧になられますことを希望しております」という言葉で結びました。挨拶なのですから式辞口調で訳すべきでしたが、極度の緊張から、なんと私は、「みなさん、北京でネ、たくさんのところを見てくだいネェ！」と、やってしまいました。慌てふためいて、しゃべり言葉の「ネ」や「ネェ」を連発したのです。道理から言えば、正式な場面での挨拶では、しゃべり口調を使用すべきではありません。

通訳を終えてから、きちんと訳せなかったことへの自責の念に駆られ、申し訳ない気持ちでいっぱいになりました。これが、私の通訳デビューにおける「失敗談」です。

❹私は1950年代後半から、60年代中頃にかけて、中国代表団の随行通訳として5回、訪日しました。初回は、1955年の春で、中国対外貿易部副部長の雷任民が団長を務める、中国貿易代表団の随行で、第3次日中民間貿易協定調印のための訪日でした。(その時、神崎多實子女史が日本側代表団の通訳でした。私たちはその時からすでに協力関係にあるのです。)この年——1955年の12月に中国科学院の院長、郭沫若氏を団長とする中国科学代表団の随行で、日本を訪問しました。

❺やはり、生涯忘れることができないのは、時期を同じくして任された毛主席、周総理、劉少奇、陳毅、王震、郭沫若氏など、国家の指導者と日本の代表団が会見し、重要な会議を行った際の通訳です。朱徳氏や彭徳懐氏らが、日本のゲストと会見する時の通訳もさせていただきました。さらには、1978年から80年代の初頭に、何度も鄧小平氏が日本のジャーナリストの方々と会見することがありました。その通訳も担当させていただきました。

❻中国の指導者の通訳を仰せつかるようになったのは、二十歳そこそこの頃です。北京に出て来たばかりの若僧が、このような重要な任務に就くとは、まるで夢を見ているかのようでした。人間の運命と、その人が生きた時代とは切っても切り離せない関係があります。このように考えると、私は運がよかったと言えるでしょう。

❼私は「訳す」ということは、通訳であれ、翻訳であれ、苦しい作業だと認識しています。特に、毛主席や周総理など、国家指導者の通訳の任に就く時は、普段の通訳とは異なり、毎回、すこぶる緊張しました。そんな私も、「見習い」「実習」からスタートし、失敗に次ぐ失敗の経験を経て、少しずつ熟練していったのです。以上が、私の翻訳および、通訳に従事した経験談です。たいした経験ではないかもしれません、それでも、この道一筋に仕事をしてきましたので、体得したことや、失敗から得た教訓なども知らず知らずに蓄積されてきたと言えましょう。

 豆知識

漢字が日本に伝わって千数百年がたち、いつの間にか漢字は同じなのに、意味がかけ離れてしまったものが結構あります。私は若い頃、中国からのお客様の送別会で、「お国に戻られましても、どうぞお身体を大切に、ご自愛ください」とい

う日本側ホストの挨拶の「自愛」の部分を、深く考えないまま、中国語に読みかえて"自愛 zì'ài"と訳し、一気にその場のムードを凍らせてしまったことがあります。後から調べたら"自愛"は自重するということ。本来は相手の健康を気遣う思いやりの言葉であったはずが、「帰国後は、行動には気をつけるように！　自重しなさい！」と、たしなめる言葉に変換してしまったのです。ここまでの劉徳有さんのスピーチの中にも"心得""一味""阶段"など同じ漢字なのに日中間で意味の違うものがありました。同じ漢字を使うからこそ陥ってしまうミスに気をつけましょう！

② 翻译（含笔译，口译）的本质是什么?
（訳すことの神髄とは何か）

セクション②-1　　🔊 003_1-3B
　ここからは"翻译（含笔译，口译）的本质是什么？"（訳すことの神髄とは何か）という二つ目のテーマでのお話です。訳すことは、二つの異なる言語の置き換えではなく、二つの異なる文化の交流であることを述べています。

STEP 1——リスニング
（1）スクリプトを見ないでリスニングし、大意をつかみましょう。
（2）次の語句や表現でわからないものがあればチェックし、もう一度音声を聴いてみましょう。

✳ 語句

jǐnjǐn	仅仅	わずかに〜だけ、ただ〜だけ
sīwéi	思维	思考、考え
tōngsú	通俗	通俗的である
yuānyuán	渊源	根源。源。
Lǐ Bái	李白	り・はく（701 〜 762）
duìzhuó	对酌	差し向かいで酒を飲む。"对饮 duìyǐn"とも言う
yōurén	幽人	隠者、世捨て人
yǐndùnzhě	隐遁者	隠遁者
xuānnào	喧闹	騒々しい

15

xiūxián	休闲	のんびり過ごす
jiǔzhōng	酒盅	盃
kāi huái chàng yǐn	开怀畅饮	心ゆくまで酒を飲む
rúshí	如实	ありのままに
nányǐ	难以	〜しにくい

STEP 2——シンクロリーディング

音声を聴きながらスクリプトを音声と同じタイミングで読み上げていく練習をしましょう。

スクリプト

❶下面谈第二个问题。翻译的本质是什么？刚才我已经说了，这个翻译包括口译和笔译。说到"翻译"，一般人认为翻译是两种语言的转换，不同语言的转换，比如说中文转换成日文，日文转换成中文。我认为，仅仅这样说，还不够。应该说，翻译是两种不同的思维的转换。（思维、しい、考え方。）这就是说，它要转换的，不仅仅是语言，更重要的是"意思"。通俗地来说，就是要把"意思"准确地翻过去。如果仅仅是语言的转换，很可能就会变成"文字搬家"。文字的引っ越し（ひっこし）。

❷然而，仅仅说"翻译是两种思维的转换"，我认为还不够全面。假使我们进一步去探讨"翻译"的深层的意义，你就会发现"翻译"更是两种不同的文化交流。（两种不同的文化交流。）中日两国的文化既有共同点，也有差异。由于中日之间地理、文化，历史的渊源，中国文明曾经长期影响过日本，因此，今天在日本可以称做文化的事物中，使人们常常看到中国的色彩和影子。

❸东西方之间很难沟通的事情，中日之间就是比较容易沟通。比如说，李白有一首著名的诗，题目叫做《山中与幽人对酌》。这里面

16　第一部　基礎編

有这样的诗句"两人对酌山花开，一杯一杯复一杯"，"両人対酌山花開く、一杯一杯また一杯"。中国人和日本人的理解一定是"在山中两个幽人，这个幽人啊，就是隐遁者离开喧闹的城市到山中去休闲的'隠遁者（いんとんしゃ）'、隐遁者。他们喝酒的时候用的是什么呢？是酒盅'盃（さかずき）'在那里用酒盅碰杯，开怀畅饮"。但是，西方人他的理解也许不是这样，他们可能理解为"使用コップ、大杯子喝的ウイスキー、威士忌或者是啤酒"。

❹但这仅仅是事物的一个方面，我们还必须看到事物的另一方面，也就是说我们要如实地承认中日之间由于文化背景的不同，也存在着相互难以理解的一面或者说存在着因语言而引起的一些误解。"翻译"，既然是两种不同文化的交流，作为译者应当很好地熟悉和掌握两种不同的文化，特别是这两者的差异。我想举几个例子来说明一下。

STEP 3——シャドーイング
　スクリプトを見ないで音声だけを頼りにシャドーイングしてみましょう。

STEP 4——逐次通訳
　中国語音声をメモを取りながら聴き、日本語に訳しましょう。この時、各自のレベルに合わせて初めは一文ごと、次に小段落ごと、さらにより長い段落ごとに音声を止めながら練習しましょう。

● 訳例
❶次に、訳すことの神髄とは何かという第二のテーマについて話します。「翻訳」というと、一般の人は二つの異なる言語の置き換えと考えることでしょう。例えば、中国語を日本語に転換したり、日本語を中国語に転換したり。でも、ただそれだけでは足りないと私は思います。翻訳とは、二つの異なる考え方の転換と言うべきです。転換すべきは、ただ言語のみではありません。より大切なのは、「考え方」です。わかりやすく言うならば、「考え方」を正確に訳し出すということです。もし、言語だけの置き換えなら、「文字の引っ越し」になってしまいます。

❷さりとて「翻訳とは二つの考え方の転換」と定義するのでは、まだ完璧とは言えません。もし、さらに一歩踏み込んで、「翻訳」のより深い意味を検討したなら、「翻訳」とは、二つの異なる文化の交流でもあると気づくことでしょう。中日の文化には共通点がありますが、相違点もあります。中日間の地理的背景や文化と歴史の根源により、中国文明はかつて、長い間日本に影響を与えてきました。ですから、人々は今日の日本の文化の中に中国の色彩や、影を見いだすのです。

❸東洋と西洋では理解し難いことでも、中日間であれば、比較的容易にわかり合うことができます。例えば、李白の有名な詩、『山中にて幽人と対酌す（山中与幽人対酌）』の中に次のような句があります。「両人対酌すれば山花開く（両人対酌山花開）、一杯一杯また一杯（一杯一杯復一杯）」。中国人と日本人は次のように理解するはずです。「山中に二人の世捨て人、つまり隠遁者がいる。騒々しい市中を離れ山中にやって来た隠遁者が、酒を飲む時に使うのはもちろん盃です。そこで、盃を重ね、胸襟を開いてお酒を楽しんでいる」。しかし、西洋人の解釈も、同じとは限りません。「大きなコップでウイスキーやビールを飲んでいる様子」を思い浮かべるかもしれません。

❹しかしこれは、一方の側面にしか過ぎず、実際には、もう一方の側面も見る必要があります。つまり、中日間にも、文化的背景の違いがあることや、お互いに理解しがたい一面が存在し、言葉が起因して誤解が生じ得るという事実をありのままに認める必要があるということです。「翻訳」が二つの異なる文化の交流であるからには、訳者は、二つの異なる文化を熟知し、把握していなければなりません。とりわけ、両者の差異についての理解が必要です。いくつかの例を挙げてみましょう。

✳ アドバイス１

中国の文化人はスピーチの中によく古典、漢詩、成語などを引用します。基本的なものは、勉強しておく必要があるでしょう。

✳ アドバイス２

スピーカーは通訳者が専門的な用語がわからないのではと気遣っています。そのため、詩のタイトルである《山中与幽人対酌》を繰り返したり、"幽人"の意味説明を付け加えたりしています。このような部分は、通訳者が理解できればいいわけですから、そのまま訳さず、省略したほうが聴衆の耳にはスムーズに入っていきます。

セクション **2**-2　　📻 004_1-4B

　ここでは文学座が北京で「女の一生」を公演した際のエピソードを例に挙げて、両国の文化背景や習慣を理解することの重要性を述べています。引き続き四つのステップでトレーニングを進めましょう。

STEP **1**──リスニング

(1) スクリプトを見ないでリスニングし、大意をつかみましょう。

(2) 次の語句や表現でわからないものがあればチェックし、もう一度音声を聴いてみましょう。

✳ 語句

huàjù	话剧	新劇
yǎnchū	演出	公演する、上演する
wénxuézuò	文学座	ぶんがくざ（1937〜）
Shāncūn Chūnzǐ	杉村春子	すぎむら・はるこ（1906〜1997）
bǎoliú jiémù	保留节目	（劇団の）常時上演可能なレパートリー。"保留剧目 bǎoliú jùmù" とも言う
nǚrén de yìshēng	女人的一生	『女の一生』。森本薫のオリジナル戯曲
ěrjī	耳机	イヤホン、レシーバー
táicí	台词	せりふ
lìchéng	历程	過程
qíngjié	情节	（小説、劇などの）すじ
Èr cì dàzhàn	二次大战	第二次世界大戦。"二战 Èrzhàn" とも言う
dēnghuǒ guǎnzhì	灯火管制	灯火管制
zhǎngguì	掌柜	店主
fēng chén pú pú	风尘仆仆	〔成〕長旅で疲れているさま
qūxié	驱邪	邪気を追い払う
bōsǎ	播撒	（種子を）まく、まき散らす
nǎoyìxuè	脑溢血	〔医〕脳溢血
bù xǐng rénshì	不省人事	〔医〕昏睡状態に陥る

19

jíqiè	急切	急いで
ānwēi	安危	安否
dānyōu	担忧	心配する
mò míng qí miào	莫名其妙	〔成〕わけがわからない、チンプンカンプン
zhǐzé	指责	名指しで非難する
chītòu	吃透	完全に理解する
jùqíng	剧情	ドラマのストーリーやあらすじ

STEP 2——シンクロリーディング

音声を聴きながらスクリプトを音声と同じタイミングで読み上げていく練習をしましょう。

スクリプト

❶1960年，日本有一个话剧团到北京来演出。日本有一个有名的剧团叫做文学座有一位著名演员叫杉村春子、すぎむらはるこ她主演了一部保留节目叫做《女人的一生》、女の一生、《女人的一生》。因为整个的戏剧是用日语演出的，面向中国观众。所以剧场内安排了"同声传译"。那当然不是我做的了。我是做一个观众去看那个剧。观众呢可以带上耳机同步啊，同步听到中文的台词。《女人的一生》描写了一位日本女性她的名子叫做ぬのひきけい、布引圭、おけいさん。描写她在日本战乱年代情感历程的一部带有反战倾向的话剧。剧中有这么一个情节。

❷在二次大战期间，东京到了晚上实行灯火管制、とうかかんせい。这个女主人公啊——也就是当时她们家开了一个商行，作商行的女掌柜阿圭、おけいさん迎来了久别的丈夫从日本以外的地方从外地风尘仆仆地归来。那一天正是立春的前夜。按日本的习惯,为了驱邪，那么丈夫回到家以后立春前夜嘛就播撒炒熟了的黄豆，嘴里还要喊：

"福内，鬼外！""福内，鬼外！"福是内、鬼是外、福是内、鬼是外。
就在这个时候，这个丈夫突然患脑溢血倒下，不省人事。他的妻子、
おけい急忙跑去把丈夫抱起来，并且急切地大声地喊："あなた、あ
なた！"。这个时候在耳机里头传来的翻译是什么呢？:是"你！你！"。

❸ 把"あなた"译作"你"或者"您"，当然没有错，是正确的。
但是在这种情况下，译作"你！你！"是不是合适，就很值得研究
了。阿圭喊的"あなた"，充满着对丈夫的安危极度担忧的无限深情。
如果是中国人，当然绝对不会喊："你！你！"，而会喊："孩子他爸，
你怎么了?!"或者是直接叫丈夫的名字。正因为这样，当时耳机里传
出来的"你！你！"这句台词观众听了一定会感到莫名其妙，丈夫都
已经那个样子了，怎么还指责他呢？观众一定会这样想。

❹ 这就提醒了我们:翻译的时候千万不能机械地"文字搬家"引っ
越し，一定要吃透剧情，还要考虑到两国文化背景和习惯的不同，否
则就会像这个例子那样，把一个"悲剧"，变成了一个"喜剧"。

STEP 3——シャドーイング

スクリプトを見ないで音声だけを頼りにシャドーイングしてみましょう。

STEP 4——逐次通訳

中国語音声をメモを取りながら聴き、日本語に訳しましょう。この時、各自の
レベルに合わせて初めは一文ごと、次に小段落ごと、さらにより長い段落ごとに
音声を止めながら練習しましょう。

● 訳例

❶ 1960 年、日本の新劇団が北京に来て上演しました。その時、文学座の著
名な女優であった杉村春子さんが、彼女の十八番、『女の一生』の主役を演じ
ました。全編を通して日本語で上演されるので、劇場では「同時通訳」を配備
しました。それはもちろん私がしたのではありません。私は観客の一人として
劇を見に行っていたのです。観客はイヤホンをつけることで、同時に中国語の
せりふを聴くことができます。『女の一生』は布引圭という名の日本女性の戦

乱期の感情の経過を描写した作品で、反戦的色彩のある新劇です。劇中には次のような場面があります。

❷第二次世界大戦下の東京では、夜間灯火管制が行われています。ヒロインである商家の女主人、お圭は、長い間離ればなれになっていた夫を迎え入れます。外地から苦労の果てにようやく帰還したのです。その日は立春の前夜で、日本の風習では、邪気払いのため亭主が部屋で炒った豆をまきます。「福は内、鬼は外」「福は内、鬼は外」と亭主が叫んだその時、彼は脳溢血で倒れこみ意識不明になってしいます。妻のお圭は、急いで夫に駆け寄り、抱き上げると、切羽詰まった様子で「あなた、あなた！」と叫びます。この時、イヤホンから聴こえてきた中国語は"你！你！"でした。

❸「あなた」を"你"や"您"と訳すのは、もちろん間違いではなく、正しいことです。しかしこのような場面を"你！你！"と訳すのは、ふさわしいのでしょうか。検討してみる余地があるでしょう。お圭が叫んだ「あなた」には、亭主の安否を憂慮する、限りなく深い愛情が込められています。もし、中国人なら、このような時、絶対に"你！你！"とは叫びません。"孩子他爸,你怎么了?!（おとうさん。どうしたの?!）"と言うか、あるいは直接夫の名前を呼ぶでしょう。ですから、当時、イヤホンから"你！你！"というせりふを聴いた観客はきっと、不可解に感じたと思います。亭主がすでにこのような状態であるのに、なぜ、まだ責め立てるのかと。

❹このことは、私たちに「翻訳をする時は、絶対に、機械のように『文字の引っ越し』をするだけではいけない」と気付かせてくれます。芝居のストーリーを完全に理解し、その上でさらに、両国の文化背景と習慣の違いを熟考しなければなりません。さもなければ、この例のように、「悲劇」が「喜劇」になってしまいます。

セクション❷-3　📢005_1-5B

　ここでは「走馬看花」という成語を例に挙げて、文化の違いが誤解を招かないように訳出するテクニックを示しています。

STEP 1──リスニング

(1) スクリプトを見ないでリスニングし、大意をつかみましょう。
(2) 次の語句や表現でわからないものがあればチェックし、もう一度音声を聴いてみましょう。

✳ 語句

zǒu mǎ guān huā	走马观花	〔成〕"走马看花 zǒu mǎ kàn huā"とも言う。大ざっぱに物事の表面だけを見ることのたとえ
wèi	谓	意味
rén yún yì yún	人云亦云	〔成〕人の言ったことをそのままおうむ返しにする。自分の考えはないままに、受け売りする
làngmàn	浪漫	ロマンチック
zhuāng	桩	〔助数〕事柄を数える助数詞
fēng liú yǎ shì	风流雅事	風雅なこと
luōsuo	啰嗦	くどい
tiēqiè	贴切	適切

STEP 2——シンクロリーディング

音声を耳で聴きながらスクリプトを音声と同じタイミングで読み上げていく練習をしましょう。

スクリプト

❶再举一个例子中国常用的一句成语叫做"走马观花"。这一成语指的是不深入进行调查。严格地说,日语里面没有这样的说法。现在,我们常常听到有人直译怎么译呢？说"馬を走らせて花を見る"或者再简洁一些"馬上の花見"。我自己也没有经过深思,"人云亦云"地曾经这样翻译过。

❷但是现在我认为这样翻译,会使啊春季有欣赏樱花习惯的日本人产生误解,以为是"馬を走らせて花を見る。花見をする"好像是骑马赏樱花或者跑马赏樱花。kakakaka骑的马去看那个浪漫的樱花一片一片的,或者是 KAKAKAKA 跑马来观赏樱花一定会得到这样一个印象好像就是一桩难得的"风流雅事",而决不会使日本人获得"走马观花"——也就是"只看表面,不求深入"的印象。

23

❸这是中日文化背景的差异所致。那么，怎么翻译才好呢？我认为，虽然啰嗦一点，还是译作"馬を走らせて花見をするように上っ面を通りいっぺん撫でるだけでは、本当のことがわからない"，这样说比较更准确一些。如果嫌太长，似乎译作"かけ足で花見をする"，也可能稍微贴切一点。同样的，"下马看花"，如果译作"馬から下りて花見をする"，也会引起有赏樱习惯的日本人的误解，不如译作"馬から下りて花見をするように、物事を深く掘り下げてはじめて真実がつかめる"，更为准确一些。

STEP 3——シャドーイング

スクリプトを見ないで音声だけを頼りにシャドーイングしてみましょう。

STEP 4——逐次通訳

中国語音声をメモを取りながら聴き、日本語に訳しましょう。この時、各自のレベルに合わせて初めは一文ごと、次に小段落ごと、さらにより長い段落ごとに音声を止めながら練習しましょう。

● 訳例

❶もう一つ例を挙げてみましょう。中国でよく使用される成語の"走马观花"は、物事を深く掘り下げて見ない様子を描写しています。厳密に言えば、日本語にはこのような言い方はありません。現在では、しばしば「馬を走らせて花を見る」とか、さらに簡潔に「馬上の花見」などと直訳しているのを耳にします。私自身も熟慮することもなく受け売りで、そのように訳した経験もあります。

❷でも今では、このように訳すと春に花見をする習慣のある日本人は、誤解してしまうのではないかと考えています。「馬を走らせて花を見る。花見をする」とは、「馬に乗って桜の花を見る」とか「桜の花を鑑賞するために馬を走らせる」ということだと理解することでしょう。ポックリポックリと馬に乗って、ロマンチックな桜の花の一ひら、一ひらを眺めるとか、パカパカと馬を走らせて花見に来たというプラスのイメージを抱くに違いありません。風雅なことと感じこそすれ、"走马观花"という言葉から、「表面だけを見て、深く探求しない」ということは決して想起されないでしょう。

❸これは、中日文化の差がもたらすものです。では、どのように訳したらいいのでしょうか。少し説明がましいかもしれませんが、「馬を走らせて花見をするように上っ面を通りいっぺん撫でるだけでは、本当のことがわからない」とすれば、より的確だと思います。もし、長過ぎるのが好ましくなければ、「かけ足で花見をする」と訳せば、多少は本来の意味合いに近づくと思います。同じように"下马看花"を「馬から下りて花見をする」と訳すとやはり、桜の花見をする習慣のある日本人に誤解をあたえる恐れがあります。思い切って「馬から下りて花見をするように、物事を深く掘り下げてはじめて真実がつかめる」と訳した方が適切でしょう。

豆知識

　日本語には、擬声語（象声词）や擬態語（象态词）がたくさんあり、体系化された辞書などもありますが、中国語にはそれほど多くありません。ここで、スピーカーが行っているように、聴こえたままに自由に表すことが一般的です。あるいは、四字句表現や、補語などを使って表すことも多いです。それでも動物の鳴き声や、自然界の音など、確立した擬声語もありますので、覚えておくと便利です。なお、ここで出て来た馬蹄音は、日本語では、「ポックリポックリ」とか「パカパカ」などと言い表しますが、中国語では"嘚嘚 dēdē"が比較的定着しています。以下、代表的なものを挙げておきます。

(1) 動物の鳴き声

　　汪汪 wāngwāng：犬の鳴き声（ワンワン）

　　咪咪 mīmī：子猫の鳴き声（ミーミー）

　　喵喵 miāomiāo：猫の鳴き声（ニャンニャン）

　　啾啾 jiūjiū：小鳥の鳴き声（チュンチュン）

　　喔喔 wōwō：雄鶏の鳴き声（コケコッコー）

　　咯咯 gēgē：雌鳥の鳴き声（コッコッ）

　　吱吱 zhīzhī：ねずみの鳴き声（チューチュー）

(2) 人や動物の動作音

　　嗡嗡 wēngwēng：ミツバチの羽音（ブンブン）

　　吧嗒吧嗒 bādā bādā：足音（バタバタ）

　　咚咚 dōngdōng：ドアや鼓をたたく音（ドンドン）。靴の音（コツコツ）

　　啪 pā：手をたたく音。頬を平手打ちする音（パチン）。銃声（パン）

25

乓 pāng：ドアを閉める音（パタン）。銃声（バン）。ドアをたたく音（トントン）

咕噜咕噜 gūlū gūlū：水などを飲む音（ゴクゴク）

(3) 自然界の音

哗哗 huāhuā：雨や水の流れる大きな音（ザーザー）

沙沙 shāshā：木の葉や紙などが風に吹かれてこすれ合う音（カサコソ）

呼呼 hūhū：風の音（ビュービュー）。いびきの音（グーグー）

轰隆轰隆 hōnglōng hōnglōng：爆発音（ドカン）。雷の音（ゴロゴロ）

(4) その他

咔嚓（喀嚓）kāchā：鍵をかける音、シャッターを切る音（カチャ）

劈里啪啦 pīlipālā：花火などがはじける音（パラパラ、パチパチ）

叮当叮当（丁当丁当）dīngdāng dīngdāng：金属のぶつかる音（チリンチリン、カランカラン）

嘀嗒嘀嗒（滴答滴答）dīda dīda：水の滴る音（ポタポタ）。時計の音（チクタク）

セクション❷-4　🔊 006_1-6B

　ここでは、野田佳彦首相（当時）が、自分を「どじょう」にたとえたことに関して、日中文化の違いによるエピソードが述べられています。尚、この収録は 2012 年の春に行ったため、スピーチ中に"现在当政的日本野田首相"という表現が出てきますが、ご了承ください。

STEP 1——リスニング

(1) スクリプトを見ないでリスニングし、大意をつかみましょう。

(2) 次の語句や表現でわからないものがあればチェックし、もう一度音声を聴いてみましょう。

✴ 語句

níqiu	泥鳅	ドジョウ
huá	滑	つるつるしている、ずるい
huátóu	滑头	ずる賢い
jiǎohuá	狡猾	狡猾である
zhuōmō	捉摸	推し量る

26　第一部　基礎編

niányè	黏液	粘液
dǎi	逮	捕らえる
Yětián Jiāyàn	野田佳彦	のだ・よしひこ (1957〜)
Xiàngtián Guāngnán	相田光男	あいだ・みつを (1924〜1991)
huálì xiānyàn	华丽鲜艳	はなやかであり、あでやかである
bǐzuò	比作	〜になぞらえる
huá zhòng qǔ chǒng	哗众取宠	〔成〕派手に立ち回って歓心や名声を得ること
bú lù shēng sè	不露声色	〔成〕おくびにも出さない
cáng shēn nízhōng	藏身泥中	泥の中に身を隠す
mǎnshēn níbā	满身泥巴	体中泥まみれ
dīdiào	低调	控えめである
mō pá gǔn dǎ	摸爬滚打	〔新〕つらい仕事を苦労してこなす、厳しい修行をする
chóngshàng	崇尚	〜を尊ぶ
shígàn	实干	着実に仕事をする
nítǔwèi	泥土味	"泥土气 nítǔqì" と同じ。泥臭い
jīyú	基于	〜に基づいて
hányì	含义	(字句の中に) 含まれている意味
gòngshí	共识	コンセンサス

STEP 2——シンクロリーディング

音声を聴きながらスクリプトを音声と同じタイミングで読み上げていく練習をしましょう。

スクリプト

❶ 说到文化差异，我想再举一个 "泥鳅" 的例子、"どじょう" 的例子。泥鳅，在中国人看来，是 "滑"、"滑头"、"狡猾"、"难以捉摸" 的代词。因为泥鳅身上的黏液很滑，抓不住，逮不着。ぬるぬる

27

してつかみどころがない。但现在当政的日本野田首相却自称他的内阁是"泥鳅内阁"。"泥鳅内阁"这一说法，就很容易引起文化背景不同的中国人的误解和不必要的联想。

❷最近，有一位不懂日语的中国前外交官见到了我问我："现在的日本首相是不是很滑？"我问："为什么？"他说："那位首相他自己说他是泥鳅嘛！"显然，这就是误解。实际上，"泥鳅"和"泥鳅内阁"这一说法的由来是野田佳彦去年选举民主党代表的时候，引用了一位诗人、这一位诗人叫相田みつを、相田光男的诗，那个诗里讲的意思说，泥鳅啊，是不"华丽鲜艳"的啊。那么野田首相于把自己比作泥鳅，不做"华丽鲜艳"、"哗众取宠"那样的金鱼啊，而做"不露声色"、"藏身泥中"、"满身泥巴"的"泥鳅"，拼命地去干。

❸这就是说，野田的目标是要为人"低调"，推行在泥巴里"摸爬滚打"、崇尚实干的"带泥土味"的政治，而不求华丽鲜艳的外表。基于这种背景和情况，如果机械地把"どじょう内閣"简单地直译为"泥鳅内阁"，就会引起误解。依我看，翻译的时候，可不可以译作"像泥鳅那样在泥土里摸爬滚打、不求华丽外表、崇尚实干的内阁"。我想，句子虽然长一些，但是在中日双方对"泥鳅内阁"的含义没有取得共识以前，这样翻译，至少不会引起误解。

STEP 3——シャドーイング

スクリプトを見ないで音声だけを頼りにシャドーイングしてみましょう。

STEP 4——逐次通訳

中国語音声をメモを取りながら聴き、日本語に訳しましょう。この時、各自のレベルに合わせて初めは一文ごと、次に小段落ごと、さらにより長い段落ごとに音声を止めながら練習しましょう。

28　第一部　基礎編

● 訳例

❶ 文化の違いについて話が及んだところで、もう一つ「どじょう」の例を挙げたいと思います。どじょうは中国人にとって、「ずるい」「ずる賢い」「狡猾」「気持ちをつかみにくい」ということの代名詞になっています。なぜなら、どじょうの身体には粘液がついているので、ぬるぬるとしてつかみどころがないからです。しかし、現在、政権を担っている野田首相は自ら、自分の内閣を「どじょう内閣」と称しています。「どじょう内閣」という呼称は、容易に中国人の誤解を招き、不必要な連想をさせてしまいます。

❷ 最近、日本語のわからない中国の元外交官にお会いした折、「今の日本の首相はずるいのですか？」と質問されました。私が「なぜ？」と聴き返すと、「あの首相は自分のことをどじょうと称しているじゃないですか！」という返事が返って来ました。言うまでもなく、これは誤解です。実際には、「どじょう」「どじょう内閣」という言い方は、野田佳彦氏が、昨年の民主党代表選挙の折に、詩人である相田みつをの詩を引用して語った言葉に由来しています。どじょうは華やかではありませんよね。野田首相は、自分をどじょうにたとえて、「私は『（赤いべべ着た）華麗で艶やか』な金魚でも、『歓心や名声を得ようとする』金魚でもありません。『声にも表情にも出さず』に、『泥の中にもぐっている』『泥にまみれている』どじょうです。（国民のために）全身全霊をこめて働きます」とアピールしたのです。

❸ 野田氏の理想とするところは、謙虚に泥の中で「動き回る」、実直さを尊ぶ、「泥臭い」政治です。従って華麗で艶やかな外見は望んでいません。このような背景や状況がある以上、機械的に「どじょう内閣」を"泥鰍内閣"と直訳すれば、誤解を招くことになるのは明らかです。私見ではありますが、「どじょうのように泥の中で転げ回り、華麗な外見は求めず、実直に働くことを尊ぶ内閣」と訳すのはいかがでしょうか。言葉が少し長くなりますが、中日双方にとって、「どじょう内閣」という言葉の内在するニュアンスがコンセンサスを得るまでの間、このように訳したなら、少なくとも誤解を招くことにはならないでしょう。

 豆知識

「ルックスはこのとおりです。どじょうはどじょうの持ち味がある。金魚の真似をしてもできない。泥臭く国民のために汗をかいて働いて政治を前進させる。どじょうの政治をとことんやり抜きたい」。民主党代表選挙で野田氏が語ったこの演説は、質実剛健な人柄が感じられ、日本国内での評判はおおむね良好だったよう

です。しかし、どじょうに馴染みのない海外のマスコミはこの発言を報じるのに、たいそう苦労したようです。ワシントンポスト紙は、「どじょう」の英語訳「loach」の後ろに、「魅力のない、水底で餌をとる魚」という説明を加えて表現し、ニューヨークタイムズ紙は、「水の底で餌をとるうなぎのような魚で、ひげがある」と表現したそうです。いずれにしろ、これらは生物学的説明であって、日本人がどじょうに感じる親近感や愛嬌などまでは、説明しきれていません。訳すことの奥深さをつくづく感じさせられる「どじょう発言」でした。

セクション❷-5　🎤 007_1-7B

　二つめのテーマ、最後のスクリプトです。通訳者は実践を重んじるべきであること、通訳という任務の重要性を認識すべきであることなどを述べています。

STEP 1──リスニング

(1) スクリプトを見ないでリスニングし、大意をつかみましょう。

(2) 次の語句や表現でわからないものがあればチェックし、もう一度音声を聴いてみましょう。

✴ 語句

yìxué	译学	翻訳学・通訳学（translation studies）
tuōlí	脱离	離脱する、遊離する
xuán ér yòu xuán	玄而又玄	〔成〕摩訶不思議である。言論が難解でわけがわからない。出典は『老子』で、正式には"玄之又玄 xuán zhī yòu xuán"と言う
xīn míngcí shùyǔ	新名词术语	新語
qiántí	前提	前提、前提条件
wúkě	无可	〜すべきものがない
chōngyù	充裕	余裕がる
ruògān	若干	いくらかの
rùnsè	润色	（文章などを）潤色する
jīng yì qiú jīng	精益求精	〔成〕絶えず進歩を求めること
chǔcún	储存	貯蓄する

30　第一部　基礎編

nǎi	乃	〔書〕～は～である
tíxiě	题写	揮毫する
shérén	舌人	通訳者、スポークスマン、通事
bǎomǎn	饱满	満ち満ちている

STEP 2——シンクロリーディング

音声を聴きながらスクリプトを音声と同じタイミングで読み上げていく練習をしましょう。

スクリプト

❶上面举的几个例子有力地说明，翻译不仅仅是两种语言的转换，也是两种不同思维的转换，更是两种不同的文化交流。谈到翻译的实质，我还想强调"翻译重在实践"。不可否认，翻译理论很重要，因为它可以指导我们的翻译实践。但是，一切翻译理论都来自翻译的实践。因此，我认为翻译无论是笔译或者是口译，都要十分注重实践じっせん。换句话说，研究翻译规律的所谓"译学研究"毕竟源于实践，(又回头)，又回到实践中去指导翻译的实践，是这么的一门学问。"译学研究"不能脱离实践，这已经成为翻译工作者的共识。

❷现在，有个别人把一些简单的现象用玄而又玄的理论来解释，让读者与听者越听越糊涂；这种人或是专门追求理论上的新名词术语，就像爱时髦的人啊不断更换时装那样；或者说这个翻译啊跟这个学那个学有关，叫你先懂得一点这个学那个学以后才去搞翻译。我认为这似乎有一些吓人的味道。

❸我再重复一遍，理论是重要的，我不是否认理论的重要性，理论是重要的，但我主张翻译要多实践，并在实践中不断地总结经验，提高对翻译规律的认识。除了这个以外，你把翻译理论说得再好，那也是"畳の上の水練"(纸上谈兵)，在たたみ上去练习游泳。不能替

31

代翻译的实践。

❹翻译，特别是笔译，还有一个特点，那就是除了一些词和语句以外，往往不可能有一个统一的答案。十个人翻译，就会有十个结果。一百个人翻译就会有一百个结果。这就是说，同一篇文章或者同一段话在正确理解的前提下，你可以这么翻译，他又可以那么翻译。即使是一个人翻译的东西，过一段时间以后，还可以修改。这就是说，同一个译者在不同时期，凭他的理解和他在上下语境中的"创造"，可以有不同译法。这是无可指责的。

❺我们说"翻译"，通常是指笔译和口译两种。当然用不着说了，笔译和口译各有特点。笔译，你可以有充裕的时间去思考，去查字典、查资料，可以反复推敲。甚至过若干年以后还可以拿出来再行润色修改，做到精益求精。

❻但是口译就不一样了。口译要在瞬间把握讲话人说的话，加以正确理解，再把它用另一种语言忠实地传达过去。所谓"瞬间"，就像电脑一样，把平时储存的词汇、知识等等，根据需要迅速地调出来，发挥它应有的作用。在"一瞬间"作出判断，"一瞬间"完成转换，翻译过去的话语，就收不回来了。这就是所谓的"一発で勝負"，用一句文言啊，就是此乃口译之宿命也！口译的宿命（しゅくめい）。

❼口译的重要性，集中地体现在郭沫若先生曾经题写的一句话叫做："过河需要建桥梁，（你要过河需要建桥梁，）舌人任务重如钢"。这"舌人"呢，就是翻译人员。古文了。舌人任务重如钢。口译的重要性，郭沫若先生用这两句话加以概括。这句话明确还有概括地说出了口译工作的重要性。作为口译人员首先要认识自己工作的意义，并且以饱满的热情和高度的责任感去对待自己的工作。这就是我要讲的第二个问题。

STEP **3**——シャドーイング

　スクリプトを見ないで音声だけを頼りにシャドーイングしてみましょう。

STEP 4——逐次通訳

　中国語音声をメモを取りながら聴き、日本語に訳しましょう。この時、各自のレベルに合わせて初めは一文ごと、次に小段落ごと、さらにより長い段落ごとに音声を止めながら練習しましょう。

● 訳例

　❶ 上述の幾つかの例が明らかに証明していることは、訳すことは、単なる二つの言語の置き換えではなく、異なる思考の置き換えであり、二つの異なる文化の交流でもあるということです。以上、訳すことの神髄について話してきましたが、ここで、「通訳者は実践を重んじる」べきであることを強調しておきたいと思います。通訳理論は非常に重要であり、それが、私たちの通訳実践を支えてくれることは否めません。しかし、すべての通訳理論は実践を通して生まれ出るものです。ですから、翻訳でも、通訳でも実践を重視すべきだと考えています。言い換えるなら、訳し方を研究する「通訳（翻訳）研究」とは、実践から生まれ、実践に帰っていく、通訳の実践を支えるための一つの学問なのです。「通訳（翻訳）研究」が実践から離れることができないことは、すでに通訳（翻訳）に従事する人たちの共通認識と言えましょう。

　❷ 近頃は、簡単な事象を、難解でわけがわからない理論を用いて説明する人がいて、読者や聴衆は、説明されればされるほど、チンプンカンプンになってしまいます。この種の人が、理論上の新しい用語を専ら追求する様子は、あたかもモダンな人が絶え間なく流行の服を着替えるようです。またある人は、通訳（翻訳）と、あれやこれやの学問とを関連づけて、まずは、それらを理解してからでなければ、訳者にはなれないと言います。これは、まるで脅しのようにさえ感じられます。

　❸ 重ねて申し上げますと、理論は重要です。私は理論の大切さを否定しているのではありません。（理論は重要です。）しかし通訳には多くの実践が必要なのです。実践の中から絶えず経験を総括し、通訳の法則に対する認識を高めるべきです。どんなに翻訳理論を学んでも、「畳の上の水練」（机上の空論）にしかすぎず、通訳実践の代替にはなりません。

　❹ 訳すこと、特に翻訳には、さらに一つの特徴があります。いくつかの言葉や語句を除いて、往々にして、一つの統一された答案はありえないということです。10人が訳せば、10の結果があります。100人が訳せば100の結果があります。同じ文章、同じ話でも正確に理解しているという条件の下であれば、あなたはこう訳し、彼はこう訳すということが許されます。同じ一人の人が訳したものでさえ、しばらくした後にまた、修正することもありえます。つまり、同じ訳者であっても、時が違えば、彼の理解によって、前後する文脈の中から「創

造」するものが、異なる訳になってもしかるべきであるということで、非難を
受けるものではありません。

❺通常（中国語で）"翻译 fānyì"と言う時には、通訳と翻訳の両方をさします。
言うまでもなく、翻訳と通訳には、それぞれの特徴があります。翻訳は充分な
時間を使って考え、辞書を引き、資料を調べ、繰り返し推敲することもできます。
甚だしくは、数年後に取り出して、手を加えることで、さらに磨きをかけるこ
とも可能です。

❻しかし通訳は違います。通訳は瞬時に話者の話をとらえ、正確な理解をし、
それを別の言語を用いて忠実に伝達しなければなりません。ですから「瞬間」に、
コンピュータのように普段蓄積した語彙や知識を、必要に応じて迅速に取り出
し、発揮する作用です。一瞬にして判断し、一瞬にして転換を完了し、訳し出
した言葉は、差し戻すことができません。これは則ち「一発勝負」ということ
であり、通訳の宿命と言えましょう。

❼通訳の重要性は、郭沫若氏が、かつて揮毫された「河を渡るには橋を架け
なければならない。舌人の任務は鋼の如く重い（过河需要建桥梁, 舌人任务重
如钢）」という一言に集約されています。「舌人」とは通訳者のことです。文語
ですね。舌人の任務は（堅固な橋の材料である）鋼の如く重い。通訳の重要性
を、郭沫若先生は、この二句の中に凝縮させています。この句は、通訳という
仕事の重要性を明確に、要約して表しています。通訳となる人は、まず自分の
仕事の意義を認識し、情熱と強い責任感を持って仕事にあたるべきです。以上、
2番目のテーマについて話しました。

✶ アドバイス

政治家でありながら、優れた詩人でもあった郭沫若氏の言葉 "过河需要建桥梁,
舌人任务重如钢"が紹介されています。この言葉を訳す時、原文に近い形で「河
を渡るには橋を建設しなければならない」としてももちろん意味が通りますが、
一工夫して、「橋を架ける」としてはいかがでしょうか？　そうすることで、流
れる河の両岸を繋ぐ橋のような通訳者の役割がより鮮明に浮かび上がると思いま
す。また、後半の句で述べている「鋼」は、ただ重い物の象徴として出したので
はなく、その両岸を結ぶために必要な橋の材料として、頼りになる堅固な「鋼」
という意味であると推測されます。木の橋や、レンガの橋ではなく、鋼の橋にな
れと言っているのです。もし、明らかにスピーカーの気持ちが理解できている状
況下であれば、その言外の気持ちまでも訳し出すことも時には許されるのではな
いかと考えています。もちろん "过犹不及"（過ぎたるは猶及ばざるがごとし）
ですが。

34　第一部　基礎編

❸ 怎样处理好翻译中的几个关系?

(通訳におけるいくつかの相関関係をどう処理すべきか)

セクション❸-1　　📢 008_1-8B

　　さあ、いよいよ三つめのテーマに入ります。この章は、さらに六つの節に分かれていますが、本テキストでは、第一節の"忠实于原文（原话）与"灵活"应对的关系"（原文に忠実であることと、臨機応変であること）のみ収録させていただきました。今回割愛した内容の一部は『中国語通訳トレーニング講座』に収められていますので、興味のある方はそちらをご覧ください。

✱ サイトラの実践例

　　ここからは「サイトトランスレーション（以下サイトラ）」を組み入れたトレーニングを進めていきます。サイトラとは原稿を見ながら通訳することです。仕事でサイトラを行う場合、通常であれば事前にスピーカーの原稿を入手することになります。時間の余裕があれば原稿をベタ訳（全訳）しておくに越したことはありません。もし、そこまでの余裕がない場合は、わからない言葉や難しい部分だけでも抽出して調べ、原稿の行間や余白に書き込んでおくなどの準備をします。

　　その他、重要な意味をもつ部分やキーワードに、下線をつけたり丸で囲んだりしておく方法や、主語、述語、目的語など文の主要な構成部分に符号をつける方法、意味の区切りごとにスラッシュ（／）を付ける方法なども併用すると、訳しやすくなります。

　　それでは実際のサイトラ例を見てみましょう。まず、意味のまとまりごとにスラッシュをつけました。これだけでも随分見やすくなります。更に主語、述語、目的語、修飾語にそれぞれ符号をつけ、省略されている言葉を（　）で加えました。

（我）下面谈第三个问题、／怎么样处理好翻译当中的几个关系? ／／我想先谈六个关系。／／第一个关系、（是）／忠实于原文跟"灵活"应对（的关系）。／／这两者的关系／这实际上，／也就是／"直译"跟"意译"的关系。／／

　　次に文の構成を示す符号を頼りに訳していきます。スラッシュから次のスラッシュまでをひとつの塊として、前後の文と結びつけるように訳していくとよいで

しょう。すると、次のような訳ができあがります。

　　次に三番目のテーマである「通訳する上でのいくつかの関係をどう処理すべき
　　か」について話します。先ずは六つの関係についてです。一つ目は、原文に忠
　　実であることと、臨機応変に対処することの関係です。これは実際には、「直訳」
　　と「意訳」の関係ということです。

　以上、サイトラの要領がつかめましたか？　符号の付け方はトレーニングと実
践を通して自分のやりやすい方法を編み出していってください。

　では、トレーニングを開始しましょう。このセクションでの練習の手順は、
STEP1 リスニング → STEP2 シャドーイング → STEP3 サイトラ → STEP4 逐次通訳
です。

STEP 1——リスニング
(1) スクリプトを見ないでリスニングし、大意をつかみましょう。
(2) 次の語句や表現で聴き取れなかった箇所をチェックし、もう一度音声を聴い
　　てみましょう。

★ 語句

línghuó	灵活	弾力性をもつ
zǒuyàng	走样	事実を曲げる
shényùn	神韵	雰囲気
chuánshén	传神	真に迫る、真髄を伝える
yòngzì qiǎncí	用字遣词	選んで言葉を使う。言葉遣い
shēng qíng bìng mào	声情并茂	〔成〕声もよく、情緒もたっぷりである
wú jīng dǎ cǎi	无精打采	〔成〕打ちしおれて元気がない
fūyǎn	敷衍	お茶を濁す
mǎnqiāng rèqíng	满腔热情	胸いっぱいの情熱
dé guò qiě guò	得过且过	〔成〕行き当たりばったり、当座しのぎをする
yílòu	遗漏	（文字、言葉などが）もれる
lòudòng	漏洞	手落ち

36　第一部　基礎編

bù wú	不无…	ないわけではない
lüè dài jīngyà	略带惊讶	わずかに驚きを帯びる
tuīxiè zérèn	推卸责任	責任逃れをする

STEP 2——シャドーイング

　音声に合わせてシャドーイングしましょう。もし難しいようであれば、最初はスクリプトを見ながらでもかまいません。慣れて手ごたえを感じてきたら、テキストを閉じて音声だけを頼りに行いましょう。

STEP 3——サイトラ

　サイトラをしてください。スクリプトを目で追いながら、声を出して日本語に訳していきます。その際、必要に応じてスクリプトに符号をつけてサイトラの助けにしましょう。

スクリプト

　❶下面谈第三个问题，怎么样处理好翻译当中的几个关系？我想先谈六个关系。第一个关系，忠实于原文跟"灵活"应对这两者的关系。这实际上也就是"直译"跟"意译"的关系。

　❷大家都知道"忠实"，是翻译包括口译的生命。忠实于原话，我认为决不是机械地"文字搬家"，而是要忠实于原文的精神。一句话，"忠实"的最重要的含义，不仅包括"意思啊不能够走样"，还应当包括表达出原话的"神韵"来，也就是说要做到传神。"忠实"，既包括通过用字遣词来表达原意，还包括努力表达原话的精神和神韵。

　❸有两种翻译态度，翻译的时有两种态度，一种是声情并茂、传达神韵。另一种是无精打采、敷衍了事，元気がない、行き当たりばったり。这两者的效果完全不一样。我们常常看到绝大多数的口译人员很敬业，认真负责，满腔热情，但偶尔啊也能看到极个别的口译工作者完全是"事务性"地，事务的に得过且过地进行翻译。

37

❹下面这个例子是我经常举的，现在再举一次。比如中日双方进行贸易谈判，中方指出日方没有完全履行合同，提供的数据啊データ有重大的遗漏。日方的人员被中方指出这一漏洞以后，不无歉意地带点歉意，而且还略带惊讶地表示："あっ、そうですか。それは知りませんでした。帰りましたらさっそく調べます。"那如果把刚才这个话的语气啊用中文译过来就是"啊！是吗？我一点也不知道。一点都不了解这个情况。回去以后，我马上查。"但是，这样一句话，如果口译者、译员、口译者只是照着字面，毫无表情地，敷衍了事地拖长声音地翻译成这样的话："啊——是——吗？我一点——也——不知道。回去，再——查一查吧。"假使这样翻译了，"啊——是——吗？我一点——也——不知道。回去，再——查一查吧。"

❺这样翻译不仅不准确，而且会使中方感到日方毫无诚意，是在那里推卸责任。这就不是真正意义的"忠实"。上面那个人家是很有诚意的说"哎呀！没有注意到！""疏忽了！""知りませんでした"里头包含义着这样的意思。由于翻译的口气不对，所以就没有译出神韵，当然就谈不上传神。

STEP 4──逐次通訳

中国語音声を聴き、日本語に訳しましょう。この時、各自のレベルに合わせて初めは一文ごと、次に小段落ごと、さらにより長い段落ごとに MP3 を止めながら練習しましょう。

● 訳例

❶次に三番目のテーマである「通訳する上でのいくつかの関係をどう処理すべきか」について話します。まずは六つの関係についてです。一つ目は、原文に忠実であることと、臨機応変に対処することの関係です。これは実際には、「直訳」と「意訳」の関係ということです。

❷「忠実であること」は通訳(翻訳)の命です。原語に忠実であるということは、決して機械的な「文字の引っ越し」ということではなく、原語の意味と精神に

忠実であるということです。「忠実」という言葉に含まれている最も重要な概念は、「事実を曲げてはならない」ということのみならず、オリジナルの持つ「雰囲気」を醸し出し、しかも真意を伝えなければならないということです。これが則ち「忠実」なのであり、選びぬいた言葉を使用して原語の意味を表現することに加え、努力して、オリジナルのもつ精神と雰囲気を表現するという概念を含み持っています。

❸通訳の態度には二つのタイプがあります。一つは声もよく情緒もたっぷりに雰囲気も伝えるタイプ。もう一つは精彩に欠けた話し方で、いいかげんに仕事をするタイプ。（元気がない、行き当たりばったり。）両者の与える影響力は全く異なります。私たちがよく目にするのは、仕事に打ち込み、真面目で責任感があり、胸に情熱を抱いている通訳者です。しかしたまに、極めて稀なケースではありますが、「事務的」でその場しのぎの通訳をする人を見かけることがあります。

❹次に述べるのは、私が好んで用いる例ですが、ここで再度披露しましょう。中日双方が貿易に関する交渉をしていたとします。中国側が日本側に契約の履行が不完全で、提示されたデータに手落ちがあると指摘しました。日本側は、それを指摘されると、申し訳ない気持ちで、やや驚いたふうに、「あっ、そうですか。それは知りませんでした。帰りましたらさっそく調べます」と返答しました。さてこの言葉ですが、もし通訳者が字面だけを全く無表情にだらだらと、"啊——是——吗? 我一点——也——不知道。回去，再——查一查吧"と訳したなら、その訳は、正確さを欠くばかりでなく、中国側に日本側には誠意のかけらもなく、責任逃れをしていると感じさせるでしょう。

❺これでは、本当の意味での「忠実」とは言えません。上述の人は誠意をもって、「注意が足りませんでした」「粗忽でした」と言ったのです。「知りませんでした」という言葉にはこのような意味が内在しているのです。訳者の語気が違うと、雰囲気を訳し出すことができません。ましてや、真意を伝えることができるはずがありません。

39

セクション③-2　　🔈 009_1-9B

　ここでは、通訳者にとっては永遠のテーマである、直訳と意訳の相関関係について二つの例を挙げて語られています。

STEP 1——リスニング
(1) スクリプトを見ないでリスニングし、大意をつかみましょう。
(2) 次の語句や表現で聴き取れなかった箇所をチェックし、もう一度音声を聴いてみましょう。

✱ 語句

zhēnglùn bù xiū	争论不休	とめどなく議論が続く
suí xīn suǒ yù	随心所欲	〔成〕思いのままに。"从心所欲"と同じ
xiāng fǔ xiāng chéng	相辅相成	〔成〕互いに助け合い、互いに補完する
piānfèi	偏废	片方をおろそかにする
xiǎochàng	晓畅	通りがよい
dáyì	达意	意味がよく通じる
xíngdetōng	行得通	実行できる
zhī nán ér tuì	知难而退	〔成〕困難だと知って退く
jūnì	拘泥	こだわる
nèicéng yìsi	内层意思	内包する意味
bù yǐ wéi rán	不以为然	同意しない
dūnang	嘟囔	ひそひそ話す

STEP 2——シャドーイング

　音声に合わせてシャドーイングしましょう。もし難しいようであれば、最初はスクリプトを見ながらでもかまいません。慣れて手ごたえを感じてきたら、テキストを閉じて音声だけを頼りに行いましょう。

STEP 3——サイトラ

　サイトラをしてください。スクリプトを目で追いながら、声を出して日本語に訳していきます。その際、必要に応じてスクリプトに符号をつけてサイトラの助

40　第一部　基礎編

けにしましょう。

スクリプト

❶说到忠实于原文，也不能不看具体情况，过分地机械。在翻译界，直译和意译一直是一个争论不休的问题。这里所说的"直译"，并不是"字对字"，一个不多，一个字不多一个字不少。不是这个意思。因为中日文毕竟是两种不同的文字，这种"字对字"，一个字不多一个字不少的翻译，实际上是不存在的，不可能的。

❷那种译法的"直译"应该说是"死译"或者是呆译。我们所说的"直译"，就是要不歪曲原作原意，要能如实地表达原来的话的精神。至于"意译"，也决不是"编译"和随心所欲的"胡译"、"乱译"。我认为，这种意义的"直译"和"意译"，这两者是相辅相成的，不可偏废，不能偏到一面去。

❸这就是说，如果直译能够晓畅达意，那就坚持直译；如果直译不能完全达意，则可以采取一些补助的措施。作为实际问题，直译啊也不是处处都行得通。凡是没有办法直译的，译者应该是知难而退，转而采取意译法，也就是说，不再拘泥于原文的表面形式，而以传达原文的内层意思为主旨。

❹新中国成立以后直到现在，中国人在宴会上或者欢迎会上讲话，一上来习惯地说："女士们、先生们"。显然这不是中国的传统，而是受了西方的影响。如果你直译"紳士ならびに淑女の皆様"，"淑女ならびに紳士の皆様"、好像是明治时代呢，像明治时代，一下听的人啊一定会觉得挺别扭的，西洋かぶれ、バタ臭い。我觉得，就是我后来觉得，译作"ご来場の皆様"或者是"皆様"。如果人很多的话"満場の皆様"是不是也可以。

❺还有，晚上八点前后宴会结束了，主持人啊往往会说："これをもちまして宴会を終わらせていただきます。当然还有说得很客气，

41

お開きにいたします。皆さん、お休みなさい。"（これをもちまして
宴会を終わらせていただきます。皆さん、お休みなさい。）日本人
听了，常常不以为然，在下面嘟囔说，"怎么？才八点天还这么早呢，
就要我们睡觉？"因为他们往往睡觉十点，十一点，十二点。依我看，
这个时候的"祝大家晚安"，还是译作"みなさん、ごきげんよう"
更好一些。这就是我们要分手了我看这样翻译比较好。"おやすみな
さい"是马上要睡觉了可以这么说。

STEP **4**──逐次通訳

　中国語音声を聴き、日本語に訳しましょう。この時、各自のレベルに合わせて
初めは一文ごと、次に小段落ごと、さらにより長い段落ごとに MP3 を止めながら
練習しましょう。

● 訳例
　❶原文に忠実であると言っても、具体的状況を見ずに、過度に機械的になっ
てはいけません。翻訳界では、直訳と意訳に関する論争は切りがありません。
ここで言う直訳とは、「文字」対「文字」が多すぎもせず、少なすぎもしない
という意味ではありません。なぜなら、中国語と日本語は、結局のところ、異
なる文字であるわけですから、このような「文字」対「文字」が多すぎること
なく、少なすぎることもなく訳すということ自体不可能だからです。
　❷そのような訳し方は、「直訳」ではなく「愚訳（呆译）」であり「死訳（死译）」
です。私たちが言うところの「直訳」とは原作を歪曲せず、原作の精神を如実
に表現するということです。一方「意訳」は、「創作訳（编译）」でも、心の赴
くままの「嘘訳（胡译）」や「でっちあげ訳（乱译）」でもありません。私は、
このような意味合いにおいての「直訳」と「意訳」は、互いに補い合う関係に
あり、どちらか一方をおろそかにするべきではないと考えています。
　❸もし直訳で意味が通るなら、直訳するべきです。もし、直訳では完全に気
持ちを表現しきれない場合は補足措置をとるべきです。実際問題として直訳が
何にでも、どこにでも通用するというわけではないので、訳者は、困難である
と判断したなら引き下がって、意訳に切り替えるべきです。つまり、原文の表
面上の形式に固執することなく、原文が内包する意味を伝えることを重視する
ということです。

42　第一部　基礎編

❹新中国が成立してから現在まで中国人は宴会や歓迎会でスピーチをする時、まず冒頭に、習慣上、"女士们，先生们"と言います。明らかにこれは中国の伝統ではなく、西洋の影響を受けたものです。もし直訳で「紳士ならびに淑女の皆様」「淑女ならびに紳士の皆様」と訳すと、まるで明治時代のようですよね。日本人はきっと、西洋かぶれだと感じるでしょう。後で考えついたのですが、「ご来場の皆様」あるいは「皆様」としたらいいと思います。また、もしお客様が多いなら、「満場の皆様」と訳すのもいいですね。

❺また、夜の8時ごろに宴会が終了する場合、（中国の）司会者は「これをもちまして宴会を終了させていただきます。皆さん、おやすみなさい（宴会到此结束，祝大家晚安）」とか、もう少し丁寧に「お開きにいたします。皆さん、おやすみなさい」ということがよくあります。日本人はこれを聞くと、納得できず、小声で「何で？　まだこんなに早いのに、もう寝ろというの？」と、つぶやきます。10時、11時、12時、ゆっくりと休む人もいるのです。私は"祝大家晚安"という部分を「皆さん、ごきげんよう」としたほうが、しっくりくると思います。つまり、「私たちはお別れです」ということです。「おやすみなさい」は寝る直前に用いるべき挨拶です。

セクション❸-3　　🎧010_1-10B

　ここでは、劉さんが実際に体験した二つのエピソードを例に挙げ、オリジナルに忠実であることの真の意味を説明しています。

STEP 1──リスニング

（1）スクリプトを見ないでリスニングし、大意をつかみましょう。

（2）次の語句や表現で聴き取れなかった箇所をチェックし、もう一度音声を聴いてみましょう。

✳ 語句

kuǎndài	款待	心のこもったもてなし、歓待
wūshāmào	乌纱帽	昔の文官がかぶった帽子の一種。転じて官職を表す
jiěchú	解除	解任する
tiān zhī jiā yè	添枝加叶〔成〕	話に尾ひれをつける、誇張する。"添枝添叶""有枝添叶""添油加醋"などとも言う
tōu gōng jiǎn liào	偷工减料〔成〕	仕事の手を抜き材料をごまかす、手抜き

43

qǔchǒng	取宠	寵愛を受けようとする
tòng	～通	〔助数〕(ある時間、連続的に行われるもものの一区切り)の回数

STEP 2——シャドーイング

音声に合わせてシャドーイングしましょう。もし難しいようであれば、最初はスクリプトを見ながらでもかまいません。慣れて手ごたえを感じてきたら、テキストを閉じて音声だけを頼りに行いましょう。

STEP 3——サイトラ

サイトラをしてください。スクリプトを目で追いながら、声を出して日本語に訳していきます。その際、必要に応じてスクリプトに符号をつけてサイトラの助けにしましょう。

スクリプト

❶再举一个例子。1955 年春天，我随中国贸易代表团访问日本。刚才已经说过。回国以后，雷任民团长在北京设宴招待在北京的日本贸易界人士，感谢（啊）代表团在日本受到的款待。雷任民团长在致辞里面风趣地说："代表团圆满地完成了访日的任务，现在我已经摘了'乌纱帽'"。大家知道，"乌纱帽"是古时中国官员戴的帽子，是"官"的象征。"摘掉'乌纱帽'"，就是被免职的意思。

❷当时我做的翻译这个"乌纱帽"一下子给我憋住了，不知怎么样翻译才好。如果直译解释半天，日本人肯定是听不懂。事后，我想了想，可以用半开玩笑的口吻，灵活地译作："代表团圆满地完成了访日任务，如今我已被解除了团长职务。"日本话是不是可以这么翻"代表団訪日の任務は滞りなく完成し、私の団長の職務は解任されました。"我看这样是不是也可以的。"解任(かいにん)"。

❸我们再回到忠实于原文。既然要忠实于原话，口译者就不能按

44　第一部　基礎編

自己的意思随便地加话减话,也就是说既不能"添枝加叶",也不能"偷工减料",也就说不能随心所欲,胡编乱翻,哗众取宠。

❹记得 1955 年,我跟郭沫若先生访问日本到了他以前求学的冈山第六高中学校所在地冈山的时候,一位日方的翻译人员不管那个日本的主人讲什么,这位日方的翻译人员都按自己的意思去翻。本来主人呢没有讲"欢迎"这么一个意思这样的话,只是表示"感谢郭沫若先生到冈山来"讲了这么一些话,但是这位翻译呢他自己编了一套表示"欢迎"的话。

❺主人呢说了一通日文。他就说"这一次郭沫若先生率代表团到冈山来,冈山是郭沫若先生过去在第六高中学校求学的地方所以我们表示欢迎",然后又说了一通然后又表示欢迎,不管说什么他都是表示欢迎。这就不是忠实于原文嘛,人家没有讲那么些话,你就随便往上加。

STEP 4——逐次通訳

中国語音声を聴き、日本語に訳しましょう。この時、各自のレベルに合わせて初めは一文ごと、次に小段落ごと、さらにより長い段落ごとに MP3 を止めながら練習しましょう。

● 訳例

❶ さらに一例を挙げましょう。1955 年の春、私は中国貿易代表団に随行して、訪日しました。帰国後、雷任民団長は北京で、日本の貿易界の友人を招き、日本で受けた、もてなしに感謝するための宴会を催しました。雷任民団長はユーモアたっぷりに「代表団は首尾よく訪日の任務を遂行いたしました。私はすでに"烏紗帽"を脱ぎました」と言いました。"烏紗帽"は昔、中国の官僚がかぶっていた帽子で、「官」の象徴です。"烏紗帽"を脱ぐということは、則ち罷免されたという意味になります。

❷ 私はこの"烏紗帽"で言葉に詰まってしまいました。どう訳したらよいかわからなかったのです。もし直訳したなら、日本人は絶対に理解できないでしょう。その後、ちょっと考えてから、冗談まじりの語調で、柔軟性をもって「代

45

表団訪日の任務は滞りなく完成し、私の団長の職務は解任されました（代表団圆满地完成了访日任务，如今我已被解除了团长职务）」と訳しました。このような訳し方をしても構わないと思います。

❸ さて、話を原文に忠実であることに戻しましょう。オリジナルに忠実であるというからには、通訳者は自分の考えで、勝手に付け加えたり、差し引いたりしてはならないということです。「枝葉を加える」ことができない上に、「手抜き」もできませんし、勝手にでっち上げたり、皆の歓心を得るようなこともしてはいけません。

❹ 1955年、郭沫若氏のお伴で訪日し、郭氏がかつて学んだ岡山第六高等学校の所在地である岡山を訪問した時、一人の日本側の通訳者は、スピーカーが何を話しても、自分の考えに基づいて訳していました。スピーカーは「歓迎」の言葉は述べず、ただ、来訪に「感謝」すると表現したのです。しかし、自分で「歓迎」の意を表する話を作り上げていました。

❺ スピーカーがひとしきり日本語で話すと、その通訳者は「この度、郭沫若先生の率いる代表団の皆様が岡山にいらっしゃいました。岡山は郭沫若先生が、かつて第六高等学校で学問に励んだ場所です。ですから、私たちは心から歓迎致します」と言いました。

（スピーカーが）次の一節を話すと、（通訳者は）歓迎の言葉を言うという具合です。スピーカーが何を話そうが、通訳者は、歓迎の言葉を言うのです。これは、原文に忠実ではありません。スピーカーはそのような話はしていないのに、通訳者が勝手に付け加えているのです。

 豆知識

動作の回数を数える助数詞"动量词"、中国語では状況に応じて使い分けます。ここで一度、整理してみましょう。
(1) 出現頻度の高いもの
次 cì：事柄や動作の回数。
　　　我们讨论过两次。（2回討論した）
　　　我去过两次中国。（私は中国に2回行ったことがある）
遍 biàn：動作の初めから終わりまでの全過程を行う回数。
　　　念一遍。（1回通して読む）
　　　我参观了三遍展览。（私は展覧会を3回見ました）

回 huí：事柄や動作の回数。

　　　这话已经说了好几回了。（この話はもう何度も話した）

下 xià：短時間の動作や軽い動作の回数。

　　　她敲了三下门。（彼女はドアを3回ノックした）

趟 tàng：往復する動作の回数。

　　　我想回家一趟。（私は一度帰省したい）

顿 dùn：食事、叱責、忠告などの回数。

　　　吃一顿饭。（一食食べる）

番 fān：じっくりとする（時間、費用、労力などを費やす）動作の回数。

　　　思考一番。（じっくり考える）　研究一番。（じっくり研究する）

场 cháng：比較的長い経過を一区切りとする回数。

　　　哭一场。（ひとしきり泣く）　一场雨。（ひとしきりの雨）

阵 zhèn：現象や動作の一経過。数詞は“一”か“几”しかつかない。

　　　病了一阵。

(2) ちょっと専門的なもの

轮 lún：順次行われるものの回数。

　　　第一轮比赛。（第1試合）

喷 pèn：実をつける回数や、収穫の回数。

　　　头喷棉花。（第1回目の綿花）

任 rèn：在任の回数。

　　　三任做工作。（3回務めた）

堂 táng：講義の回数。

　　　三堂课。（3回の講義）

胎 tāi：出産、妊娠の回数。

　　　我家母狗一胎生了十二只小狗。（わが家の母犬は1回に12匹生みました）

(3) 動作を行うための道具や体の一部を借りて用いるもの

拳 quán：こぶしで殴る回数。

　　　打了三拳。（3回ガツンと殴った）

声 shēng：声や音を出す回数。

　　　铃响了十几声。（ベルが十数回なった）

口 kǒu：噛みつく（食べる）回数。

　　　咬了一口。（ガブリと（1回）噛んだ）

47

眼 yǎn：見る回数。

　　　　看了一眼。（チラリと（1回）見た）

脚 jiǎo：蹴る回数。

　　　　踢了一脚。（一蹴りした）

セクション❸-4　　📣 011_1-11B

　ここでは、話の全体の流れを考えながら訳すことの重要性が述べられています。いよいよこれが基礎編最後のトレーニングです。

STEP 1──リスニング

（1）スクリプトを見ないでリスニングし、大意をつかみましょう。

（2）次の語句や表現で聴き取れなかった箇所をチェックし、もう一度音声を聴いてみましょう。

✳ 語句

Yìpán méiyǒu xiàwán de qí 一盘没有下完的棋　映画『未完の対局』の中国語版タイトル

Yǔdūgōng Démǎ	宇都宫德马	うつのみや・とくま（1906～2000）
xiǎngliàng	响亮	よく響く
kǒuhào	口号	スローガン
kū xiào bù dé	哭笑不得	〔成〕泣くに泣けず、笑うに笑えない
gùrán	固然	むろん
nǎizhì	乃至	ひいては
huàn jù huà shuō	换句话说	言い換えると。"换言之 huàn yán zhī" とも言う
hūshì	忽视	軽視する

STEP 2──シャドーイング

　音声に合わせてシャドーイングしましょう。もし難しいようであれば、最初はスクリプトを見ながらでもかまいません。慣れて手ごたえを感じてきたら、テキストを閉じて音声だけを頼りに行いましょう。

48　第一部　基礎編

STEP 3——サイトラ

サイトラをしてください。スクリプトを目で追いながら、声を出して日本語に訳していきます。その際、必要に応じてスクリプトに符号をつけてサイトラの助けにしましょう。

スクリプト

❶同样的一个情况类似的事情：在北京也有，有一次，举行日本电影周，上演《一盘没有下完的棋》日文翻的是《未完の対局》，不是日文翻，日文的原片子的名字叫做《未完の対局》，在开幕式上宇都宫德马先生讲话。但是当时啊中国配的一位翻译看来啊宇都宫先生没有稿子讲话很多话他都没有听懂，但是他很不负责任的，几乎在每段话的后面都"哗众取宠"地加一句："我衷心希望日中两国人民能世世代代友好下去！"

❷就这一下子观众啊一听"啊啊啊"鼓掌每讲一段话这位翻译在后面都要加上一句，"我衷心希望日中两国人民能够世世代代友好下去！"之下听众当然不懂日文了。因为这口号很响亮啊。每他讲完来这么一句，所以这场热烈鼓掌不懂日文的人听起来觉得他翻得非常流利，也很带劲，但懂日文的人听了以后，哭笑不得。宇都宫德马先生怎么想的我不知道了。

❸在这里，我还想强调一点：翻译时候一定要处理好个别的词、句跟整体的文章的关系。整个的一篇谈话的关系。说到翻译，人们常常想到或者注意到的是某一个词有没有对应的译法，当然这个很重要。一个词、一个语句怎样翻译？固然很重要，但是，在一个句子，乃至一段文字、一篇文章译好后，必须注意文章或者谈话的"全体の流れ"，也就是文章或者是谈话的整体性。这一点，我们必须把握住。

❹换句话说，即使一个词一个语句的问题都已经解决了，而且解决得很好，而没有把握住或者没有解决好译文的"全体の流れ"，也

是不成的。而这一点，常常被忽视。严格说来，一篇文章或着一部作品或者是一席讲话的思想内容、语言表达和风格特点是一个完整的统一体，而翻译也必须是一个完整统一体的如实再现。这是第一个关系。

STEP 4——逐次通訳

　中国語音声を聴き、日本語に訳しましょう。この時、各自のレベルに合わせて初めは一文ごと、次に小段落ごと、さらにより長い段落ごとに MP3 を止めながら練習しましょう。

● 訳例

　❶同じ類いのことが北京でもありました。日本映画週間が開催された時、『未完の対局』が上映されました。開幕式で宇都宮徳馬先生が、スピーチされました。その時の通訳者は、宇都宮先生が原稿なしで話されたので、多くの日本語が聴き取れていない様子でした。それにも関わらず無責任にも、スピーチの区切り毎に、聴衆の歓心を得るような一言を付け加えていました。「私は日中両国人民の友好が世代代続くことを希望しております！」

　❷聴衆はもちろん日本語がわかりません。このスローガンは高らかに響きます。毎回話の区切りの締めにこの言葉を言うので、会場には嵐のような拍手が巻き起こり、日本語がわからない人が聞けば、彼の訳は流暢で、盛り上がりのあるものだと感じたでしょう。しかし日本語を解する人からすれば、苦々しくもあり、おかしくもありました。

　❸ここで、再度強調しておきたいのですが、訳す時は、必ず一つ一つの語句と、（文章）全体の関係をきちんと処理する必要があります。翻訳というと、人々が考えたり、気にかけたりするのは、ある単語に対応する単語があるかどうかや、一つの単語、一つのフレーズをどのように訳すのかということです。これは、もちろんとても大切なことです。しかし一つのフレーズ、一段落の文、一篇の文章を訳し終えた後には、文章（あるいは話）の「全体の流れ」、則ち全体としてとらえる必要があります。このことはしっかり押さえておくべきです。

　❹別の言い方をするなら、一つの単語、一つのフレーズの問題は全て解決したとしても、訳文の「全体の流れ」を掌握、解決していなければ、成り立たないということです。それなのに、このことはしばしば軽視されています。厳密に言えば、一篇の文章や一つの作品（あるいは一席の講話）の思想内容、言葉遣い、風格の特徴は、一つのまとまった統一体なのですから、訳す時においても、それらを如実に再現するべきであるということです。

50　　第一部　基礎編

4 对翻译工作者的希望

（通訳者に期待すること）

　これで基礎編のトレーニングは終了です。頑張りましたね！

　最後に、劉徳有さんが"对翻译工作者的希望"（通訳者に期待すること）というテーマで、日本語を用いてスピーチしてくださいました。ご本人は"蹩脚的日语"（拙い日本語）と謙遜されていますが、品格のある美しい日本語です。ほんの一部分ですが、どうぞお聴きください。

→ 🎙 012_1-12B

【コラム】通訳奮戦記

花火に似た一瞬の勝負

　日本の都会でも蟬の声が聞こえるが、なんとなく心もとない。それに比べ北京の蟬は元気がよかった。もうふた昔も前のことではあるが、そのころ住んでいた友誼賓館の庭先から聞こえてくる蟬しぐれは、まるで盛夏を謳歌しているようだった。中国語では、蟬のことを「知了」(ジーリャオ)というが、その名の通り「ジーリャオ、ジーリャオ」というふうに聞こえるので、言いえて妙である。

　避暑地北戴河の夏も懐かしい。夜寝静まったころ、まるでアヒルが犬に出合ったときのような「ガアガア」という鳴き声に眠りを妨げられる。ホテルの従業員に尋ねるとなんと「蛙です」とのこと。懐中電灯片手に正体を見とどけようと外にでたが見つからず、蛙の大合唱だけが続いた。これは豊かな自然が残されていたあかしである。

　夏の風物詩と言えば、花火。だが中国では、むしろ冬、旧正月の時など家々の前で子どもたちが爆竹や花火に興じる。いまは都会ではあまり見られなくなったが、西安の郊外などでは、農家の窓から漏れている薄暗い明かりとは対照的に路地裏の花火が光っていた。

　花火と言えば、数年前「世界花火シンポジウム」が開かれ、その仕事で秋田県大曲市まで出向いた。会議前日の花火競技大会には、中国はじめ各国の創作花火が打ち上げられ、夜空を舞台にその華麗さを競いあった。私たち通訳も地元のご好意で、特設の観覧席でお弁当をいただきながら世界の花火を堪能することができた。こんな時はちょっぴり幸せな気分になる。

　しかしやはり明日のシンポが気がかりだ。花火の構造は？　スターマイン（連発）とは？　打ち上げられる花火についてアナウンスが入るたびに、雪の明かりならぬ花火の明かりを頼りに、パンフに記された名称などを確認する。その美しさに見ほれてばかりはいられないのだ。花火はドンという音とともに咲き、一瞬にして消えていく。通訳の声も一瞬の勝負、花火と通訳はここが似ている。

（日本経済新聞「通訳奮戦記」2000.9.6）

第二部　さまざまな通訳

1. リスニングの活用について

俗に「話じょうずは、聞きじょうず」と言われますが、これは正に通訳に向けられた諺ではないでしょうか。

ここにご登壇いただいたスピーカーは、いずれも中国の方で、このテキストではあくまでも中国語を聴くこと、リスニングに重点がおかれています。

情報化が急速に進む今日、リスニング力を向上させれば、活用できるよい教材が巷に溢れているといっても過言ではありません。本テキストを通してさらにリスニングに磨きをかけ、その後は通訳の実践やメディアを駆使してレベルアップを図り、さらには"学到老"、生涯学習をめざして欲しいと願っています。

中国語と日本語──似て非なるもの

会議通訳は、常に中国語と日本語との比較、対比の中で生きていると言えましょう。そのため、電子辞書やスマートフォンなどは片時も手放せません。

通訳をしていると、読み方は異なるものの、日本語をそのまま中国語に置き換えれば通用する語彙が少なからずあります。とくに歴史的な要因によって、医学、経済、政治などには多くの共通語があります。しかし、軽く考えていると多くの落とし穴があるので、やはり外国語であるとの認識に立って学ばなければなりません。

例えばよく耳にする"緊張"などでも、心理描写においては、全く中国語も日本語も変わりませんが、中国語ではさらに施設が満杯、あるいはトイレが立て込んでいるなどという時も"緊張"のひと言で表現します。それを「いまトイレが緊張しています」などとと日本語に直訳されると、ほんとうに「緊張」してしまいます。

またいとも簡単そうに見える"再説"なども、"…再説吧"のように末尾にくる場合「…ではまたにしましょう」とごく軽く受け流す感じですが、これを通訳が字面通り「もう一度おっしゃってください」と直訳すると、「いったい何度言わせるのか?」と不機嫌な顔をされるかもしれません。"再説一遍"のように「もう一度言ってください」なのか、末尾にくる"再説"なのかによって訳が違ってく

るので、しっかりニュアンスをとらえなければなりません。

　また"挑战"という単語を例に挙げると、日本語では「最高記録に挑戦する」などと使われますが、中国語の"挑战"はもっと出現頻度が高く、さらに強い意味あいを持っているように思います。"机遇和挑战"は、「チャンスと挑戦」というよりは、自らに投げかけられた「課題」あるいは「難題」「試練」で、つまり（発展の）チャンスでもあれば、プレッシャーでもあるという問題を指しているのです。また"中国的发展和繁荣不是威胁和挑战"の"挑战"は、「脅威」と並列で、「中国の発展と繁栄は脅威でもなく、挑戦（敢えていえば相手に対する挑発行為）でもない」、つまり「脅威」と同列に扱って、否定しているわけです。もちろん"挑战"＝チャレンジで、日本語と全く同じ使い方もできますが、中国語のそれは相手に対するより強い働きかけの意味があるようです。

　このようにリスニングの過程で、さまざまな表現上の違いに注意しながら学んでください。

通訳の場で積極的に活用を！

　リスニングを通して学んだことを通訳の場で活用するように心がけましょう。つまり、聴くという受け身の姿勢から、通訳の場での積極的な使用へと転化させ、大いに活かしていくということです。実際に使ってこそ初めて自分の言葉になるのです。

　例えば2010年に起きた、「韓国哨戒艇沈没事件」は、中国では"天安号沉船事件"と呼んでいました。事件後まもなく日本を訪れた温家宝首相（当時）をNHKのキャスターがインタビューした際にこの事件が話題の一つとしてとりあげられました。

　温首相は元来、このような場合に原稿の棒読みを避け、自分の言葉で語ることを旨としておられるとうかがいました。これは、一問一答の逐次通訳形式ですが、日本側通訳は、キャスターの言葉を中国語に訳出するにあたって、できるだけ手っ取り早く、相手にポイントを伝達しなければなりません。まさに"一针见血地指出"という必要に迫られるわけですが、"下面是有关天安号沉船事件的问题"とでも前置きし、いち早くボールを投げれば、ながながとした質問の訳出を待たずに、多分、温首相の頭は、この問題をめぐってフル回転しはじめるはずです。

　このように、日ごろ日中双方の異なる時事用語などに注意し、リスニングで身に付けた成果をフィードバック（"反馈"）させ、以心伝心の域に達するよう心がけたいものです。

54　第二部　さまざまな通訳

"主旋律" に注目を！

　たえず登場する中国語の造語や新語への興味は尽きません。

　テレビの天気予報で、猛暑を示すのに "高温天気的烤验" というスーパーが出てきました。"考验"（試練）の韻を踏んで "烤验" とすると、まるでじりじりと焼けつくような暑さが伝わってくるようです。

　ベランダから誤って落ちた子どもを下で受け止め、間一髪のところで救った警官を "铁臂交警"（鉄腕警官）と称して表彰したり、また急速に進む高齢化社会を "未富先老"（富めるまえに高齢化）と表現するなど、表現のおもしろさ、豊かさは、枚挙にいとまがありません。

　また一方で、一世を風靡した "为人民服务" も "为人民币服务" などと揶揄されています。たしかに多様化する社会にともなって日本と同様、中国の言葉も文化も多様化し、大きな変貌を遂げつつあります。

　しかし、人々の心の底に脈々と流れる思想あるいは風習は、そう簡単に変わるものではありません。ましてや同時通訳を必要とするようなフォーマルな会議では、発言の内容は多元的になりつつも、やはり "主旋律"（主旋律、基本的な観点）が貫かれているように思います。

　若い通訳者が「周恩来首相」をそのまま "周恩来首相" と訳したら、すかさず中国側のメンバーから "总理" と訂正されたそうです。多くの人に親しまれている "周总理" を "shǒuxiàng" と訳すと、誤訳でなくても相手は違和感を覚えるのです。

　では、主旋律、基本的な観点とは何か？

　要約すれば、儒家の思想、社会主義革命の理論、全人代の『政府活動報告』の趣旨などに裏付けされた、長年にわたって中国人の中に培われてきた思考方法や未来への展望などを基調とした考え方と言えるのではないでしょうか。中国には、日本とは異なる土壌があることを理解したうえで、中国人の機微に通じるように努めることが大切です。

　通訳をしていると、ややもすれば、表現のおもしろさに捉われて、"主旋律" をおろそかにしてしまいがちですが、スピーカーの言葉の端々からも、その底に流れる考え方、"内涵"（深さ）を汲み取るよう努力したいものです。

　そして何よりも大切なのは、国交回復前に提唱された "以民促官" の原点に返り、その意義を見つめ直し、日本と中国の民間の絆を深めることではないでしょうか。

2. 第二部の練習方法——同時通訳について

　ここでは、スクリプト毎に「第一部　基礎編」の冒頭で提示したさまざまな通訳トレーニングの方法を用い、できるだけ実際に則した訓練が行えるよう心がけています。さらにそれらの練習方法をベースにしながら、第二部からは、同時通訳の音声を配し、同時通訳とはどのようなものか、どうすればマスターできるのかなどを実感していただけるよう配慮しています。

　音声は🎤がスピーカーによる原音、🎧が同時通訳入りのトラック番号を示しています。

　同時通訳の訓練では、実際の状況に近づけるため、ヘッドホンを使用することをお勧めします。

　まずヘッドホンをつけ、左耳で原音を聴き、右耳で自分の声を聴くようにします。この場合、原音は必ず左耳でという決まりはなく、多くの方がそうしているだけに過ぎません。その時、自分の声が聴こえるように右耳のヘッドホンをややずらすようにします。さもないとスピーカーの声と自分の声が混線して、もっとも大切な原音のリスニングの妨げになってしまいます。このように同時通訳は、二つの異なる音声を脳の中でいかに棲み分けするかがポイントです。

　例えば、左耳でスピーカーの声を、右耳で自分の声を聴く場合、原稿なし同通なら、ボリュームを大きめにした上で、左耳はヘッドフォンをしっかりあて、原音をできるだけはっきりとらえるようにします。その間右耳は、ヘッドフォンを少しずらし、自分の声がかすかに聴こえればいいのです。一方、同じ同時通訳でも、原稿ありの同通なら、ボリュームをやや小さ目に設定しても構いません。ただごくわずかですが、両耳にぴったりヘッドホンを当てても、頭の中で原音と自分の声を棲み分けられるという通訳もおられます。

　では難しそうにみえる同時通訳が、なぜ可能なのでしょうか？

　ヒトは誰しも、発話する際、何をしゃべるか考えつつしゃべります。しかし同通では、しゃべる内容を司るのは、自分の脳ではなく、左耳から聴こえてくるスピーカーの音声です。それにもとづいて発話する、通訳するわけです。一見難しそうですが、経験的にみて、通訳をめざす受講生のうち9割は、半年程度でこのテクニックをマスターできます。課題は、むしろ同通のテクニックそのものより、高度な語学力と何にでも対応できる幅広い知識と言えましょう。

　では同通は、どこまで訳せばクリアしたと言えるのでしょうか？

　1日の仕事を終えて、その成果をふり返った時、出来不出来をある程度自分で

56　第二部　さまざまな通訳

推測できますが、やはり最終的には聴衆の判断を仰ぐほかありません。

　しかし、同時通訳に臨んで、準備の段階でどこまでその会議の内容に迫れるか、また的を射た準備ができるかに左右されることは間違いありません。

　通訳の第一歩は事前の準備からといっても過言ではありません。ある二十歳そこそこの女性から「中国のご夫妻の一日観光案内の通訳を頼まれたのですが、どうしたらいいのですか？」と訊かれました。「まずは、観光ルートをよく調べ、地名や由来などを日中両国語で言えるかどうか、予習しておいたら……」と伝えておきましたが、活躍中の同時通訳者は、普通だれでも自己流の単語帳を数冊は持っているでしょう。事前にできる限りの準備をしたという自信が、その日の通訳の出来ばえに反映されるのです。

　ただスピードについていけない、専門的すぎて内容が理解できないなど、にっちもさっちもいかず、胸元を冷や汗が走ったこともあります。すべてがバラ色ではないのです。

　ご承知のように仕事としての同時通訳には、専用のブースや器材が必要なので、いつでもどこでもという訳にはいきません。したがって本書では、むしろ集中力や反応を磨く有力な手立てと思ってチャレンジしてください。

　さてここにご登壇いただく中国のスピーカーは、ベテランから中堅どころ、さらに若手まで、そしてテーマもメディア、音楽、流行語「プラスのエネルギー」、恐竜、通訳の想い出話など多岐にわたっています。

　張麗玲社長は「まずは相手を理解すること」の大切さを説き、日ごろ日本でメディアの仕事に打ちこんでいらっしゃいます。また中国一流のバイオリニスト盛中国先生は、ピアニストのご夫人とともに毎年のように日本の小学校を訪れ、演奏はもちろん、民族楽器を贈られたりしています。中国で流行りの「プラスのエネルギー」（正能量）を熱っぽく語る楊琳さんは、前途を嘱望された、中国国際友好連絡会の若い通訳者です。徐星先生は、中国でも屈指の恐竜研究者で、世界を舞台に飛び回っておられ、インターネットのサイトを開けば、面目躍如たる活躍ぶりがうかがえます。そして真打は、お馴染みの劉徳有先生による、半世紀以上の時空を越えていまなお色褪せぬ通訳体験談です。

　なお音声は、オフィスや北京のご自宅にお邪魔して録音させていただいたものです。録音環境の制約もあり、録音状態は必ずしも理想的とはいえませんが、どうぞ面と向かってスピーカーの話を聴くようなつもりで、意味を咀嚼、吟味し、通訳の向上に努めてください。

努力成为增进了解与交流的桥梁

逐次通訳

張麗玲　CCTV 大富社長
浙江省生まれ。1989年来日。商事会社に勤めながら、日本で生きる中国人留学生を追ったドキュメンタリー・シリーズ「私たちの留学生活〜日本での日々〜」（全10作品）を企画・制作。1998年より現職。

📞 013_2-1-1B 〜 017_2-1-5B
🎧 018_2-1-1C 〜 022_2-1-5C

　ここに掲載されている（株）大富・張麗玲社長のスピーチは、今回本書の刊行にあたり、編者の要望に応えて、お忙しいなか直接お話をいただいたものです。
　ここでは主に逐次通訳の練習をしますが、このところ逐次通訳は、同時通訳の陰に隠れてやや影が薄くなっているように見受けられます。しかし、テーブルを挟んでの2国間の首脳会談はじめ、レセプションの挨拶や技術交流、企業間の商談、観光案内などは、ほとんど逐次通訳で行われており、逐次通訳は依然、通訳形態の主流と言えましょう。
　ただ前述の通り、本書でも同時通訳の練習方法を取り入れ、またその音声を収録しているのは、端的にいえば集中力や瞬発力を高めるためです。
　逐次であれ同通であれ、スピーカーが発話すると同時にリスニングをスタートします。逐次の場合は、それを数分間、記憶に留めておいてから発話、つまり通訳し始めます。一方同通の場合は、数秒置いて発話し、通訳しながら引き続きスピーカーの次の言葉に耳を傾けます。
　しかし逐次通訳とはいえ、記憶に留めるためにメモを取り、それを見ながら翻訳していくのではありません。スピーカーの声とともに通訳しなくても、頭脳はフル回転してもう一つの言語への変換をはじめているのです。そのメカニズムは、両者に何ら違いはありません。
　1年ほど前、あるレセプションの挨拶の逐次通訳を聴きながら、中国側に伝えるべき内容のうち半分程度が欠落しているのに気付きました。どうも原稿がある部分とその場で付け足した部分が混在していて、アドリブの個所の通訳が、がくんとレベルダウンしているようでした。そこで「メモを！」とアドバイスしたい

ところですが、実際には、そう一筋縄ではいきません。思えば駆け出しの頃、かろうじてメモは取ったものの、緊張の余り手が震えて、メモが読めなくなったこともありました。たまにメモを取らずにスピーカーの言葉をみごとに通訳される方を見受けますが、やはりフォーマルな挨拶などにはメモが欠かせないのではないでしょうか。

　ここでは、まずリスニング、次にシャドーイング、そして逐次通訳というパターンで学習し、最後のスクリプト4、5では、語句の予習を終えたら、すぐに逐次通訳にチャレンジしてみましょう。また各スクリプトの後ろに仕上げ練習がありますので、内容の理解度をチェックしてみてください。

STEP 1 ————

逐次通訳とメモ

　逐次通訳には、メモが欠かせません。では逐次通訳におけるメモはどのように書けばよいのでしょうか。

　それは聴こえてくる音声をすべて記録する「速記」とも、学校での「講義ノート」やインタビュー記事を作成するためのメモとも要領が異なります。通訳用のメモはその場で記憶をたぐりよせられればよいわけですから、すべてを記録する必要はありません。

　実際に逐次通訳の場合、話を聴きながら頭の中で訳を組み立て始めています。まず「耳」と「脳」を使って話の筋道を追うことが最も重要であり、メモを書かなければと意識しすぎて話の筋道を追えなくなるようでは、むしろ通訳はうまくいきません。

　例えば、知らない場所に初めて行く時のことを考えてみましょう。多くの場合、あらかじめ地図で調べたり、道を尋ねたりして、目的地をめざすと思いますが、いずれも目印になる建物やどの曲がり角をどちらに行くかなどのように要所を確認して向かうことでしょう。つまり略図があれば、途中の建物をひとつひとつ確認しなくても目的地に行くことはできるのです。

　通訳メモは、言ってみれば話の「筋道」の「目印」や「曲がり角」を中心に書きとめる作業です。それ以外に、数字や固有名詞など、一度聴いただけでは覚えきれないものも書きますが、恐らくそこまででもう精いっぱいでしょう。「目印」

努力成为增进了解与交流的桥梁——張麗玲　　59

や「曲がり角」など要点と要点のあいだは、通訳者がその場の「理解」をもとに埋めていくのです。

　それでも「長い話は覚えきれない」と不安に感じるかもしれません。通訳をする際にある程度の「記憶力」は大切ですが、通訳者の記憶力がとびぬけて優れているとは思いません。話す人が早口だったり、長く話したりした場合、途中でついていかれなくなり、苦しい思いをすることも多々あります。どうしてなのだろうと考えると、恐らく「記憶」の問題というよりは、どこまで話を「理解」できたかという「理解力」の問題ではないかと感じています。

　逆に言えば、「理解」できる話は、メモもスムーズにとれるし、メモを書かなくても訳せるかもしれません。ただ、ライブで瞬時に訳さなければならない逐次通訳で、はたして話の「筋道」にどこまで喰いついていかれるか、実際には話が始まってみないことにはわかりません。万が一、聴き落としや理解できなかったことがあれば、話し手に聴き返して内容を確認する選択肢も無いわけではありませんが、やはりメモをとりながら聴く習慣をつけるのが望ましいのです。

　通訳メモは矢印などの記号を使ったり、頭文字だけを書いたり、他人が見ても何のことやらさっぱりわからないことでしょう。記号の使い方や略し方は、きっちりとした決まりごとがあるわけではなく、その人、その時々によって実はマチマチです。話の筋をたどり、話の内容をイメージできるものであれば、どんな書き方でもよいのです。

　手始めに母語だけで練習してみるとよいかもしれません。つまり、日本語ネイティブの人ならニュースなどの日本語音声をメモしながら聴き、内容を日本語で再現してみるのです。多くの人にとっては、母語のほうが聴いて理解しやすいわけですから、おそらく何から何まで書かなくても、要点だけを書き記せば再現できるのではないでしょうか。

メモの取り方──実践

　スクリプト1（☎013_2-1-1B）は、時間にして約3分です。そこで中国語ネイティブのYさんにチャレンジしていただきました。Yさんは、次ページのようにすべて中国語でメモし、ほぼ95％日本語に訳出されました。

　では☎013_2-1-1Bを聴きながら、どのようにメモを取っているのか参照してください。

60　第二部　さまざまな通訳

このメモと 63 ページのスクリプト 1 とを比較してみてください。メモの取り方は人それぞれ異なりますが、**A** **B** **C** の段落ごとに比較すると、メモの取り方の要領がある程度理解できます。

STEP2 では、メモを取って逐次通訳するという練習を中心に進めていきましょう。

STEP 2

スクリプト 1 🎧 013_2-1-1B

もう一度音声を聴きましょう。

日本ではカタカナ語になってしまった語彙が多く出てきます。この際メディア
関係の用語をしっかり身に着けてください。

✳ 語句

A

shòu…zhī yāo	受…之邀	…の求めに応じ、…のお求めにより
kànshangqu	看上去	見たところ。「見上げる、下から見る」の意味になることもある
quēfá	缺乏	不足している、欠いている
yīngyǒude	应有的	あるべき、持つべき
bǐcǐ	彼此	互いに
shènzhì	甚至	甚だしきに至っては、ひどい場合には、ひいては

B

hūyù	呼吁	呼びかける
hài rén hài jǐ	害人害己	人を傷つけ自らをも傷つける
yuèfā…	越发…	益々…、いよいよ…
hòuguǒ	后果	あとの結果（悪い結果を言うことが多い）
jīlìzhe wǒ…	激励着我…	…するように私を励ましている
yíxìliè	一系列	一連の
yèyú shíjiān	业余时间	仕事の余暇
jìlùpiàn	纪录片	記録映画、ドキュメンタリーフィルム
tóushēnde	投身的…	身を投じているところの、打ち込んでいるところの
diànshì méitǐ gōngzuò		
	电视媒体工作	テレビメディアの仕事

C

diànshì píndào	电视频道	テレビチャンネル
méitǐ qǐyè	媒体企业	メディア企業
CCTV Dàfù píndào		
	CCTV大富频道	CCTV大富チャンネル

62　第二部　さまざまな通訳

Fènghuáng Wèishì píndào

	凤凰卫视频道	フェニックス衛星放送チャンネル
bōchū	播出	放送する
gù míng sī yì	顾名思义	文字通り、名称を見てその実質を判断する
xīnwén lánmù	新闻栏目	ニュース記事、コラム
diànshìjù	电视剧	テレビドラマ
qǐhuà	企划	企画する
xiàngmù	项目	プロジェクト

▶ リスニング

通訳の基本的には音声のみのやり取りになります。全ての単語の意味がわかったところで、このスクリプト 1 をさらに聴いてみましょう。

▶ シャドーイング

次にスクリプトを見ないで、シャドーイングをしましょう。

▶ 逐次通訳

A B C の段落ごとに音声を止めて、メモを取り、逐次通訳の練習をしてください。慣れたらスクリプト 1 を通しで逐次通訳してみましょう。

スクリプト 1

A 大家好！ 我叫张丽玲。

受神崎老师和东方书店出版社之邀，和各位有这样的一个机会交流，我感到非常荣幸。

二十几年前，作为一名留学生，我来到日本。到日本之后我最深刻的感受是，中日两国虽然是一衣带水的邻邦，但中国民众对日本社会的了解很不够，日本民众对中国社会的了解也很不够。另外，中国人和日本人虽然在外表上看上去，没什么区别，不少风俗习惯表面上看去也很相似，但在价值观等思维方式方面，中日两国民众之间的区别非常大，外表相似但内心世界完全不同。对于这一巨大区别的存在，中日两国民众都缺乏应有的足够的认识和重视。由于彼此缺乏了解和

努力成为增进了解与交流的桥梁——張麗玲　　63

交流，由于彼此对各自特点缺乏足够的认识和尊重，很容易产生不理解，甚至误解和偏见。

B "中日是近邻，应当世代友好"，中日双方许多人都这样呼吁。我认为首先是要加强了解和交流，这是原点。这不仅是二十几年前我到日本后不久的感受，而且经过二十几年在日本的亲身经历，这种感受越发深刻。

误解与偏见，害人害己。对于国家与民族，对于未来，后果更为严重。尽自己的微薄之力，为增进中日民间的相互了解和交流做些贡献，这一使命感，激励着我走到今天，包括克服一系列困难，利用十年的业余时间去制作纪录片，以及我现在投身的这份电视媒体工作。

C 我所在的大富公司是运营电视频道的媒体企业。目前主要运营两个 24 小时的综合电视频道，频道名为"CCTV 大富频道"和"凤凰卫视频道"。CCTV 大富频道主要播出中国中央电视台的节目。凤凰卫视频道顾名思义主要播出凤凰卫视的节目。除了运营电视频道之外，大富公司出版发行报纸，制作电视新闻栏目以及电视剧、纪录片等不同类型的电视节目，企划和举办大型文化交流项目与活动等等。

● **訳例**

A 皆さん、こんにちは。私は張麗玲と申します。

神崎先生と東方書店からのお求めにより、皆さんとこのような交流の機会を持つことが出来て、大変光栄に存じます。

二十数年前、私は一人の留学生として日本にまいりました。日本に来てから私が最も深く受けた印象は、中日両国は一衣帯水の隣国であるとはいえ、中国の人々の日本の社会に対する理解が大変不足しているということと、日本の人々の中国の社会に対する理解も大変不足しているということでした。他にも、中国人と日本人は外見からすると別に異なるところもなく、多くの風俗や習慣も表面から見るととても似通ったところがあります。しかしながら、価値観や思考スタイルの面では中日両国の人々の違いはとても大きく、外見は似ていても考え方は全く異なります。この実に大きな違いの存在に対して、中日両国の人々はともに本来持つべき充分な認識と尊重を欠いていると思います。お互いの間の理解と交流が不足しているがために、そしてそれぞれの特徴に対して充

64　第二部　さまざまな通訳

分な認識と尊重を欠くがために、理解できないとか、誤解や偏見さえたやすく生じさせてしまいます。

　B「中国と日本は近隣であり、代々にわたり仲良くすべきである」と中日双方の多くの人々が皆このように呼びかけています。私はまず必要なのは理解と交流を深めることであり、これが原点だと思います。これは二十数年前に私が日本にやってきて間もなく持った思いであるばかりでなく、その後日本における二十数年にわたる私自らの日本での体験からしても、このような思いは益々深まるばかりです。

　誤解と偏見は、人を傷つけ自らをも傷つけます。国家と民族に対して、そして未来に対して、その与える影響は益々深刻なものとなります。微力とはいえ自分の力を尽して、中日民間の相互理解と交流を深めるために貢献するという使命感が、私の今日までの歩みを励ましてきました。それには、一連の困難を克服し、10 年にわたり仕事の余暇を利用してドキュメンタリーを制作したり、そして私が現在打ち込んでいるこのテレビメディアの仕事も含まれます。

　C 私がおります「大富」という会社は、テレビチャンネルを運営するメディア企業です。現在主として二つの 24 時間の総合テレビチャンネルを運営しており、その名称は「CCTV 大富チャンネル」と「フェニックス TV（鳳凰衛視）チャンネル」です。CCTV 大富チャンネルは主に中国中央テレビの番組を放送しています。フェニックス TV チャンネルは文字通り主にフェニックス TV の番組を放送しています。テレビチャンネルの運営以外に、（株）大富では新聞を発行し、テレビニュースコラムやテレビドラマ、ドキュメンタリー番組等異なるタイプのテレビ番組を制作し、大規模な文化交流プロジェクトやイベントなども企画、開催しております。

✲ 仕上げ練習

以下の問いに中国語で答えましょう。

(回答はすべてスクリプトの中にあります。どうぞ復習してください)

＊张社长初次来到日本时，她最深刻的感受是什么？

＊中国人和日本人在哪些方面很相似？ 在哪些方面完全不一样？

＊张丽玲社长为什么那样热情地从事电视媒体工作呢？

＊如果中日两国之间存在误解与偏见，会给两国带来什么样的影响呢？

スクリプト2　📻 014_2-1-2B

　まず語句の予習をしてからリスニングにトライしましょう。前半は比較的わかりやすいのですが、後半、カタカナの日本の企業名称や、お馴染みの「スカパー」なども入ってきますので、注意して聴きましょう。

　自信のある方は、語句の予習を飛ばして次へ進んでもけっこうです。

✳ 語句

shíshì xìnxī	时事信息	時事ニュース
wéiràozhe	围绕着…	…を巡って、…のもとに
zhǔguǎn yèwù	主管业务	主な業務、主管業務
kāibō zhìjīn	开播至今	放送開始から今日に至るまで、開局以来
dǐnglì hézuò	鼎力合作	大いなる協力、ひとかたならぬ協力
yìyì shēnyuǎn	意义深远	意義が奥深い
zhòngdà tūpò	重大突破	大きな躍進
jìnchéng	进程	プロセス、コース、進んできた道
luòdì	落地	生まれ落ちる、根付く
gǔdōng	股东	株主
Jīngcí Gōngsī	京瓷公司	京セラ
Fùshì diànshìtái	富士电视台	フジテレビ
qiānshǔ hézuò xiéyì	签署合作协议	提携合意書に調印する
wúfǎ shōukàn	无法收看	視聴しようがない
zhùqǐ	筑起	築く
wènshì	问世	世に出ること、出版する
guànmíng wéi…	冠名为…	…と名付ける
Guāng TV	光 TV	ひかり TV
bōchū píngtái	播出平台	放送プラットフォーム

▶ リスニング

　さらに数回音声を聴きましょう。

▶ シャドーイング

　次にシャドーイングをしましょう。できるだけスクリプトを見ないで行ってください。

66　第二部　さまざまな通訳

▶ 逐次通訳

さらに音声を聴きながら、前述の要領でメモ取りにチャレンジし、逐次通訳してみましょう。まずは2文まで、3文まで続けて訳し、次に段落ごとの逐次通訳をめざします。

スクリプト2

大富公司的事业理念是努力向日本观众、华侨华人介绍中国最新时事信息和中国文化，推进中日民间相互了解与友好交流。

大富公司运营的2个频道以及其他文化交流活动等等，都始终围绕着这一理念在进行。

在大富公司的主管业务中 CCTV 大富频道起步最早，从1998年7月1日开播至今已经连续播出运营了近十五年。也在两国建立了一定的信赖与支持，包括知名度。

去年也就是2012年1月，经大富公司以及各方面的鼎力合作，（大家的）在大家的努力下，全面实现了中国中央电视台 CCTV 大富频道采用日语和中文播出。这是一个高难度并意义深远的重大突破，也引起了广泛的关注。

在此，我想向各位介绍一下 CCTV 大富频道的发展进程，供各位参考。

以"促进中日民间相互了解与友好交流"为事业宗旨的中国中央电视台落地频道"CCTV 大富"，是在中日合作双方的共同努力下，于1998年7月1日在日本正式开播。到今年7月，CCTV 大富频道将迎来开播15周年。

大富公司是 CCTV 落地日本播出事业而专门成立的媒体企业。目前的股东由京瓷公司、富士电视台、电通、ASATSU–DK 等日本著名企业组成。

1998年，大富公司与中央电视台签署合作协议，实现中央电视

台在日本播出，结束了在日本无法收看中国电视节目的历史，为增进日本各界了解中国和中国文化，推进中日民间相互了解与友好交流合作，筑起了一座前所未有电视传媒桥梁。为纪念这一具有深远意义的频道问世，中日双方合作，特为频道冠名为"CCTV 大富"。

目前，CCTV 大富频道在"SKYPerfecTV"还有"光 TV"等播出平台都有播出。

● 訳例

（株）大富の事業理念は、日本の視聴者と華僑華人に向けて中国の最新時事ニュースと中国文化を紹介することに努め、中日民間の相互理解と友好交流を推し進めることにあります。

（株）大富の運営する二つのテレビチャンネルおよびその他の文化交流事業などは、いずれも常にこの理念のもとに進められております。

（株）大富の主な業務の中では、CCTV 大富チャンネルの放送開始が最も早く、1998 年 7 月 1 日の放送開始から今日に至るまで、すでに 15 年近く連続して放送運営されてきました。そして知名度も含め、両国の間に一定の信頼と支持をも得ております。

2012 年の 1 月、（株）大富および各方面の力強いご協力と皆さんの努力の下に、中国中央テレビ CCTV 大富チャンネルは日本語と中国語による放送を全面的に実現致しました。これは一つの難度の高い、そして非常に深い意義のある大きな躍進であり、広く各方面から注目されました。

ここで、私は皆さま方に CCTV 大富チャンネルの今日までの歩みをご紹介し、ご参考に供したいと思います。

「中日民間の相互理解と友好交流を促進する」ことを事業主旨とする中国中央テレビから生まれたチャンネル「CCTV 大富」は、中日双方の協力のもとに共に努力した結果、1998 年 7 月 1 日、日本で正式に放送を開始しました。今年（2013 年）の 7 月で CCTV 大富チャンネルは放送開始 15 周年を迎えようとしています。

（株）大富は CCTV が日本に放送事業を根付かせるために設立されたメディア企業です。現在株主として京セラ、フジテレビ、電通、ASATSU-DK 等日本の著名な企業が名を連ねています。

1998 年、（株）大富は中国中央テレビと提携合意書に調印しました。中国中央テレビの日本における放送が実現し、日本で中国のテレビ番組を見ることができなかった歴史に終止符を打ち、日本の各界の中国と中国文化に対する理解を深め、中日民間の相互理解と友好交流協力を推進するために、いまだかつて

無かったテレビメディアの架け橋が築かれることになりました。この深い意義のあるチャンネルの誕生を記念して、中日双方の協力のもと、特にこのチャンネル名を「CCTV大富」と名付けることにしたのです。

　現在では、CCTV大富のチャンネルは、「スカパー！（skyperfectv）」「ひかりTV」などの放送プラットフォームで放送されています。

✳ 仕上げ練習

次の問いに中国語で答えましょう。

＊大富公司的事业理念是什么？

＊大富公司是从哪一年开始在日本采用日语和中文播出中国中央电视台节目的呢？

＊大富公司采用日中两国语言播出CCTV的节目，有什么样的意义？给社会带来什么样的影响？

＊CCTV大富是一家什么样的企业？ CCTV大富频道的发展进程如何？

スクリプト３　📻 015_2-1-3B

　まずはリスニングです。スクリプトを見ないで音声を聴き、リスニングの理解度を確かめましょう。

✳ 語句

zūnxún…zōngzhǐ	遵循…宗旨	…の趣旨に従って、基づいて
quánnián wúxiū	全年无休	年中無休
zìzhì bōchū	自制播出	自主制作して放送する
běntǔhuà jiémù	本土化节目	ローカライズされた番組
bànsuí…	伴随…	…にともなって
gǎnzhī	感知	感知する、知る
jīngshén jiāyuán	精神家园	心のふるさと
zhòngyào chuāngkǒu	重要窗口	重要な窓口
yíngdé…hǎopíng	赢得…好评	…の好評を博す
shùnyìng…	顺应…	…に順応する、…に即して

Rìyǔ Zhōngwén shuāngyǔ bōchū

日语中文双语播出　日本語中国語2か国語放送

努力成为增进了解与交流的桥梁——張麗玲　　69

xīnwén jiémù	新闻节目	ニュース番組
tóngbù shíshí bōchū	同步实时播出	リアルタイムでシンクロ（同時に）放送する
yìzhì Rìyǔ zìmù	译制日语字幕	日本語字幕を訳出する
jū…de dì yī míng	居…的第一名	…の第1位を占める
búduàn shēngwēn	不断升温	絶えず温度が高まる、絶えず強まる
shì zài bì xíng	势在必行	時代の流れとして当然の結果
yǐ…wéi jǐrèn	以…为己任	…を自分の責任とする
yìliú tóngchuán	一流同传	一流の同時通訳者
hàohàn	浩瀚	巨大な
kuàyuè…bìlěi	跨越…壁垒	…の壁を乗り越える
kāichuàng	开创	切り開く
qián suǒ wèi yǒu	前所未有	いまだかつて無かった
zhídáchē	直达车	直行便、直通列車

▶▶ シャドーイング

単語の意味を確認したうえで、シャドーイングを行い、滑らかな中国語表現ができるようにしましょう。

▶▶ 逐次通訳

音声を聴きながら、適度に区切ってメモ取りにチャレンジし、逐次通訳をしてみましょう。

スクリプト3

　　开播十五年来，大富公司遵循增进中日民间相互了解与交流的事业宗旨，坚持 CCTV 大富频道 24 小时播出，全年无休。CCTV 大富同步播出中央电视台节目，为满足广大观众需求，还自制播出《日本新闻》等本土化节目。在长达 15 年的岁月里，CCTV 大富频道伴随世代发展变化，努力满足观众要求，积极采取不同方式，向广大华侨华人和日本民众全面真实展现中国发展变化，深度介绍中国的政治、经济、文化、社会、历史、民俗等等，成为了深受华人华侨观众欢迎

的精神家园，成为日本观众了解中国发展和感知中国文化魅力的重要窗口，为增进中日两国民间的理解和友好交流，做出了积极的贡献，也赢得了观众以及中日各界的广泛好评。

为顺应时代发展，满足越来越多的日本观众希望了解中国最新信息的需求，大富在股东和 CCTV 等中日有关方面的支持合作下，克服种种困难，终于于 2012 年 1 月，全面实现了 CCTV 大富频道日语中文双语播出。

实现日语播出的 CCTV 大富频道，每天大量的 CCTV 新闻节目，全部采用日语同声传译方式，同步实时播出。电视剧、纪录片、娱乐、健康等非新闻类节目，全部译制日语字幕播出。每天播出日语节目的数量达 22 小时以上，居日本播出外国语电视频道的第一名。

正如大家所知道的，CCTV 大富频道于 1998 年 7 月开播以来的十余年里，中国经济迅速发展，中日两国在经济等领域的交流与合作日益紧密深入，中日关系以及世界局势也是充满变化。在这十多年里，许多日本观众希望了解中国的需求不断升温，CCTV 大富频道早日实现日语播出，势在必行。

一向以成为中日两国友好桥梁为己任的大富公司，高度重视并努力推进 CCTV 大富频道实现日语化播出。但由于这是一件需要综合力量集合起来，包括需要大量一流同传老师和映像字幕翻译人才，还需要投入巨大的资金等等，才有可能完成的难度巨大的浩瀚工程。

经过各方面的努力，CCTV 大富频道终于于去年 1 月，也就是 200…2012 年 1 月，成功地跨越了巨大的语言壁垒，全面实现了日语播出。为许多日本观众开创了一个能够通过日语随时了解中国最新信息、中国社会和各地情况、民众生活，感知中国文化、历史、风俗等各方面情况的前所未有的直达车。

● 訳例

開局以来 15 年、（株）大富は中日民間の相互理解と交流を増進するという事

業主旨に基づいて、CCTV 大富チャンネルの 24 時間放送、年中無休を堅持してきました。CCTV 大富は中国中央テレビの番組を同時放送するとともに、幅広い視聴者のニーズに応えて、「日本ニュース」といった独自の番組も自主制作放映しています。15 年の長きにわたる歳月の中で、CCTV 大富チャンネルは時代の発展と変化にともない、視聴者のニーズに応えるために、積極的に異なるスタイルを採用して、広範な華僑華人と日本の民衆に向けて中国の発展と変化を全面的に如実に表現し、中国の政治、経済、文化、社会、歴史、民俗等々を深く紹介して、華人華僑の視聴者に深く喜ばれる心のふるさととなっています。また日本の視聴者が中国の発展を理解し、中国文化の魅力に触れる重要な窓口ともなっており、中日両国の民間の理解と友好交流を増進するため積極的に貢献し、視聴者および中日各界の幅広いご好評を得ております。

時代の発展に即して、増え続ける日本の視聴者の中国の最新情報を知りたいというニーズに応えて、大富は株主と CCTV 等中日の関係各方面のご支持と協力のもと、様々な困難を克服し、ついに 2012 年 1 月、CCTV 大富チャンネルの日本語中国語 2 か国語放送を実現しました。

日本語放送を実現した CCTV 大富チャンネルは、毎日の CCTV ニュース番組全てにおいて日本語同時通訳を採用し、リアルタイムでシンクロ放送しています。テレビドラマ、ドキュメンタリー番組、娯楽、健康などのニュース以外の番組も、全て日本語訳字幕を作成して放送されます。毎日の日本語付番組の放送量は 22 時間以上に達します。この量は日本で放送される外国語テレビチャンネルでは首位を占めます。

皆さまご承知の通り、CCTV 大富チャンネルが 1998 年 7 月に放送を開始してより 10 年余りの間、中国経済は急速に発展し、中日両国の経済等の領域における交流と協力は日増しに緊密化し、中日関係および世界の情勢も変化に充ちたものでした。この十数年来、多くの日本の視聴者の中国を知りたいというニーズは絶えず高まっており、CCTV 大富チャンネルが他に先駆けて日本語放送を実現したことは、時代の流れとして当然の結果でした。

これまでもずっと中日両国の友好の懸け橋となることを自らの任務としてきた（株）大富は、CCTV 大富チャンネルの日本語放送の実現を非常に重視し、且つ推進してきました。しかしこれは、多くの一流の同時通訳の先生方や映像字幕の翻訳スタッフを必要とし、さらに莫大な資金の投入が必要とされるなど、総合的な力を結集してこそ達成できるという大きな難度を抱えた巨大プロジェクトでした。

各方面の努力の結果、CCTV 大富チャンネルはついに 2012 年 1 月、この大きな言葉の壁を乗り越えることに成功し、日本語放送を全面的に実現しました。そして日本の多くの視聴者のために、中国の最新情報、中国社会と各地の状況、

民衆の生活などを知らせ、中国の文化、歴史、風俗等各方面の状況を知らせる未曾有の「直通列車」を誕生させたのです。

✳ 仕上げ練習

次の問いに中国語で答えましょう。

＊ CCTV 大富实现日语化播出，为什么说这是难度巨大的浩瀚工程呢？

＊ CCTV 大富实现日语化播出，为什么可以说是给日本观众开创了了解中国的"直达车"呢？

＊ CCTV 大富频道之所以能够成为了深受华人华侨观众欢迎的精神家园之原因是什么？

スクリプト4 ☛ 016_2-1-4B

まずはリスニングです。スクリプトを見ないで音声を聴き、リスニングの理解度を確かめましょう。

✳ 語句

bùtóng shíduàn	不同时段	異なる時間帯
liàngdiǎn	亮点	ハイライト、優れた点、際立ったところ
shōushì xūqiú	收视需求	視聴ニーズ
xīnwén gǎo	新闻稿	ニュース原稿
xīnwén zhǔchírén	新闻主持人	ニュースキャスター
fùshù	复述	繰り返して言う
jìngyǎng	敬仰	敬慕する
fánshì	凡事	万事、何事も
yì sī bù gǒu	一丝不苟	念入りにきちんとやる、少しもいい加減にはしない
chí zhī yǐ héng	持之以恒	根気よく続ける、あくまでもやり通す
xīnlíng gōutōng	心灵沟通	心の交流

努力成为增进了解与交流的桥梁——張麗玲　　73

▶ 逐次通訳

音声を聴きながら、音声を適度に区切ってメモ取りにチャレンジし、逐次通訳
をしてみましょう。

スクリプト4

在这里我想说一下 CCTV 大富频道的新闻同传。CCTV 大富频道
每天在早中晚不同时段同步播出大量 CCTV 中国国内新闻和国际新闻
节目。这些新闻是长年以来 CCTV 大富频道最受关注的内容，是频道
的亮点之一。在 CCTV 大富频道日语化播出项目的筹备阶段，我们在
做日本观众收视需求调查时，许多日本观众将新闻类节目作为第一选
择。

但是，为 CCTV 新闻节目做同步播出的日语同声传译，是一项难
度极高的工作。CCTV 的新闻、新闻稿几乎都是在播出前经过整理的
书面语言，而且新闻主持人的语速非常快。对日语同声翻译来说难度
极高。别说瞬间翻译成日语，就是用中文复述都很困难。

CCTV 大富频道每天在早中晚时段的新闻节目多达数小时，较好
地实现日语同传，在日本还没有先例。也因此改变了我对一些事情的
看法和对同传老师的敬仰。

比如，我以前认为凡事只要认真努力，一丝不苟地去做，并持之
以恒就一定能做成，但当我亲临现场听完第一次同传时，我首先感到
是对心脏压力太大，实在太难……！我觉得我肯定是做不了。大富事
业能得到日本一流同传老师们的认可与支持，并一同挑战极限，我借
此机会表示由衷的感谢！

中国驻日本大使馆程永华先生在《日本经济新闻》的发表贺词中
表示，"CCTV 大富频道的日语化播出将为日本人民客观了解中国最
新发展变化，增进两国人民间的相互理解与心灵沟通，促进中日两国
世代友好做出积极贡献。"

74　第二部　さまざまな通訳

● 訳例

　ここで、CCTV 大富チャンネルのニュース番組の同時通訳について、少しお話ししておきたいと思います。CCTV 大富チャンネルでは毎日、朝昼晩と異なる時間帯に大量の CCTV 中国国内ニュースと国際ニュース番組を同時放送しています。これらのニュースは長年 CCTV 大富チャンネルが最も注目されてきた内容で、このチャンネルの特長の一つです。CCTV 大富チャンネルの日本語放送プロジェクトの準備段階で、我々が日本の視聴者のニーズを調査した時、多くの日本の視聴者はニュース番組を一番に選択していました。

　しかしながら、CCTV のニュース番組を同時放送するための日本語同時通訳というのは、きわめて難しい仕事でした。CCTV のニュース、そしてそのニュース原稿は、ほとんど全て放送される前に修整された書面語であり、しかもニュース担当者の話すスピードは非常に速いものです。これを日本語に同時通訳することは、極めて難度が高いことです。日本語に瞬間的に翻訳することは言うまでもなく、たとえ、中国語でそのまま繰り返すことさえ非常に難しいほどです。

　CCTV 大富チャンネルの毎日朝昼晩の時間帯でのニュース番組は数時間の長さにわたります。日本語の同時通訳をひとまず実現することになったとはいえ、日本ではまだ前例がありませんでした。このことによって、私は物事に対する見方が変わり、そして同時通訳の先生方への敬慕の念となりました。

　例えば、これまで私は全ての物事は真面目に努力し、何事も念入りにきちんとやり、そしてそれを根気よく続けさえすれば、きっと成し遂げられるものだと思ってきました。しかし私が自ら現場に臨み、最初に同時通訳を聴き終えた時、私がまず感じたのは、心臓へのプレッシャーがあまりにも大きく、あまりにも難しいということでした……！　私には絶対にできないことだと思いました。大富の事業が日本の一流の同時通訳の先生方のご承諾と支持を得られたこと、そしてともに難関に挑むことができることに対し、私はこの機会をお借りして、心から感謝の念を表したいと思います。

　中国駐日本大使館の程永華先生は「日本経済新聞」に掲載された祝辞の中で、CCTV 大富チャンネルの日本語放送は、日本人民が中国の最新の発展と変化を客観的に理解し、両国の人民の間の相互理解と心の交流を増進し、中日両国の子々孫々の友好を促進するために、積極的な貢献をするであろうと述べられています。

＊　仕上げ練習

次の問いに中国語で答えましょう。

＊ CCTV 大富实现日语、中文双语播出的，都有哪些节目？

＊ CCTV 大富 1998 年开播以来，在中日两国之间，发生过哪些变化？

＊张社长为什么说为 CCTV 新闻节目做日语同声传译是一项难度极高的工作呢？

＊中国驻日本大使馆程永华先生在《日本经济新闻》的发表贺词中，他是怎样介绍
CCTV 大富频道的日语化播出的呢？

スクリプト5　　📻017_2-1-5B

スピーチ全体の流れに慣れたところで、逐次通訳にチャレンジします。まず次
の単語を覚えましょう。

✴ 語句

qiānyuē shōushì	签约收视	視聴契約を結んで視聴する
jīběn céng	基本层	基本グループ
fùgài	覆盖	カバーする
shōushì fángjiān	收视房间	テレビを受信する部屋
dīgǔ	低谷	低迷状態
rèn zhòng dào yuǎn	任重道远	任重くして道遠し、責任は重大で前途は遠い

▶▶ 逐次通訳

音声を聴きながら、段落ごとにメモを取り、逐次通訳をしてみましょう。

スクリプト5

CCTV 大富频道实现日语播出后受到许多日本观众的欢迎与
好评，签约收视的观众迅速增加。CCTV 大富频道也迅速进入了
SKYPerfecTV！的基本层，并进入光 TV 基本频道群，仅在两个播出
平台，CCTV 大富频道的覆盖观众数量达 200 万户日本观众家庭。

除此之外，CCTV 大富频道还成了进入日本各地宾馆收视房间数
量第一的外国语频道。

众所周知，当前的中日关系处于两国邦交恢复正常化 40 多年来

76　第二部　さまざまな通訳

前所未有的低谷。中日两国作为近邻，经济交往与利益密切，在错综复杂的国际局势变化中，中日关系的发展趋势尤为令人关注。在这特殊时期，CCTV 大富频道也受到了更多的关注。

面对新的历史时期，大富公司深感肩上使命重大。我们将在广大观众的支持和期待下，不辜负时代与大家的期望，继续坚持增进中日民间了解与友好交流的理念，尽电视媒体职责，努力做好 CCTV 大富频道播出，满足广大观众的需求。

最后，我想借此机会，向长年以来寄予我们关心、鼓励、支持的广大观众和中日各界友好人士以及朋友们表示由衷的感谢!

同时也向东方书店和神崎老师表示感谢!

面向未来,我们深感任重道远。我也真诚希望得到各位的宝贵支持。

谢谢大家!

● 訳例

CCTV 大富チャンネルが日本語放送を実現してから、多くの日本の視聴者からの歓迎と好評をいただいており、視聴契約を結ばれた視聴者は急速に増えています。CCTV 大富チャンネルも早速スカパー！の基本パッケージに加入し、またひかり TV の基本チャンネルにも加入しました。わずか二つの放送プラットフォームで、CCTV 大富の視聴者数は日本の家庭で 200 万世帯に達します。

それ以外にも、CCTV 大富チャンネルは、日本の各地のホテルにおける受信可能な部屋数が最大の外国語チャンネルとなっています。

周知のとおり、当面の中日関係は、両国国交正常化回復後の四十数年来、未曾有の低迷状態にあります。中日両国は近隣として、経済交流と利益も密接なものがあり、錯綜する複雑な国際情勢の変化の中で、中日関係の発展の趨勢はとりわけ人々の注目を集めています。この特別な時期において、CCTV 大富チャンネルもより大きな注目を浴びています。

新たな歴史的時期に直面しつつ、（株）大富は使命の重大さを深く感じております。我々は広範な視聴者の支持と期待の下に、時代と皆さまの期待に背かぬよう、引き続き中日民間の理解と友好交流を深めるという理念を堅持しつつ、テレビメディアの職責を果たし、CCTV 大富チャンネルの放送に最善を尽くし、広く視聴者のニーズに応えられるように努力いたします。

終わりに、私はこの機会をお借りして、長年、私どもに関心と、鼓舞激励、

努力成为增进了解与交流的桥梁——張麗玲

そして支持を寄せてくださった広範な視聴者の皆さまと、中日各界の友好人士および友人の皆さまに、衷心より感謝の念を捧げたいと思います。
　同時にまた、東方書店と神崎先生に感謝致します。
　未来に向かって、私どもはその任は重く道は遠いと深く感じております。また皆さまが貴重なご支持を寄せてくださいますよう心より願っております。
　皆さま、ありがとうございました！

※ **仕上げ練習**

次の問いに中国語で答えてみましょう。
＊ CCTV 大富频道进入日本各地宾馆收视房间的情况如何？
＊ 面对新的历史时期，大富公司将会如何完成其历史使命？

※ **活用**

　全文通して、シャドーイングの練習をしてみましょう。
　訳例を用いて、中国語へサイトトランスレーションしてみましょう。
　参考までに同時通訳の音声を聴いてください。
　➡ 🎧 018_2-1-1C ～ 022_2-1-5C

 ひとくち解説

✿ 通訳のモットーは"信、达、雅"「忠実に、なめらかに、美しく」
　ここで改めて通訳や翻訳の奥義について触れておきたいと思います。中国では"译事三难，信、达、雅"ということがよく言われます。これは中国清朝末期から民国初期に活躍した啓蒙思想家・翻訳家、厳復が言った言葉です。つまり、通訳・翻訳の作業は「忠実に、なめらかに、美しくをモットーとすべし」ということです。言うは易く、行うは難しい目標ですが、通訳者・翻訳者の間では今なおそれが目標とされています。

78　第二部　さまざまな通訳

音乐是人类最美好的语言
フリートーキングを聴き取るコツ訳すコツ

盛中国　バイオリニスト

1941年、重慶市で音楽一家に生まれる。60年に国家派遣留学生としてモスクワ音楽院に入学。62年、チャイコフスキー国際音楽コンクールで栄誉賞受賞。中国バイオリン協会会長。中国音楽家協会理事。

023_2-2-1B ～ 026_2-2-4B
028_2-2-1C ～ 031_2-2-4C

　ここで、今までとは少し毛色の違う音声を聴いていただきましょう。中国交響楽団のソロバイオリニストでもあり、「傑出した演奏家（杰出的表演大师）」「最も魅力的なバイオリニスト（最迷人的小提琴家）」「中国のメニューイン（中国的梅纽因）」などの異名を持つ盛中国さんの談話です。2013年の春に北京のお宅を訪問し、現在取り組んでおられる活動や盛さんにとっての演奏活動の意味などをうかがいました。また最後の方で、日中関係についても少し触れています。まずは一度聴いてみてください。➡　023_2-2-1B ～ 026_2-2-4B

　いかがでしたか？　難しい構文や語彙は使用していませんし、センテンスは短く簡潔です。ですからわかりやすいはずなのに、聴き取りにくいと感じた方も少なくないのではないでしょうか。これこそが原稿なしのフリートーキングの特徴です。ここでは、どこが聴き取りにくいのか、それはなぜなのかを一緒に考えながら、聴き取りのコツを学んでいきましょう。このユニットの最終目標はフリートーキングスタイルの逐次通訳です。

練習手順

　まず、聴き取るためのコツと逐次通訳するためのコツを確認しておきましょう。次に盛さんの示唆に富んだお話を聴きながら実践練習を行います。練習は四つのブロックに分かれていますが、いずれも語彙の予習→聴き取り（穴埋め）→逐次通訳の三つのステップで行います。なお、同時通訳入りの音声も収録していますので、余力のある方は同通にもチャレンジしてみてください。

◇ 聴き取るコツ

原稿なしの「生音声」を聴き取るために語彙知識、文法知識が必要なのはもちろんですが、それ以外にも、以下のような様々な背景知識が聴き取りの手助けになります。

①一般知識

普段あまり意識していませんが、私たちは一般的な知識をもとに音を無意識に聴き分けています。例えば、「豆が大好きな鳥の○○は平和の象徴です」と言ったとします。○○の部分がはっきり聴こえなかったとしても、誰もがここには「はと」の二文字が入るはずだと推測できるでしょう。

②言葉に関する知識

同じ「標準語」を話していても、育った地域が違うと、発音の仕方や語彙の使い方が微妙に異なります。例えば、盛さんの出身は重慶市ですが、この地方の人は、巻舌音をはっきり出さない特徴があります（今回のトークでも zhi → zi、shi → si、chi → ci と発音している箇所が多々あります）。また、社会的な立場や年齢によっても話し方が異なります。その人がどのような言葉の特徴を持っているのかを予め知っておけば、大いに役立ちます。可能であれば、事前に打ち合わせや挨拶をさせていただき、雑談の中から話者の言葉の特徴をとらえておくと、通訳本番で慌てることがありません。

③テーマに関する知識

原稿の準備はないとしても、スピーカーは、どのようなことを話すかを、頭の中では考えているものです。可能であれば、話のテーマや主旨などを予め聴いておきましょう。それが無理であれば、スピーカーの専門や職業などから予測し、専門用語などを調べておきましょう。例えば、盛さんはバイオリニストですから、音楽に関するトピックが出るであろうことは容易に推測されます。

④スピーカーに関する知識

スピーカーの最近の活動、立場、信条、経歴などを知っていれば、話の内容を推測することができます。

◇ 訳すコツ

フリートーキングでは、話者が文法通りに、理路整然と話をするとは限りません。また原稿のあるスピーチとは異なり、話の筋が時々それては、また戻って来たり、相手がわからなそうだと感じると、同じことを繰り返したりもします。これは目の前の聴き手の反応を見ながら語っているために起こる自然な現象です。しかし、

80　第二部　さまざまな通訳

通訳者がそのまま一字一句、細大漏らさず直訳すると、却って理解しにくくなる可能性があります。このような時は、全文をきちんと聴き取った上で整理し、主旨をしっかりとらえながら、自然でわかりやすい日本語で表現することを心がけましょう。

スクリプト 1

STEP 1―予習

　まずピンインだけを見て、どの漢字があてはまるのか見当をつけください。さらにその意味も考えましょう。その後、予測が合っていたかどうか確認します。初見の語句はここでしっかり覚えておきましょう。

A

lùzhì	录制	録音・録画して制作する
xīnlíng	心灵	心、精神
gōngchéng	工程	大規模な工事、プロジェクト

B

jiǎyào	假药	偽造薬
móulì	牟利	金儲けを企む
wūshuǐ	污水	汚水
wūrǎn huánjìng	污染环境	環境汚染
bú jìn rényì	不尽人意	不本意
chéngfá	惩罚	厳重に処罰する

C

Xīmǎlāyǎshān	喜马拉雅山	ヒマラヤ山脈
Róngbùsì	绒布寺	絨布寺（じゅうふじ）。チョモランマの北麓、海抜5100mに位置し、寺としては世界最高地にある
xiāngkè	香客	参拝者
guāngdié	光碟	CD、レーザーディスク
Bèiduōfēn	贝多芬	ベートーベン
Mòzhātè	莫扎特	モーツァルト

音乐是人类最美好的语言――盛中国

STEP2—聴き取り　📢023_2-2-1B

　スクリプトを見ずに音声を **A** **B** **C** のブロックごとに聴き、空欄を埋めてください。一度で聴き取れない場合は繰り返し聴いても構いません。

スクリプト1

　A 首先（呢），我（是）非常高兴（呢）能够来 a □□这个节目。因为这是给未来的翻译们（呢）⑴ 学习来参考用的。也就说明呢，我们将来还会有很多的交往、交流。是吧？还会有很多的合作。要不是这样的话，干嘛培养翻译人才呢？是不是呢？所以我自己觉得（呢，）（我）⑵ 非常高兴能够参加这个节目。这是第一。

　　第二呢，（这个）我 b □□是一个音乐家，所以呢，我就谈谈音乐吧。（知道吧？）⑶ 我觉得音乐对每个人来讲的话，（它是它）在 c □□当中是不能没有音乐的。⑷ 因为音乐（它）是一种对人们的内心世界、对人的心灵，（知道吧？）我常常把音乐 d □□叫做"心灵工程"。

　B 我现在中国做一点事情，叫做 e □□□□□□□□□□。我们现在大家都知道的，比如说是假药（啊），一些（一些这种）不好的食品（啊），还有一些（这种这种）商人（呢）为了牟利（啊），（把那个）污水（啊），（是吧？）（这个这个）f □□□□（呢）等等吧。就是很多不尽人意的事情太多了。（对吧？）这个靠惩罚不能够根本解决问题，但解决部分问题。（对吧？）g □□□□□□□□□。（是吧？）怎么办呢？我觉得只有（啊）通过音乐来培养 h □□□□。因为音乐（它）是心灵工程。（知道吧。）

　C 所以（呢）这个儿童音乐启蒙，它是作为一个工程，不是作为一个工作来做的。工程——像 i □□□□啊，盖个大的工程。（知道吧？）所以［我们］（呢）（这个）已经［带］给［了］中国（人）一百零五所（这个）学校，（这）包括山区的，包括少数民族地区的，包括全世界最高的地方——喜马拉雅山。⑸（那）j □□有个（叫

82　第二部　さまざまな通訳

l□□□，一个）k□□叫 l□□□。那是全世界最高的地方。因为它太高了，(6)（m□□都）m□□吧去参拜的人特别少，交通〔又〕不方便嘛，它就特别穷，（这个）它的小学也很穷。我们把音乐，把这些乐器，学习的材料，包括光碟都给他们送上去了，还给他们送了 n□□。（知道吧？）在他们那儿不仅有中国音乐家的（这个）o□挂在那里，也挂上了贝多芬也挂上了莫扎特。（知道吧？）所以（呢）就想（呢）（就是）通过（这个）音乐〔来传播教育〕。

※省略可能な部分は（　　　）に入れ、付け足したほうがわかりやすい箇所は〔　　〕で挿入してあります。

穴埋め回答
Ⓐ a 录制　b 本身　c 人生　d 比成
Ⓑ e 中国儿童音乐启蒙教育　f 污染环境　g 你有政策我就有对策　h 一代新人
Ⓒ i 盖个房子　j 山城　k 寺庙　l 绒布寺　m 香客　n 电脑　o 像

聴き取りポイント
①言葉に関する知識（穴埋め a・b・c・d）
"录制 (lùzhì)" は lùzì、"本身 (běnshēn)" は běnsēn、"人生 (rénshēng)" は rénsēn、"比成 (bǐchéng)" は bǐcéng と聴こえますので、漢字の特定が難しいはずです。でも、重慶市出身の盛さんには巻舌音をこのように発音する特徴があることを最初につかんでおけば、今後はぐっと聴き取りやすくなるでしょう。
②スピーカーに関する知識（穴埋め e）
盛中国さんは、音楽を通して子どもたちを教育する「中国児童啓蒙教育」をライフワークとして熱心に取り組んでいらっしゃいます。事前にスピーカーの活動を予習しておけば、難しい言葉もすんなりと聴き取れます。
③語彙に関する知識（穴埋め g）
"你有政策我有对策" は慣用句の "上有政策下有对策"（上に政策あれば下に対策あり）を盛さんが応用して用いたものです。元々は「国に政策があれば、国の下にいる国民にはその政策に対応する策がある」という意味で用いていましたが、現在は「決定事項について人々が抜け道を考え出す」という意味で使わ

音乐是人类最美好的语言——盛中国　83

れることが多くなっています。慣用句、流行語などは、アンテナを高くして収集しておきましょう。

④語彙に関する知識（穴埋め1）

　馴染みのない人名、地名などの固有名詞や、語句が急に出て来ると反応できない場合があります。「絨布寺」などもその代表的な例でしょう。"róngbùsì"という音はとれても、どの字が当てはまるのかは見当がつかない、話の流れから寺院名であることは推測できる、このような時は、逐次通訳ならメモ取り段階では「？」記号でも書いておき、話が一区切りしたところで、スピーカーに確かめるとよいでしょう。もし同時通訳であれば「世界でもっと高い所にある寺院」などと固有名詞を出さずに切り抜けることになります。

STEP3—逐次通訳

　中国語音声をメモを取りながら聴き、そのメモをもとに日本語に訳しましょう（メモの取り方は60ページを参照してください）。この時、各自のレベルに合わせて初めは小段落ごと、さらにより長い段落ごとに音声を止めながら練習しましょう。

通訳のコツ

①フランクな語り口ですから、語尾に"…呢"とか"知道吧？"がしばしば出てきます。通訳者にとっては、ここが文の切れ目だと知る手がかりになるので文構造を理解する上で役立ちます。しかし日本語に訳出する際に、ある程度、省略することも必要です。

②考えながら話していますので、文の前後が倒置していたり、言葉が一部抜けていたりもします。訳す時には、話の流れを整理してわかりやすく表現することも必要です。例えば、次のように（1）と（2）は並べ替え、（3）と（4）は付け足す（[ ]内は付け足し部分）と理解しやすくなります。さらに（5）と（6）は（　　　）の部分を省略し、文の前後を入れ替えると訳しやすくなります。

（1）我们学习来参考用的　　➡ 我们来参考学习用的

（2）非常高兴能够参加这个节目　➡ 能够参加这个节目非常高兴

（3）我觉得音乐对每个人来讲的话［都很重要］

（4）因为音乐（它）是一种［针］对人们的内心世界、［针］对人的心灵［的东西］

（5）（那）山城有个（叫绒布寺，一个）寺庙叫绒布寺。那是全世界最高的地方。
　　　➡ 全世界最高的地方的山城有个寺庙叫绒布寺。

（6）（香客都）香客吧去参拜的人特别少。　➡ 去参拜的香客特别少。

84　第二部　さまざまな通訳

● 訳例

🅐 まずは、未来の通訳者の学習に役立つこのプロジェクトに私も参加できることを嬉しく思っています。これは、将来の通訳者の学習の参考にしていただくものです。つまり今後私たちが、多くの交流をし、共同作業をするであろうことを意味しています。そうでなければ、なぜ通訳者を養成するのですか？ですから、このプロジェクトに参加できることを嬉しく思うのです。

次に私は音楽家ですから、音楽について話しましょう。音楽は誰の人生においても欠くことのできないものです。音楽は人々の心の内なる世界、魂と対峙するものだからです。私はしばしば、音楽を「魂のプロジェクト」と呼んでいます。

🅑 私は中国で「中国児童音楽啓蒙教育」という、ささやかな活動を行っています。皆さんもご存知のように偽造薬、有害食品、水質汚濁、環境汚染など金儲けを企てる商人による不本意なことが多過ぎます。懲罰に頼るのは部分的な解決にはなっても、根本的な解決にはなりません。すぐに抜け道を考えるからです。私は魂のプロジェクトである音楽を通してのみ、新しい世代の人を育てることができると考えています。

🅒 「児童音楽啓蒙教育」は心を形成するプロジェクトであり、仕事ではありません。「工程」とは家を建てるようなものです。大きなプロジェクトです。すでに山間地区、少数民族地区、さらには世界の最高峰ヒマラヤなどを含む中国の105か所の学校に（音楽を）届けました。世界で最も高い山の集落に絨布寺という寺院があります。標高があまりにも高いために、参拝者はとても少なく、交通の便も悪いです。ですから非常に貧しい地区であり、そこの小学校も貧しさの中にあります。私たちは、音楽や楽器、レーザーディスク等を含む学習教材をその小学校に寄贈しました。パソコンも届けました。その小学校には、中国の音楽家のみならず、ベートーベンやモーツァルトの肖像も掛けてあります。音楽を通して（教育を）行うのです。

スクリプト2

STEP1―予習

まずピンインだけを見て、どの漢字があてはまるのか見当をつけください。さらにその意味も考えましょう。その後、予測が合っていたかどうか確認します。初見の語句はここでしっかり覚えておきましょう。

音乐是人类最美好的语言——盛中国　　85

D

dànián	大年	（旧暦の）新年、正月
xīchénqì	吸尘器	電気掃除機
xǐdíjì	洗涤剂	洗剤
diāosù	雕塑	塑像
lǐlǐwàiwài	里里外外	内側も外側も、一切合切。"里外"の重ね型

E

quèquèshíshí	确确实实	確かに、間違いなく。"确实"の重ね型
huàn jù huà jiǎng	换句话讲	言葉をかえて言えば。"换句话说"と同じ。"换言之"とも言う
téngfēi	腾飞	舞い上がる、急速に発展する
yìshí	一时	一時
yíshì	一世	一生、一時代
yītuō	依托	よりどころ

STEP2—聴き取り　📻 024_2-2-2B

　スクリプトを見ずに音声を **D** **E** のブロックごとに聴き、空欄を埋めてください。一度で理解できない場合は繰り返し聴いても構いません。

スクリプト2

　　D 比如说在日本（来讲），每年的新年到处都演 a□□□□□。包括有一个（这个）很大的百货公司叫三越，（它也）人不那么多也在（它那个）厅里面演过 a□□□□□。为什么演 a□□□□□呢？（是吧？）（过新年的时候）大家都知道，新年的时候我们大家都把自己的家里（啊）打扫干净，是不是啊？ b□□□□嘛。自己也会洗澡，换上新的衣服，是吧。但是呢，我们洗的是（洗的）外表，洗的［是］皮肤呀，人（的）最（重）要紧的是心灵要打扫干净呢。（是吧？）你打扫房子可以 c□□□□，可以搞干净它。是吧？皮肤可以洗澡洗干净（它），心灵怎么办？没有任何的洗涤剂，能够洗到心（呢）［吗］？不可能的呀，它在里面呢。只有［通过］我曾经

86　第二部　さまざまな通訳

在我一个 d□□（的，我的 d□□的）e□□□□□□□，音乐——人类最美好的语言。只有通过这种语言，通过听美好的音乐来洗涤我们的心灵。这样［才］就算［从］里里外外［的］环境，［深入］f□□□□□□，就是心里当中去。都干净了，然后迎接新年（的一天）的到来。是不是这样呢？所以说音乐（的）［有］这种重要性，（是吧？）

E 所以现在（呢）我为什么这样做这个工作呢？我觉得确确实实就是说，人类（啊）今天可以这么讲吧，就是说 g□□高度发达了，g□□文明高度的发达了。如果在 g□□高度把 g□□［的］（这个这个）发达比如一座大厦（的话），一所大房子的话它的旁边应该有（一跟有）一座跟它相称的文化大厦、精神大厦，是吧？也换句话讲，我们的经济大厦是不能够建在文化沙漠上［的］。我曾经讲过一句话，跟很多 h□□□讲，我说你们不注重文化，你的经济上总是［暂时］能腾飞的，但是呢，你只能腾飞 i□□，你不可能腾飞 j□□。那样要掉下来的，只有依托了文化你才能够不断发展。所以我觉得的音乐来讲的话，对今天我［们］（来）人类来讲是真的（是）非常重要［的］。

穴埋め回答

D a 贝托芬第九　b 迎接大年　c 拿吸尘器　d 雕塑　e 像上题的一句话
　　f 到自己的最里面

E g 物质　h 企业家　i 一时　j 一世

聴き取りポイント

①一般知識（穴埋め a）

ここで「日本では新年を迎える時、ベートーベンの ×× が演奏される」という内容がでてきます。この ×× の部分が素早く発音されるので、はっきり聴き取れない読者も多いのではないでしょうか？　何となくわかるけれど、音を断定できない。でも、日本でこの時期に演奏されるベートーベンの曲といえば、「第九」であることは一般常識として定着していることです。ですから、ここでは

音乐是人类最美好的语言——盛中国　**87**

迷うことなく「第九」と穴埋めできることになります。

②スピーカーに関する知識（穴埋め e）

盛中国、瀬田裕子夫妻は基金を設立し長年にわたり子どもたちに奨学金を提供しています。それらの功績が讃えられ、2008年に湖北文理学院音楽学院のキャンパスに盛中国さんの塑像が建てられました。

③一般知識（穴埋め g・h・i・j）

ここに述べられている考え方は、マルクスの社会理論の基本概念である「上部構造と下部構造」がベースにあると考えられます。盛さんの年代の中国人にとっては一般教養ともいえる概念です。

STEP3—逐次通訳

中国語音声を、メモをとりながら聴き、そのメモをもとに日本語に訳してください。この時、各自のレベルに合わせて初めは小段落ごと、さらにより長い段落ごとに音声を止めながら練習しましょう。

● 訳例

Ｄ日本では毎年、新しい年を迎える時、ベートーベンの第九が、あちこちで演奏されます。三越デパートのホールでも、たとえ聴衆がそれほど多くなくても、ベートーベンの第九を演奏します。なぜでしょうか？　新年を迎えるに当たり私たちは皆、家の中を掃除し、体も清潔に洗い、新しい服に着替えます。でも洗っているのは外側です。皮膚を洗っているのです。肝心なのは魂を清潔にすることです。部屋を掃除するなら、掃除機をかければいいでしょう。皮膚を洗うなら入浴すればいいでしょう。では、魂はどうしたらいいのでしょうか？どのような洗剤を用いても心の中まで洗うことはできません。私はかつて私の塑像に「音楽は人類の最も美しい言葉である」と揮毫しました。この種の言葉、美しい音楽を聴くことによってのみ、私たちの魂を洗うことができるのです。こうして、内側も外側も洗い清めて、新年を迎えるのです。音楽はこのような力を秘めています。

Ｅ私は今なぜこのような活動をするのでしょうか。人類は今や高度な物質文明を手に入れました。高度な物質を一つのビル、あるいは一つの大きな家にたとえるならば、その隣にはそれに相当する文化のビル、精神のビルが必要です。言い換えるならば、私たちの経済のビルは砂漠の上には建設できないということです。かつて私は多くの企業家にこのように言いました。文化を重視しない経済活動は、一時なら栄えるでしょうが、一生栄え続けることはありません。

88　第二部　さまざまな通訳

文化をよりどころにするものだけが、発展し続けることができるのです。ですから音楽は、今日の人類にとって非常に大切なものなのです。

スクリプト3

STEP1―予習

　まずピンインだけを見て、どの漢字があてはまるのか見当をつけください。さらにその意味も考えましょう。その後、予測が合っていたかどうか確認します。初見の語句はここでしっかり覚えておきましょう。

F

fǎnsī	反思	（過去を振り返り、客観的に）改めて考える
qīnqíng	亲情	肉親の情
qīnrén	亲人	ごく親しい身内
dǐxiàn	底线	〔新〕最低ライン、ボーダーライン
chéngxìn	诚信	誠実である
qǐdí	启迪	啓発する
jìnghuà	净化	浄化する

G

yīnfú	音符	音符
xīntián	心田	心、気持ち
pǐnzhì	品质	品性、資質
héxié	和谐	調和がとれている

H

qiángshì	强势	優勢、発展の勢い
ruòshì	弱势	弱者、下降傾向
Bāfēitè	巴菲特	ウォーレン・バフェット（1930〜）
jù'é	巨额	莫大な金額
guāngcǎi	光彩	面目、名誉
Bǐ'ěr Gàicí	比尔・盖茨	ビル・ゲイツ（1955〜）
císhàn shìyè	慈善事业	慈善事業
jìngjiè	境界	境地

音乐是人类最美好的语言――盛中国　　89

| xìnyǎng | 信仰 | 信奉する |
| móu fúlì | 谋福利 | 福利を図る |

STEP2—聴き取り　📢025_2-2-3B

スクリプトを見ずに音声を**F G H**のブロックごとに聴き、空欄を埋めてください。
一度で理解できない場合は繰り返し聴いても構いません。

スクリプト3

F 现在到了一个，值得我们每个人 a □□的［阶段］。比如说作
为人来讲（的话），我们有亲情、亲人吧？［有］友情、朋友，是吧？
对社会讲有诚信，这个还要不要？大家［的］b □□肯定是"要"。
但是怎么要？这就提出一［个］问题来了。我就觉得我们确实要重建
人类的 c □□（的）d □□。c □□（的）d □□如果（这个 d □□）
没有的话，这个世界就会变得不那么美好。所以我觉得呢音乐对我们
每人来［说］（的话），通过音乐来 e □□我们的心灵，来 f □□我们
的心灵，来 g □□我们的精神世界。也只有这样，我觉得才能（从）［消
除］包括中国现在有很多的不尽如人意的一些事情，也就是通过这个
音乐才能够让我们每个人有一个美好的心灵。有了美好的心灵，它才
一定就会有道德的底线。有道德底线，你要他去做假药他不再做了。
让他再去污染环境他不会去污染了，是不是啊？让他去 h □□□□是
不可能的事情了。他会 i □□的，是不是？所以我觉得这是非常重要的。

G 包括我自己来讲（的话），我现在已经不（是一个）很年轻（的
年龄）了，但是（我）在（做过的）j □□□里面，在演奏家当中我
是站在最前面的，k □□□□是最多的，经常是十天演八场。其实我
现在不演出，我有我的名和我的影响力，（我）没有问题的。但是我
又干嘛这么多（的）演出呢？我是觉得我在台上通过我的手奏出的每
个音符，它就像一粒种子一样，它（那个）播撒到听众的心田当中去。
这个田不是 l □□□的，［是］在心里面的。心里面有块田地，播［到］

90　第二部　さまざまな通訳

（在）里面去。这个种子呢,它会生根,它会开花,它会结果。结什么果? m□□美的果,m□□善良的果,是吧? 我觉得这是人类最基本的 n□□。你不m□□美,不善良,还（它）谈得到别的吗? 什么［都］谈不到,是吧? 只有善良,没有美了,不是完美的人生。所以美和善良是不可缺的,是不是? 所以呢,我就觉得呢,我一场音乐会如果有两千个听众,我就给两千个［人］播了种,有三千个更好。对不对? 我就,o□□地这么演奏,o□□地p□□。如果大家都像我都来（我）这么做的话,我相信人类关系会变得很美好、非常和谐。

　　H 比如说,有能力的就会很愿意去帮助那个能力比较差的,他觉得这是自己应该做的事情,是吧? 这个q□□□帮助r□□□,（知道吧? ）就像那个s□□□讲的吧。就是如果在我们去世的时候,有（着这个）巨额（的这个）遗产的话,（知道吧? ）这是一件非常不t□□的事情。应该把它分给那些其他的穷人吧,是不是呢? 为什么现在（的）很多（的）像u□□□□这些很多的大企业家,他们不准备给孩子留什么遗产,全部做v□□□□去了,（是吧? ）这不仅是一种境界,很高的境界,同时它也是一种w□□。一种就像刚才讲的崇尚美的,（知道吧）善良的,（知道吧? ）一种［有］思想境界的能力,能够为他人去x□□□的。这样一种境界,也就是说我的音乐会想达到的目的。最终来讲（的话）,是让这个世界、让我们人类变得更加（的）美好。所以我觉得音乐是我们每个人的人生当中不可缺少的,因为音乐是能够深入到你的心灵当中去的,是吧? 也通过音乐来让世界变得更加和谐、更加和平、更加美好。

穴埋め回答

F a 反思　b 答案　c 道德　d 底线　e 启迪　f 净化　g 丰富　h 杀人放火　i 疯掉

G j 音乐界　k 演出场次　l 土里头　m 崇尚　n 品质　o 不停　p 播种

H q 强势的　r 弱势的　s 巴菲特　t 光彩　u 比尔盖茨　v 慈善事业　w 信仰　x 谋福利

聴き取りポイント

①語彙知識（穴埋め d・e）

　"道徳底线" は、2008 年に評判になったテレビドラマ（原作は許声亮の小説《妇道》）のタイトルで、しばしばこの言い方が使用されるようになりました。世相を表す言葉の一つともいえましょう。定着した日本語訳はまだありませんが、ここでは「道徳のボーダーライン」と訳しました。流行語や新語などは、スピーチによく使用されるのでこまめにチェックしておくことをお勧めします。

STEP3─逐次通訳

　中国語音声を、メモをとりながら聴き、そのメモをもとに日本語に訳してください。この時、各自のレベルに合わせて初めは小段落ごと、さらにより長い段落ごとに音声を止めながら練習しましょう（自然でわかりやい日本語で表現することに重点を置いてください）。

● 訳例

　F 今、私たち一人一人が立ち止まって考えるべき段階に来ています。家族には肉親の情があり、友だちには友情があります。では、社会の約束、不文律を守ることは必要だと思いますか。皆さんはきっと必要だと答えるでしょう。では、そのためには、どうすべきでしょうか。さあ、それが問題なのです。私は道徳のボーダーラインを再構築するべきだと考えています。道徳のボーダーラインがなければ、この世は、それほどすばらしいものではなくなります。音楽を通して私たちの魂を啓発し、私たちの魂を浄化し、私たちの精神世界を豊かなものにするべきです。このようにしてこそ、現在の中国が抱える不条理な問題を取り除くことができ、音楽を通してこそ、私たちは美しい心を持つことができるのです。美しい心が備われば道徳のボーダーラインを持つことができます。道徳のボーダーラインが備われば、偽薬をつくらせようとしても、二度とつくることはありません。環境汚染をさせようとしても、決してすることはありません。ましてや殺人や放火をさせることなどできるわけがありません。（無理強いしたら、）発狂してしまうでしょう。この（音楽を通して道徳心を養う）ことの重要性がおわかりいただけますよね。

　G 私はすでに若くはありませんが、第一線に立ち、コンサートを行う回数は、音楽界で最も多いでしょう。通常は 10 日に 8 回は演奏活動をしています。私の現在の名声と影響力をもってすれば、もう演奏活動をしなくても（生活に）支障はありません。では、なぜこのように多くのコンサートを行うのでしょうか。ステージ上で私の手から紡ぎ出される音符の種が人々の心の畑に蒔かれて

92　第二部　さまざまな通訳

いくと考えているからです。土の中にある畑ではなく、心の中にある畑です。心の畑に蒔いた種は、やがて根を張り、花を咲かせ実を結びます。「美を尊び、善を尊ぶ」という実です。これは、人類としての、最も重要な資質です。美を尊ばず、善を尊ばない人と話すことは何一つありません。善良であっても美がなければ、これもまた完全な人生であるとはいえません。ですから美も善も欠かすことができないのです。1回のコンサートに2000人の聴衆が来てくれたなら、2000の種を蒔いたことになります。3000なら、なお悦ばしいことです。私は弛まず演奏をし、種を蒔き続けます。もし皆でこのような活動をしたなら、人類の関係はより美しく調和のとれたものになることでしょう。

H 能力のある者が能力の劣る者を助けたいと思うことは当たり前のことです。この強者が、弱者を助けることに関する発言はバフェットが言ったのでしたよね。もしこの世を去る時になって、巨額の遺産を残していたとしたら、これは非常に不名誉なことです。貧しい人々に分け与えるべきものだったからです。どうして、ビル・ゲイツなど現代の大企業家は、自分の子どもに遺産を残そうとはせずに、その全てを慈善事業のために用いようとするのでしょうか。これは、一種の境地です。非常に高い段階に達した境地です。信仰といってもよいでしょう。先ほど話した、美を尊び、善を尊ぶ境地に到達しているからこそ、他人に対して福利を図ることができます。これは私の音楽が到達しようとめざしている境地でもあります。究極の目的は、世の中と人類を幸せにすることにあります。音楽は誰の人生にも欠かすことのできないものです。音楽は魂の中まで入り込むことができるからです。音楽を通して、より調和のとれた、より平和な、より美しい世の中をつくることができるのです。

スクリプト4

STEP1—予習

　まずピンインだけを見て、どの漢字があてはまるのか見当をつけください。さらにその意味も考えましょう。その後、予測が合っていたかどうか確認します。初見の語句はここでしっかり覚えておきましょう。

I

kāichuàng	开创	（新しい局面を）切り開く
yíshùnjiān	一瞬间	瞬く間
bīngdiǎn	冰点	〔新〕凍りつく
Sāntiáo shì	三条市	三条市（さんじょうし）。新潟県の中央に位置する

音乐是人类最美好的语言——盛中国　　93

J

gōutōng	沟通	疎通させる、交流する

K

qī	漆	うるし
bǎnhuà	版画	版画
luò	摞	〔助数〕積み重ねたものを数える助数詞
dìnggé	定格	〔新〕ひとこまとして記録する
háowú yíwèn	毫无疑问	疑いもない

L

dǐngdiǎn	顶点	頂点
zhuǎnjī	转机	転機、(病気や情勢が) 好転する
zhìhuì	智慧	知恵、知慮
dàhuánjìng	大环境	社会環境、国際環境、マクロ的環境
zàochéng	造成	もたらす
géduàn	隔断	阻む

STEP2―聴き取り　🎤 026_2-2-4B

　スクリプトを見ずに音声を **I** **J** **K** **L** のブロックごとに聴き、空欄を埋めてください。一度で理解できない場合は繰り返し聴いても構いません。

スクリプト4

　I大家都知道，就是近期来，（这个）中日之间的关系，（这个）不像过去那么好了。这（个）［对］友好人士来讲（的话），都是很担心的，是吧？特别是四十年来,（是吧？）几代领导人（是吧？）（这个）开创的中日这种非常好的关系（啊),在这个一瞬间就降到了 a □□（，是吧？）（这个）但是呢，我觉得（呢，）就是作为像我这样一个,（就是说有着很）怎么说呢，自己的太太是个日本人。（是吧？）（这个）在日本（呢，）一直不停地有很多（的这种）我的 b □□□□。特别是在有的地方比较小,像我太太的家乡吧,（是吧？）三条市那个地方,过去古典［音乐］也不是那么普及的，但是因为我在那里有二十年多

94　第二部　さまざまな通訳

年的演出。每年都去，还不是一场，有时好几场演出。（这个）听的人越来越多，而且呢，（他）有的只是种田的，种大米的。但他［们］也喜欢上 c □□，也喜欢上 d □□□、e □□□。这为什么呢？听多了，都听明白了，就爱上它了，就喜欢它了，是不是？所以我自己觉得呢（就是说，）（从我讲的话呢，）我是非常希望（就是这个）中日关系（啊）能够好起来，是吧？

J（这个）前一段时间，在［关系］非常紧张的时候，有很多的（这些）演出活动都停止了。种种原因吧，有的是中方的，就是用停止演出来表示自己的态度，是吧？还有的（呢）（是）可能是觉得不好接待了。种种原因，各个原因，很复杂的原因。（是吧？）也就是 f □□□□□，很多的交流就停止了，没什么交流了，经济上的交流，文化上的交流，都处在一种停止状态了。在那个时候呢，（我去了以后呢，）我觉得应该看得远一点，是吧？特别是在两国（这个）人民之间有些误会的时候，我觉得用语言讲，也就是没有条件讲的时候，（我觉得）［就用］音乐这种不用翻译的语言、人类最美好的语言（、是吧？）在这个时候通过音乐去沟通两国人民之间的（这种）了解，（是吧？）这种感情（我觉得）非常重要（的）。

K虽然在那（个）［种］时候（呢），当我在日本参加我太太的母校小学成立八十周年［时］，他们在日本的目黑区区长亲自来看望我，送［来］了东西。这个礼物就是（那个）目黑的一个 g □□□ 的（目黑的一个）桥，那里风景很漂亮。然后呢中国大使馆的公使夫妇来了（，知道吧？）h □□□□□□□□□ 来了。可以讲吧，来了很多的朋友，这个政界的也好，（是吧？）还有艺术界的也好。（这个）当时（呢）（我觉得）那些孩子们（呢），在我演出了以后，每一个孩子给我写了一封感谢（的）信。一年级、二年级、三年级到六年级，这么 i □□ 呀。他们还画了画（呀，）（是不是？）所以我就觉得（在那个）如果 j □□（的）［在］那个时间的话，（知道吧？）它所表达的是什么？

两国的人民都是强烈的希望友好下去。k□□□□的。所以（呢）（在这样呢）我相信（呢）就是说事物都是不会不变化的，是吧？终究要变化的。是不是啊？

　　L（这个）l□□□□□□□，（知道吧？）（这个）只有正［视］对着这个矛盾（，知道吧？）（这个）才会得到解决。有的时候啊，这个如果这个事物发展到了 m□□（的时候了）他就会有 n□□,（知道吧？）所以（呢）我相信（呢）（就是这个）中日两国领导人（物）他们（的）［有］高度的政治智慧,（知道吧？）同时（呢）（也能够啊）在这个国际的大环境［下］o□□了解决中日关系是比较复杂的，不是那么简单的,（知道吧？）在这个大（的）环境下是复杂的。所以（在这样）就需要有更高的智慧,（知道吧？）所以（呢）（做为我来讲的话,）我相信,（这个）中国跟日本从文化上面来讲（的话，知道吧？我们）是有着 p□□□的一种关系的。所以（我觉得呢这个）我相信（呢）中日之间的（这个）关系一定会恢复的。

穴埋め回答
I　a 冰点　b 艺术活动　c 巴赫　d 贝多芬　e 莫扎特
J　f 说再简单点儿
K　g 漆版画　h 日本驻中国前大使谷野先生　i 一摞　j 定格　k 毫无疑问
L　l 有矛盾并不可怕　m 顶点　n 转机　o 造成　p 隔不断

聴き取りポイント
①語彙に関する知識（穴埋め a）
　"冰点"は、本来は水の凝固温度を示す言葉ですが、最近では、関心をよせられていない、あるいは冷淡な扱いを受ける物事、事象という意味で使うことが流行しています。反対語は"热点"です。さらにはその中間の意味として"凉点""温点"という言い方もします。
②語彙に関する知識（穴埋め j）
　"定格"は本来「定まった法則」という意味で、品詞は名詞です。しかし最近は、

このように動詞として使用される例をよく見かけます。この使い方の出現は比較的新しく、映像の分野で使われたのが始まりです。映画やテレビの映像が突然とぎれて別の画面にかわること、停止、静止することを表します。また「流れる時間の一瞬を記録する」という意味もあります。ドラマや流行歌の歌詞にもたびたび登場し、すっかり定着してきたようです。

③一般知識（穴埋め1）

この部分は1937年に毛沢東によって書かれた論文「矛盾論」がベースにあると考えられます。

STEP3—逐次通訳

中国語音声を、メモをとりながら聴き、そのメモをもとに日本語に訳してください。この時、各自のレベルに合わせて初めは小段落ごと、さらにより長い段落ごとに音声を止めながら練習しましょう。

● 訳例

I ご存知のように近年の中日関係は以前ほど良好ではありません。このことが、両国の友好を望む人々の胸を痛めています。40年余り、歴代のリーダーたちが切り開いてきた非常によい関係が、一瞬にして冷え切ってしまいました。日本人の妻を持つ私は、ずっと日本での芸術活動を続けてきました。特に、妻の故郷である三条市という小さな街においては、以前はクラシック音楽がそれ程普及していませんでしたが、二十数年に渡り、毎年コンサートを開いてきました。ワンステージだけではなく、時には数回のステージに立ちました。聴衆は回を重ねるごとに増えていきました。特筆すべきは聴衆の中に、お米を作っている農民もいるということです。彼らもバッハを愛し、ベートーベンやモーツァルトを愛しています。たくさん聴いたので、理解したのです。だから愛しているのです。（この方たちのためにも）私は中日関係が好転することを切実に願っています。

J 少し前の（中日関係が）最も緊張していた時期には、様々なコンサート活動が中止になりました。原因は様々です。ある時は、中国側がコンサートを中止することにより、自分の態度を示す目的によるものです。あるいは応対が難しいという理由かもしれません。様々な理由です。個別の理由です。とても複雑な理由です。端的に表現すれば、全ての交流活動が停止したのです。何の交流もなくなったのです。経済交流も文化交流も停止状態に陥りました。ちょうどその頃私は訪日したのですが、長い目で見るべきだと感じました。特に両国

民の間に誤解があり、言葉を使って話し合う環境が整っていない状況では、通訳のいらない言葉、人類の最も美しい言葉、音楽がお互いの溝を埋めてくれる大切な役目を果たします。このような交情はとても大切なことだと私は考えています。

K そのような時期であっても、私は妻の母校である小学校の創立 80 周年式典に参加しました。その際に目黒区の区長が自らプレゼントを持って私に会いに来てくださいました。そのプレゼントは、目黒区の美しい橋の風景を描いた漆絵です。さらには中国大使館の公使夫妻や、谷野元中国大使もいらっしゃいました。政界からも芸術界からも多くの友人が来てくれたのです。演奏終了後、全ての子どもたちが、感謝の手紙を書いてくれました。1 年生、2 年生、3 年生から 6 年生まで、（その束は）一抱えほどありました。絵を描いてくれた子どももいます。時の流れの一こまを切り取ったような、あの時間は何を表しているのでしょうか。中日両国の人々が、互いに良好な関係を保ち続けたいと願う強い気持ちの表れであることは疑う余地もありません。ですから私は信じています。変化しないものなどないのです。最後には変化するのです。

L 矛盾があっても恐れずに正視すれば、解決するでしょう。全ての事象は頂点に達すれば必ず折り返して来るものです。中日両国の指導者は高度な政治的知恵を持っています。国際環境が複雑に絡み合っている問題ですから、高度な知慮に任せて待ちましょう。中日関係は文化的側面から見れば、切り離すことのできない関係にあります。ですから、中日関係は必ず回復すると確信しています。

最後に

盛中国さんから読者の皆さんへ素敵なプレゼントをいただきました。盛さんが演奏するバイオリンの楽曲です。MP3CD に収められています。皆さんの心の畑にも、種が蒔かれ、芽を出し美しい花が咲きますように！

➡ 🎻027_m1 新疆の春、🎻221_m2 梁山白与祝英台（部分）、🎻222_m3 浜辺のうた

【コラム】 通訳奮戦記

標準語聞くとひと安心

　あるミッションと一緒に上海の機械工場を訪れたときのこと、工場長のあいさつが始まった途端、北京から同行していた中国人通訳が「標準語で話して下さい」と口をはさんだ。「私がしゃべっているのは標準語だ」。工場長は原稿片手にそのままあいさつを続けた。ひどい上海なまりにたまりかねた通訳は、工場長の側に駆けより横目で原稿を見ながらどうにか切りぬけた。

　話し手の発音がきれいか否かは通訳にとって最大の関心事。代表団の随行通訳なら言葉に慣れる過程があるのでまだよいが、会議の場合は長くて3日、通常は1日、わずか1時間ということさえある。事前に入手した資料に出身地が上海、寧波、山東などとあると不安がつのる。まして面識もないまま当日、いきなり同時通訳に臨むのは怖い。そこで会議の前夜先方に電話し、自己紹介などを交えつつ相手の発音に耳を傾ける。発音もスピードもまずまずならまずはひと安心。

　もちろん地方で同じホテルに宿泊するときは必ずお会いするようにしている。上海の方々を迎えての学術会議のときだった。前日の対話にも支障はなく、おまけに開会の辞まで入手して満を持したつもりでいた。

　ところが当日、開口一番上海なまりで「サベン（日本）」ときた。次の「スザン」は「市長」かなと思いきや、経済と続いたので「市場」であることが判明した。すらすらと文字が浮かばないので、後につながる言葉で判断するわけだ。それでも原稿があるからと気を取り直して訳していると、先方はすでにフィナーレに入っているようなのだ。なんと中段をカットしてしまったのである。こちらも急いで後段に跳び、すべり込みセーフ。発音が分かりにくいうえに原稿を無視するスピーカーが一番困る。

　それに比べ、リハビリ会議でのベテラン看護婦の方々の中国語は歯切れがよく耳にやさしかった。後でお礼をいうと、「職業柄いつも標準語を話すよう努めています」。こういう人ばかりならありがたいのだが。

（日本経済新聞「通訳奮戦記」1998.1.14）

浅谈正能量
レジュメ、アドリブへの対応と原稿あり同時通訳

楊琳　通訳者

1983年生まれ。北京外国語大学日本語学部、同大学日本学研究センター卒業。中国国際友好連絡会アジア部所属通訳。

🎤 032_2-3-1B ～ 039_2-3-8B
🎧 040_2-3-1C ～ 047_2-3-8C

　通訳者にとっては、工場見学の通訳などでも、事前準備が欠かせません。会社紹介のパンフレットや当日の司会進行など事前に入手できる資料を手に入れ、できるだけ「予習」をしておかなければなりません。

　会議通訳ともなればなおさら、せめてレジュメだけでも目を通しておかないと完全に受け身になり、みじめな結果になりかねません。しかし関連の資料が手元に届く時期は様々で、時には翌日の会議に備えて宿泊しているホテルの自室に真夜中、ドアの下からそっと資料が届けられることもあります。

　大げさに言えば、様々なジャンルの会議を転々とこなさなければならないフリーの通訳にとって、これらの資料は命の次に大切な存在です。一方会議の終了とともにその資料の役目も終わり、さらにまた次の資料へと頭を切り替えていかなければなりません。

　今回は、大学のキャンパスに若手日本語通訳者の楊琳さんをお迎えして、中国で多くの人に愛用されている"正能量"についてお話をうかがうことにします。

　通訳者の通訳を仰せつかるのは、少々ためらってしまいますが、勇気をだしてチャレンジしてみましょう。

STEP 1

　時間を節約するために、当日は同時通訳を採用するとのことで、次のようなレジュメを入手しました。

　まずレジュメに目を通し、大意をつかみましょう。

100　第二部　さまざまな通訳

概要

一、什么是正能量

    1　正能量的定义

    2　正能量的具体表现

    3　正能量的流行背景与重要性

二、中日关系与正能量

    1　中日关系现状

    2　中日关系正能量的理想状态

        （1）正面解读，多关注积极因素。

            ①什么叫做"正面解读"

            ②为什么要"正面解读"

            ③怎么样"正面解读"

        （2）理性判断，流言止于智者。

            ①为什么要"理性判断"

            ②怎么样"理性判断"

        （3）加强学习，打铁还需自身硬。

            ①什么叫做"打铁还需自身硬"

            ②为什么要"加强学习"

            ③怎么样"加强学习"

三、口译人员的正能量

    1　口译人员发挥正能量的可能性——优势

    2　口译人员发挥正能量的必要性——责任

    3　对口译人员发挥正能量的呼吁

❶レジュメから学ぶこと——チェックポイントは何か？

＊ キーワード"正能量"

"正能量"は、もとは物理学用語ですが、ここでは、中日関係についてや通訳者に求められるエネルギー、パワー、つまり心理的作用、精神的な豊かさなどを指しているようです。そこで「プラス・エネルギー」ではなく、「プラスのエネルギー」としました。同時にその反義語"负能量"（マイナスのエネルギー）

浅谈正能量——楊琳　　101

も頭に入れておきましょう。

✱ 気になる語句を調べる

　例えば、二 –2–（1）にある"正面解読"の"正面"の解釈です。"正面"を直訳して「正面から解読する」とするとどうも座り心地が悪い。そこで、次のようにしました。

　　正面解読　　肯定的に理解する、ポジティブに見る
　　理性判断　　理性的な判断
　　加強学習　　学習の強化

✱ 諺を調べる

　　流言止于智者　　流言は智者に止まる、デマは考えるに値しない
　　打铁还需自身硬　　鉄を打つには、自らが硬くなければならぬ

❷さらに要約してみる

　導入の部分：プラスのエネルギーとは？
　本論：プラスのエネルギーから見た中日関係
　展開：通訳者の役目。スピーカーは、「プラスのエネルギー」を"口译人员的正能量"として通訳者に適用し「プラスのエネルギー」を発揚するよう呼びかけている。

❸レジュメからの展開、敷衍

　レジュメのわずかな行間から、そこに散りばめられた情報をキャッチする。凝縮された情報から、その趣旨をつぶさに汲み取り、展開することができるか否かは、通訳の経験の積みかさね、感性、ひいては嗅覚のようなものかもしれません。

　インターネットで調べるなどして、大いに想像力を駆使して、スピーカーの言わんとするところに思いを馳せてください。

STEP 2 ————

　さて当日、スピーチ原稿を入手しましたが、ベタ訳を拵えている時間的な余裕はありません。まずサイトラをし、その際に述語を◯で囲み、また文の切れ目にスラッシュ（／）を入れてみましょう（スクリプト1参照）。

102　第二部　さまざまな通訳

動詞などの述語を○で囲むだけでも速読やサイトラに役立ち、同時通訳しやすくなります。この原稿は、きちんとしていて隙がない（非常緊凑）、それだけにサイトラも容易ではありませんが、どうぞ繰り返しチャレンジしてください。

　また難解な単語など時間の許される範囲で、調べておきましょう。単語をリストアップする暇がなければ、原稿にそのまま訳語をメモしておきます。

✱ 熟語・成句など

诠释	quánshì	解釈する、説明する
憧憬	chōngjǐng	憧れ、憧憬
晴雨表	qíngyǔbiǎo	バロメーター、晴雨計
能量场	néngliàngchǎng	エネルギー・フィールド、オーラ
内在潜能	nèizài qiánnéng	ポテンシャル、潜在的な力
催人奋进	cuī rén fèn jìn	人を奮起させる、奮い立たせる
标签	biāoqiān	ラベル、レッテル、付箋、タグ、タブなど
"光盘行动"	guāngpán xíngdòng	食べ残しゼロ・キャンペーン
利益格局	lìyì géjú	収益構造
贫富分化	pínfù fēnhuà	貧富の二極化
道德滑坡	dàodé huápō	モラルの低下
信任缺失	xìnrèn quēshī	信用の欠落、失墜
违法犯罪	wéifǎ fànzuì	犯罪、犯罪行為
负能量	fùnéngliàng	マイナスのエネルギー
集群效应	jíqún xiàoyìng	集団効果、波及効果
吐槽	tùcáo	突っ込み、意地の張り合い、口論
抛锚	pāomáo	いかりを下ろす、（車などが）エンコする
衡量对方	héngliáng duìfāng	相手を推し量る
怪圈儿	guàiquānr	悪循環、5無限連鎖の輪
轻信	qīngxìn	簡単に信じる
盲从	mángcóng	盲従する、人の言いなりになる
对象国	duìxiàngguó	相手の国
人脉关系	rénmài guānxì	人脈、人間関係（"人际关系"とも言う）
亲身见闻	qīnshēn jiànwén	自ら見聞する
认识真相	rènshi zhēnxiàng	真相を知る

浅谈正能量——楊琳　103

✱ 四字成句、名言

和则两利，斗则两伤 hé zé liǎng lì, dòu zé liǎng shāng（和则俱荣，斗则俱伤とも言う）

　　　　　　和すればともに栄え、闘えばともに傷つく

一叶障目，不见泰山 yī yè zhàng mù, bú jiàn Tàishān

　　　　　　一葉目を蔽えば泰山を見ず、木を見て森を見ず

实践是最好的老师 shí jiàn shì zuì hǎo de lǎo shī（"真知出实践"とも言う）

　　　　　　実践は、最高の教師である（实践是检验真理的唯一标准）

STEP 3 ————

　このスピーチは、原稿を見ながらの同時通訳ですが、ところどころアドリブが入ります（スクリプトで❶❷などと示したところ）。アドリブの内容は、いずれも用語の解釈ですが、気を付けてください。

　ではサイトトランスレーションをし、ある程度自信がついたら、音声を聴きながら繰り返し同時通訳の練習をしてください（同時通訳の練習方法については 56 ページ参照）。なお、アドリブの訳例は〔　〕を付けて訳例内に表示していますが、アドリブ原文は最後にまとめてあります。

　スクリプト 1　　🔊 032_2-3-1B

　　日本／每年都 会进行 流行语大奖评选活动，中国／也同样／不断地 有 流行语和新语的产生。流行语／诠释了 人们对当前社会实态的认知和对未来生活的憧憬。可以说，流行语 是 社会生活的晴雨表。今天，我／就想跟大家 谈一谈 中国近来最流行的一个词——"正能量"。❶

　　"正能量" 本是 物理学名词，而"正能量"的流行 源于 英国心理学家的专著《正能量》，该书／将人体 比作 一个能量场，通过 激发 内在潜能，可以使人 表现出 一个新的自我，从而更加 自信、更加 充满 活力。著名语言学家郝铭鉴 指出，"正能量"指的 是 一种健康乐观、积极 向上 的动力和情感。当下，中国人／为所有积极的、健

104　第二部　さまざまな通訳

康的、催人奋进的、给人力量的、充满希望的人和事儿，贴上"正能量"的标签，它/已经上升成为一个充满象征意义的符号，与我们的情感/深深相系，表达着我们的期待。

例如，近几年/在中国收视率很高的/《感动中国》和《最美中国人》等电视节目，以及/由民间公益组织发起后席卷全国的"光盘行动"等等，体现的都是人们对真善美的追求和对社会主义道德价值观的崇尚和宣扬。❷

● 訳例

　日本では、毎年流行語大賞が発表されますが、中国でもたえず流行語や新語がお目見得します。流行語は、現在の社会の実態への認知度や未来の暮らしへの憧れを物語っており、社会生活のバロメーターといえるものです。今日は、中国で、最近もっとも流行している言葉—"正能量"＝プラスのエネルギーについてお話したいと思います。〔この言葉は、多分、皆さんが中国語のテレビや本をご覧になった時すでに目にされたことと思います。この言葉は、かつて中国の流行語の一位にランクされたこともあり、最近になっても、依然その勢いは衰えることなく、上は国家元首から、下は、一般庶民に到るまで、まるで中国人にもっとも愛される言葉になっているかのようです。〕

　もともと「プラス・エネルギー」とは、物理学の名詞ですが、イギリスのある心理学者が『プラスエネルギー』と題した著書を著し、人体をエネルギー・フィールドに見立て、ポテンシャルを引き出して、新たな自我を表現し、それによっていっそう自信を強め、さらに活力を増すことができるとしています。有名な言語学者　郝銘鑑氏によれば、「プラスのエネルギー」とは、元気で、楽観的、向上心を促す原動力とフィーリングを指すとしています。中国人は、いますべての積極的、かつ健康的で人々を奮い立たせ、パワーを与える、希望に満ちた人物や事物に「プラスのエネルギー」印を貼り、この言葉は、すでにシンボリックなサインとして、私たちの心に根差し、私たちの期待感を表す象徴になっています。

　例えば、ここ数年、中国で視聴率の高いテレビ番組『感動中国』や『もっとも美しい中国人』ならびに NPO が提唱し全国を席巻した「食べ残しゼロ・キャンペーン」などは、いずれも人々の真、善、美への追求と社会主義的モラル、価値観に対する崇敬の念とプロパガンダを表しています。〔この「食べ残しゼロ・キャンペーン」とは文字通り、お皿に盛りつけた料理はすっかり平らげるという意味で、節約を励行し、浪費に反対し、食べ物を大切にすることです。こう

して、中国の流行語ベストテンにも選ばれ、もっとも知名度の高い公益ブランドの一つになり、レストランで食事をする際の持ち帰り提唱のほか、食べられる分だけ注文する、レストランでも家庭でも必要なだけ調理するように提唱しています。〕

スクリプト2 　🎙 033_2-3-2B

　　现在的中国，不但经济体制正在深刻变革，社会结构也正经历深刻变动，利益格局正在深刻调整。随之而来的贫富分化、环境污染、道德滑坡、信任缺失，乃至违法犯罪现象时有发生。

　　在新媒体格局下，这些代表负能量的社会事件会因网络的集群效应而被放大，吐槽、牢骚也在不知不觉中成了人们的家常便饭。就是在这种负能量时不时地兴风作浪，并且有着越来越坏的社会影响的背景下，创造、释放、传播正能量无疑是非常重要的。正能量承载着我们对幸福生活和良善社会的期待，社会的和谐、文明与进步要求每个人尽可能地释放正能量，拒斥负能量。

　　如果把我们的社会比作一辆疾驰的列车的话，那么"负能量"就如同劣质的汽油，会对列车造成致命的伤害，甚至引发故障而抛锚；"正能量"才是能够保障列车安全地驶向远方不可或缺的驱动力。为使我们的社会不断地向前发展，就需要政府创造更多的"宏观正能量"，个人释放更多的"微观正能量"，媒体负责任地传播"正能量"。

● 訳例

　いま中国は、経済体制の面で、大きな変革を遂げているばかりでなく、社会の構造も大きく変化しつつあり、収益の構造も調整されつつあります。しかしそれにともなって貧富の二極化、環境汚染、モラルの低下、信用の失墜、ひいては犯罪行為が頻繁に発生しています。

　新たなメディアの枠組みのもと、これらマイナスのエネルギーを代表する事件が、ネットの波及効果によってさらに広がり、ぼやきや、不平不満がはびこり、知らず知らずのうちにそれらが日常茶飯事の現象になってしまっています。このようなマイナスのエネルギーが時として、騒動を巻き起こし、悪化する社会

106　第二部　さまざまな通訳

にますます拍車をかけているなか、プラスのエネルギーを創造、放出、伝播することは、疑いなく極めて重要です。プラスのエネルギーは、幸福な暮らしとよりよい社会への期待、社会の調和、モラルと進歩を社会にもたらし、私たち一人一人ができるかぎりプラスのエネルギーを放出し、マイナスのエネルギーを排斥するよう求めています。

　仮に私たちの社会を疾走する列車にたとえるなら「マイナスのエネルギー」は質の悪い燃料が、列車に致命的な障碍をもたらし、ひいては故障してエンコさせてしまうことすらあり、一方「プラスのエネルギー」は、列車を遥か遠くまで走らせるのに不可欠な力であるといえましょう。私たちの社会をたえず発展させるには、政府がより多くの「マクロ的なプラスのエネルギー」を創出し、個人はより多くの「ミクロ的なプラスのエネルギー」を放出し、メディアは責任をもって「プラスのエネルギー」を広めていかなければなりません。

スクリプト3　📢 034_2-3-3B

　接下来，我想谈谈正能量与中日关系。一位作家曾经这样描述中日两国的关系："文化血脉上相容最深，历史上交往最多，在彼此近、现代化的道路上起了重大作用的两个国家，近代以来却摩擦最激烈，彼此之间最缺乏信任，目光之间密布着猜疑，在人类历史上似乎还找不到与此类似的另外两个国家。"

　近几年，中日关系由于众所周知的原因，面临非常严峻的局面。关于中日关系如何破局，两国政界、学界、商界、媒体界等各相关领域都表达了各自见解，虽然看问题的角度和解决问题的方式不尽相同，但有一点可以肯定，就是大家都认为中日"和则两利，斗则两伤"，目前的局面不符合双方利益。

　借此机会，我想跟大家分享一下我个人对这个问题的看法，即当前中日关系需要正能量。个人拙见，中日关系的正能量大致可以归纳为以下三点。（一）正面解读，多关注积极因素。（二）理性判断，流言止于智者。（三）加强学习，打铁还需自身硬。

● 訳例

　次にプラスのエネルギーと中日関係についてお話します。ある作家は中日関係について次のように描写しています。「文化的なつながりが深く、歴史的な交流がもっとも多く、近、現代史のうえで、重要な役割を果たした二つの国が、近代以降、反目し合い、互いに不信感を募らせ、猜疑心に満ちた眼差しで見合っているが、これは人類史上ほかに類をみない」。

　近年、中日関係は、周知の原因により、国交正常化以来きわめて厳しい局面に直面しています。こうした局面をいかにして打開するか、両国の政界、学術界、商工業界、マスコミなどの関係分野では、それぞれの見解を述べており、問題を見る視点や解決の方法は、必ずしも同じではありませんが、「和すればともに栄え、闘えばともに傷つく」のたとえのように、現在のような状態は双方にとって不利であるという点では、誰もが認めるところです。

　この機会をお借りして、この問題に対する私の考え、すなわち現在の中日関係にとってはプラスのエネルギーが必要だということを皆さんとともに考えていきたいと思います。私は、中日関係のプラスのエネルギーは、次の3点に集約できると思います。（一）肯定的に理解する、ポジティブな要素に関心をはらう。（二）理性的に判断する、流言は智者に止まる。（三）学習の強化。鉄を打つには、自らが硬くなければならぬ。

スクリプト4　🎤 035_2-3-4B

　　首先，关于正面解读。这个"正面"，可以解释为积极，乐观，宽容，善意，用目前时髦儿点儿的词儿来说就是"阳光"❸

　　任何事物都有两面性，中日关系也不例外，我们只有多关注积极的一面，善于发现正能量，才能积蓄、释放和传递正能量，把中日关系推向良性循环；否则，如果只盯着对方短处或者用自己的标准来衡量对方、挑对方毛病的话，只能陷入相互指责的怪圈儿。

　　例如，中国人在看日本时，应该把目光更多地投向日本先进的科学技术，有序的社会管理，以及战后对中国经济和社会发展的援助和引导上；而日本人在看中国时，应该多正面、善意地解读中国改革开放后发生的翻天覆地的变化和对包括日本在内的亚洲各国乃至全世界

108　第二部　さまざまな通訳

所作的贡献，而非渲染威胁或放大不足。

● 訳例

　　まずは肯定的に理解する。この"正面"ですが、ポジティブ、楽観的、寛容、善意と解釈できます。いま流行りの言葉で言えば、"阳光"です〔ちょっと話がそれますが、"阳光"は、もともと名詞ですが、社会生活の発展、変化にともない、形容詞的に用いられるようになりました。これは、現代漢語の名詞の形容詞化の現象です。形容詞化した"阳光"は通常、楽観的、積極的、明るいといった精神状態を形容します。例えば性格が明るくファイトのある若者を"阳光男孩儿"「はつらつボーイ」と呼んでいます。〕

　　どのような事物にも二面性があり、中日関係も例外ではありません。私たちは、よりポジティブな面に関心を寄せ、プラスのエネルギー発見に長じてこそ、それを蓄え、放出し、伝えていくことができ、中日関係を良好なサイクルへと推し進めることができるのです。さもなければ、いたずらに相手の短所ばかりに目を向け、あるいは自分の基準で相手を評価したり、相手のあら捜しばかりしていては、非難の応酬という悪循環に陥るだけです。

　　例えば、中国人が日本を見る時、できるだけ日本の進んだ科学技術や秩序ある社会的管理、ならびに戦後、日本が中国経済や社会の発展に与えた支援と協力に目を向けるべきで、一方日本人が中国を見る時、中国で改革開放後に生じた大きな変化ならびに日本を含むアジア諸国、ひいては全世界に果たした貢献を肯定的に、善意に受け止め、脅威を誇張したり、陰の部分を増幅させたりすべきではありません。

スクリプト 5　📢 036_2-3-5B

　　其次，关于理性判断。在媒体不断走向商业化的今天，为消费公众情绪而肆意扩大中日关系裂痕的报道不在少数，再加上网络普及带来的"信息爆炸"，我们接触负面失真信息的机率远远大于从前。在这种情况下，人们一旦被某种偏颇的认识先入为主以后，会不知不觉地倾向于证明自己已经采信的东西，而忽视相反的证据，这样彼此间的偏见和误解就会像滚雪球似的越滚越大，这些负能量就像前面提到

的劣质汽油一样，让中日关系这辆原本疾驰的列车受到了几乎致命的伤害，甚至面临抛锚的危险。因此在目前状况下，理性判断变得越来越重要。

战国时代的思想家荀子曾说，"流言止于智者"❹

也就是说，我们只有不轻信、不盲从，积极发挥自己的聪明才智对两国关系大局和某些具体事项进行理性判断，才能避免"一叶障目，不见泰山"❺

● 訳例

次は理性的な判断です。メディアがたえず商業化しつつある今日、大衆心理にあやかって、中日関係の軋轢をことさら大げさに報道することが少なくありません。さらにネットの普及によってもたらされる「情報爆弾」により、マイナスのゆがんだ情報に接する確率が前より多くなっています。このような状況のもとで、ある種の片寄った先入観を植え付けられると、知らず知らずのうちに自分が信じたものを証拠だてしようとし、逆の裏付けを軽んずるようになり、互いの偏見と誤解が雪だるま式に大きくなっていきます。これらマイナスのエネルギーは、前述の質の悪い燃料と同様、中日関係はあたかも、全力疾走していた列車が致命傷を負い、ひいてはエンコしてしまうような危険性を孕んでいます。したがって、現在の状況では、理性的な判断がますます重要になっています。

戦国時代の思想家荀子は、かつて「流言は智者に止まる」と述べています。〔ここでいう"liúyán"は「伝言を残す」の" 留言 liúyán"ではなく、さんずい偏の" 流言 liúyán"で、根拠のないうわさを指し、つまり根拠のないうわさ話が伝わるのは、判断力のある人のところまでで、それ以上は伝わらない、すなわちデマは、考えるに値しない。〕

つまり私たちが、軽々しく信じたり、盲従したりせず、自らの聡明さや才智を積極的に発揮し、両国関係の大局と具体的な事柄を理性的に判断してこそ、「一葉目を蔽えば、泰山を見ず」という状態に陥らずにすむのです。〔この成語は聴くと難しいのですが、意味は難しくありません。すなわち細かい物にとらわれて、大きな物や遠くが見通せなくなるたとえ、つまり物事を見る時に、一部の現象に惑わされ、全体を見渡せなくなるというたとえです。〕

スクリプト6　🎙 037_2-3-6B

　　那么，正面解读和理性判断，说起来容易，做起来可没那么简单，我们只有通过不断的学习，才能让自己看待问题更加全面，思考问题更加深刻，这也正是我要谈的第三点——加强学习。中国有句老话，叫"打铁还需自身硬"❻

　　我认为，这句话对我们克服当前困难，力图改善和发展中日关系也同样适用。我们只有不断加强对对方国家政治、经济、社会、文化、历史、民俗等各方面的学习，在真正认识和理解对方国家的基础上，才能对两国关系有一个全面、客观的认识。当然，这也离不开对本国历史、文化等各方面的学习，然而这个往往却是最容易被忽视的，人们往往会想当然地认为，对自己国家的情况很了解，不需要学习，其实这是大错特错。

　　事实上，囿于诸多方面显而易见的局限性，我们对生于斯长于斯的这个国家的认识，有时往往是肤浅和模糊的，甚至有时还带着某些暂时的迷惘、偏见和无力。对本国尚且如此，更何况对别国呢？其实，目前两国间的很多问题，正是来自这种无知或误解，我们唯有通过学习才能逐步消除无知和误解。那么，我们应该怎么学习才能达到良好的效果呢？俗话说，"实践是最好的老师"，毛主席也曾经说过"实践出真知"。

　　我认为，除了通过读书看报广泛汲取知识以外，我们还应该多加强国民间的实际交流，多去对象国实地参访，这样，我们才能认识和理解一个真正的中国和一个真正的日本，才能实现真正意义上的互相理解。然而，很遗憾的是，两国国民间的实际交流却少得可怜。

● 訳例

　肯定的に理解し、理性的に判断すると言っても、言うは易し、行うは難しで、そう簡単ではありません。そのためには、たゆまぬ学習を通して、さらに全面的に問題を見つめ、よりつっこんで考えるよう努める、これは、私が言わんと

する、第三点、学習の強化です。中国の古い諺に「鉄を打つには、自らが硬くなければならない」という名言があります。〔その意味は鍛冶屋は、たえず自らを鍛え、しっかりしてこそ、よい鉄を打つことができるということです。〕

　この名言は、私たちが、当面の困難を克服し、中日関係を改善し、発展させるうえでも同様に適用できると思います。私たちは、相手の国の政治、経済、社会、文化、歴史、民俗など各ジャンルをしっかり学び、相手の国を真に知り、理解してこそ、両国関係の問題を全面的かつ客観的に認識することができるのです。もちろん、このことは、自国の歴史や文化などを学ぶことと切り離せません。しかし往々にしてこの点がもっともないがしろにされやすく、自国のことはよく知っており、学ぶ必要がないと思われがちですが、実はこれは大きな間違いなのです。

　実際に、様々な制約により、自ら生れ育ったこの国に対する認識は、往々にして浅はかかつあいまいで、時には、困惑、偏見、無力感をともなったりします。

　自国に対してそうなら、他国は何をか況やです。実は、現在の両国間の多くの問題は、まさにこのような無知と誤解によって生じたもので、学習を通じて徐々に無知と誤解をとりのぞくほかありません。では、どのように学べば、よい効果が上がるのでしょうか？「実践こそがもっともよい教師である」とよく言われますが、毛主席も「真の知識は実践から生まれる」と述べています。

　私は、本や新聞を読んで広く知識を吸収するほか、国民間の実質的な交流を強め、相手の国に実際に足を運んでこそ、本当の中国、本当の日本を知り、理解することができると思います。しかし、両国民の実際の交流があまりにも少なく、残念です。

スクリプト7　🎤 038_2-3-7B

　我们来看一下由《中国日报》和日本言论 NPO 共同实施的"中日关系舆论调查"中的一组数据。调查的受访者中，访问过中国的日本人占 14.7%，访问过日本的中国人占 2.7%；在中国有朋友的日本人占 20%，在日本有朋友的中国人占 3.3%。

　看到这些数据，不知大家作何感想呢？

　被我们这些口译人员似乎已经司空见惯的这种对对方国家的访问以及与国民间的交流，没想到在全国范围的比例会这么低吧？当然，

低的原因值得我们每一个国民深思，我在这里想说的是，我们这些因工作原因，可能一辈子都要与对方国家和国民打交道的人，究竟能够为改善和发展中日关系做点儿什么呢？

这是我今天要谈的最后一个问题，口译人员的正能量。

我认为，我们口译人员有为中日关系积蓄和传递正能量的优势和责任。优势不用我说，大家都明白，就是我们不仅懂语言，我们还是双方交流第一线的参与者，而且不谦虚地说，我们比不懂语言或者搞笔译工作的同仁们在沟通交流方面有着得天独厚的优势。❼

● 訳例

次の『チャイナデイリー』と日本の言論 NPO が、共同で行った「中日関係世論調査」のリポートにあるデータをご覧ください。調査に応じた人のうち、中国を訪問したことのある日本人は 14.7％、日本を訪問したことのある中国人は 2.7％、中国に友だちがいる日本人は 20％、日本に友だちがいる中国人は 3.3％になっています。

これらのデータを見て皆さんはどうお感じになりますか？

私たち通訳にとって、相手国を訪問したり、国民間の交流をすることは、とりたてて珍しいことではなくても、全国的な範囲でのパーセンテージがこんなに低いとは、思ってもみなかったのではないでしょうか。もちろん、低いことについて、一人一人がよく考えてみるべきですが、私が申し上げたいのは、私たちのように仕事の関係で、相手の国や国民と一生お付き合いする者にとって、中日関係の改善と発展のために何かできることはないのかということです。

これは、今日申し上げる最後の問題、つまり通訳者のプラスのエネルギーです。

私は、私たち通訳者は、中日関係のために、プラスのエネルギーを蓄え、伝えていく強みと責任があると思います。強みと言えば、皆さんもうおわかりでしょう。私たちは言葉ができるばかりでなく、双方の交流の第一線の参画者で、敢えて言わせていただけば、私たちは、言葉のわからない人、あるいは翻訳者に比べても、コミニュケーションを図るうえで、とりわけ恵まれているといえましょう。〔これは、決して、仲間を蔑み、自分を持ち上げるというのではありません。ただ専門や役割分担が異なるだけです。〕

スクリプト8	039_2-3-8B

　　我是觉得，我们作为口译人员，有着更多与对方国家各行各业人士面对面交流的机会，大家不要小看这种面对面的交流，往大了说，一次成功的交流能够实现心与心的碰撞，往小了说，交流过程中的只言片语，或者一个小小的举动，甚至一个眼神一个微笑，有时对消除误解、增进理解和互信都能起到意想不到的作用。而且，随着我们工作阅历的增加和访问对方国家次数乃至留学次数的增多，我们积累起来的人脉关系和通过亲身见闻构建起来的对对方国家、国民的认识和理解，是一笔非常宝贵的财富。

　　我认为，我们在为有这种优势感到自豪的同时，更应该充分发挥这种优势，为两国关系的回暖和继续发展做些什么。不然，岂不是太浪费了吗？当我们把这种想做点儿什么的意愿，上升为一种责任感和使命感并付诸实践的时候，我们会发现，我们的工作也会更加地得心应手。

　　原因很简单，口译的目的就是为了实现交流，当交流渠道拓宽，交流环境变好，交流的质量与效率提高的时候，我们自然是受益者。

　　所以，让我们行动起来吧，不要再满足于做一个传话筒，让我们在自己首先通过学习努力做一个知日派、知华派的同时，发挥我们的优势，抓住任何一个可能的机会，积极地向身边的人介绍一个真实的中国和一个真实的日本，让我们来带动更多的人来真正关注、理解、认识对方，并认真思考中日关系吧！

　　我相信，当两国大多数国民都开始认识真相，都开始全面、理性思考的时候，都开始自发地为中日关系积蓄和传递正能量的时候，我们离真正的友好会越来越近。

　　我今天的发言就到这里，不妥之处欢迎大家批评指正，谢谢大家。

●訳例

　私たちは通訳者として、相手の国の各界の人々に会い、交流する機会が多々

あります。このような膝を交えての交流を過小評価してはなりません、誇張して言えば、成功裡に進められた交流には、心と心のぶつかり合いがあり、ごくわずかでも、交流の過程のひと言二言あるいはささやかな挙動、それがたとえ眼差し、微笑みであっても、時には誤解を打ち消し、理解や相互信頼を増進するなど思わぬ効果が生じるのです。そのうえ、仕事の経験を積み、相手の国を訪問する回数、ひいては留学の機会が増えるのにともない、人的な繋がりや自らの見聞を通じて築き上げた相手の国、国民に対する認識や理解、これこそ大変貴重な財産と言えるのではないでしょうか。

　私たちは、このような強みがあることを誇りに思うと同時に、存分にこの強みを活かして、両国関係の修復とさらなる発展に何かすべきではないかと思います。さもなければ、あまりにももったいないですよね。こうした何かしたいという願いが、ある種の責任感、使命感となり、かつ実践への取り組みへと転化した時、事がすらすらと運ぶようになるのではないでしょうか。

　その理由は簡単です。通訳の目的は、交流を成功させるためであり、交流のルートが幅広くなり、交流の環境がよくなり、交流が質的に向上した時、当然ながら私たちは、その受益者たりえるのです。ですから、行動を起こしましょう！　メガホンになるだけで満足していてはダメです。まずは学習を通して、知日派、知中派になると同時に私たちの強みを活かして、あらゆるチャンスをとらえ、周りの人たちにほんとうの中国、ほんとうの日本を紹介し、より多くの人たちが相手に関心をよせ、理解し、認識し、かつ真面目に中日関係の問題を考えるように促しましょう！

　両国の多くの国民が、真相を知り、全面的にまた理性的に考えはじめた時こそ、ともに自発的に中日関係のために「プラスのエネルギー」を蓄え、伝達しはじめる時であり、真の友好の日が遠からず訪れるものと信じています。

　私の話は以上です。至らない所がありましたら、どうぞご教示ください。

アドリブ

❶—这个词儿，估计大家平时在看中文节目或者读书看报的时候肯定遇见过吧？这个词儿啊，曾经还位居中国流行语排行榜榜首呢，至今它的热度也依然未减，使用者上至国家元首，下至平民百姓，俨然已经成为中国人最喜爱的词汇之一。

❷—这儿的"光盘行动"中说的"光盘"，可不是我们平常用的 CD，而

浅谈正能量——楊琳　　115

是指吃光盘子里的食物，是一项倡导大家厉行节约反对浪费、珍惜粮食的行动。这个词儿，也曾经入选中国十大流行语，并成为最知名公益品牌之一，它提倡的不仅仅是说在餐厅吃饭打包，而且还指提倡按需点菜，在食堂按需打饭，在家按需做饭。

❸─说到"阳光"这个词儿啊，我想跟大家说两句题外话。"阳光"这个词儿呀，本身它是个名词，但近年来随着社会生活的发展变化，大量名词出现了形容词的用法，这就叫现代汉语名词的形容词化现象。被形容词化了的"阳光"，一般用来形容心态乐观、积极、不阴郁的意思。比方说，人们就喜欢把那种性格开朗，积极向上的小伙子叫做"阳光男孩儿"。我们言归正传，再回来看中日关系。

❹─这里的"流言"呢，可不是"留言簿"的"留言"，这里的"流言"的"流"，它是三点儿水的"流"，"流言"指的是没有根据的话，这句话的意思就是说，那些没有根据的话，传到有头脑的人那里就不会再流传了，它形容的是谣言经不起分析。

❺─这个成语呢，它听起来有些难，但意思不难理解，它指的是被一片叶子挡住了眼睛，连前面高大的泰山都看不见，比喻被眼前的细小事物蒙蔽，看不到大处或远处，也比喻看问题时被局部现象迷惑，看不到全局和整体。

❻─意思是说啊，铁匠只有不断地磨练，使自己变强，才能打出好的铁来。这句话呀也被国家领导人引用过，意在强调要想取得成功，必须首先加强自身建设。

❼─我这么说呢，可丝毫没有贬低同仁提高自己的意思啊，因为大家仅仅是专长和分工不同而已。

通訳の現場では、たとえ原稿があっても実際にはその通りにいかないのが、常といえます。ここでは、アドリブにどう対応すべきかについても学んでください。コラム「電子ブックが不用意発言」（118 ページ）もご参照ください。

116　第二部　さまざまな通訳

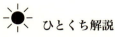 ひとくち解説

　ここには、新語がかなり登場します。『2010年汉语新词语』(商務印書館)によれば、中国では、2010年を中国版ツイッターの"微博元年"と呼んでいるそうです。これはまるで国民一人一人にマイクが与えられたようなもので、プラスもあれば、マイナスもある、ハチの巣をつついたようになる可能性も孕んでいます。だからこそスピーカーはプラスのエネルギーの必要性を説いているのでしょう。

　"微博问政""微博议政"など"微博"を冠した新語が多々あります。国の指導者や全人代の代表たちと市民のコミュニケーションが浸透しつつあるようです。

　また、キーワード"正能量"という目的語に対して、五つの動詞"积蓄，释放，传递，创造，传播"が使われています。このような様々な組み合わせから豊かな表現力を学びましょう。

【コラム】通訳奮戦記

電子ブックが不用意発言

「歴史の重みに耐えなければならない」、これは9月初めに橋本首相が訪問先の中国・瀋陽で残した言葉だが、先月中旬の東京での日中国交正常化25周年の記念シンポジウムで、早くも中国側の発言原稿に"要承受歴史的重負"という形で引用された。"承受"は「耐える」、"承受能力"なら「受け皿」などと訳したりしているが、なかなか言いえて妙だ。

橋本首相の訪中に首相演説と記者会見の同時通訳のために随行した。講演会場は公務員の幹部養成を目的とする北京の国家行政学院。通訳ブースは800人ばかりの聴衆を収容した講堂のひな壇をはるかに見下ろせる場所にあった。

テーマは「新しい時代の日中関係」。訳文の推敲に明け方まで費やしたが、何といっても怖いのはアドリブ。当日、しばらく原稿通りに推移したところで「原稿から離れますので通訳して下さい」と首相が一言。その心配りに心底感謝した。訳文を離れてのしばしの奮闘の後、今度は同僚の高橋ゆかりさんが横で、訳文を指さしている。「アドリブ終了、訳文に戻れ」の示唆。パートナーシップに感激した。

翌朝、記者会見前の30分ほどの首相ミーティングを後ろで傍聴する。釣魚台迎賓館の立派な会議室、記者会見には日中英3カ国語が用いられるため、本欄の執筆者で英語通訳者の長井鞠子さんも一緒だった。話の流れもさることながら、飛び交う単語が気になる。

私はバッグから愛用の電子ブックを取り出した。最近発売された中日・日中辞典の電子ブックは中国語通訳者の大事な友。「不用意」の中国語訳は？ "不慎"がいいな。用例を見ようともう一度ボタンを押したら、なんと"講話不慎"（不用意な発言）という例文が中国語の音声で飛び出した。一瞬、首相をはじめみんなの視線がこちらにあつまったのには参った。不用意にも、場所をわきまえずひたすら電子ブックに問いかけていたのだ。「木を見て森を見ず」とはこのことか。

(日本経済新聞「通訳奮戦記」1997.10.15)

飞向蓝天的恐龙
会議通訳〜作業の流れ

徐星 恐竜研究者

1969年生まれ。北京大学地質学科卒業。中国科学院古脊椎動物古人類研究所研究員、教授。遼寧省、内モンゴル自治区、新疆ウイグル自治区などで恐竜化石の調査を行い、最も多くの新種恐竜を登録している。

049_2-4-1B 〜 051_2-4-3B
052_2-4-1C 〜 054_2-4-3C

ここでは事前準備から会議当日までをシミュレーションしてみましょう。

恐竜と聴くと、なぜか架空の動物のように思ってしまう。

何億年も昔にタイムスリップして、ジャングルの中を歩いてみると、巨体50mもありそうな恐竜がのっしのっしと近づいてくる。そうかと思うと手のひらにちょこんとのせられそうな可愛い恐竜もいる。

森の中をこんなに様々な恐竜が闊歩していた時代がほんとうにあったのだろうか？

そんな想いをめぐらしている時に「『世界恐竜化石シンポジウム』があるので、通訳をお願いしたいのですが…」と誘われたらどうだろう？　多分私は、まるで数億年昔の夢から目醒めたかのように飛び付くだろう。

STEP 1 ———

「ハイッ！」と一つ返事で受けはしたものの、現実に戻るとだんだん不安が募る。

私には、恐竜への知識など皆無に等しいことに気づかされるからだ。

そして通訳エージェントに電話して、「何か資料を！」とせっつく破目に。

だが「スピーチ原稿はまだ入っていません」とつれない返事（通訳エージェントだってクライアントと通訳者の板挟みになって大変なのだ！）。

そこへスピーカーとして来日される中国の著名な恐竜研究者、徐星先生の文章が中国の小学4年生の国語の教科書に載っているとの情報が。渡りに舟とばかりにコピーをいただく。

でも一筋縄ではいかないほどの難しさ。中国の子どもたちは偉いなあと感心したり、同情したり……。

では、まず事前準備として、朗読をしてみましょう。それも速読で。この文章は830字ですので、5分ぐらいが目安です。

模範朗読を聴きながらシャドーイングもしてください。

模範朗読 048_2-4-0

飞向蓝天的恐龙

说到恐龙，人们往往想到凶猛的霸(bà)王龙或着笨重、迟钝(dùn)的马门溪龙；谈起鸟类，我们头脑中自然会浮现轻灵的鸽子或者五彩斑斓(lán)的孔雀。

二者似乎毫不相干，但近年来发现的大量化石显示：在中生代时期，恐龙的一支经过漫长的演化，最终变成了凌(líng)空翱(áo)翔(xiáng)的鸟儿。

早在19世纪，英国学者赫(hè)胥(xū)黎就注意到恐龙和鸟类在骨骼(gé)结构上有许多相似之处。在研究了大量恐龙和鸟类化石之后，科学家们提出，鸟类不仅(jǐn)和恐龙有亲缘关系，而且很可能就是一种小型恐龙的后裔(yì)。根据这一假说，一些与鸟类亲缘关系较近的恐龙应该长有羽毛，但相关化石一直没有被找到。

20世纪末期，我国科学家在辽宁西部首次发现了保存有羽毛印痕的恐龙化石，顿时使全世界的研究者们欣喜若狂。辽西的发现向世人展示了恐龙长羽毛的证据，给这幅古生物学家们描绘(huì)的画卷涂上了"点睛"之笔。

恐龙是如何飞向蓝天的呢？让我们穿越时空隧(suì)道，访问中生代的地球，看看这一演化过程吧！

地球上的第一种恐龙大约出现在两亿三千万年前，它和狗一般大小，两条后腿粗壮有力，能够支撑(chēng)起整个身体。数千万年后，它的后代繁衍(yǎn)成一个形态各异的庞大家族：有些恐龙像它们的

祖先一样两足奔跑，有些恐龙则用四足行走；有些恐龙身长几十米，重达数十吨 (dūn)，有些恐龙则身材小巧，体重不足几公斤；有些恐龙凶猛异常，是茹 (rú) 毛饮血的食肉动物，有些恐龙则温顺可爱，以植物为食。

其中，一些猎食性恐龙的身体逐渐变小，长得也越来越像鸟类：骨骼中空，身体轻盈 (yíng)；脑颅 (lú) 膨 (péng) 大，行动敏 (mǐn) 捷 (jié)；前肢越来越长，能像鸟翼 (yì) 一样拍打；它们的体表长出了美丽的羽毛，不再披着鳞片或鳞甲。它们中的一些种类可能为了躲避敌害或寻找食物而转移到树上生存。这些树栖的恐龙在树木之间跳跃、降落，慢慢具备了滑翔能力，并最终能够主动飞行。

不过，有些科学家认为，飞行并非始于树栖 (qī) 生活过程。他们推测，一种生活在地面上的带羽毛恐龙，在奔跑过程中学会了飞翔。不管怎样，有一点毋 (wú) 庸 (yōng) 置疑：原本不会飞的恐龙最终变成了天之骄子——鸟类，它们飞向了蓝天，从此开辟了一个崭 (zhǎn) 新的生活天地。

亿万年前，一种带羽毛的恐龙脱离同类，飞向蓝天，演化出今天的鸟类大家族。科学家们希望能够重现这一历史进程。随着越来越多精美化石的发现，他们离这一愿望的实现已越来越近了。（徐星）

次にサイトトランスレーションに取組んでみましょう。

これはスピーチ原稿ではありませんが、徐星先生の言葉に慣れておく必要があります。恐竜の名前については、132 ページの「想定単語リスト」を参照してください。

★ 四字成句など

língkōng áoxiáng	凌空翱翔	空高く飛ぶ
Hèxūlí	赫胥黎	ハクスリー（イギリスの学者）
yǔmáo yìnhén	羽毛印痕	羽毛の痕跡

飞向蓝天的恐龙——徐星　　121

xīn xǐ ruò kuáng	欣喜若狂	狂喜する
diǎn jīng zhī bǐ	点睛之笔	目の玉を書き入れる、最後の仕上げ
shíkōng suìdào	时空隧道	タイムトラベルする
hòudài fányǎn	后代繁衍	子孫を増やす
rú máo yǐn xuè	茹毛饮血	野獣の肉を血をしたたらせながら食らう
nǎolú péngdà	脑颅膨大	頭蓋が大きい
shùqī shēnghuó	树栖生活	木の上で暮らす、樹上の生活
wúyōng zhìyí	毋庸置疑	疑うべくもない

　すらすらとサイトラできなければ、読みながらスラッシュ（／）を入れてみましょう。スラッシュを的確に書きこめるか否かは、まさに文の構造への理解度が試される時です（スラッシュの入れ方は、35 ページおよび 104 ページを参照してください）。

● 訳例

　青空に飛び立つ恐竜
　恐竜といえば往往にして、獰猛なティラノサウルスやばかでかくて、のろまなマメンキサウルスを思い出します。そして鳥類といえば、自然に頭に浮かんでくるのは、軽やかに空を飛ぶハトやきらびやかなクジャクです。
　恐竜と鳥類は、全く関係がないように見えますが、近年発見された膨大な化石から、中生代の時期に恐竜が長い進化を経て、最後に空を飛ぶ鳥になったことが明らかになりました。
　つとに 19 世紀、イギリスの学者、ハクスリー（1825 〜 1895）は、恐竜と鳥類は、骨格の構造上多くの似通った点があることに注目しました。膨大な数の恐竜と鳥類の化石を研究した結果、科学者たちは、鳥類は恐竜と類縁関係にあるばかりでなく、おそらく小さな恐竜の末裔であることに気づいたのです。この仮説にもとづけば、鳥類と比較的近い類縁関係にある恐竜には、羽毛が生えているはずですが、そのような化石は長い間発見されませんでした。
　ところが、20 世紀末になって中国の科学者が、遼寧省西部で初めて羽毛の痕跡をとどめた恐竜の化石を発見し、にわかに世界中の研究者たちは、欣喜雀躍しました。遼寧省西部の化石の発見により、恐竜に羽毛が生えていることが裏付けられ、古生物学者が描いていた恐竜の絵巻に目玉を描き入れることができたのです。
　では恐竜はどのようにして空を飛ぶようになったのでしょうか？　タイムトラベルして、中世代の地球を訪れ、進化の過程を見てみましょう！

恐竜が最初に地球上に現れたのは、およそ2億3000万年前のことで、犬と同じくらいの大きさで、がっちりした2本の後ろ脚で全身を支えることができました。

　さらに数千万年の後、その末裔が繁殖して、形態の異なる大きな一族を形成しました。祖先と同じように二本脚で走るものや四本足で歩くもの、身長数十m、体重数十tになるものから体重が数kgに満たない小さな恐竜、獰猛で、そのまま獣肉にかぶりつき、血を啜る肉食動物の恐竜や植物を食むおとなしくて可愛い恐竜もいました。

　そのなかで、一部の捕食性の恐竜は、体がだんだん小さくなり、ますます鳥類に似てきました。骨格も中が空っぽで、体が軽く、頭蓋が大きく、俊敏になり、前足がますます長くなり、鳥の翼のようにばたばた羽ばたき、体には、美しい羽毛が生えていて、鱗や甲羅で覆われることはなくなりました。また一部の種類は、天敵や食べ物を求めて木の上で暮らすようになったと思われます。これら樹上で暮らす恐竜は、木と木の間を跳んだり、舞い降りたりしながら、滑空能力を身につけ、最後には飛ぶことができるようになったのです。

　ただし飛べるようになったのは、別に樹上で暮らすようなったからではないと考える科学者もいます。彼らは、地上で暮らしていた羽毛のある恐竜が、走る過程で、飛行できるようになったのではないかと推測しています。たとえどうであろうと、もともと飛べなかった恐竜が、空の人気者——鳥になったことは、疑う余地はありません。彼らは青空に向かって羽ばたき、新たな生きる天地を切り拓いたのです。

　遥か昔、羽毛のある恐竜が同属から分かれて空に飛び立ち、今日の鳥類の大家族へと進化しました。科学者たちは、この歴史的なプロセスを再現できるよう願っており、美しい化石が続々と発見されるのにともない、遠からずこの願いがかなう日を夢みています。（徐星）

★　「"点睛"之笔」の意味をよく考え、要約してみましょう。
〔为什么说这是"点睛"之笔呢？〕
　世界で数々の恐竜の化石が、発見されているが、これまで、羽毛が生えた痕跡のある恐竜の化石は発見されていなかった。恐竜と鳥類の関係については様々な仮説があるが、中国で羽毛のついた恐竜が発見され、恐竜が進化して鳥類になったことが裏付けされた。

飞向蓝天的恐龙——徐星

大きなシンポジウムでは、スピーカーは一人ではなく、複数参加し、ディスカッションが行われます。そこで通常、事前準備として想定できる単語リストを作成します。

　今回の「世界恐竜化石シンポジウム」で作成した「想定単語リスト」は132ページに掲載しました。これがまた大変な作業で、そのうえちょっとやそっとで覚えられそうにありません。

　後でじっくり目を通していただくとして、まずは、徐星先生のテーマに絞って予習に取組みたいと思います。

　テーマは"庞大的恐龙和小巧的鸟类之间的关系"（大きな恐竜と小さな鳥類の関係）。

✷ 語句

中生代包括

sāndiéjì	三叠纪	三畳紀
zhūluójì	侏罗纪	ジュラ紀
báiʼèjì	白垩纪	白亜紀

恐龙的种类

bàwánglóng	霸王龙	ティラノサウルス
sānjiǎolóng	三角龙	トリケラトプス
léilóng	雷龙	雷竜、ブロントサウルス
xījiǎolèi kǒnglóng	蜥脚类恐龙	竜脚類恐竜
shuāngqiānglóng	双腔龙	双腔竜、アンフィコエリアス
xīxiázhuǎlóng	西峡爪龙	西峡爪竜、モノニクス類
jìnniǎolóng	近鸟龙	オルニトミムス
línhézhuǎlóng	临河爪龙	単指临河爪竜
shǒudàolóng	手盗龙	マニラプトラ
yǔwánglóng	羽王龙	羽王竜、ユウティラヌス

STEP 2 ——————

　以上で不充分ながら一応、事前準備完了！　いよいよ本番スタートです！

　音声の準備をしてください。

　とてもきれいな発音で、適度な速さ、内容もわかりやすいのですが、日頃聴き慣れない単語"飞羽""前肢""陨石坑""灭顶之灾"などが時々出てくるので、注意してください。恐竜の名前が暗記できない時は、上述の単語リストを見ながら

124　第二部　さまざまな通訳

やりましょう。

▶ リスニング　🎤 049_2-4-1B 〜 051_2-4-3B

まずは音声を聴きましょう。

▶ 同時通訳

　チャレンジしたい方は、1回目のリスニングから同時通訳してみましょう。実力に応じて2、3、4回、何回でも聴いて、同時通訳してみましょう。最後に同時通訳者の日本語訳や訳例を参照してください。

スクリプト

🎤 049_2-4-1B

　　大家好！我叫徐星，是一名古生物学学者，在中国科学院古脊椎动物与古人类研究所从事恐龙化石研究工作。今天，我们来谈谈庞大的恐龙和小巧的鸟类之间的关系。

　　说到恐龙，大家一定会想到霸王龙、三角龙和雷龙这些恐龙家族中的明星成员。这些恐龙有一个共同特点，就是体型庞大。确实，不仅我们刚才提到的这些著名恐龙身体非常庞大，许多其他恐龙也有着非常庞大的体型。举个例子，我们在 2006 年于中国新疆发现了一种蜥脚类恐龙，这种恐龙生活在大约 1.6 亿年前，它的脖子就有近 16 米长，整个身体长度达到 35 米。这还不是世界上最大的恐龙。生活在美国侏罗纪晚期的双腔龙，体长可能超过 50 米，远远超过现在地球上最大的动物：蓝鲸。

　　当然，并不是所有的恐龙都如此庞大，恐龙家族中有巨无霸，也有身材中等的种类，还有许多小巧的恐龙。比如，我们在中国河南发现的一种叫做西峡爪龙的恐龙，体长只有几十厘米，我们在辽宁发现的一种叫做近鸟龙的恐龙，体重只有两、三百克，这些小的恐龙能站在你的手掌上。

　　恐龙家族的多样性不仅体现在身体大小方面,还体现在其他方面。

飞向蓝天的恐龙——徐星　　125

同样属于恐龙家族，有些恐龙像我们人类一样有五个手指，有些有四个手指，许多恐龙有三个手指，著名的霸王龙只有两个手指，而我们在内蒙古发现的一种叫做临河爪龙的恐龙，只有一个手指；

再比如，同样是吃肉的恐龙，有些恐龙喜欢吃其他恐龙，有些恐龙以生活在同时代的其他动物为食，比如小哺乳动物和小蜥蜴，但也有恐龙喜欢吃鱼，甚至还有恐龙喜欢吃白蚁；

在吃植物的恐龙当中，有些喜欢吃树叶，有些则喜欢吃果实，甚至有喜欢吃坚果的。恐龙生活的地方也不尽相同：有喜欢住在水边的，也有喜欢住在高山上的，有生活在沙漠当中的恐龙，甚至有恐龙居住在洞穴当中。

由此可见，恐龙家族就像今天的哺乳动物，是一个庞大的家族，它们统治了中生代时期的整个陆地。

🎙 050_2-4-2B

不过，这样一个庞大的家族，却在大约 6 千 6 百万年前遭遇了灭顶之灾，从地球上消失了。是什么原因导致了恐龙大灭绝？科学家们提出了各种各样的假说，来解释恐龙大灭绝，其中最流行的有两种：小行星撞击假说和火山喷发假说。

支持小行星撞击假说的科学家们认为，在大约 6 千 6 百万年前，一个直径 10 到 15 公里的太空岩石块，撞击到墨西哥的尤卡坦半岛，形成了一个直径大约 180 公里的陨石坑。撞击释放的总能量，相当于二战时期投放到日本广岛和长崎的原子弹释放能量的十亿倍。这样的撞击，不仅会直接杀死撞击点附近的一切生物，而且还会改变整个地球的环境，从而让生物无法适应而灭绝。比如，撞击形成的灰尘布满天空，挡住阳光，导致温度大幅下降，这会让植物大面积死亡，以植物为食的动物会因此食物短缺而死亡，植食性的动物死亡，也会导致肉食性动物的死亡。

126　第二部　さまざまな通訳

支持火山喷发假说的科学家们认为，白垩纪末期，在印度德干半岛爆发了大规模的火山喷发，持续了将近100万年。长期的火山喷发最终结果也是植物大面积死亡，导致了包括恐龙在内的各种各样动物的灭亡。在这两种假说当中，支持小行星撞击假说的证据更多一些，所以小行星撞击假说成为了当前解释恐龙大灭绝最流行的假说。

不过，从严格的科学意义上，恐龙并没有在6千6百万年前恐龙大灭绝事件中完全消失，恐龙的一个支系躲过了这场大灾难，幸存下来，最终繁衍成一类今天依然生活在地球上的生物，它们就是鸟类。

鸟类起源于恐龙的假说，是19世纪的时候，由英国学者赫胥黎提出，不过，这一假说在很长一段时间内没有被大家接受。到了上个世纪六、七十年代，美国耶鲁大学的一个叫奥斯特伦姆的教授复原了恐龙变成鸟类的假说。他仔细地研究了一种叫做恐爪龙的肉食性恐龙，发现这种恐龙和已知最早的鸟类，也就是发现于德国侏罗纪晚期的始祖鸟非常相像，他提出，鸟类起源于一类叫做手盗龙类的小型恐龙，鸟类就是恐龙家族的一支。随后来自世界各国的化石都支持了这一假说，其中，最重要的证据来自中国的辽宁西部及周边地区。

🎺 051_2-4-3B

如果鸟类起源于恐龙，那么鸟类的恐龙祖先应该长有原始羽毛甚至羽毛。1996年，在中国的辽宁，在世界上第一次发现了保存有原始羽毛的恐龙化石。随后，在辽宁及周边地区，发现了各种各样的长有羽毛的恐龙，有的恐龙羽毛非常简单，有些像我们人类的头发，有些非常复杂，和现生鸟类翅膀上的羽毛一模一样。不仅小型恐龙长有羽毛，有些巨型恐龙也长有羽毛。2012年，我们发现了一种霸王龙的近亲，只比霸王龙小一点，体长有近9米长。这样一个巨型恐龙居然也长有原始的纤维状羽毛。我们给这种恐龙起了一个好听的名字，叫做羽王龙。

飞向蓝天的恐龙——徐星　　127

在这些长羽毛的恐龙当中，最让我们感到惊奇的是长有四个翅膀的恐龙。最先发现的四翼恐龙是小盗龙，生活在大约 1.2 亿年前；我刚才提到的近鸟龙，是已知最早的长有四个翅膀的恐龙之一，它生存在大约 1.6 亿年前。这些四翼恐龙的前肢像鸟类一样，有长长的飞羽，形成一对翅膀，后肢上也有长长的飞羽，形成另外一对翅膀。这种奇特的模样让所有的人感到大吃一惊，但正是这种奇特的模样，为我们展示了一个恐龙向鸟类演化最关键的阶段，告诉了我们鸟类是如何飞向蓝天的。

　　通过研究来自中国和世界上其他地方的化石，科学家们已经能够大致复原恐龙向鸟类演化的过程了：在恐龙的演化历史中，有一类恐龙身体逐渐变小，身体逐渐变轻，前肢越来越长，并且长出了飞羽。这些长长的飞羽不仅像现在的鸟类一样，长在前肢和尾巴上，还长在了后肢上，它们变成了具有四个翅膀的动物，从地面转向了树上生活。这些四翼恐龙在树丛中滑翔和飞行，前肢形成的翅膀是主要的飞行器官，但由于前肢形成的翅膀还不够强大，它们还要依赖后肢形成的翅膀辅助飞行。在演化过程中，前肢形成的翅膀变得越来越强大，后肢形成的翅膀则慢慢退化，最终，恐龙飞向了蓝天，不再需要后肢翅膀。这些飞向蓝天的恐龙就是我们熟悉的鸟类，它们躲过了白垩纪末期的大灭绝，最终繁衍成各种各样的鸟类，和我们人类一同生活在这一个星球上。

●訳例

052_2-4-1C

　皆さん、こんにちは！（初めまして）私は徐星と申します（どうぞよろしく）。中国科学院古脊椎動物・古人類研究所で恐竜化石の研究を行っている古生物学の学者です。今日は、巨大な恐竜と小さな鳥類の関係についてお話したいと思います。

　恐竜といえば、皆さんは恐竜仲間のスター的存在であるティラノサウルス、トリケラトプス、ブロントサウルスを想像されるでしょう。これらの恐竜には、

128　第二部　さまざまな通訳

体型が大きいという共通の特徴があります。たしかに、先に挙げた恐竜は体が大変大きいのですが、その他の多くの恐竜も堂々たる体型をしています。例えば、私たちは2006年、中国の新疆（ウイグル自治区）で竜脚類恐竜（ネメクトサウルス）を発見しましたが、この種の恐竜は、およそ1億6000万年前に生息し、その首だけで16m近くあり、体長は35mもあります。それでも世界最大の恐竜ではありません。アメリカのジュラ紀後期に生息していた中国名双腔竜（アンフィコエリアス）は、おそらく体長が50mを越えており、現在地球最大の動物とされるシロナガスクジラを遥かに超えていたと思われます。

　もちろんすべての恐竜が、こんなに大きかったわけではありません。同じ生物種でも、覇を競わず、中ぐらいの体つきものや多くの小さな恐竜もいます。例えば、河南省で発見された西峡爪竜という恐竜は、体長わずか数十cmしかありません。私たちが遼寧省で発見した近鳥竜という恐竜は、体重2,300g、これらの小さな恐竜は、手のひらにのせられるほどです。

　恐竜の種族の多様性は、体の大小ばかりでなく、その他の面でも見られます。同じ恐竜同士でも、あるものは人間と同様、手が5本指のもあれば、一部4本のものもいます。多くの恐竜は3本指で、有名なティラノサウルスは、手の指がわずか2本です。そして私たちが内モンゴルで発見した臨河爪竜という恐竜は、1本の指しかありません。

　さらに同じ肉食恐竜でもほかの恐竜を好んで食べるものや同じ時代に生息している例えば小さな哺乳類やトカゲなど他の動物を食するものもいます。また魚を好んで食べる恐竜、ひいては白アリが好きな恐竜もいます。

　一方草食系の恐竜には、木の葉や木の実を好んで食べるもの、はたまたどんぐりのような硬い実が好きなものもいます。恐竜の棲み処は、さまざまで、水辺に生息したり、高い山に生息したり、また砂漠に生息する、ひいては洞穴に生息する恐竜すらいます。

　このことから見ても、恐竜一族は、現在の哺乳動物のように一大種族を形成し、中世代におけるすべての陸地を支配するようになったのです。

053_2-4-2C

　しかし、このように膨大な種族であったのにもかかわらず、およそ6600万年前、壊滅的な災害に遭い、地球上から消滅してしまいました。恐竜を絶滅の危機にさらした原因は、いったい何なのでしょうか？　科学者たちは、様々な仮説をたてて恐竜の絶滅について講釈しています。そのうちもっともポピュラーなものは、二つあります。それは、小惑星の衝突説と火山の噴火説です。

　小惑星の衝突説を支持する科学者たちの考えは、次の通りです。およそ6600万年前、宇宙にある直径10〜15kmの岩石の塊がメキシコのユカタン半島に衝

突し、直径 180km もあるクレーターを形成しました。衝突によって発生した総エネルギーは、第二次世界大戦の時に広島や長崎に投下された原子爆弾の放射線量の 10 億倍に匹敵するとのことです。このような衝突は、周辺に生息するあらゆる生物種を直接死滅させたばかりでなく、地球全体の環境を変えてしまいました。そのため生物が適応できず絶滅したのです。例えば衝突によって生じた粉塵が空を覆い、日光を遮り、温度が急激に低下し、植物が広大な面積にわたって死滅し、植物を食する動物が食料不足で死んでしまう、こうして植物食動物の死にともなって肉食動物も死んでしまったというのです。

　一方、火山の噴火説を支持する科学者の考えは、次の通りです。白亜紀末期、インドのデカン半島で大規模な火山噴火が起き、100 万年近く続きました。長く続いた火山噴火の最終的な結果も、植物の大面積に及ぶ死滅で、それによって恐竜を含む様々な動物が絶滅したということです。この二つの仮説のうちより多くの証拠が挙げられているのが、小惑星衝突説で、恐竜の絶滅の謎を解くうえで、ポピュラーな学説とされています。

　ただし、厳密な科学的な意味からいえば、恐竜は 6600 万年前の恐竜絶滅事件の中で完全に消滅してしまったわけではありません。恐竜の一つの系列が、幸運にもこの大災害から逃れて生き残り、ついに今日も地球で生息する生物種に繁栄したのです。つまりそれが鳥です。

　鳥は、恐竜に由来するという仮説は、19 世紀にイギリスの学者ハクスリーが提起したのですが、この仮説は長い間、みなに受け入れられませんでした。前世紀の 6、70 年代になってアメリカのエール大学のオストロム教授が鳥の起源は恐竜であるという仮説を復活させました。彼は恐爪竜（ディノニクス）という肉食恐竜について詳細な研究を行い、この恐竜とすでに知られている早期の鳥類がドイツのジュラ紀に発見された始祖鳥とそっくりだということを発見しました。そこで鳥の起源は、手盗竜類（マニラプトラ形類）の小型の恐竜で、鳥は恐竜種の一つであると提起しました。その後、世界各国の化石によってこの仮説の正当性が裏付けられました。なかでももっとも重要な証拠は、中国遼寧省西部およびその周辺地域から発見された化石です。

054_2-4-3C

　仮に鳥類の起源が恐竜であるなら、鳥類の祖先である恐竜には、原始羽毛もしくは羽毛が生えているべきです。1996 年、中国の遼寧省で、世界で初めて原始羽毛のある恐竜化石が発見されました。その後遼寧およびその周辺地域で様々な羽毛の生えた恐竜が発見されました。一部の恐竜の羽毛は非常に簡単で、あるものは頭髪に似ており、あるものは極めて複雑で、現在の鳥類の翼にある羽毛と全く同じです。小型の恐竜に羽毛があるばかりでなく、巨大恐竜にも羽

毛が生えているものもあります。2012年わたしたちは、ティラノサウルスの近親を発見しました。ただティラノサウルスよりわずかに小さく、体長は9m近くあります。このような巨大な恐竜にも原始的な繊維状の羽毛が生えていたのです。そこでこの種の恐竜にしゃれた名前をつけました。羽王竜（ユウティラヌス）というのです。

　これらの羽毛が生えた恐竜のうち、驚くべきことに四つの翼が生えた恐竜がいるのです。最初に発見された四翼恐竜は、小盗竜で、およそ1億2000万年前に生息していました。先ほど申し上げた近鳥竜は、もっとも早くから知られている四つの翼がある恐竜の一種で、およそ1億6000万年前に生息していました。これら四翼恐竜の前肢は鳥類と同様、ふさふさした羽があり、一対の翼を成し、後ろ足にもふさふさした羽毛がり、もう一対の翼を成していました。このように誰もがびっくりするような奇妙な格好ですが、このような摩訶不思議な姿形こそが、私たちに恐竜が鳥類に進化したキーポイントを示唆し、鳥類がいかにして空を飛ぶようになったかを物語っているのではないでしょうか。

　中国や世界のその他の地方で発見された化石を研究し、科学者たちは、すでに恐竜が鳥類に進化した過程をほぼ再現することができました。恐竜の進化の歴史において、ある恐竜の体が徐々に小さくなり、軽くなって、前肢がますます長くなり、やがて羽が出てきました。これらの長い羽は、現在の鳥類と同様に前肢と尾っぽの所に生えているばかりでなく、後肢にも生え、四つの翼をもつ動物へと変化し、地上から樹上で生息するようになりました。これらの四翼恐竜は林の茂みを滑空、飛行し、前肢によってできた羽が主な飛行器官になりました。しかし、前肢からできた羽はあまり強靭ではないので、後肢によって形成された羽で飛行をサポートせざるをえませんでした。進化の過程で、前肢によって形成された羽がますます強くなるのにともない、後肢からなる羽は徐々に退化し、ついに恐竜が青空に飛び立つのに後肢の羽を必要としなくなりました。これら空飛ぶ恐竜こそが、いま私たちの身近にいる鳥類です。彼らは白亜紀末期の絶滅を逃れ、やがて繁栄して様々な鳥になり、私たち人類とともに一つの天体で暮すようになったのです。

　以上、仕事を受けてから無事（？）に会議が終了するまでの流れをシミュレーションしてみました。結果はいかがですか？　どうぞ同時通訳入り音声と照らし合わせながら、自己採点してみてください。

　また内容はもちろん、スピードといい、発音といい申し分のないスピーチです。繰り返しシャドーイングし、このきれいな中国語を大いに生かしてください。

飞向蓝天的恐龙——徐星　131

ここに会議に臨んで作成した単語リストを挙げておきます。

少なくとも、**太字**の単語ぐらいは、覚えておくと役に立つでしょう。

想定単語リスト

基礎的な時代区分

冰川期	bīngchuān qī	氷河期
间冰期	jiānbīng qī	間氷期
古生代	gǔshēngdài	古生代
二迭纪	èrdié jì	二畳紀、
		ペルム紀

中生代	zhōngshēngdài	中生代
三迭纪	sāndié jì	三畳紀
侏罗纪	zhūluó jì	ジュラ紀
白垩纪	bái'è jì	白亜紀
新生代	xīnshēngdài	新生代

恐竜の名前

霸王龙	bàwánglóng	ティラノサウルス
暴龙	bàolóng	タルボサウルス
二齿兽	èrchǐshòu	ディキノドン
芙蓉龙	fúrónglóng	ロトサウルス
幻龙	huànlóng	ノトサウルス
甲龙	jiǎlóng	よろい竜、
		アンキロサウルス
剑龙	jiànlóng	剣竜、
		ステゴサウルス
角龙	jiǎolóng	角竜、ケラロプス
金山龙	jīnshānlóng	シンシャノサウルス
近鸟龙	jìnniǎolóng	オルニトミムス
巨龙	jùlóng	メガロサウルス
恐爪龙	kǒngzhuǎlóng	ディノニクス
雷龙	léilóng	雷竜、
		ブロントサウルス
梁龙	liánglóng	ディプロドクス
临河爪龙	línhézhuǎlóng	リンヘニクス
禄丰龙	lùfēnglóng	ルーフェンゴサウルス

马门溪龙	mǎménxīlóng	
		マメンチサウルス
盘足龙	pánzúlóng	ユーヘロプス
禽龙	qínlóng	イグアノドン
青岛龙	qīngdǎolóng	チンタオサウルス
三角龙	sānjiǎolóng	トリケラトプス
蛇颈龙	shéjǐnglóng	くびなが竜、
		プレシオサウルス
手盗龙	shǒudàolóng	マニラプトラ
双腔龙	shuāngqiānglóng	双腔竜、
		アンフィコエリアス
水龙兽	shuǐlóngshòu	リストロサウルス
西峡爪龙	xīxiázhuǎlóng	
		西峡爪竜、モノニクス類
鸭嘴龙	yāzuǐlóng	カモノハシ竜、
		ハドロサウルス
翼龙	yìlóng	翼竜
翼手龙	yìshǒulóng	翼手竜、
		プテロダクチルス

鹦鹉嘴龙 yīngwǔzuǐlóng
　　　　プシッタコサウルス
永川龙 yǒngchuānlóng
　　　　ヤンチュアノサウルス
鱼龙　　yúlóng　　魚竜、
　　　　イクチオサウルス
羽王龙 yǔwánglóng 羽王竜、
　　　　ユウティラヌス
圆顶龙 yuándǐnglóng　カマラサウルス
原角龙 yuánjiǎolóng　プロトケラトプス
中华丽羽龙 zhōnghuálìyǔlóng
　　　　シノカリオプテリスク
中华国鸟龙 zhōnghuáguóniǎolóng
　　　　シノサロプデリクス、鳥竜
中华龙鸟 zhōnghuálóngniǎo
　　　　シノサウロプテリスク

中华鸟类 zhōnghuániǎolèi
　　　　オルニトミムス
中国肯氏兽 zhōngguókěnshìshòu
　　　　シノカンネメリア
中国角龙 zhōngguójiǎolóng
　　　　シノケラトプス
中国猎龙 zhōngguólièlóng
　　　　シノベナトル
中国鸟 zhōngguóniǎo　　シノルニス
中国鸟龙 zhōngguóǎolóng
　　　　シノルニトサウルス
准噶尔翼龙 zhǔngá'ěryìlóng
　　　　ズンガリプテルス

その他
始祖鸟 shǐzǔniǎo　　始祖鳥
肉食恐龙 ròushí kǒnglóng 肉食恐竜
植食(性)恐龙
　　zhíshí (xìng) kǒnglóng　植物食恐竜
蜥脚类恐龙 xījiǎolèikǒnglóng
　　　　竜脚類恐竜
爬行类时代 páxínglèi shídài 爬虫類時代

哺乳动物时代 bǔrǔ dòngwù shídài
　　　　哺乳動物時代
风化作用 fēnghuà zuòyòng　風化作用
进化论　　jìnhuàlùn　　進化論
新陈代谢　xīnchén dàixiè　新陳代謝
食物链　　shíwùliàn　　食物連鎖

固有名詞
耶鲁大学 Yēlǔ dàxué　　エール大学
奥斯特伦姆 Àosītèlúnmǔ
　　　　オストロム教授

飞向蓝天的恐龙——徐星　　133

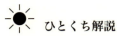 **ひとくち解説**

　会議通訳なら、おそらく自己流単語帳を数冊は持っているはずです。パソコンでまとめている通訳もいますが、おおむね手書きが多いようです。持ちやすいように小さなノートを、あるいは会議終了後、ジャンル別にまとめやすいようにルーズリーフ式ノートを使うのも便利です。

　「世界恐竜化石シンポジウム」でも、想定できる単語を収集し、単語リストを作成してみました。

　この会議は「世界」と銘打っている以上、パネリストは中国代表だけではありませんが、実際に蓋を開けてみると、大風呂敷を広げた割に使用した単語は、かなり限られていました。会議に備え、的を射た準備が必要なのは言うまでもありませんが、仮に徒労に終わったとしても、できる限り会議の趣旨に迫るというのが、プロの精神です。

　なお、興味のある方は、インターネットでもっと恐竜を調べてみてください。ご活躍中の徐星先生の姿も見られますよ。

【コラム】通訳奮戦記

事前の資料集めに苦労

　会議が迫り準備に追われていると友人に言ったら、「へー、まだ勉強するのですか？」と言われた。

　銀行の通訳の仕事を辞め、フリーランスになってかれこれ10年。なにが変わったかといえば、サービスを提供するお相手が転々と変化し、通訳する内容も多種多様で、正に中国でいう「打遊撃」、ゲリラ戦のような感じがする。だから事前の準備が欠かせない。しかもどんなに努力してもその筋の専門家である話し手に追いつくはずはないことを百も承知で、やはり資料の行間ににじみ出るメッセージに迫らざるを得ない。

　時には事前に何も資料はないと言われ、仕方なく自己流で準備することもある。それはいいとして、資料はないと言いながら会議半ば、やおら原稿を取り出して棒読みする人もいて、「やれやれ」とため息をつきたくなる。おまけに会場の一角に関連するパンフが山積みされたりすると、そのうちの1冊でも早目に頂ければ役に立つのにと腹も立つ。

　時には「原稿だ、資料だ」と言っていると「同時通訳なんでしょう？」と担当者から怪訝な顔をされることもある。その時はそこに居合わせた通訳者数人が異口同音に「話し手も原稿なしならそれはそれで結構です」と言ったので救われる思いがした。紋切り型で無味乾燥な原稿なら、ないほうがよい。お互い白紙でいくほうがむしろ通訳しやすい。

　もちろん企業色の濃い会議などで、内容をオープンにできない場合もある。通訳には秘匿義務というのがあり、そうした会議の資料の取り扱いには、当然細心の注意を払う必要がある。それは原稿でもあり、重要書類でもあるからだ。

　ただ秘匿義務を云々している間もないほど、フリーランスは次々と頭の切り替えを迫られる。訳語をこまごま書き入れてある前の資料に愛着はあるものの、済んでしまえば急に色あせた紙切れに映る。そして次の資料がどさっと送られてくるとまた新たなスタートラインに立たされたような緊張が走る。

（日本経済新聞「通訳奮戦記」2000.3.15）

在八大为毛主席做同声传译
同時通訳

劉徳有　元中華人民共和国文化部副部長
プロフィールは 4 ページ参照。

055_2-5-1B ～ 058_2-5-4B
059_2-5-1C ～ 062_2-5-4C

　半世紀余り前の 1956 年、すでに北京で同時通訳が行われており、それをわずか 25 歳の劉徳有先生が、原稿あり同通とはいえ、立派になさったとは、ほんとうに敬服に値します。

　このスピーチは、先生の初めての同通体験談ですが、半世紀以上の時空を越えて、まるで昨日のできごとのようにリアルで、示唆に富んだお話です。

　ここでは二つのケースを想定しチャレンジしたいと思います。これまでの手順に沿って、じっくり取り組みたい方は、CASE2 から始めてください。

CASE1 ――いきなり原稿なし同時通訳にチャレンジ

　まずは、通訳歴およそ 10 年の方へのお勧めメニューです。ぶっつけ本番で試してみてください。

　先生の回想録の一部ともいえる同通体験談の同時通訳を仰せつかったと仮定しましょう。

　原稿なし同通、しかも事前準備もほとんどできないという厳しい条件ですが、講演 30 分前にスピーカーと打ち合わせができるという設定です。

　実際に会議通訳の現場では、このようなケースが多々あります。

　ただ誤解のないよう申し上げておきますが、劉徳有先生が実際に講演をされる時は、通訳者のために原稿はもちろん、訳文まで付けてくださるなど、通訳者思いの温かい方です。

さて打ち合わせ会場に到着しました。

翻译：麻烦您,今天您要谈的主要内容是什么? 请您告诉给我关键词,还有专有名词、成语等可以吗?

先生：要讲的是八大的同传工作的经验。

翻译：十八大?

先生：不! 八大。

なんて そそっかしい！ 通訳者は、"是八大"をいま流行りの"十八大"と勘違いしてしまいました。

数字を聴く時、"十"と"是"、"十"と"四"などを混同しないよう気を付けなければなりません。さもないとこのスピーチは、出だしからつまずいてしまいます。

ところでスピーカーは、いくら原稿なしとはいえ大勢の聴衆を前にしてスピーチをする際、おおむねストーリーを頭の中に描いているはずです。

そこで通訳は、スピーカーにキーワードや固有名詞などを提示していただきました。

---

bādà 　　　　八大　　中国共产党第八次代表大会的简称

　　　　　　　　　　　中国共産党第八回代表大会の略称。

　　　　　　　　　　　ちなみに"次"＝回、"届"＝期

tóngchuán (tóngshēng chuányì)

　　　　　　　　同传（同声传译）　　同通、同時通訳

Sū Qí 　　　　苏琦　　　著名な日本語通訳翻訳者。『毛沢東詩集』など訳書のほか、著書に語学教材など多数

Yè Qǐyōng 　　叶启庸　　当時、中国人民外交学会職員

gū lòu guǎ wén　孤陋寡闻　〔成〕学識が浅く見識が狭いこと

kuàizhì rénkǒu　脍炙人口　人口に膾炙（かいしゃ）する

　　　　　　　　　　　（文章や技術が人々によく知られている）

xūxīn shǐ rén jìnbù, jiāo'ào shǐ rén luòhòu

　　　　　　　"虚心使人进步，骄傲使人落后"

　　　　　　　　「謙虚な心は人を進歩させ、うぬぼれは人を落伍させる」

在八大为毛主席做同声传译——劉徳有　137

▶▶ **同時通訳**　🎤 055_2-5-1B ～ 058_2-5-4B

　さあ、いよいよ同時通訳にチャレンジです！

　自信のある方は、音声を聴きながら、すぐに同時通訳をはじめてください。第一部のレクチュアと同様、"八大"の体験談もアクセントはもちろん、間の取り方（停頓処）も明快で、同通にふさわしいスピードです。

　与えられた上述のヒントをよりどころにして、同時通訳スタート。

　いかがでしたか？　通訳の出来不出来は、他人の評価を待つまでもなく、ある程度自己判断できるものです。仮に80％の出来なら、ほぼ同通の基本的なテクニックをマスターしたといえるでしょう。音声を繰り返し聴き、同通の練習をしてください。

　最後に同時通訳入り音声と照合しながら、どうぞ自己採点してください。

➡　🎧 059_2-5-1C ～ 062_2-5-4C

CASE2 ──原稿あり同時通訳

　CASE1では、ぶっつけ本番での同時通訳でしたが、ここではこれまで第二部で学んだ様々な練習方法を活用して、最終的に同時通訳をめざすことにします。

　逐次、同時を問わず、通訳者がスピーカーの言わんとする趣旨をどの程度理解し、心の準備ができたかは、通訳の出来不出来に大きくかかわってきます。正に備えあれば憂いなしです。

　ではこれまでの練習のプロセスを踏まえながら、スクリプトごとに同時通訳に取組んでみましょう。

　まずは、CASE1の囲みに記したキーワードや固有名詞をしっかり頭に入れておいてください。

スクリプト 1　　🎙 055_2-5-1B

✳ 単語

gòngzhí	供职	奉職する、勤務する "公职"（公職）ともとれるが、ここは"供职"
yǒu shēng yǐ lái	有生以来	生まれてこのかた
liánhéguó	联合国	国際連合、国連　＊"国联"は、国際連盟の意味
shénmì	神秘	神秘、得体が知れない、神技
qīdà	七大	第七回党大会
bù dǒngshì	不懂事	世事に疎い
jìn lìliàng	尽…力量	力を尽くす、尽力する
gāoxìng zhī yú	高兴之余	喜びの余り
róngyùgǎn	荣誉感	誇りに思う、光栄に思う

▶ リスニング

単語の予習をした後、何回も聴きましょう。

▶ シャドーイング

スクリプトを見ずに、音声のみに頼り、シャドーイングしてみましょう。

▶ 要約

次に内容をイメージし、日本語で要約しましょう。

例：中共八回大会が、1956 年北京で開催された。私は、会議にそなえ、勤務先の外文出版社から臨時に出向いて翻訳の仕事にたずさわり、会期中は同通を務めることになった。私にとって同通は、初めての体験で、知らないことばかり、神秘的な感じすら抱いた。

第七回大会の時は、まだ子どもだった私が、八回大会でかくも重要な仕事に就くとは、夢想だにしなかった。

▶ サイトトランスレーション

では、スクリプトに目を通し、リスニングが正しかったかを確認し、スクリプトを見ながらサイトトランスレーションしてみましょう。

在八大为毛主席做同声传译──劉徳有　　139

スクリプト 1

中国共产党第八次全国代表大会是 1956 年的 9 月在北京举行的。在大会的筹备期间，我从我供职的外文出版社，就是出版《人民中国》杂志的外文出版社临时调出来，参加了大会文件和讲话稿的笔译工作，而且在会议期间，就是开会以后，还为毛主席、还有其他的几位做过同声传译，就是同传，这是我有生以来第一次做"同传"。

"同传"，在今天早已经为大家所熟悉，但是当时还只有二十几岁的我由于孤陋寡闻，只听说在联合国开会的时候使用各种语言的"同声传译"，因此我对这一行感到很陌生，不免有一种神秘感。

记得 1945 年 7 月 "七大" 中国共产党第七次代表大会在延安举行的时候，我还是一个不懂事的不满十四岁的孩子，到了"八大"的时候，1956 年我连做梦也没有想过能为中国共产党的如此重要的会议尽自己的一份力量，担任大会的笔译和口译工作，因此，在高兴之余又产生了一种荣誉感。

● 訳例

中国共産党第八回代表大会は、1956 年 9 月に行われました。会議の準備期間中、私は勤務先の外文出版社、つまり雑誌『人民中国』を出版している外文出版社から臨時に出向いて、会議の文書や講演原稿の翻訳にたずさわり、会期中、つまり会議が始まってからは、毛主席やそのほか数人の方々の同時通訳、つまり「同通」をしました。これは、私にとって、生れてこのかた初めての「同通」です。

「同通」といえば、いまでは、広く知られていますが、当時まだ二十数歳の私は、なんの見識もなく、国連の会議で各種言語の「同時通訳」が行われているということを耳にしていた程度で、この仕事について皆目見当もつかず、神秘的な感じさえ抱いたものでした。

1945 年 7 月「七大」、中国共産党第七回代表大会が延安で行われたころ、私はまだ世事をわきまえない 14 歳にも満たない子どもでしたが、まさか「八大」の時、1956 年に、中国共産党のこのような重要な会議に微力を尽くすことになろうとは夢にも思いませんでした。ですから、喜びのあまり、誇らしい気持ちにさえなりました。

140 第二部 さまざまな通訳

スクリプト 2　　🎤 056_2-5-2B

▶ リスニング

MP3 を数回聴き、次の単語をチェックしてください。

✱ 単語

xiōngdì dǎng　　兄弟党　　　友党

　"兄弟党"という言い方は、いまではあまり見かけませんが、かつて国際共産主義運動が盛んだったころにはよく使われました。

quánguó zhèngxié lǐtáng

　　　　　　　全国政协礼堂　　　全国政治協商会議礼堂

fānyì bānzi	翻译班子	通訳スタッフ、通訳グループ
shēngpíng	生平	生まれてこのかた
zhǔxítái	主席台	議長席、演壇、ひな壇
qiàn qǐ shēn	欠起身	ちょっと腰をうかせる
shēnyǐng	身影	人影、姿
tūchū	突出	強調する、際立つ
shēng pà	生怕	(好ましくないことを予想して)ひやひやする、心配する
sǎngménr	嗓门儿	声、声量

▶ 逐次通訳

　次に音声を適当な所で止めながら、スクリプトを見ずに逐次通訳を試みてください。音声を聴きながら、まずはメモを取りましょう。初めのうちは、メモしていると、聴くほうがおろそかになってしまいます。それは「慣れ」と経験を積むことによって克服するほかありません(詳細は 59 ページ「逐次通訳とメモ」参照)。メモを見ながら、一区切りごとに通訳してください。

✱ 問題　次の質問に中国語で答えましょう。

①参加大会的有哪些人? 为什么八大在政协礼堂召开呢?

②请描述一下"同传"箱子的情况。

③首次做同传最突出的感觉是什么?

(答えはスクリプト 2 の下線部分を参照してください。)

在八大为毛主席做同声传译——劉徳有　141

▶ 同時通訳

逐次通訳と問題が正しくできたか、スクリプトを見て確認し、スクリプトを見ながら同時通訳してみましょう。

スクリプト2

八大是九月十五号开幕的。那么为了同声传译的需要，就从日语组搞笔译的（日语组）里面挑选了几个人。我是其中的一个。另外还有一位女士，还有一位男士、苏琦和叶启庸。我们几个人包括我在内没有经过同传的专门训练。大会为什么要安排同传呢？因为当时啊，①有世界好几十个叫做兄弟党的代表团出席。那个时候的大会在哪里开的呢？是在全国政协礼堂。那个时候还没有人民大会堂。当时啊，政协礼堂就是一个最理想的开这样会议的场所。

在我们日语的翻译班子里面，我是第一个进同传箱子里的，ブース里面的，因为领导上把毛主席致开幕词的同声传译的任务交给了我。说今天毛主席致开幕词的时候你做同传。在这以前，我虽然曾经多次担任过毛主席会见日本朋友的时候的口译工作，但是从来没有做过同传。

这是我生平第一次进"同传"的箱子，进ブース，心情非常紧张。大家可想而知。

②由于"同传"的箱子设在大礼堂的二层的左侧，所以坐在箱子里面，面对话筒和译稿，根本看不见主席台的情况。我把头抬起来，也只能望见二楼的部分出席者。也不是全部的只能是部分的出席者，能够从ブース看到。只有欠起身来往台上去望，才能隔着玻璃看到讲话人的身影。戴上耳机以后，周围的声音什么也听不见。

在没有开会之前，我们曾经试了一下话筒。③戴上耳机以后啊，一个最突出的感觉是听不见自己说话的声音，因此啊，就担心，哎呀，场里的代表我讲的话听不见怎么办呢？就自然而然地把嗓门儿提高起来。其实啊，在ブース里面用一般的声音讲话，通过话筒代表们就能

142 第二部 さまざまな通訳

听的清清楚楚。所以，决不能提高嗓门儿，提高了嗓门儿，就会变成噪音，使听者耳朵震得受不了。

● 訳例

　第八回大会は9月15日に開幕しました。会議で同時通訳が必要なため、日本語の翻訳をしている日本語組から数人が選ばれ、私もその中の一人でした。他に女性一人と男性一人がいました。蘇琦さんと葉啓庸さんです。我々は、私も含め同時通訳の専門的な訓練を受けたことがありませんでした。では大会にはなぜ同時通訳が必要だったのでしょうか。それは当時、世界にある数十の友党の代表団が出席していたからです。この会議はどこで開催されたかと申しますと、全国政協礼堂です。その頃はまだ人民大会堂はなく、政協礼堂が会議を開催するのに最も理想的な場所だったのです。

　我々日本語通訳班の中で、初めて同時通訳ブースに入ったのは私です。というのも、上司から、毛主席の開会の辞の同時通訳を私がするように申しつかったからです。「今日の毛主席の開会の辞は、君が同時通訳をするのだよ」と言われました。これまで、私は何度も毛主席が日本の友人と会見する際に通訳を担当しましたが、同時通訳はしたことがありませんでした。

　これが人生初の「同通の箱」、ブース入りで、その緊張感ったらありません。まさに推して知るべしです。

　「同通」のブースは大礼堂の2階の左側にあったので、ブースの中に座り、マイクと翻訳原稿に向かうと、壇上の様子が全くわかりません。頭を上げたら、2階の客席の一部が見えるだけで、ヘッドフォンをつけると、周囲の声は何も聴こえません。

　会議に先立ち、我々はマイクテストをしました。ヘッドフォンをつけると、一番気になったのは自分の声が聴こえないことです。困った！　場内の代表に私の声が聴こえなかったらどうしようと心配になって、自然と声が上ずってしまいました。実は、ブースの中では普通の声で話せば、マイクを通して、代表団の方々にははっきりと聴こえるのです。ですから決してがなり立てるべきではありません。声を張り上げると、それは騒音と同じで、かえって聴き手にとってひどく耳障りなのです。

在八大为毛主席做同声传译——劉徳有　143

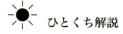 ひとくち解説

人民大会堂の同通ブース

　政協礼堂のブースは、側面から演壇を眺めるような場所に設置されているので、さぞ通訳しにくかったことでしょう。しかしその後に建てられた人民大会堂には、なんと上階に 50 余りのブースが弧を描いて並んでいました。全人代の暁には、そこに各少数民族の通訳者が入り、奮戦するのです。想像しただけでも壮観ではありませんか！

　ただあまりにもスケールが大きく、天井桟敷のブースから壇上を見おろすと、人がまるでアリのように見えました。

　数年前に大会堂もリニューアルされたと聴きますが、一度新装なった壮大な通訳ブースを見学してみたいものです。

スクリプト 3 　　🎧 057_2-5-3B

　まず音声を聴きながら、以下の単語をしっかり覚えましょう。ただちに音声に対応し、通訳できるか試してください。

✳ 単語

bìng	摒（＝屏）	（息を）殺す、止める、抑える
mò'āi	默哀	哀悼のための黙禱をする。默哀开始⇔默哀完毕
shànyú	善于	上手、得意
qià dào hǎo chù	恰到好处	〔成〕ちょうどよい
tuōgǎo	脱稿	ここでは、いわゆる「脱稿」の意味ではなく、「原稿なし」の意味
jiàoduì	校对	校正する。この場合は "xiào" ではなく "jiào"
búduì jìnr	不对劲儿	しっくり行かない
qiān jūn yí fà	千钧一发	〔成〕危機一髪。"一发千钧" ともいう

▶ サイトトランスレーション

　次に同時通訳に備え、サイトトランスレーションをしてみましょう。

　わかりやすい語り口で、センテンスも短いので、スラッシュ（／）を入れたり、より日本語らしい文章にするために倒置法を用いたりする必要はなさそうです。

ただ順送り訳の過程で、大切なのは、述語を最後に回し、しっかり語尾をまとめることです。そのためには、原文の述語の部分を◯で囲んで目印をつけておくのも一つの方法です。

スクリプト3

A 开会的时间到了。我稍稍欠起身来，望了一下主席台，看到毛主席已经从容不迫地站立起来，向讲台走去。我慌忙坐下，屏住呼吸，等待着耳机里传来的声音。

"同志们：

中国共产党第八次全国代表大会，现在开幕了。"

耳机里传来了毛主席的声音。我按照事前译好的日文稿，跟着毛主席讲话的速度念下去。毛主席的声音刚落，全体起立，响起了长时间的热烈掌声。

然后毛主席又提议"为（付出）在革命中付出自己生命的同志和朋友默哀"的时候，全体起立默哀。默哀毕，毛主席又继续用大家熟悉的那个湖南口音开始讲话了：

在讲话当中有一处给我的印象特别深。

至今还清楚地记得，那就是毛主席讲了"虚心使人进步，骄傲使人落后"这一句脍炙人口的名言，就是那个时候讲的，他是在谈到这一次代表大会任务的时候说：

"我们面前的工作是很艰苦的，我们的经验是很不够的。因此，必须善于学习。……要善于向全世界各国人民学习。我们决不可以有傲慢的大国主义态度，决不应当由于革命的胜利和建设上有了一些成绩而自高自大。国无论大小，都各有长处和短处。即使我们的工作得到了极其伟大的成绩，也没有任何值得骄傲自大的理由。虚心使人进步，骄傲使人落后，我们应当永远记住这个真理。"

毛主席的讲话，不断被热烈的掌声所打断。据统计，不到三千字

的开幕词,鼓掌的次数达 34 次之多,其中长时间的热烈鼓掌共有六次。代表们的热烈掌声通过场内的话筒也传到了箱子里头,我也被这种气氛所感染。我虽然担任着"同传"的任务,不由得也兴奋了起来。

B 在"八大"期间,除了毛主席,除了给毛主席做同传外,我们三个担任日语"同传"的人员还轮流地为其他领导人所作的报告、讲话以及外国代表团团长的致词做了同声传译。我体会,做"同传"最难的是没有译稿,边听边译。如果事前准备好了译稿,就可以精神高度集中地注意讲话人的讲话和译稿,恰到好处地跟上讲话的速度,努力不把稿子念错。而这次会议基本上是不需要脱稿来进行翻译的,都是事前准备好的稿子,所以呢,从这一方面来讲有它比较容易的一面。

但是在"八大"我做"同传"的时候,曾经有一次遇到过"险"情啊!危险的情况啊。

事情是这样的:"后方"翻译好的稿子往前方供应,那么翻译班子呢临时为我提供了一位领导人的讲话稿。有一处明显的错误,意思完全翻译反了,译反了。虽然这篇稿子经过了几个人的手校对过,但是都没有发现这个错误。在"同传"的箱子里,在ブース里头,在突然接到译稿的情况下,只能是边看译稿边往下念。不知怎么的,那一天我边听耳机里传来的话,边看译稿念,忽然觉得我念的那个译稿当中有一处不对劲儿,译得不对。在这千钧一发之时啊,我竟然按照耳机里听到的话,把这错误纠正了过来。如果机械地盲目地往下念,一旦声音通过话筒播出去,就会铸成不可挽回的大错。临场避免了这样一个错误,真是万幸啊!

代表团,主要是外国代表(团)讲话的时候,情况又有些不一样的。我本人除了日语以外不懂英语、俄语、法语、西班牙语,所以为讲这些语言的外国代表翻译的时候要边听"同传"的中文,边翻译日语。但日本代表讲话的时候,就可以直接听着日语,"同传"中文。

▶ 同時通訳

ではスクリプトを見ながら、音声に合わせ、同時通訳をしてみましょう。

● 訳例

Ⓐ やがて開会の時間になりました。私はそっと腰を浮かせて、演壇のほうを見ました。毛主席はすでに落ち着き払った様子で席を立ち、演壇に向かっておられました。私は急いで席に着き、息を殺して、ヘッドフォンから声が聴こえるのを待ちました。

「同志諸君

ただいまから中国共産党第八回全国代表大会をひらきます」

ヘッドフォンから毛主席の声が聴こえてきました。私は事前に訳しておいた日本語原稿をもとに、毛主席の演説の速度に合わせて読んでいきました。毛主席の話が一区切りすると、全員が起立し、長く熱烈な拍手が起こりました。

その後、毛主席は、革命に命を捧げた同志や友人に黙禱を捧げるよう提案し、全員が起立して黙禱を捧げました。黙禱が終わると、毛主席はあのみなが耳慣れた湖南なまりで演説をつづけました。

今でもはっきりと覚えていますが、演説で特に感銘を受けたのは、毛主席の「謙虚な心は人を進歩させ、うぬぼれは人を落伍させる」という言葉です。この人口に膾炙する名言は、今大会の任務について語られた時に言われたのです。

「われわれの前にある仕事は、ひじょうに苦労の要るものであり、われわれの経験はまだまだ足りません。だから、よく学ばなければならないのであります。世界各国の人民によく学ばなければなりません。われわれは、けっして、傲慢な大国主義の態度があってはならないし、革命が勝利したことや建設の面でいくらかの成績が上がったことから思いあがるようなことがあってはなりません。大きな国にしろ小さな国にしろ、それぞれに長所と短所を持っています。よしんばわれわれの活動がひじょうに偉大な成績をかちとったとしても、うぬぼれたり思いあがったりしてよい理由はどこにもないのであります。謙虚な心は人を進歩させ、うぬぼれは人を落伍させるというこの真理を、われわれは永久に心の中にきざみこんでおかなければなりません」。

毛主席の演説は、いく度となく熱烈な拍手で中断されました。統計によれば、3000字足らずの開会の挨拶における拍手の数は、なんと34回、そのうち長時間の熱烈な拍手は合計6回でした。代表たちの熱烈な拍手は、場内のマイクを通じて「同通」のブースにも伝わり、私もその場の雰囲気に飲み込まれてしまいました。「同通」の任務を担っていたにもかかわらず、思わず気持ちが高ぶってしまったのです。

在八大为毛主席做同声传译——劉徳有　147

B　「八大」の期間中、日本語の「同通」を担当する我々3人は、毛主席の同時通訳のほかに、交替で他の指導者の報告、演説、外国の代表団長の挨拶の同時通訳も行いました。私は、「同通」で最も難しいのは、翻訳原稿がなく聴きながら訳すことだと身をもって理解しました。もし事前に翻訳原稿を準備していれば、精神を集中して話し手の話と翻訳原稿に注意を払い、話すスピードにぴったり合わせ、原稿を読み間違えないように努めることができます。この会議ではおおむね原稿を離れて通訳をする必要がなく、事前に準備した原稿通りなので、この点からすると比較的容易な面もありました。

　しかし、「八大」で私が「同通」をした際、一度冷やっとする場面に出くわしたことがありました。

　それは、「後方」（ロジスティックス）で訳した原稿が「前線」に回されてくるのですが、翻訳班から私に渡されたある指導者の演説原稿に明らかな誤りがあり、完全に意味が逆になっていました。この原稿は数人の手で校正されたにもかかわらず、この間違いに誰も気がつかなかったのです。その日私はヘッドフォンから聴こえる話を聴きつつ、原稿を読んでいると、突然おかしな訳を発見しました。危機一髪のところで、私はヘッドフォンから聴こえてきた言葉通りに訳し、事なきを得ました。もし、機械のごとく盲目的に読みすすみ、一旦声がマイクを通して会場に流れてしまえば、大変なミスを犯すところでした。その場でこのような大きな間違いを免れたことは、本当に何よりの幸運でした。

　代表団、主に外国の代表が話す際は、状況がまた少し違います。私自身は、英語、ロシア語、フランス語、スペイン語など、日本語以外の言葉はわからないので、これらの言語の外国代表の通訳の際は、「同通」の中国語訳を聴きながら、日本語に訳さなければなりません。しかし、日本代表が発言する時には、直接日本語を聴き、中国語に「同通」することができます。

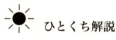 **ひとくち解説**

リレー通訳について

　スクリプト3の最後に"代表团，主要是外国代表（团）讲话的时候，情况又有些不一样的。我本人除了日语以外不懂英语、俄语、法语、西班牙语，所以为讲这些语言的外国代表翻译的时候要边听'同传'的中文，边翻译日语。但日本代表讲话的时候，就可以直接听着日语，'同传'中文。"とありますが、これは、さしずめ多言語によるリレー同時通訳です。

　日本でもおよそ10か国の同時通訳会議が行われたことがありましたが、例えば

私たち中国語通訳は、英語→日本語→中国語という通訳回路をたどります。その時のカナメとなる言語は日本語です。

　想像してみてください。仮にこの会議を逐次通訳で行ったとしたら、一人のスピーカーの通訳だけで日が暮れてしまうかもしれません。

　それにしても解放後、数年を経たばかりの中国で原稿があるとはいえ、すでにリレー通訳まで行われていたとは、ほんとうに脱帽したいような気持です。

スクリプト4　🎙 058_2-5-4B

　まず音声を聴きながら、以下の単語をしっかり覚えましょう。ただちに音声に対応し、通訳できるか試してください。

✳ 単語

dùnshí	顿时	にわかに
xìng gāo cǎi liè	兴高采烈	大喜び（で）、有頂天（で）
cóng róng bú pò	从容不迫	悠揚迫らぬ、落ち着き払って
zhuāngyán	庄严	荘厳
zhìxù	秩序	秩序
mù bù zhuǎn jīng	目不转睛	じっと見つめる、目を凝らす
chàyì	诧异	いぶかる
qíng bú zì jìn	情不自禁	思わず…する、知らずに
xīncháo	心潮	感情、心、気持ち

▶ シャドーイング

　音声に合わせ、シャドーイングをしましょう。シャドーイングしながらスクリプトの内容をイメージし、同時通訳に備えましょう。

▶ 同時通訳

　ではスクリプトを見ないで、音声に合わせ同時通訳をしてみてください。

在八大为毛主席做同声传译——劉德有　　149

スクリプト4

　　我再讲一讲大会闭幕那一天的情况。大会闭幕那一天，我们正在同声传译的岗位上坚持工作，日语组的负责人给我们带来了一个意想不到的特大喜讯说：毛主席会后要接见担任同声传译的全体工作人员。

　　啊！我们兴奋极了。起初啊，我们都以为会把大家集中到一个大厅里，排好队，接受毛主席的接见。谁知啊，大会刚刚宣布"闭幕"，在我们还没有离开"同传"箱子的时候，就听到二楼的另一侧传来嘈杂的声音。接着，看到人们兴高采烈地朝二楼大厅方向奔跑。我们几个日语翻译也跟着跑去了。这个时候，就看到身穿灰色中山装的毛主席从容不迫地缓步朝我们走来。当时的情景，就像歌词中所唱的那样："东方红，太阳升"。我顿时感到庄严、伟大，同时又感到那么的亲切。

　　大厅内啊，群情激昂。人们不顾一切地拥上前去，争着要跟毛主席握手。毛主席微笑着跟前面几个人一一握手。这是千载难逢的绝好机会，我也多么想挤上去，跟毛主席握一次手啊！但是，我觉得，厅内的秩序已经很乱了，再往前拥挤，实在不好。我只是目不转睛地望着毛主席那慈祥的面容。

　　周围还有几个东欧国家的记者，肩上挎着小型的录音机，那个时候日本话叫着"デンスケ"，手里拿着长长的话筒，一个一个地伸向毛主席。那个年代啊，这种话筒很少见。我看到毛主席瞅着伸向自己面前的话筒，诧异地问："这是什么？这是什么？"

　　毛主席的接见，就这样结束了。人们奔走相告，久久不能平静。那些跟毛主席握了手的幸运者，情不自禁地逢人便说："刚才我跟毛主席握了手啊。这只手，我再不洗了，我用这只手再跟你再握一次，大家来分享这个幸福。"当时的情景就是这样。

　　这确实是一个激动人心的难得的机会，但是，我自己呢，却没能够如愿地跟毛主席握上手，当然，这是个莫大的遗憾。但，我那一直起伏着的心情，久久没有平静……。

150　第二部　さまざまな通訳

这就是我第一次做同声传译的经历。

● 訳例

　さらに大会の閉幕の日の様子について少しお話しましょう。閉幕当日、我々が同時通訳の持ち場を守り職務に専念していた時、日本語班の責任者が、全く予想もしていなかったようなすばらしい朗報を届けてくれました。毛主席が会議終了後、同時通訳を担当したメンバー全員に接見するというのです。

　我々は興奮醒めやらぬ喜びようでした。当初、我々はみんなで大ホールへ集まり、きちんと整列して毛主席の接見を受けるものとばかり思っていました。ところが、大会の閉幕が宣言されるやいなや、我々がまだ「同通」ブースから立ち去らないうちに、2階の向う側が騒がしくなってきました。続いて、人々が喜び勇んで2階の大ホールに向かって駆けて行くのが見えました。我々数人の日本語通訳者も急いで後を追いました。その時、グレーの中山服を身にまとった毛主席が悠然とした足どりで我々の方に向かって来られるのが見えました。それは、まるで歌にある「東の空紅く、太陽は昇る」のようで、私はにわかに荘厳な雰囲気、偉大さを肌身に感じ、それと同時に親しみを覚えたのでした。

　大ホールは、興奮のるつぼと化し、みんななりふり構わず、我も我もと前に押しよせ、先を競って毛主席と握手しようとしました。毛主席は微笑みながら前の方の数人と一人一人握手を交わしました。言わば、これは千載一遇の絶好のチャンスです。私も割り込んでいって、毛主席と握手をしたい気持ちに駆られましたが、ホールの秩序はすでに乱れていて、さらに前へ押し入るのは、好ましくないと思いました。私はただ毛主席の慈悲深い面持ちをじっと眺めていました。

　周りには、東欧諸国の記者たちが、当時日本では「デンスケ」と呼ばれていた、小型の録音機を肩に担ぎ、手にした長いマイクを次々と毛主席のほうに向けていました。当時、この種のマイクは珍しく、毛主席は、目の前に伸びるマイクを見て、いぶかしげに「これは何か」と訊いておられました。

　毛主席の接見は、このようにして終わりました。人々は喜び勇んで声をかけ合い、久しく興奮覚めやらん感じでした。毛主席と握手を交わせた果報者たちは、会う人ごとに「さっき毛主席と握手をした。この手はもう洗わない。この手で握手をして、みんなで幸せを分かち合おう」と語りかけました。当時の状況は、このような感じでした。

　これは、確かに感動的な得がたいチャンスでした。当時、私自身は期待通りに毛主席と握手することができず、ほんとうに心残りではありましたが、胸の高鳴りをしばし鎮めることができませんでした。

　これが私の初めての同通体験です。

在八大为毛主席做同声传译──劉德有　151

以上でCASE2の原稿あり同通を終了、慣れたら、CASE1の原稿なし同通にもチャレンジしてみましょう！

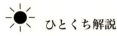 ひとくち解説

　ここで提唱されている"虚心使人进步，骄傲使人落后"という言葉は、「初心忘るべからず」（勿忘初衷）と表裏一体のような感じがします。
　仕事の良し悪しが、自らの実感としてフィードバックされる会議通訳という職業においては、自ずと謙虚にならざるをえません。つまり通訳は一つ一つの仕事を終えた後、現場の状況をたえず反芻し、また反省し、自然の成り行きとして初心に帰らざるをえない状態におかれているといえます。
　したがって会議通訳は、この名言を否応なしに真摯に受けとめ、日々実践しているように思います。

【コラム】通訳奮戦記

未知の言葉　適訳への情熱

　まだ臨海副都心が建設中であったころ、中国の代表団について現場を
見て回った帰り、中国側通訳から「訳を教えてほしい」と中国語の団長
あいさつ原稿を見せられた。その問題点が当時まだなじみの薄い"瓶頸"
（ボトルネック）や"接軌"（リンク）など通訳養成学校の私の授業でも
とりあげた新語ばかりだったのでびっくりした。ちなみに近年中国で毎
年出版されている『漢語新詞語』（北京語言学院出版社）によると、年間およ
よそ450の新語が出現している。中日両国の通訳は次々と登場する新語
のおかげでお互いに苦労し、模索しているのだなとある種の共感を禁じ
えなかった。

　いつだったか美術史の国際会議に参加した知人がこう言った。「通訳っ
てかわいそうだよね。専門には疎いんだから」。確かに同時通訳は、や
れ環境だ経済だと様々な分野への対応を迫られどうしても広く浅く、雑
学的にならざるをえない。

　去年の医学会議のとき、原稿に中国で新たに発生した病気としてライ
ム病のほかに"軍団病"があがっていた。新語のせいか、分厚い『中日
英医学用語辞典』を調べても見当たらない。なんとなくめくった『現代
用語の基礎知識』で「在郷軍人病」という文字が目に止まった。肺炎の
一種だが、20年ほど前アメリカの在郷軍人大会で多発したのでそう命名
されたという。中国の先生に念を押したら、やはりこれが軍団病。また
先月の中国薬品の講演会のとき、会場につくなり同僚の大森喜久恵さん
が「"白介素"ってインターロイキンでした」とはずんだ声。あちこち
調べまくり、最後に英中辞典をめくったらずばり"白介素"と出てきた
とか。

　通訳はこうして未知の言葉を調べることに情熱を傾け、適訳を求めて
一喜一憂し、ときには快哉を叫ぶ。たとえそれが音声として一瞬にして
消え、二度と使うチャンスは訪れないかもしれないと思えたとしても。

（日本経済新聞「通訳奮戦記」1998.2.18）

第三部　放送通訳

1.　放送通訳とは

　　放送通訳とは、その名の通り外国語の実況中継やニュース素材などを放送用に通訳することです。日本でテレビ放送が始まったのが1953年のこと。放送通訳の歴史はそれ以降のことになりますが、1969年のアポロ号月面着陸をはじめ、90年代の湾岸戦争やイラク戦争、2001年9月11日アメリカ同時多発テロなどの大きな海外ニュースをお茶の間に伝える大切な役割を放送通訳は担ってきました。中国語関係の放送通訳では、1980年代の日本人残留孤児の肉親捜しの番組、1997年の香港返還式典の中継などが注目されました。

　　NHK・BSの各国ニュースを放送する番組では、中国語を含め11カ国語の放送通訳者がレギュラーで動員されています。放送通訳者が各国のニュースをそれぞれ日本語に訳し、通訳者の声は主音声で、原語は副音声で流します。中国のニュースは、中国中央テレビ（CCTV）または東方衛視のニュースからの抜粋で、1日数回にわたり放送しています。よほどの突発的な重大ニュースや個別の特別番組を除き、どの国のニュースもほぼ「時差通訳」の形がとられています。

　　「時差同通」とは、オリジナルのニュース素材の伝送を受けてからオンエアまで、一定の時間差のある放送通訳のことをいいます。限られた時間内にニュースをあらかじめ視聴し、訳語のリサーチや確認、翻訳原稿の作成を経て臨みます。

　　これとは別に、ニュース素材が伝送されてくるのと同時にリアルタイムで同時通訳する方式を「生同通」と呼んでいます。「生同通」では訳を調べたり確認したりする時間はほぼありませんので、緊張感はいっそう高まります。本書第二部のインタビューでも取り上げましたが、「中国テレビ★CCTV大富」チャンネルが2012年から日本語と中国語の2か国語放送サービスを開始し、ニュースのほか、一部の討論番組や特別番組に「生同通」をつけて放送しています。

　　では、放送通訳はどのようなことが求められるでしょうか。

　　どのような通訳にも共通しますが、まず「リスニング力」は放送通訳の基本です。つまり中国語から日本語にする場合、中国語の「リスニング力」を鍛える必要が

155

あります。このほか、放送通訳は不特定多数の視聴者に情報を届ける役目を担うことから、通訳する内容が正確であることに加え、癖のないアクセントで一般視聴者にわかりやすい日本語訳を心がけることも大切です。そのために時事問題に通じ、放送に適した語彙や表現を身につけるよう研鑽を積まなければなりません。

なお、通訳とは、本来話し手の言うことを過不足なく伝えるのが仕事であり、通訳者の一存でみだりに情報を省くことは望ましくありません。しかし、現実問題として、中国語の放送通訳では、内容を多少整理したり省いたりせざるを得ない事情があります。それというのも、中国のニュース番組の出演者は大変早口であることが多い上、中国語が表意文字という情報密度の濃い漢字からなりたっているという特徴があります。中国語を日本語に訳す場合、日本語はもとの中国語の1.5倍の分量になるといわれています。すなわち、中国語以上のスピードで日本語訳を言わなければ、同じ時間内に同じ情報量を伝えきれなくなります。

スピードをあげて訳すと言っても、通訳者にも物理的な限界があります。それに早口で訳せば、何を訳しているのか聴き取りにくく、視聴者はむしろ困惑することでしょう。このため、放送通訳では簡潔な訳語を選ぶよう努めるとともに、形容詞や副詞を削るなど、情報量を少々抑えて適正な速度で訳すことも考えなければなりません。これは、必ずしもセリフを一字一句訳すのではなく、読みやすい、簡潔な言葉に置き換える字幕翻訳に通じるところがあるように思います。スピードと情報量とのバランスは、中国語の放送通訳における大きな課題でもあるのです。

例えば、本書付属 MP3 の「通訳入り」音声は、限られた時間で準備をした「時差通訳」の方式を収録したものですが、情報をどこまで削ってよいものか、もっと良い訳語や表現はないものかなど悩みは尽きず、十分に意を尽くせていない部分が見受けられるかもしれません。「通訳入り音声」は、必ずしも最良のお手本になっていないかもしれませんが、放送通訳の現場でどのように対処をせざるを得ないのか、その一端を示す材料として参考にしていただければ幸いです。

2. 第三部の構成

第三部の放送通訳の部では、15 のテーマを設け、それぞれ 3 本～ 5 本の中国語ニュースを取り上げます。詳しい練習の流れは後ほどご説明しますが、リスニング力の強化と、通訳練習を中心とし、ニュース音声を聴きながら、STEP1、STEP2 の二段階に分けて学習を進めます。

音声は、各ニュースの放送そのままの「オリジナル音声」、ナレーターによる「ゆっくりバージョン」、それに通訳者による「通訳音声入り」の3種類が収録されています。一方、テキストには中国語「スクリプト」とその「訳例」を示しています。「訳例」は、「スクリプト」を杓子定規に訳したものというよりは、放送通訳のように多少情報をまとめたり、意訳したりしているところもあります。
　なお「通訳入り音声」は、先ほども少々触れましたが「スクリプト」をもとに「時差通訳」したもので、テキストの「訳例」よりもさらに整理・省略されているところがあります。原文の速度に合わせるためにカットせざるを得ず、このようになっていますが、本書を利用される読者の皆さんは、「聴き取れないところは飛ばせばよいのであろう」といった誤解をせず、あくまでも内容を正確に聴き取り、きちんと把握することが学習の目標であることを十分に理解したうえでチャレンジしてほしいと思います。
　なお、トラック番号の記号は以下の通りです。

3. 練習の流れ

　先ほども述べましたが、第三部の各ニュースともSTEP1とSTEP2の二段階に分けて学習を進めます。練習はテキストの指示に沿って進めていただければ大丈夫ですが、ここで練習の流れをざっと説明しておきましょう。
　ここでは、中国語のリスニング力の向上に加え、語彙力や表現力を高めるのに役立つ練習方法が取り入れられていますので、めざすものが必ずしも放送通訳という目標ではない方にも、ビジネスや留学など様々なニーズに応じて、幅広く活用し、レベルアップに役立てていただけるのではないかと思います。

STEP1——
　情報のインプット、すなわちニュースを正しく聴き取り、内容を把握するのが目標です。主に地名、人名など固有名詞や聴き慣れない専門用語などを示していますので参考にしてください。ニュースの音声を聴き、キーワードの穴埋めや要約などの課題に取り組み、どれくらい内容が把握できたか確認しましょう。
　上級者は最初から「オリジナル音声」を聴いて練習してもよいですし、確実に学びたい人は「ゆっくりバージョン」から始め、あらためて「オリジナル音声」を聴くようにしても構いません。どちらの音声を使用して練習するかは、それぞ

れ自分に適した方をお選びください。

STEP2——

　情報のアウトプット、すなわち内容を把握したニュースを通訳します。そのために、
①まず「シャドーイング」をしてニュースの内容をおさらいし、リズムをつかみます。
②次にスクリプトを見ながら「サイトトランスレーション」（以下「サイトラ」ともい
　います）をします。
③最後に「通訳練習」に挑戦します。音声に合わせて最初はスクリプトを見ながら、
　慣れたらスクリプトを見ないで日本語訳をしてみます。

シャドーイング……聴こえてくる中国語をほぼ同時に中国語のまま繰り返します。
　もとの中国語音声に自分の中国語音声をかぶせるように繰り返します。上級者
　は最初から「オリジナル音声」で挑戦してみてもよいですが、確実に内容を把
　握し、中国語表現を身に着けるには、むしろ「ゆっくりバージョン」でじっく
　り練習するのもよいでしょう。どちらの音声を使うか、ここでも学習者のレベ
　ルに合わせて自由に選んでいただいて構いません。
サイトトランスレーション……スクリプトを見ながら、自分のペースで日本語に
　訳してみましょう。音声に合わせる必要は特にありません。速く訳そうとする
　より、慌てず着実に正しく訳すように心がけましょう。わからないところは訳
　例を参考にしてみてください。
通訳練習……音声に合わせて日本語に訳してみます。ここではできれば「ゆっく
　りバージョン」の音声に合わせて練習することをお勧めします。最初はスクリ
　プトを見ながらで構いません。ある程度慣れたところで、最終的にスクリプト
　を見ないで、耳だけを頼りにどれだけ訳せるかやってみましょう。

　このように「通訳練習」をしてみると、音声スピードによって盛り込める情報
量が左右されることをあらためて実感するのではないでしょうか。スピード対応
のヒントは、簡潔な訳語を選ぶこと。そして中国語をひと文字ずつ訳すというより、
どのようなメッセージを伝えようとしているのか、「いつ、誰が、なにを、どうし
た」のように、ニュースの「骨組み」を追いながら伝えることです。語りかける
ような口調を意識して訳せるとなお良いでしょう。
　もしスピードについていくのが難しいと感じたら、情報を整理し直し、繰り返
しやってみましょう。「訳例」はあくまでも参考ですので、それにあまりとらわれ
ず、聴こえてきた順に情報を伝えられるよう、自分なりの訳を工夫してみましょう。

おおまかな練習の流れは以上です。

「ゆっくりバージョン」と「オリジナル音声」のどちらを使うか、スクリプトを見るか見ないかなど、それぞれの習熟度や学習目的に応じて、順序を入れ替えたり、方法や回数を調整したりして、やりやすいように自由にカスタマイズしてみてください。

繰り返しになりますが、あくまでも正確なリスニングとその訳出が目標です。さきほど「通訳練習」の部分で「ゆっくりバージョン」の音声にあわせて練習することが望ましいとお勧めしたのは、「オリジナル音声」での通訳練習をすると、その音声の速さゆえに情報の省き方に腐心することになりかねないからです。それでもぜひ「オリジナル音声」での練習に挑戦してみたいという読者は、ご自身の学習レベルや目的に応じて取り入れていただければと思います。ただし、速さに対応するあまり、「粗削り」な訳になりすぎないように注意しましょう。

4. 放送通訳の実践と対策

ニュース番組の話題は実に多彩です。政治経済、文化教育、刑事事件から心温まるこぼれ話まで、時には先端技術や法律のような専門的な話題に及ぶこともあります。一般的に国際会議の通訳業務では、いつもとは限りませんが、議事次第や発言原稿などの資料がある程度事前に提供され、それをもとに事前勉強をして臨めるのに対して、放送通訳は、突発的事件やスクープを含め、どのようなニュースがどのような順で出てくるか始まってみなければわからないというスリルと緊張感があります。

では、放送通訳は事前に何らかの準備をして臨むことはできないのでしょうか。すべてのニュースを予測することは不可能ですが、ある程度の対策を立てることは可能です。

まずニュース番組には、ある程度決まったパターンがあります。例えば中国のニュース番組では、首脳や指導者関連のニュースは、たいてい番組の初めの方に、しかも指導者の序列に従って、比較的長い時間をかけて報じられる傾向があります。重要な会議や決定に関する報道もしかりです。インターネットの中国のニュースサイトには、テレビのニュース原稿に近い文面で報道されていることがありますので、チェックしておくと役立ちます。また中国指導者たちの外国要人との会談のニュースなどは、構成や使われるフレーズが似ていますので、慣れておくと

対応しやすいでしょう。

　このほか、季節の話題（祝日の各地の表情や帰省ラッシュなど）のようないわゆる定番ニュース、模範的人物に焦点をあてたシリーズもの、数日間にわたり続報のある重大ニュースなども予測しやすいジャンルです。時事問題に興味を持ち、継続的に報道番組をウォッチすれば、どのようなニュースがどのような順で取り上げられる傾向があるか予想できますし、中国社会や世界でいま何が起きているのか、起きようとしているのかを理解すれば、多少の察しをつけて臨むことができます。

　いくつか中国のニュースをチェックするのに役立ちそうなニュースサイトをご紹介しましょう。

- ✤ **新聞聯播官網**（CCTV）——過去から直近の放送分までニュース項目を一覧表示しており、必要なニュース項目をクリックすれば視聴することもできます。またほとんどのニュースに中国語のスクリプトもついているので大変便利です。
- ✤ **中国新聞官網**（CCTV）——こちらも過去から直近の放送分を視聴できます。「中国新聞」は1日数回にわたり定時放送しているニュース番組です。朝・昼・夜と同じニュースが繰り返し放送されることも多いので、事前対策に活用できます。
- ✤ **央視新聞網**（CCTV）——上記の「新聞聯播」「中国新聞」もここから見ることができますし、ドラマやドキュメンタリーなどCCTVの番組を視聴できるネットテレビです。
- ✤ **新華網、政府網站**——指導者の動きや重要な会議、新しい政策動向などが把握できます。

　ちなみに私が夜の放送通訳（生同通）のシフトに入る日は、夕方ごろにはその日のニュースをもとにした予測資料を貰うことができますが、自分でも時間の許す限り、午前と昼の「中国新聞」を視聴するようにしています。実際には、家の中の用事をしながらICレコーダーにニュース音声を録音し、電車移動の時間を利用して聴き直したりするのですが、ICレコーダーは再生速度を速めたり、遅くしたりして聴くことができ、インデックスも簡単につけられますので、わからないところや複雑な内容のニュースを聴き直し、確認するにはもってこいのツールだと思います。

　国際ニュースについては、中国語のニュースサイトを見ておくことで、中国の番組内でどのような国際ニュースが優先的に取り上げられそうか予測しやすくなります。さらに、国際ニュースで触れられる人名や地名などの固有名詞を日本語で調べておくことも重要です。「NHKオンラインニュース（国際欄）」や「CNN」、「ロ

160　第三部　放送通訳

イター」、「AFP」などの日本語サイトで世界のニュースをこまめに確認しています。

　しかし、どれだけ準備を重ねても、本番中に知らない単語が出てくる、予想外の話題に出くわすといったことは避けられません。最終的には自分の力を信じ、全力を出し切るべく臨むしかありません。うろたえない精神力、そして同僚通訳者と協力しつつ乗り越える協調性も求められるのではないかと思います。

　なお、MP3 の第三部冒頭に、ひとつだけ実際の放送で使われた「生同通」の音声を収録しています（➡ 🖥 063_3-0）。「国際児童デー」の特別番組の中の、中国の震災被災地の子供たちに向けたメッセージの部分です。この番組を通訳するにあたって、本番前に全体プログラムは入手できましたが、示されているのは演目のタイトルと登場順だけ。演目の詳しい内容や司会者などの出演者がどのタイミングでどのようなことを言うのか、ふたを開けてみなければ何もわからない状態でした。

　番組自体は子供向けの歌や踊り、寸劇などの楽しいものが中心でしたが、いつ知らない単語が出てきやしないか、どこかでスピードについていかれなくなってしまうのではないかと、楽しい番組の裏側で、通訳者は終始緊張していました。

161

【 1 】外 交

　　中国の国際的地位の高まりにともない、外交関連のニュースは、様々
な側面から大きく伝えられています。なかでも首脳会合や中国指導者の
外遊では、訪問先での指導者の動きやスピーチが詳細に伝えられること
が多いです。

　　ここでは、多国間の首脳会合の話題と外遊先での会談のニュースを 3
本取り上げます。海外の地名、人名その他会議のテーマなどが出てきます。
世界中のあらゆる地名・人名を覚えておくのは限界があります。その都
度調べて確認しつつ対応せざるを得ない場合がほとんどですが、ここで
は STEP1 で固有名詞やキーワードを確認できるようにヒントを示してい
ます。よく確認してから STEP2 の練習につなげましょう。

1―BRICS 首脳会議まもなく開幕

　　　　　　　　　　　　🔵 064_3-1-1A　　📻 065_3-1-1B　　🎧 066_3-1-1C

　ブラジル、ロシア、インド、中国、南アフリカ共和国の国名の頭文字を合わせ
た BRICS。英語の「Bricks（煉瓦）」の発音になぞらえて中国語では "金砖国家（金
の煉瓦）" と呼んでいます。その BRICS の首脳たちが南アフリカに集います。

📌 STEP1

🔵 064_3-1-1A を聴いて以下の問いに答えましょう。

一、キーワードと固有名詞を確認しましょう。
　　① Jīnzhuān guójiā　　② lǐngdǎorén huìyì　　③ Nánfēi Débān
　　④ huǒbàn guānxì　　⑤ Fēiméng

二、カッコにあてはまる言葉を聴き取りましょう。聴きながらメモをとっても構
　　いません。
　　①包括中国国家主席习近平在内的金砖五国的领导人以及非盟领导人和十多位
　　　非洲国家领导人都将与会，（　　　　　）未来合作事宜。
　　②此次金砖国家领导人会议主题为《金砖国家与非洲（　　　　　）发展、一体

162　第三部　放送通訳

化和工业化的伙伴关系》。

③南非于 2011 年正式（　　　　）成为金砖国家一员。

④非洲各国对此次会议充满期待，希望借助金砖机遇为本国的发展（　　　　）。

⑤南非政府日前决定从全国抽调 3000 名警察，……为此次德班金砖国家领导人会晤（　　　　）。

三、"金砖国家领导人会议" について中国語で答えましょう。

①会议日期和地点：

②会议主题：

③重点讨论内容：

④金砖国家对非贸易和投资前景：

⑤会议安保体制：

● 回答例

一：①金砖国家（BRICS 諸国）②领导人会议（首脳会議）③南非德班（南アフリカ　ダーバン）④伙伴关系（パートナーシップ、パートナー関係）⑤非盟（アフリカ連合）

二：①共商　②致力于　③获邀　④添砖加瓦　⑤保驾护航

三：① 26 日到 27 日在南非德班。②《金砖国家与非洲致力于发展、一体化和工业化的伙伴关系》③非洲基础设施建设以及设立金砖国家开发银行等事宜。④据相关机构预测，金砖国家对非贸易和直接投资将在未来五年增长 3 倍，占非洲贸易总额的比重也将大幅提升。⑤南非政府将从全国抽调 3000 名警察，拟定安全计划，为金砖国家领导人会议保驾护航。

✷ 語句解説

获邀 huòyāo：「招請を受けて…」の意。首脳外交などのニュースではこのほか "应邀"（招きに応じて）という表現もしばしば出てきます。

添砖加瓦 tiān zhuān jiā wǎ、保驾护航 bǎo jià hù háng：いずれも四文字熟語。前者は「全体のために貢献する、微力をささげる」、後者は「護衛する、守る」という意味です。ここでは日訳練習が中心ですが、こうした四文字熟語を使えるようにしておくと、中国語の表現がぐっと引き締まります。

1　外交　163

STEP2

STEP2 では、実際に音声に合わせて声を出して練習していきます。

▶ シャドーイング

まず、音声に合わせてシャドーイングをしてみましょう。中国語ニュースの音声に合わせて、中国語のまま言ってみるのです。音声は、「ゆっくりバージョン」でも「オリジナル音声」でも自分のレベルに合わせてどちらを使っていただいても構いません。ただ、最初ですので、まずは試しに「ゆっくりバージョン」から始めてみるとよいかもしれません。

もし、難しいと感じたら、無理せずスクリプトを見ながらやってみてください。慣れて手ごたえを感じてきたら、今度はテキストを閉じてやってみましょう。ご自身のペースで確実にステップアップしていきましょう。

▶ サイトトランスレーション

サイトトランスレーションをしましょう。スクリプトを目で追いながら、声を出して日本語に訳していきます。自分のペースでゆっくりと、丁寧に訳しましょう。わからないところは訳例を参考にしてください。

▶ 通訳練習

次に、通訳の練習に挑戦しましょう。できれば「ゆっくりバージョン」の音声に乗せてやってみることをおすすめします。まずはスクリプトを見ながら日本語に訳し、最終的には見ないで訳してみるところまでもっていきましょう。

いざ音声に合わせて訳の練習をする時に、一体どこをどのように処理して、スピードについていけばよいのか戸惑うかもしれません。

今の「BRICS 首脳会議」のニュースを例に見てみましょう。訳例は、スクリプトを比較的丁寧に訳しているので、そのまま言うと、日本語が中国語からこぼれてしまいます。音声に合わせて訳す際は、骨組みとなる情報をすくう、あるいは言わずもがなの部分を削らざるを得なくなります。

色々なやり方が考えられますが、いくつか例をあげましょう。スクリプトと見比べながら、参考にしてみてください。

冒頭の"金砖国家领导人第五次会议"すなわち「第 5 回 BRICS 首脳会議」。全て言えれば理想的ですが、どうしてもスピードが速くて間に合わなければ、「BRICS 首脳会議」を活かし、「第 5 回」はやむなく削ることになるでしょう。略すのが正

解とは言い切れませんが、少なくとも「BRICS 首脳会議」は最も重要なキーワードですから、こちらを落とすわけにはいきません。

そのあとに"金砖国家领导人会议"が繰り返し出てきますが、冒頭の部分で一度「BRICS 首脳会議」と訳していますから、次からは必ずしも毎回「BRICS 首脳会議」と言わなくても「この会議」「今回」などと、さらりとつなげても、情報を損なわずに伝えることは可能です。

例えばスクリプトの 2 段落目を見てみましょう。"此次金砖国家领导人会议主题为～"は全て訳すと「今回の BRICS 首脳会議のテーマは～」となりますが、間に合わなければ「今回のテーマは～」「今回は～がテーマで」などとすればよいのです。

なお、大変長いテーマがそのあとに出てきますが、これは重要情報と思われますので、できれば正確に訳します。そのあとの部分は、骨組みである「BRICS とアフリカ諸国のリーダー」「アフリカのインフラ」「BRICS 開発銀行」というポイントとなる情報を押さえ、つなげていきます。あくまでも参考としてですが「同時通訳入り」音声を収録していますので、練習が終わったところで聴いてみてください。

スクリプト

　　　金砖国家领导人第五次会晤将会在 26 号到 27 号在南非德班举行。这是金砖国家领导人会议首次在非洲举行。包括中国国家主席习近平在内的金砖五国的领导人以及非盟领导人和十多位非洲国家领导人都将会与会，共商未来合作事宜。

　　　此次金砖国家领导人会议主题为《金砖国家与非洲致力于发展、一体化和工业化的伙伴关系》。会议期间金砖国家领导人将与非洲国家领导人展开对话，重点讨论非洲基础设施建设以及各国期待的设立金砖国家开发银行等议题。

　　　南非于 2011 年正式获邀成为金砖国家一员。此次金砖国家领导人会议更是首次登陆非洲大陆。在此背景下，非洲各国对此次会议充满期待，希望借助金砖机遇为本国的发展添砖加瓦。非洲相关机构预测金砖国家对非贸易和直接投资将在未来五年增长 3 倍，占非洲贸易

1　外交　165

総額的比重也将大幅提升。

　　为确保此次会议顺利举行，南非政府日前决定从全国抽调 3000 名警察，同时拟定"合作性一体化安全计划"，进一步加强安保（保安）力量，为此次德班金砖国家领导人会晤保驾护航。

● 訳例

　　第5回 BRICS 首脳会議が 26 日から 27 日、南アフリカ（共和国）のダーバンで開催されます。BRICS 首脳会議が初めてアフリカで開かれます。中国の習近平国家主席を含む BRICS 5 か国の首脳、それにアフリカ連合のトップ、アフリカ諸国の首脳十数名が参加し、今後の協力について話し合います。

　　今回の BRICS 首脳会議のテーマは「BRICS とアフリカの開発、統合と工業化に向けたパートナーシップ」です。会期中、BRICS 加盟国の首脳がアフリカ諸国の首脳と対話し、アフリカのインフラ整備および各国の期待が集まる「BRICS 開発銀行」の創設などの議題を重点的に話し合うことにしています。

　　南アフリカは 2011 年に正式に招待され、BRICS に加盟しました。今回の BRICS 首脳会議は、初めてアフリカ大陸で開催されます。こうしたなか、アフリカ諸国は会議に大いに期待を寄せています。BRICS にあやかり、自国の発展が促されるよう望んでいます。アフリカの関連機関は、アフリカに対する BRICS 諸国の貿易および直接投資は、今後 5 年間で 3 倍増え、アフリカの貿易総額に占める割合も高まると予測しています。

　　会議を滞りなく開催するため、南アフリカ政府は、全国から 3000 人の警察官を動員することをこのほど決めました。「協力一体型セキュリティ計画」を作成して保安体制を強化し、今回のダーバンでの BRICS 首脳会議の警備をすることにしています。

 いかがでしたか。

　「BRICS」は南アフリカが正式加盟する前は「BRICs」と「s」が小文字で表記されていました。中国語では"金砖四国"から"金砖五国"へと変わりました。

　国際会議や国際組織の名称は「APEC」「WTO」のようにアルファベットのまま使われるものもありますが、中国語の略称もチェックしておきましょう。

| 东盟 | Dōngméng | ASEAN（東南アジア諸国連合） |
| 欧盟 | Ōuméng | EU（欧州連合） |

阿盟	Āméng	アラブ連盟
非盟	Fēiméng	アフリカ連合
亚太经合组织	Yà Tài jīng hé zǔzhī	APEC（アジア太平洋経済協力会議）
世贸组织（世界贸易组织）	Shìmào zǔzhī (Shìjiè màoyì zǔzhī)	WTO（世界貿易機関）
上合组织（上海合作组织）	Shànghé zǔzhī (Shànghǎi hézuò zǔzhī)	上海協力機構
北约（北大西洋公约组织）	Běiyuē (Běidàxīyáng gōngyuē zǔzhī)	NATO（北大西洋条約機構）
世卫组织（世界卫生组织）	Shìwèi zǔzhī (Shìjiè wèishēng zǔzhī)	WHO（世界保健機関）

2―アセアンサミット閉幕へ

067_3-1-2A　　068_3-1-2B　　069_3-1-2C

今度はアフリカからアジアに舞台を移して、「アセアンサミット」のニュースに挑戦です。まずは STEP1 で内容をつかみましょう。地名や人名の訳は注釈を見て確認しておいてください。

 STEP1

067_3-1-2A を聴いて以下の問いに答えましょう。

一、カッコにあてはまる言葉を聴き取りましょう。

为期两天的（①　　　）25 号在（②　　　）首都斯里巴加湾*闭幕。（③　　　）苏丹哈桑纳尔**在会后发表了以和平发展为主题的（④　　　），呼吁加强（⑤　　　），努力在 2015 年实现（⑥　　　）建设，同时和平处理有关争议。

＊斯里巴加湾：バンダルスリブガワン（市）
＊＊苏丹哈桑纳尔：ハサナル・ボルキア国王（スルターン）

1　外交　167

二、A～Jのうち、このニュースで<u>述べられていないもの</u>を3つ選びましょう。
　　A 搜救演习　　B 传统与非传统安全　　C 反恐　　　　D 禁毒
　　E 贫富差距　　F 就业机会　　　G 中小企业的研发　H 联合声明
　　I 南海行为准则　J 南海各方行动宣言

三、以下の問いにまず中国語で、それから日本語でも答えてみましょう。
　　①アセアン諸国はこの会議でどのような協力をすることで合意したでしょう？
　　②アセアン諸国が引き続き力を入れていくことは？
　　③「議長声明」がアセアン諸国に順守するよう呼びかけたことは？

● 回答例
一：①第22届东盟峰会　②③文莱　④主席声明　⑤区域合作　⑥东盟共同体
二：A、G、H
三：①将与中美俄等国举行人道援助及赈灾联合军事演习，并就反恐、禁毒、打击贩卖人口等领域达成了共识。②将继续努力缩小内部贫富差距，创造更多就业机会，支持中小企业的发展，争取在2015年实现区域全面经济伙伴关系。③呼吁有关各国遵守《南海各方行动宣言》以及南海问题六条原则。
　　＊日本語は訳例を参照してください

✳ 語句解説
达成共识 dáchéng gòngshí：「合意に達する」「合意する」の意。
蓝图 lántú：「青写真」のこと。「構想」や「計画」などと意訳してもよいでしょう。

 STEP2

▶ シャドーイング
　さあ、それではシャドーイングで実際に声を出してみましょう。
　聴こえた通りの中国語を追いかけるように言ってみる練習です。はじめはスクリプトを見て、最終的にはスクリプトを見ないでできるように練習しましょう。

▶ サイトトランスレーション
　テキストを再び開き、スクリプトを見ながらサイトトランスレーションをしていきましょう。自分のペースで、丁寧に訳すよう心がけましょう。

▶▶ 通訳練習

では、最後の仕上げに、同時通訳してみましょう。ここでもまずスクリプトを見ながら、次に見ないでやってみましょう。なお、STEP1 で確認した地名や人名ほかキーワードの日本語訳をスクリプトに書き込んだり、メモとして手元に置き、それを見ながらやっても構いません。

スクリプト

　　　为期两天的第 22 届东盟峰会 25 号在文莱首都斯里巴加湾闭幕。文莱苏丹哈桑纳尔在会后发表了以和平发展为主题的《主席声明》，呼吁加强区域合作，努力在 2015 年实现东盟共同体建设，同时和平处理有关争议。

　　　本届峰会主要讨论了东盟共同体建设取得的成果，在政治安全领域，东盟将在 6 月与中国、美国、俄罗斯等 8 个对话伙伴国举行人道援助及赈灾联合军事演习，以加强应对传统与非传统安全威胁的能力。在反恐、禁毒、打击贩卖人口等领域，东盟各国也达成了合作共识。

　　　在经济领域，东盟宣布已实现经济共同体蓝图的 77.5%，并将继续努力缩小内部贫富差距，创造更多就业机会，支持中小企业的发展，争取在 2015 年实现区域全面经济伙伴关系。

　　　《主席声明》呼吁有关各国遵守《南海各方行为宣言》以及南海问题六条原则，要求各方通过对话方式，和平解决有关争议，并通过外交努力尽早就《南海行为准则》达成共识。

● 訳例

　2 日間にわたる第 22 回アセアン首脳会議が 25 日ブルネイの首都バンダルスリブガワンで閉幕しました。ブルネイのハサナル・ボルキア国王は閉会後、平和発展をテーマとした「議長声明」を出し、地域協力を強化するとともに、2015 年までにアセアン共同体設立の実現をめざし、紛争を平和裏に処理するよう呼びかけました。

　今回のサミットは、主にアセアン共同体の設立に向けた成果について議論しました。政治安全保障分野で、アセアンは、中国、アメリカ、ロシアなど対話

1　外交　169

パートナー8か国と人道支援や災害救助の合同軍事演習を6月に行い、伝統的・非伝統的安全保障の脅威への対応能力を強化します。テロ、薬物、人身売買などの対策で協力することでもアセアン諸国は合意しました。

経済分野では、経済共同体構想の77.5％をすでに実現したことを宣言し、域内における貧富の格差の縮小、より多くの雇用機会の創出、中小企業の発展の支援に努め、2015年には地域の包括的経済パートナーシップを実現するとしています。

「議長声明」は、「南シナ海行動宣言」および南シナ海問題をめぐる六つの原則を順守するよう関係国に呼びかけ、紛争は対話による平和解決をはかるよう関係各国に求め、外交努力を通じて「南シナ海行動規範」の早期合意をめざすとしています。

 いかがでしたか。

放送通訳をするにあたり、人名・地名は頭痛の種のひとつです。首脳、閣僚ほか話題の人であれば時間の許す限りインターネットなどで調べることもできます。しかし、事前に調べのつかない名前、あるいは生同通している最中に突然出てくる人名・地名は、苦肉の策ではありますが、「〇〇国の議長」のように肩書だけを訳すなどして応急処置して乗り越えるしかありません。

追いつめられてとりあえず海外の人名・地名をそのまま中国語の発音に倣って言ってみたのはいいけれど、"海参威"（ウラジオストク）、"陆克文"（ケビンラッド元豪首相）"のように、あるべき日本語の発音とかなり異なる場合も多々ありますので要注意です。

もうひとつの注意点は時制です。中国語は時制がわかりにくいことが多いので、"将""已""了"を聴き落さないように気をつけなければいけません。ちなみに先ほど学習した「BRICS首脳会議」のニュースはまもなく開幕する会議として伝えており、「アセアン首脳会議」はすでに閉幕した会議として伝えています。「〜する」と「〜しました」を混同しないように訳しましょう。

それでは、次に外交テーマの仕上げの1本として「首脳会談」のニュースを題材に練習します。

3―李克強首相　インドのシン首相と会談

　070_3-1-3A　　071_3-1-3B　　072_3-1-3C

STEP1
まずメモをとりながら音声を聴き、次のポイントを確認しましょう。

1) いつ、誰がどこで、誰と、会談しましたか？
2) この訪問で世界に示したいことは？
3) 次の言葉を確認しましょう。
   A 小范围会谈　B 福祉　C 政治互信　D 务实合作　E 首访首站　F 管控

● 回答例
1) 李克强总理当地时间19号在新德里与印度总理辛格举行会见。
2) 通过此次访问想向世界表明，中印政治互信在增加，务实合作在拓展，共同利益远大于分歧，两国完全有意愿、有智慧、有能力共同培育亚洲合作的新亮点，打造世界经济新引擎，推动中印面向和平与繁荣的战略合作伙伴关系继续向前发展。
3) A 少人数の会見　B 幸福、メリット　C 政治の相互信頼　D 実務協力　E 初の外遊における最初の訪問先　F 管理、統制

STEP2

▶ シャドーイング
シャドーイングをしましょう。

▶ サイトトランスレーション
スクリプトを見ながらサイトトランスレーションしましょう。

▶ 通訳練習
テキストを閉じ、音声に合わせて同時通訳してみましょう。

スクリプト

　　国务院总理李克强当地时间19号，在新德里与印度总理辛格举行小范围会见。双方就中印关系及共同关心的问题深入交换看法。李

1　外交　171

克强说，中印是重要邻国和世界上人口最多的新兴市场国家，两国关系具有战略意义。中印加强务实合作，实现共同发展，将给两国人民、本地区乃至世界和平、稳定与繁荣带来福祉。李克强表示，中印关系近年取得长足发展。前不久，习近平主席和总理阁下在金砖国家领导人第五次会晤期间会面，我就任总理后也与你通了电话。两国领导人对于推动中印关系再上一个新台阶、开辟新篇章拥有共识。我此次访印就是想向全世界表明，中印政治互信在增加，务实合作在拓展，共同利益远大于分歧，两国完全有意愿、有智慧、有能力共同培育亚洲合作的新亮点，打造世界经济的新引擎，推动中印面向和平与繁荣的战略合作伙伴关系继续向前发展。

　　辛格表示，印度政府和人民对李克强总理就任后首访首站选择印度深感荣幸。他说，我一直认为，世界有足够的空间供印中共同发展。印中是合作伙伴，而不是竞争对手。印中合作对两国人民，对世界和平与繁荣具有重要意义。印度高度重视发展对华关系，愿与中方共同努力，推进务实合作，管控边界分歧，把两国战略合作伙伴关系推向新水平。

● 訳例

　　李克強首相は現地時間 19 日、ニューデリーでインドのシン首相と少人数の会談を行いました。双方は、中印関係ならびにともに関心のある問題について、つっこんだ意見交換を行いました。李首相は「両国は重要な隣国で、世界で最も人口の多い新興市場国であり、両国関係には戦略的意義がある。両国が実務的な協力を深め、ともに発展を遂げれば、両国人民、この地域、ひいては世界の平和、安定、繁栄に幸福をもたらす」と述べました。さらに李首相は、「中印関係は、近年長足の発展を遂げている。習近平主席と首相閣下は、先の BRICS 第 5 回首脳会議の際に会談し、私も首相就任後、閣下と電話で会談している。両国首脳は、両国関係を新たな段階に押し上げ、新たな 1 ページを切り開いていくことで認識が一致している。今回の私の訪問を通じて、両国の政治相互信頼は深まり、実務協力は広がり、共通の利益は相違点を遥かに上回っていること、両国はアジア協力の新たな注目分野をともに育て、世界経済の新たなエンジンとなり、平和と繁栄に向けた戦略的協力パートナーシップをさらに前進させる意志と知恵と能力が充分にあることを世界に示したい」と述べました。

172　第三部　放送通訳

これに対し、シン首相は、「インド政府と国民は、李克強首相が就任後初の訪問先としてインドを訪れたことを光栄に思う」とし、「世界には、両国がともに発展するための充分な空間がある。インドと中国は協力のパートナーであり、競争相手ではない。両国の協力は、両国国民と世界の平和、繁栄にとって重要な意義を持つ。インドは対中関係を極めて重視しており、中国とともに実務的な協力を促し、国境問題における見解の相違を処理し、両国の戦略的協力パートナーシップをさらにレベルアップさせたい」と述べました。

 いかがでしたか。

　"我们有意愿、有智慧、有能力〜。"は「我々には〜する意思と知恵と能力がある」という訳になります。

　ちなみにぶっつけ本番の生同通では、文末まで聴き終えてから訳し始めるわけではありません。「我々には〜する意思と知恵と能力がある」と同時通訳するには、まず主語である"我们"を「我々」と訳し、次に聴こえる"有意愿、有智慧、有能力"部分をいったん頭の中に「溜めて（記憶して）」おき、その後から聴こえてくる「〜」の部分を先に訳し、溜めておいた「意思と知恵と能力がある」を後ろにつけることになります。

　このように訳す方が日本語の自然な語順に近く、聴きやすいとは思いますが、ただでさえ一瞬のうちに話はどんどん前に進み、聴きながら情報を整理したり、訳語を選び、語順を入れ替えたり、頭をフル回転させている状態で、情報を溜めておく（記憶する）のが長くなればなるほど、余裕がなくなり苦しくなるのも事実です。

　先ほどのくだりを例にすると、こうした「溜める」苦しさを緩和するために「我々には〜する意思と知恵と能力がある」とするところを、「我々には意思と知恵と能力があり、〜することができる」というように、中国語の語順に近い訳に変えていくのもひとつの方法です。ひとつのセンテンスの中の情報をひとまとまりごとに短く刻むように文頭から訳していく方法は、同時通訳ではよく使われる手法です。聴きやすい訳と自分の対応可能な訳を天秤にかけて選んでいかなければなりません。

　STEP2の「通訳練習」では、スクリプトを見ながらやる練習と見ないでやる練習、つまり「原稿ありの同時通訳」と「原稿なしの同時通訳」をやっていただきました。「原稿なしの同時通訳」は、基本的に音だけを頼りにするので、一瞬訳につまっ

1　外交　173

ただけでも、気持ちが焦り、聴くことがおろそかになり、やむなく飛ばして先に進まざるを得ないことが無いとはいえません。一方、原稿があれば、時間の許す限り、事前に用語の下調べをしたり、日本語と中国語の語順の違いをそつなく転換したりして訳すことができますし、数字や人名も目で確認できるので、原稿が無い状態よりも精神的に余裕がもてるといえます。万が一、訳につまずいて遅れてしまっても、原稿を手がかりに追い付くこともできます。

「原稿ありの同時通訳」あるいは「サイトラ」をする時に、固有名詞の訳を原稿またはスクリプトに書き込む、動詞やキーワードを線で囲む、マーカーで塗る、アンダーラインを引くなどは、実践で多くの通訳者がやっていることです。

もうひとつ、情報の区切りにスラッシュ（／）を入れて、訳す方法もあります。「アセアン首脳会議」の最初の段落を例にあげます。

为期两天的／第22届东盟峰会／25号／在文莱首都／斯里巴加湾闭幕//。文莱苏丹哈桑纳尔／在会后发表了／以和平发展为主题的《主席声明》//，呼吁／加强区域合作／，努力在2015年／实现东盟共同体建设//，同时／和平处理／有关争议//。

文末や内容の切りのよいところは、ダブルスラッシュ（//）を入れます。このようにスラッシュを入れることで、情報が視覚的にも整理でき、文字を追う視線がウロウロしてしまうことが少なくなります。この方式は「スラッシュ・リーディング」と呼ばれています。

なお、「原稿ありの同時通訳」の時に要注意なのは、話し手のアドリブです。実際に国際会議では、スピーカーが原稿や資料通りに話さないことはよくあることです。原稿を目で追いながら訳していると、つい読みながら訳すことに夢中になり、聴く方の集中力が欠けて、アドリブ部分を聴き逃す、あるいは原稿と音声との違いに気づかずにいるというミスを犯しがちです。目と耳と口を総動員する「原稿ありの同時通訳」は、時として「原稿なしの同時通訳」以上に苦闘を強いられることもあります。原稿のある無しにかかわらず、やはり聴くことに集中するのが同時通訳の基本です。

また、「原稿なしの同時通訳」は、逐次通訳とは異なり、自分でメモをとりながら訳すことはしません。数字を少々書き留めながら訳すこともありますが、基本的に聴いて訳す作業に集中します。仮に数字、固有名詞、専門用語が次々と出てきたり、訳につまずきそうになったりした時は、隣に座っている通訳パートナーが、さり気なくメモをとってサポートします。

174　第三部　放送通訳

【コラム】通訳奮戦記

中国語1分300字の「恐怖」

　通訳者にとっては、話し手の早口が一番困る。特に同時通訳、それも中国語を日本語に訳す時の早口に対処するには悍馬を乗りこなすような苦労がいる。毛沢東の建国の宣言、周恩来や鄧小平の演説、どれを思い浮かべても一語一句を引き延ばすような語り口だった。そこで、彼らのスピードを目安に、と常々お願いしてきたが最近、あまり功を奏さなくなった。

　金沢で翌日の国際会議に備えて中国側と打ち合わせをしている時だった。「少しスローテンポで」という通訳側の要請をじっと聞いていた三十数歳の上海浦東新区の金融機関の方が、やおら口を挟んだ。「そう言われても、中国中央テレビ（CCTV）のスピードが一番ぴったりなんですけれどね」。

　さりげなく発せられた言葉だが、「CCTVのスピード」は放送通訳として日ごろ奮戦している私たちにとっては、背中を小突かれたようなショッキングな響きを持っていた。

　真夜中に放送されるNHK衛星のCCTVは時差同時通訳、つまり当日のニュースを午後8時にキャッチし、自分の受け持つおよそ5分間の中国語放送を聴きながら翻訳し、零時すぎに日本語で放送している。そのネックは何といってもスピード。CCTVのアナウンサーの読む速さは時には1分あたり300字を超え、それを日本語訳すると450字余りになり、一部をカットしなければ早口言葉の練習のようになってしまう。会議でもあのスピードでやられたらたまらない。

　だが、話し手からみればスピード感は個人で異なるし、世はスピード時代。それに、会議も大演説をぶつというよりむしろ、ディスカッション形式が増え、話し手が目の前のボタンを押してしゃべればすぐ通訳され、さながら国際井戸端会議のようだ。

　「演説調に」というのも無理だろう。とはいえ、異文化のぶつかりあう国際会議のこと、せめて座長だけでも通訳者の立場を考慮して悠然としたスピードを保ってほしい。

（日本経済新聞「通訳奮戦記」1997.9.10）

【 2 】天気・気象

　　レセプションのあいさつなどで"天时地利人和"（天の時、地の利、人の和）という言葉が引用され、しばしば「人の和」、友好が強調されますが、ここでは、"天时"にまつわる天気、気象のニュースに焦点を当ててみます。

　　季節を示すのに用いる、中国伝来の言葉に「二十四節気」があります。放送で"今天是二十四节气中的立春"などと聴くと、改めて中国と日本の文化の深いつながりを実感します。

　　通常のニュースもおおむねそうですが、とりわけ天気予報は、まず「時」、つまりいつのことから始まり、そしてその状態が起きる地域、地方、それによってもたらされる影響、結果などと続きます。

　　では、大気の諸現象が発生するのは、いつか？ "深夜""凌晨""早上""下午"……、さまざまな時間帯が考えられます。

　　次はどこの地方で起こったのか？ リスニングのネックは具体的な地名です。時には、わからない村名などはカットしてしまいますが、せめて県名、できれば鎮（町）名まではっきりさせたいものです（「地震関連」212 ページ参照）。

　　その次は気象現象、例えば雨、雪、黄砂、雷、霧、雹……。気象現象は、古今東西共通ですが、難しいのは、"预警"（警報）のレベルの設定の違いです（詳しくは「ひとくち解説」180 ページを参照）。

　　結びは、おおむね強風や大雨などによってもたらされる影響や防災対策などで締めくくられています。

　　毎日のニュース番組には、天気予報が欠かせません。どうぞ耳を傾けて聴いてください。

1―強風・黄砂

📀 073_3-2-1A　　🎙 074_3-2-1B　　🎧 075_3-2-1C

　まずは新疆ウイグル自治区、青海省、河南省、寧夏回族自治区の強風に関する天気予報です。

📌 **STEP1**

💿 073_3-2-1A を 3 回ほど聴きましょう。

やや難解な地名を列挙しておきます。

◆ **新疆**：和田（ホータン）　巴州（バインゴロン）　阿克苏（アクス）

　吐鲁番（トルファン）　温宿（おんじゅく）　库尔勒（コルラ）

◆ **青海**：海东（かいとう）　黄南＝黄南藏族自治州（こうなんチベット族自治州）

　西宁（せいねい）

一、次のキーワードを確認しましょう。

　　① shāchénbào　　② fúchén tiānqì　　③ néngjiàndù jiàngdī

　　④ dàfēng yángshā tiānqì

二、各地の気象と結果・対策がどうなっているか、中国語で表を埋めましょう。

地域	気象	結果・対策
①新疆		
②青海省海东		
③河南郑州		
④宁夏		

三、下記の目的語に対して使われている動詞を聴き取りましょう。

　　①_____城市上空　　②_____口罩帽子　　③_____市民在家里

　　④_____安全　　　　⑤_____在薄薄的沙尘中　⑥_____尘土的气味

　　⑦_____预警　　　　⑧_____口鼻

● **回答例**

一：①沙尘暴（砂嵐、黄砂）②浮尘天气（埃っぽい天気）③能见度降低（視界が悪くなる、
　　見通しがきかない。可视度とも言う）④大风扬沙天气（強風で埃っぽい天気）

二：①沙尘暴／防风沙　②浮尘天气／提醒车辆减速慢行　③大风／降温　④大风扬沙
　　天气／注意防风沙

三：①刮上　②戴上　③提醒　④确保　⑤笼罩　⑥闻到　⑦发布　⑧遮掩

2　天気・気象　177

STEP2

▶ **シャドーイング**

音声に合わせて繰り返しシャドーイングをしましょう。はじめはスクリプトを見ながら、慣れてきたらテキストを閉じてやってみましょう。

▶ **通訳練習**

最後に音声に合わせて同時通訳をしましょう。はじめはスクリプトを見ながらで構いません。慣れたらスクリプトを見ないでやってみましょう。

スクリプト

① **新疆**

　　从九号凌晨开始，新疆和田、巴州、阿克苏、吐鲁番等地遭遇沙尘暴、扬沙、浮尘侵袭。阿克苏、巴州、温宿等气象台相继发布沙尘暴黄色预警。在库尔勒市五级左右的风将沙土刮上城市上空，阳光也被空中的沙尘遮蔽，来往的行人都戴上口罩帽子，防风沙。

　　当地气象部门表示，这是今年出现的第一场沙尘天气，预计将持续一周左右，提醒市民在家里要及时关闭门窗，尽量减少外出，外出时也要格外小心，确保安全。

● **訳例**

　9日早朝より、新疆（ウイグル自治地区）のホータン、バインゴロン、アクス、トルファンでは砂嵐、砂塵（さじん）や浮塵（ふじん）に見舞われ、アクス、バインゴロン、温宿等の気象台は相次いで砂嵐黄色警報を発表しました。コルラ市では、風力5の風が砂塵を上空に巻き上げ、日光も砂埃で遮断され、行き交う通行人は皆マスクと帽子を着用し、風と砂を防いでいます。

　現地気象部門によりますと、これは今年初めての砂嵐の天気で今後1週間程度続くことが見込まれ、ドアや窓を閉め、なるべく外出は控え、外出する際は充分安全に注意するよう市民に呼びかけています。

② **青海省海东**

　　青海省海东、黄南等部分地区九号也出现浮尘天气并伴有三到四

级东南风，整个西宁市几乎都被笼罩在一层薄薄的沙尘中，行走在街上都能明显地闻到尘土的气味。浮尘天气让能见度也明显降低，交警提醒驾驶员开车时要减速慢行，特别是在出入隧道口时，要紧握方向盘注意横风对车辆行驶的影响。

● 訳例

　青海省海東市や黄南（チベット族自治州）地域の一部でも9日、砂埃を帯びた風力3～4の風が吹き、西寧市全体がうっすらと砂埃に覆われ、町にはほこりっぽい臭いが漂い、視界もかなり悪くなっています。交通警察はドライバーに車に乗る際は減速し、特にトンネルの出入り口では、横風でハンドルをとられないように注意を呼びかけています。

③ 河南郑州

　　河南郑州从九号下午开始刮起了五级左右大风，气象部门提前发布了大风蓝色预警。

　　大风也带来了降温，河南省气象台在九号下午还发布了寒潮蓝色预警信息，预计十号白天河南大部分地区最高气温将下降八到十度。

● 訳例

　河南省鄭州では9日午後より風力5前後の強風が吹き始め、気象部門では早めに強風青色注意報を出しました。
　強風により気温が低下したため、河南省気象台は9日午後さらに寒波の青色注意報を発表し、河南省のほとんどの地域で気温が8～10度ほど下がるとしています。

④ 宁夏

　　宁夏大部分地区和河北唐山市九号也出现大风扬沙天气，部分地区最大风力达到八级，大风卷起地面的尘土，空气中满是浮尘和沙土。因视线不清，不少车辆都减速慢行，过往行人也纷纷用帽子口罩围巾来遮掩口鼻，沿街商铺也都关上了大门。据气象部门预测从九号夜间开始，随着风力逐渐减弱，扬沙天气将结束，气温也会有所下降。

2　天気・気象　179

● 訳例
　寧夏の大部分の地域と河北省唐山市では9日にも強風や砂嵐が吹き荒れ、ある地域では、最大風力が8級に達し、地面のちりを巻き上げ、大気に砂ぼこりが舞っています。視界も悪くなっているため、運転の際は減速し、表を行き交う人々もみな帽子をかぶり、マスクやスカーフで口や鼻を覆い、道路沿いの商店もすべてシャッターをおろしています。気象部門の予測によれば、9日から風は徐々に収まり、砂ぼこりの天気も落ち着き、気温も下がるとしています。

 ひとくち解説

❖警報や風力の等級について
　"预警"には、日本でいう注意報と警報が含まれているようですが、その前に付く"蓝色""黄色""橙色""红色"、あるいは風力が"三级"か"四级"かなどによって気象条件の強弱が決まっています。ただし最高の"红色预警"が発令されるのは、ごくまれで、日本の「特別警報」に相当するのかもしれません。
　ただ強風や台風は、"蓝""黄""橙""红"の順で警戒が強くなるものの、高温に関しては、"橙""红"のみ。これはテレビで観る限り日本も同じですね。中国では、"橙色预警"（オレンジ警報）、"红色预警"（赤色警報）と呼んでいます。ちなみに、日本の「猛暑」は35℃以上を言いますが、高温警報の"红色预警"は、40℃以上です。
　放送では、風力について"五级"や"三到四级风"などという言葉がよく出てきます。これに対し日本では、風速何mなどと表現しますが、"四级"と聴いて「5.5～7.9m」と同時通訳している暇はありません。ただ両国とも「ビューフォート風力階級」（イギリス人Beaufortが1805年に作成）を基準にしているようなので、日本語訳でも「風力4」と数字で表せばいいでしょう。なお公式には「和風」のような名称をあまり使わないようです。
　風力の階級"风力等级"は下記の通りです。

階級	風速（m/s）	名称	
0級	0.0～0.2	无风	無風（むふう）
1級	0.3～1.5	软风	至軽風（しけいふう）
2級	1.6～3.3	轻风	軽風（けいふう）
3級	3.4～5.4	微风	軟風（なんぷう）
4級	5.5～7.9	和风	和風（わふう）
5級	8.0～10.7	清风	疾風（しっぷう）

6 級	10.8 〜 13.8	強風	雄風（ゆうふう）
7 級	13.9 〜 17.1	劲風	強風（きょうふう）
8 級	17.2 〜 20.7	大風	疾強風（しっきょうふう）
9 級	20.8 〜 24.4	烈風	大強風（だいきょうふう）
10 級	24.5 〜 28.4	狂風	全強風（ぜんきょうふう）
11 級	28.5 〜 32.6	暴風	暴風（ぼうふう）
12 級	32.7 〜	台風（颶风）	颶風（ぐふう）

上述の数値は、地表から 10m の高さの風速です。

❖台風の呼称

アメリカでは、ハリケーン“颶风”を女性の名前にちなんで「マリア」などと命名しますが、中国語でも“玛莉亚”とそのまま音訳しています。また、台風は、台風防災に関する各国の政府間組織で加盟国などが提案する固有の名前を付けることになっています。中国が命名した台風には“悟空”、日本には「ワシ」などいろいろありますが、日本では、こうした名前などにこだわらず、通常「台風×号」と番号で呼んでいます。但し 7 号と 8 号が相次いで発生したりすると、はたして第何号か判断に苦しむ時もあります。

❖黄砂について

ひとくちに「黄砂」といっても、中国語の“沙尘天气”は、“浮尘”“扬沙”“沙尘暴”“强沙尘暴”など四つに分類されます。端的にいえば、視界によって分類され、“扬沙”は、視界 1 〜 10km、“沙尘暴”＜ 1km、“强沙尘暴”＜ 500m。

“浮尘”は、遠方で“沙尘暴”や“扬沙”が起きたために飛来する直径 5 ミクロン以下の大気中の微粒子を指します。

ところで、2013 年の春先に北京など大都市では、深刻な“wùmái tiānqì 雾霾天气”（スモッグ）に見舞われました。そこで 2013 年 9 月、国務院は、“大气污染防治行动计划”を提起し、健康を害する微小粒子“细颗粒物”（PM2.5）、“可吸入颗粒物”（PM10）の抑制に取り組むよう指示しています。そして具体的な目標として、2017 年までに各都市における PM10 の濃度を 2012 年より 10％以上引き下げるよう求めています。その防止策は、例えば“煤改气”（石炭をガスに替える）などクリーン・エネルギーを使い、ボイラーから排出される汚染物質を削減するとしています（“国务院关于印发大气污染防治行动计划的通知”より）。

2―大雪

🔵 076_3-2-2A　　🎙 077_3-2-2B　　🎧 078_3-2-2C

遼寧省や河北省の大雪のニュースです。

📌 STEP1

地名を記しておきます。

Táoxiān jīchǎng	桃仙机场
Chónglǐ	崇礼
Zhāngjiākǒu	张家口
Chéngdé shì	承德市
Bādálǐng	八达岭

音声を聴いて以下の問いに答えましょう。

一、次のキーワードを確認しましょう。

　　① pǔjiàng dàxuě　　② jīxuě hòudù　　③ wùsōng　　④ léibào

二、カッコにあてはまる言葉を聴き取りましょう。

　　　　从昨天早上八点开始（①　　　　　）全省（②　　　　　），气温从（③
　　　）左右降到了零下，受降雪影响，辽宁省部分（④　　　　　）。中午开始（⑤
　　　　　）全部（⑥　　　　　），由于能见度差，致使桃仙机场部分（⑦　　　　　）
延误，当地气象台发布暴雪三级预警。

　　　　"持续的降雪给崇礼县整个县城的道路铺上了一层厚厚的积雪，那我现在呢，
就用手中的这把尺子来量一下，大家可以跟随我们的镜头来看，现在这里积雪
的厚度已经达到了二十公分。"

　　　　受（⑧　　　　　）影响河北张家口地区大面积降雪，当地气象部门发布道路
（⑨　　　　　），（⑩　　　　　）预警信息，多条高速公路封闭。

　　　　另外承德市也普降中到大雪，局部地区出现（⑪　　　　　）。

　　　　北京八达岭长城也出现明显降雪，积雪厚度达到五厘米，漫天飞舞的
（⑫　　　　　）以及（⑬　　　　　）峻岭间出现的（⑭　　　　　），把古老的长城
装点成了一幅（⑮　　　　　）。

　　　　中央气象台预计，今天中东部地区将相继出现（⑯　　　　　），南方部分地
区有雷暴，这次冷空气过程的范围和强度均小于上次冷空气所造成的影响。

● 回答例
一：①普降大雪（大雪が広範囲に降る、あまねく豪雪になる）②积雪厚度（積雪の深さ）
　　③雾凇（樹氷）④雷暴（雷雨）
二：①辽宁　②普降大雪　③零上十度　④高速封闭　⑤长途客运　⑥停运　⑦航班
　　⑧冷空气　⑨结冰　⑩黄色　⑪暴雪　⑫雪花　⑬连绵群山　⑭雾凇景观　⑮壮丽
　　画卷　⑯降水

 STEP2

▶ 通訳練習

音声に合わせて同時通訳をしましょう。はじめはスクリプトを見ながらで構いません。慣れたらスクリプトを見ないでやってみましょう。

スクリプト

　　　从昨天早上八点开始辽宁全省普降大雪，气温从零上十度左右降到了零下，受降雪影响，辽宁省部分高速封闭。中午开始长途客运全部停运，由于能见度差，致使桃仙机场部分航班延误，当地气象台发布暴雪三级预警。
　　　"持续的降雪给崇礼县整个县城的道路铺上了一层厚厚的积雪，那我现在呢，就用手中的这把尺子来量一下，大家可以跟随我们的镜头来看，现在这里积雪的厚度已经达到了二十公分。"
　　　受冷空气影响河北张家口地区大面积降雪，当地气象部门发布道路结冰黄色预警信息，多条高速公路封闭。
　　　另外承德市也普降中到大雪，局部地区出现暴雪。
　　　北京八达岭长城也出现明显降雪，积雪厚度达到五厘米，漫天飞舞的雪花以及连绵群山峻岭间出现的雾凇景观，把古老的长城装点成了一幅壮丽画卷。
　　　中央气象台预计，今天中东部地区将相继出现降水，南方部分地区有雷暴，这次冷空气过程的范围和强度均小于上次冷空气所造成的影响。

2　天気・気象　　183

●**訳例**

　昨日朝8時ごろから遼寧省全域の広い範囲で大雪が降り、気温が10度前後から零下まで下がり、降雪の影響により一部の高速道路が閉鎖されました。昼から長距離バスがすべて運行停止になったほか、視界不良により、桃仙空港の一部の便が遅れ、現地の気象台は大雪3級警報を発表しました。
　「降り続く雪のため、崇礼県の県城（県庁所在地）の道路はすべて雪に覆われ、物差しで測ってみると、（みなさんはカメラのレンズを通じて確認できますが、）現在、雪の深さはすでに20cmに達しています」。
　寒気の影響により河北省の張家口地区の広い地域で降雪があり、現地の気象部門は道路の凍結、黄色注意報を発表し、多くの高速道路が閉鎖されました。
　このほか、承徳市も大雪に見舞われ、局地的に豪雪となっています。
　北京の万里の長城にも雪が降り、積雪の深さは5cmに達し、空には雪が舞い、連綿と続く山々や峰には樹氷が見られ、悠久の歴史を誇る長城が、まるで壮麗な絵巻のような装いを呈しています。
　中央気象台によれば、本日の中東部地域では引き続き雨、南部地域では雷雨もありますが、今回の冷たい空気の範囲や強さはこの前の寒気よりも影響が少ないと予測されています。

ひとくち解説

　ここでは、わずか400字たらずのスクリプトに"出現"が4回も出てきます。"出現"＝「現れる、出てくる」ですが、この動詞の目的語は"暴雪""降雪""雾凇景观""降水"。この場合、必ずしも「現れる、出てくる」を忠実に訳す必要はなく、例えば「豪雪になる」「雪が降る」「雨が降る」「樹氷が見られる」などとしたほうがすっきりします。

3—雹

📀 079_3-2-3A　　📢 080_3-2-3B　　🎧 081_3-2-3C

次は"出現冰雹"、大雨にともなって「雹が降る」ニュースです。

📌 STEP1

リスニングのネックは、新疆ウイグル自治区の地名と雹害防止のための技術的手法などの用語です。

Ākèsū dìqū	阿克苏地区	アクス地区
Āwǎtí xiàn	阿瓦提县	アーバード県
Xīnhé xiàn	新和县	トクス県
Yīlí (Hāsàkè zìzhì) zhōu	伊犁（哈萨克自治）州	イリ（カザフ自治）州
Huòchéng xiàn	霍城县	ホルゴス（かくじょう）県
Huìyuǎn zhèn	惠远镇	惠遠鎮
Yīchē xiāng	伊车乡	伊車郷 ＊訳例ではカットしています
guǒxié	裹挟	入り混じる
qīngxiè	倾泻	（水が）勢いよく流れ落ちる
dīwāchù	低洼处	くぼ地
qiáng duìliú tiānqì	强对流天气	強い対流の天気、大荒れの天気
gùdìng fángbáodiǎn	固定防雹点	雹防止観測地点
liúdòng huǒjiàn chē	流动火箭车	移動式ロケット車

音声を聴いて以下の問いに答えましょう。

以下の動詞の目的語あるいは主語は何ですか？
　　①遭受＿＿＿＿　　②遭遇＿＿＿＿　　③＿＿＿＿受损

● 回答例
　①暴雨　②极端天气　③农作物

2　天気・気象　185

STEP2

▶▶ **シャドーイング**

音声を聴きながら、シャドーイングをしましょう。スクリプトを見ながらチャレンジしていただいてもけっこうです。

▶▶ **サイトトランスレーション**

次に、サイトトランスレーションをしましょう。

▶▶ **通訳練習**

最後に同時通訳にチャレンジしてください。

スクリプト

（而）新疆的多个地区除了遭受暴雨袭击之外，还遇到了严重冰雹灾害。

14 号晚，阿克苏地区阿瓦提县出现自 1996 年以来的特大降水天气。傍晚 22 时降水量将达到 30.3 毫米，其中 21 时 20 分至 37 分出现冰雹，冰雹最大直径为 7 毫米。

本台记者在当地采访途中遭遇了这场极端天气。记者的采访车驶入县城后看到，5 到 6 级的大风裹挟着雨水和冰雹倾泻而下，县城道路的低洼处迅速形成积水，短短半个小时时间，积水就已经达到 10 公分左右。

此次强对流天气还对当地农业带来影响。由于当地的棉田正处在生长的关键期，棉花幼苗遭受影响较大。

阿克苏地区新和县同样遭受大雨冰雹袭击，麦田、棉田里白茫茫的一片冰雹。新和县 16 个固定防雹点，13 辆流动火箭车共发射炮弹 1600 多发、火箭弹 200 多枚，以减少冰雹的袭击。而在伊犁州霍城县惠远镇伊车乡等地，农作物也受损较重。

● **訳例**

新疆（ウイグル自治区）の多くの地方で、豪雨になったほか、深刻な雹害に

186　第三部　放送通訳

見舞われました。

14日夜、アクス地区アーバード県で1996年以来最大の記録的な大雨が降りました。夜半22時ごろ、降雨量が30.3mmに達し、そのうち21時20分から37分にかけて雹が降り、その直径は最大7mmありました。

本局記者も現地に取材に向かう途中、悪天候に遭遇しました。記者の乗った車が県城（県庁所在地）にさしかかった時、雨や雹まじりの5〜6級の強風に見舞われました。（雹の音）県城の道路のくぼ地には水溜りができ、わずか30分程度で、およそ深さ10cmにもなりました。

今回の大荒れの天気は地元の農業に影響をもたらしました。地元の棉畑は、生育にとって重要な時期にさしかかっていますが、棉の苗がかなりの被害に遭っています。

アクス地区のトクスでも同様に大雨や雹の被害に遭い、麦畑や棉畑は雹で一面、白く覆われています。トクスの16か所の雹防止観測地点では、雹の襲来に対処するため、13台の移動式ロケット車から計1600発余りの砲弾、200発余りのロケット弾を発射しました。

イリ州ホルゴスの恵遠鎮などでも、農作物がかなりの被害を受けています。

2　天気・気象　187

【3】中国経済

　ここでは、様々な数字、データを通して、ニュースに迫ることにします。

　手始めに数字の訳し方を確認しましょう。
　次の数字を日本語に置き換えてください。
①４万万５千万　　②51.9万亿元

　①４億5000万（ちなみに解放当初の中国の人口数）、②51兆9000億元（中国の2012年のGDP）です。“万亿”は、イコール「兆」。
　中国語では、このように金額や数量を示す「兆」は、通常“万亿”が使われます。例えば「7兆1000億元」は“7.1万亿”、“7万1000亿”ともいいます。よく中国語につられて「7万1000億」と言ってしまいがちですが、正しくは「7兆1000億」です。
　また“亿元”は、中国語ではそのまま小数点付きで読み上げられますが、例えば“79.69亿元”なら、79億6900万元などと丁寧に日本語訳したいものです。一方日本語から中国語への同通で間に合わないような場合、やむをえず「兆」→“万亿”とせずにそのまま日本流に“兆”と中国語訳したりしてしまいます。グローバル化にともない、言葉の「垣根」がますます低くなるなか、これも大目に見てもいいかもしれません。
　一方、中国語で“兆 zhào”といえば、さしずめ「兆し」、“瑞雪兆丰年”（瑞雪は豊年の兆し）などと言われますが、“兆瓦 zhàowǎ”（メガワット）、“兆赫”（メガヘルツ）、“兆字节”（メガビット）などのように10の6乗（10^6）である「メガ（M）」としても使われます。

1―数字でみる中国経済

　　　　第一段落：🖊 082_3-3-11A　　🎙 083_3-3-11B　　🎧 084_3-3-11C

　　　　第二段落：🖊 085_3-3-12A　　🎙 086_3-3-12B　　🎧 087_3-3-12C

　2013年全人代、全国政治協商会議における政府活動報告についてのコメントです。二段落に分けて練習します。

188　第三部　放送通訳

第一段落　　🎙 082_3-3-11A　　🔊 083_3-3-11B　　🎧 084_3-3-11C

📌 **STEP1**

単語を確認しましょう。

liǎnghuì	两会	毎年春に開かれる全国人民代表大会と全国政治協商会議
guónèi shēngchǎn zǒngzhí	国内生产总值	国内総生産、GDP
jīngjì jiégòu	经济结构	経済構造
zhuǎn fāngshì	转方式	（経済）方式の転換
jīngjì zǒngliàng	经济总量	経済の総量、パイ
mínshēng kāizhī	民生开支	民生のための財政支出（国民生活と直接かかわりのある教育、医療、社会保障、就職、住宅、文化面など）
pānshēng	攀升	（数値や価格が）上昇する
yùqī mùbiāo	预期目标	所期目標、経済指標
jūmín xiāofèi jiàgé zhǐshù	居民消费价格指数	消費者物価指数、CPI（consumer's price index）
rénjūn shōurù	人均收入	一人当たりの平均所得
xīn zēng jiù yè	新增就业	雇用創出

音声を聴いて以下の問いに答えましょう。

一、次の数字が何を表すか、まず中国語で、それから日本語でも説明しましょう。

① 7.5%　　② 900 万　　③ 699 万　　④ 10%　　⑤ 3.5%　　⑥ 4.6%

二、日本語で要約してみましょう。

メモをとり、ストーリーがどのように展開するのか、イメージしてください。

● **回答例**

一：①国内生产总值、GDP（国内総生産）②新增城镇就业人数（都市部の新就業者数）③高校毕业生（大学卒業生数 ＊「高校」は"高中"）④民生开支增速（民生への財政支出の伸び）⑤居民消费价格的涨幅（CPI の上昇幅）⑥城镇登记的失业率（都市部失業率）

二：中国経済を人に見立てると、この 5 年で「巨人」に成長した。しかし、経済構造が合理性を欠くため、虚弱体質になっている。その解決には、経済発展方式の転換、

3　中国経済　189

構造調整が求められている。そこで7.5％の成長率を維持できれば、都市部で900万人の雇用創出が可能になる。

STEP2

▶ シャドーイング
単語をある程度頭に入れておけば、比較的わかりやすいはずです。まずは繰り返し、シャドーイングしましょう。

▶ サイトトランスレーション
介詞に注目しながら、サイトトランスレーションをしましょう。
センテンスが短いので、比較的通訳しやすいでしょう。しかしソラで聴く場合は、サイトラと異なり、句読点は存在しません。つまりセンテンスのどこまでが、読点または句点なのかわかりません。したがって文意が変換するのをある程度予測できる介詞や接続詞などに注目する必要があります。スクリプトの下線部分に注意しながら、サイトラを試みてください。

▶ 通訳練習
では音声に合わせて同時通訳をしてみましょう。

スクリプト

　　7.5%，这是报告中对2013年我国国内生产总值的预期增速，如果把中国经济看作一个正在成长的巨人，过去5年超过9%的平均增速，让我们的个头迅速长高长胖，但是不尽合理的经济结构，造成我们的身体并不结实，转方式、调结构，就是要避免暴饮暴食伤了身体。

　　即便如此7.5%也不是个小数目，因为今天的中国经济已经长成了一个大个子，去年我们的GDP是51.9万亿，增长7.5%就意味着再增加3.9万亿元，这相当于瑞士全年的经济总量，能排进世界经济前20位。

　　7.5%跟我们每一个人都有关系，比方说2013年是新中国大学毕

业生最多的一年，7.5％的增长能带来900万人以上的新增城镇就业，这才能让699万高校毕业生心里有底。而其他的重点民生开支还在以10％左右的速度攀升，经济7.5％的稳定增长是保障。

我们看到在这份报告中（呢）对这个数字的设计是非常的精确，比如说除了经济的增速7.5％，今年社会经济发展的主要预期目标，还有居民消费价格的涨幅要控制在3.5％之内。

那么，城镇（呢）要新增就业，900万人以上，还有（呢）城镇登记的失业率，要低于4.6％，这个应该说是非常低的了。还有这个城乡就居民人均收入，实际增长与经济增长同步，那就是说都得是7.5％，今年至少是这样的一个水平等等。

我们老百姓看到的是（呢）这个具体的数字，但是（呢），我们要理解背后为什么会有这样的数字，这是又出于什么样的考虑，（周）庆安能不能给我们通俗地来解读一下。

● 訳例

7.5％、これは（政府活動）報告の中にある2013年の我が国のGDPの目標成長率です。もし中国経済を成長しつつある巨人にたとえるならば、過去5年間で平均9％の成長率を超え、急速に背が伸び体重が増えていることになります。しかし、必ずしも合理的とはいえない経済構造の下では、かえって虚弱体質になるため、方式を転換し、構造を整え、暴飲暴食によって健康を害することのないようにしなければなりません。

ただ、たとえそうであっても7.5％というのは小さい数字ではありません。現在の中国経済はすでに大男に成長してしまっているからです。昨年のGDPは51兆9000億元、7.5％の成長はさらに3兆9000億元増えることを意味し、これはスイスの1年の経済総額に相当し、世界経済のトップ20にランク付けされるものです。

7.5％は、私たち一人一人にも関係があり、例えば2013年は中国の大学新卒者が最も多い年ですが、7.5％の成長率は900万人以上の都市部の雇用創出をもたらし、699万人の大学卒業生もひとまず安心できるでしょう。そのほか、主な民生のための財政支出も10％前後で上昇しており、経済の7.5％の安定的な成長こそがその支えです。

私たちはこの報告で立案されている数値はきわめて正確であると見ています。例えば7.5％という成長率以外にも、今年の社会経済の発展の主要な所期

3　中国経済　191

目標、さらに消費者物価の上昇幅を3.5％以内に抑えるとしていることなどです。

　　そして、都市部においては900万人以上の雇用創出が必要であるとともに、さらに都市部の登録失業率は4.6％以下に抑えるとしており、これは非常に低い数値であると言えます。都市農村の一人あたりの国民所得は、実質成長と経済成長が同一歩調であること、つまりいずれも7.5％の成長が必要であり、今年は少なくともこの水準でなければならないとしています。

　　私たち一般市民が目にするのは具体的な数字ですが、私たちはこのような数値となった背景やどのような考えによるのかを理解しなければなりません。そこで周慶安さん、わかりやすく解説してくださいませんか。

第二段落　　🔘 085_3-3-12A　　📯 086_3-3-12B　　🎧 087_3-3-12C

　　第二段落は、第一段落の趣旨を解説者がさらにわかりやすく説明したものです。自然体の中国語に慣れるよう、どうぞ何度も聴いてください。内容がつかめれば、センテンスが短く区切られているので、通訳しやすいでしょう。

　　ただ日本に方言があるように、ところどころ巻舌音の"使得""制定""说"などが、"sǐde""zìdìng""suō"などとなっているので、気を付けてください。

📌 STEP1

音声を繰り返し聴きましょう。やや難解な単語は次の通り。

yuǎnchāo	远超	遥かに超える
xiāohuà	消化	ここでは、解決する、余剰人員を吸収する
zhùcè zīběn	注册资本	登記資本
yànzī	验资	資金調査、資産調査

📌 STEP2

　　音声を繰り返し聴いて解説者の話し方に慣れてください。

　　適当なところで音声を止めて、内容をメモしてみましょう。

▶▶ 通訳練習①

　　逐次通訳をしてみましょう。

▶ 通訳練習②

慣れたら同時通訳にチャレンジしてください。

スクリプト

7.5%（呢）这是中央政府从全国的角度来讲，制定的一个经济增长的一个目标，其实你看各个地方，在它的政府工作报告当中制定的本地的 GDP 发展的目标要远超过 7.5% 的目标。这实际上代表着什么信号呢？就是说从中央政府的角度来看的话，我们希望经济（呢）能够比较稳定地稳步地来发展，避免有些地方（呢），有一些经济增长的一个冲动。

刚才你这个短片当中用的一个词儿非常好，叫做"暴饮暴食"。其实还有一个方面，你"食"里面还谈一个结构的问题，你吃什么呀？你是肉类多，还是蔬菜跟肉类搭配呀？所以呢，你在保证这个增长的时候呢，你还要再跟这个同步的你要考虑你经济结构的调整，使得你能可持续性的增长，所以中央政府制定了这样一个 7.5 的这样一个成长，实际上呢也希望大家能够（啊），科学地来推进地方的（这个）经济的成长，这是一方面。

另一方面（呢）刚才讲到失业率的问题，的确我们今年高校毕业生的数量是非常巨大，但是中央政府和地方政府实际上已经考虑到怎么消化这一批毕业生。

比如说我举个非常简单的例子，你像深圳、珠海都开始简化了这个工商登记的，这样的一个程序，而且注册资本的验资也给取消了。这就意味着什么呢，过去比如说我刚毕业，我想创业，那我比如说要三万块钱或者十万块钱的注册资本。现在呢，都简化了，那么你如果说有一定的比如说技术条件，或者是自己的一些业务的能力，那么你走出校园以后（呢），就可以成立自己的，一个比如说小的事业，一方面自己有工作，另一方面也可能雇佣两到三个人。

3　中国経済　　193

● 訳例

　7.5％は、中央政府が全国的な角度から定めた経済成長の一つの目標ですが、実際には、各地方を見てみますと、その政府活動報告で定めている地元のGDPの発展目標は、7.5％を遥かに超えています。これはどのようなシグナルを発信しているのか？　つまり中央政府の視点からいえば、経済が安定して徐々に発展していくよう望んでおり、一部の地方における衝動的な経済成長を避けたいということです。

　さきほどの説明に出てきた「暴飲暴食」という言葉、ぴったりですね。ただもう一つの側面があります。それは、飲食における構造上の問題です。何を食べるか？　肉類が多いか、それとも野菜と肉を組み合わせるのか。つまり成長を保証すると同時に経済構造を調整するよう配慮し、持続的な発展をめざすのです。だから中央政府は7.5％という目標を定めましたが、地方の経済成長を科学的に促さなければならない。これが一つ。

　もう一つは、さきほどの失業率の問題ですが、たしかに今年の大卒者の数は大変多いのです。しかし中央政府も地方政府も、実際には、これらの卒業生をいかに消化するか、すでに考えています。

　簡単な例を挙げますと、深圳や珠海ではいずれも商工業登録の手続きが略式化されつつあります。資本登記の資産調査も取り消されました。これは何を意味するかといいますと、以前私が卒業したばかりのころ、起業しようとすると、3万から10万元の登記資本金が必要でした。いまでは、みな簡単になりました。なにかある程度の技術的条件やあるいは、なにかの業務能力を備えていれば、キャンパスを出たら小さな事業を立ち上げることができ、自分の仕事があるばかりでなく、また2、3人を雇うこともできるのです。

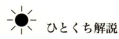ひとくち解説

✤「十大数字」

　このスクリプトでは、成長する中国経済を巨人にたとえて説明していますが、政府活動報告（2013年）に中国の発展の方向を示す十大数字が提示されているので、参考までに挙げておきます。「【6】人々の仕事　2 就活シーズン」（236ページ）もご参照ください。

　〔数字1〕経済増速7.5％左右　重在調結构　〔数字2〕居民消費価格指数3.5％　警惕上漲冲動　〔数字3〕新増就業900万人以上　〔数字4〕赤字1.2万亿元　創出历史新高　〔数字5〕M2増長13％　釈放控物価信号　〔数字6〕18亿亩耕地

坚持不变的红线　〔数字7〕养老金提高10%　在2012年月人均养老金1721元的
基础上增加1021元　〔数字8〕人均基本公共卫生服务经费提高到30元　〔数字9〕
保障房新开工630套　〔数字10〕教育经费支出超过2万亿元

（"东风日产"のウェブサイトより）

✛パイがケーキに

　経済関連会議では、"経済総量"や"市场"のことを日本語で「パイ」（分け合うべき収益、費用などの全体、総額）などと言いますが、この場合の「パイ」は中国語で言うなら"蛋糕"。しかしこの"蛋糕"をよく注意せずに「ケーキ」と日本語に訳してしまったら……？　誤訳が誤訳を生んで、パイ→蛋糕→ケーキという不思議な構図になってしまい、「パイ」が「ケーキ」に化けてしまいます。

2―CPI 消費者物価指数

スクリプトA：🔘 088_3-3-21A	🎚 089_3-3-21B	🎧 090_3-3-21C
スクリプトB：🔘 091_3-3-22A	🎚 092_3-3-22B	🎧 093_3-3-22C

　前のニュースでも触れられていた"居民消费价格指数"＝消費者物価指数、CPIは、毎月10日前後にその前の月のデータが、国家統計局から発表されます。次に掲げるスクリプトAとBは、4月と10月のCPIです。統計局のデータ発表のパターンに慣れていただければ、今後の聴き取りにも大いに役立つことでしょう。

📍 STEP1

まずCPI関連の出現頻度が比較的高い単語を列挙しておきます。

bǎifēndiǎn	百分点	ポイント
chángnián tóngqī	常年同期	例年の同じ時期
gēnzōng fēnxī	跟踪分析	追跡調査し分析する
huánbǐ	环比	前月比、前の週と比べて〜。一期前との比較
huíluò	回落	反落、一度高騰してまた下がる
shàngzhǎng	上涨	上昇、値上げ
shēngchǎnzhě chūchǎng jiàgé		
	生产者出厂价格	生産者価格指数、PPI

3　中国経済　195

tiáokòng mùbiāo	调控目标	調整指標、コントロール目標
tóngbǐ	同比	前年同期比
xiàtàn fúdù	下探幅度	下げ幅
xiāngbǐ	相比	〜に比べ
xiǎofú kuòdà	小幅扩大	やや拡大
zhǎngfú	涨幅	上昇幅、上げ幅
zhǔguǎn bùmén	主管部门	主管部門
zǒushì	走势	趨勢、形勢、傾向

STEP2

スクリプト A（4 月の CPI）を使って練習しましょう。

🖢 088_3-3-21A　　☏ 089_3-3-21B　　🎧 090_3-3-21C

▶️ シャドーイング

まずゆっくりバージョンを聴き、シャドーイングしましょう。

▶️ サイトトランスレーション

次にスクリプトを見ながら、サイトトランスレーションをしましょう。

▶️ 通訳練習

最後に、音声に合わせて通訳してみましょう。まずはスクリプトを参照しながら、
そして慣れてきたらテキストを閉じてもやってみましょう。

スクリプト A

　　　国家统计局今天发布的数据显示，4 月份 CPI 全国居民消费价格
总水平环比上涨 0.2% 同比上涨 2.4%，涨幅比上个月小幅扩大。
　　　其中食品价格上涨 4%，非食品价格上涨 1.6 %，消费品价格上
涨 2.2%，服务价格上涨 2.9%。

● 訳例

　　国家統計局が今日発表したデータによりますと、4 月の CPI、全国消費者物
価指数の全体のレベルは、前月より 0.2 %、去年の同じ月より 2.4 %上昇し、上

196　第三部　放送通訳

げ幅は前の月より、やや拡大しました。

　そのうち食品価格は 4％、非食品価格は 1.6％、消費財価格は 2.2％、サービス価格は 2.9％それぞれ上昇しました。

スクリプト B（10 月の CPI）を聴いてみましょう。

🔊 091_3-3-22A　　🎙 092_3-3-22B　　🎧 093_3-3-22C

▶ リスニング

まずゆっくりバージョンで聴いてみましょう。どこまで聴き取れたか、スクリプトを参照してください。

▶ サイトトランスレーション

次にサイトトランスレーションをしましょう。

▶ 通訳練習

音声に合わせて通訳してみましょう。まずはスクリプトを参照しながら、そして慣れてきたらテキストを閉じてもやってみましょう。

スクリプト B

　　　国家统计局今天发布 10 月份居民消费价格也就是 CPI 的变动情况，10 月份 CPI 同比上涨 3.2%。国家价格主管部门表示，目前 CPI 走势处于正常范围，实现全年物价调控目标没有问题。

　　　10 月份，全国城市居民消费价格同比上涨 3.2%，农村上涨 3.3%；食品价格上涨 6.5%，非食品价格上涨 1.6%；消费品价格上涨 3.2%，服务价格上涨 3.1%。

　　　10 月份食品价格影响居民消费价格总水平同比上涨约 2.11 个百分点。其中，鲜菜价格上涨 31.5%，肉禽及其制品价格上涨 5.8%。

　　　从环比来看，10 月份全国居民消费价格总水平比 9 月份上涨 0.1%。其中鲜菜价格下降 2.8%，蛋价格下降 5.9%，猪肉价格下降 0.4%。非食品价格环比上涨 0.3%。

3　中国経済　197

今年 1–10 月平均，全国居民消费价格总水平比去年同期上涨 2.6%。国家发展改革委价格主管部门跟踪分析认为，近期 CPI 走势处于正常范围，全年居民消费价格涨幅控制在 3.5% 以内的调控目标完全可以实现。

● 訳例
　国家統計局が今日発表した 10 月の消費者物価指数、CPI の変動状況によりますと、10 月の CPI は、前年同期比 3.2% 上昇したとのことです。国家価格主管部門によりますと、当面の CPI の傾向は正常範囲内で、年間を通しての物価調整目標の達成は問題ないとしています。
　10 月の全国都市住民の CPI は前年同期比 3.2% 上昇、農村では 3.3% 上昇で、食品価格の上昇は 6.5%、食品以外の価格の上昇は 1.6%、消費財価格の上昇 3.2%、サービス価格の上昇 3.1% となっています。
　10 月の食品価格が、前年同期比で消費者物価の全体のレベルを 2.11 ポイント押し上げ、なかでも野菜の価格が 31.5% 値上がりし、食肉用家禽類およびその製品価格は、5.8% 値上がりしました。
　前の月に比べますと、10 月の CPI の全体のレベルは、9 月に比べ 0.1% 上昇、そのうち野菜の価格は、2.8% 下落、たまごの価格は 5.9% 下落、豚肉 0.4% 下落、食品以外は、前月比 0.3% 上昇となっています。
　今年の 1 月から 10 月までの平均 CPI のレベルは、去年の同じ時期に比べ、2.6% 上昇しました。国家発展改革委員会価格主管部門の追跡調査分析によれば、このところの CPI の傾向は、正常範囲内であり、年間の CPI 上昇幅を 3.5% 以内に抑えるという調整目標は、必ず達成できるとしています。

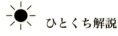
ひとくち解説

✿補足
　同じ統計局の発表でも、次のような情勢分析の記事もあります。サイトラをしてみてください。

　　季节性的变化，一般是春节过了的，那个月毫无疑问大幅回落，季节性的原因。但是回落了，4 月份以后就是一个正常的水平。但是肉禽重大突发事件，自然灾害，严重的一些干扰，回落得非常明显。

198　第三部　放送通訳

但是蔬菜价格的快速上涨抵消了猪肉价格的下降。

訳例

　季節的な変化、つまり通常春節が過ぎたばかりの月は、必ず大幅に物価が下がり、それは季節的な要因によるものです。しかし物価が下がっても4月以降は正常なレベルに戻ります。ただ（今年は）食肉用家禽類の突発的な事件や自然災害に影響され、明らかに反落しました。しかし野菜の価格が急上昇し、豚肉の価格が下落したので、相殺されたといえます。

3―三公経費について

📀 094_3-3-3A　　🔧 095_3-3-3B　　🎧 096_3-3-3C

"三公経費"、「三つの公的経費」の予算が注目されています。それはなぜでしょうか？

📌 **STEP1**

音声を聴き、以下の問いに中国語で答えましょう。

　① "三公经费"包括哪些经费？请概括地说明一下。
　②本文所说的"三公经费"预算是属于哪一层次的？
　③为什么要公开"三公经费"？

● **回答例**

　①因公出国出境费、公务用车购置及运行费、公务接待费　②属于中央本级，不包括中央下属行政机构。③政府的花销要接受公众的监督，以减少和预防财政支出中发生违规、腐败现象。

✳ **語句解説**

出国出境 chūguó chūjìng：日本なら「出国」のみですが、中国では、香港、マカオ、台湾に対しては"出境"。"因公出国"なら「海外出張」。

购置 gòuzhì：家や車など耐久品を買う場合に用います。"购买"や"买"は、普段のショッピング、「購入、買い求める」。

预算执行数据 yùsuàn zhíxíng shùjù：予算実施データ。

3　中国経済　199

財政拨款 cáizhèng bōkuǎn：中央省庁や地方自治体の通訳などで"拨款"がよく出てきます。政府や上級からの資金の割り当て、交付金のこと。

📌 STEP2

▶ シャドーイング
数字が流暢に読めるよう、繰り返しシャドーイングをしましょう。

▶ サイトトランスレーション
次にスクリプトを見ながら、サイトトランスレーションをしましょう。

▶ 通訳練習
最後に、音声に合わせて通訳してみましょう。まずはスクリプトを参照しながら、そして慣れてきたらテキストを閉じてもやってみましょう。

スクリプト

　　　財政部18号公布2013年中央"三公经费"预算,总额为79.69亿元、与2012年的预算执行数相比减少1.26亿元，其中因公出国出境费减少0.29亿元,公务用车购置及运行费减少0.33亿元,公务接待费减少0.64亿元。

　　　在财政部公布的2012年中央"三公经费"预算执行数据中2012年"三公经费"中央本级"三公经费"财政拨款预算执行数与年初预算相比增加1.11亿元。

　　　专家表示主要是因为年初预算没有预计到新设机构。

● 訳例

　財政省は18日、中央クラスの2013年「三つの公的経費」に関する予算を公表しました。予算は、総額79億6900万元、2012年の予算実施額に比べ1億2600万元減になります。そのうち、公費による海外・地域出張費2900万元減、公用車の購入および運用経費3300万元減、公務接待費6400万元減、となっています。

　財政省が公表した中央クラスの2012年「三つの公的経費」の予算実施額における中央クラスの2012年「三つの公的経費」の財政支給額は、年初の予算

に比べ 1 億 1100 万元増になっています。
　専門家によれば、これは、年初の予算には、新たな機関の設立が見込まれていなかったからだとしています。

　いかがでしたか。

　会議通訳をする際にタカが数字などと侮っていると、大変なことになります。逆に数字をスムーズに訳せれば、一人前と評価されることすらあります。
　とはいえ、耳から入る数字には戸惑うこともしばしば。また会議で金額を示す数字だけが飛び交い、はたして「元」なのか、「ドル」なのか迷うこともあります。
　しかし機転を利かして、ぶじ難関を突破するベテラン通訳もおられます。
　北京での会議で、早口で数字をまくしたてるスピーカーがいて、他人事ながらはらはらしていると、中国側の日本語通訳は、とっさに「どうぞこの表をご覧ください」とパワーポイントに注目するよう聴衆に促しました。お耳拝借だけでなく、お目も拝借という感じで、事なきをえました。
　ただいつもこのようにうまくいくとはかぎりません。瞬時に数字を訳すのは、至難の技、通訳は所詮自らの頭に頼り、孤軍奮闘しなければなりませんが、時にはブースの中で隣のパートナーの力も借りて、数字をメモし合うなど、パートーシップが欠かせません。

【 4 】地震関連

　このところ地震が多いせいか、否応なしに地震を意識せざるを得なくなり、その知識も深まったといえましょう。

　日本ばかりでなく、中国でも四川省や雲南省などで、地震が多発しています。

　ここでは、地震警報、救助活動、気象台の見解など中国と日本の地震にまつわるニュースを織り交ぜて紹介します。

1—地震警報

🖱 097_3-4-1A　　🎙 098_3-4-1B　　🎧 099_3-4-1C

　最初は日本のニュースです。このスクリプトでは、リスニング力アップのほかに、カットについて勉強しましょう。

📌 **STEP1**

よく見られる地震関連の用語をピックアップしました。

bōjí fànwéi	波及范围	（災害の）及ぶ範囲
cháowèi	潮位	潮位、波の高さ
fángwū dǎotā	房屋倒塌	家屋の倒壊
hǎixiào	海啸	津波
huàngdòng	晃动	揺れ
lǐshì	里氏	マグニチュード

＊ "里氏"を使うことは稀で、おおむね "震级为 ×× 级"と言う

níshíliú	泥石流	土石流
shāngshì	伤势	負傷の程度
shēngmìng jìxiàng	生命迹象	生存の可能性
shēngmìng tǐzhēng	生命体征	生存徴候。体温、心拍、呼吸、血圧を指す
shēngmìngxiàn	生命线	ライフライン
shīzōng rényuán	失踪人员	行方不明者
shòushāng	受伤	負傷（する）

202　第三部　放送通訳

shòuzāi	受灾	被災（する）
yànsèhú	堰塞湖	堰き止め湖
yúzhèn	余震	余震
zhènjí	震级	マグニチュード
zhènyuán	震源	震源
zhènzhōng	震中	震央、震源地

音声を聴いて以下の問いに答えましょう。

一、空白を埋めましょう。日本の地名ばかりです。
　　①_____地区　　②_____大地震　　③_____岛

二、数字を正確に訳すのは大変です。次の数字の助数詞を聴き取りましょう。
　　① 6.3__　② 23__　③ 7__　④ 18__　⑤ 15__　⑥ 7.3__　⑦ 4 万__

● 回答例

一：①近畿　②阪神　③兵庫県淡路
二：① 6.3 級　② 23 人　③ 7 人　④ 18 年　⑤ 15 公里　⑥ 7.3 級　⑦ 4 万人

STEP2

次の段取りでカットの仕方を練習しましょう。

▶ 文字起こし

まず、音声を聴きながら中国語の文字起こしをしましょう。聴き取れましたか？
回答は次の通りです。

スクリプト

　　日本近畿地区当地时间今天早上 5 点 33 分发生 6.3 级地震，造成至少 23 人受伤，其中 7 人伤势严重。这是阪神大地震后，兵库县 18 年来首次发生 6 级以上的地震。

　　日本气象厅说，地震中心位于兵库县淡路岛附近，震源深度为地下约 15 公里处。气象厅说，这次地震会引起一些地方发生潮位变化，

4　地震関連　　203

但不会引发海啸。

　　这次地震波及范围很广，除近畿地区的兵库、大阪、京都、奈良外，四国及九州地区的很多地方也有明显晃动。地震中的伤者基本是摔倒受伤或被震落的东西砸伤。

　　地震给地面交通造成严重影响。西日本铁路公司在兵库县的所有电车暂时停运。

　　1995 年 1 月，日本关西发生里氏 7.3 级的 "阪神大地震"，造成大约 6500 人死亡、4 万多人受伤，当时地震震源位于兵库县淡路岛北部。

▶ **訳出**

次に訳文を作ってみましょう。ちなみに実際に放送通訳する時は、原音を聴きながら頭の中で訳し、訳文を直接パソコンに入力します。原文を書きとっている時間的な余裕はありません。ここではあくまでもカットの仕方を学ぶために便宜上中国語の文字起こしをしたうえで、訳文と対比してみます。

● **訳例**

　　日本の近畿地方で、現地時間の今朝 5 時 33 分、マグニチュード 6.3 の地震が発生し、少なくとも 23 人が怪我、そのうち 7 人が重傷となっています。これは阪神淡路大震災以降、兵庫県で 18 年ぶりに発生したマグニチュード 6 以上の地震となります。

　　日本の気象庁によると、震源地は兵庫県の淡路島付近、震源の深さは 15km で、今回の地震により一部地域で波の高さが変化するものの、津波は起きないとしています。

　　今回の地震の範囲は広く、近畿地方の兵庫、大阪、京都、奈良以外の四国や九州地方でもはっきりと揺れを感じました。地震で怪我をした人はおおむね転んで怪我をしたか、揺れで落ちてきたものにぶつかったことによるものです。

　　地震により陸上交通にも大きな影響がありました。JR 西日本では兵庫県内のすべての電車の運転を一時停止しました。

　　1995 年 1 月、日本の関西地方で発生したマグニチュード 7.3 の阪神淡路大震災では、6500 人が死亡、4 万人以上が負傷し、震源は兵庫県淡路島北部でした。

204　第三部　放送通訳

▶ **カット**

原文と訳文を比較し、原意を損ねないように配慮し、カットするにはどうすればいいか、考えましょう。次に削除してもいいと思える部分を（　）に入れたり、言い換えたりしたものを示しました。

● **カット例**

　　日本の近畿地方で、（現地時間の）今朝 5 時 33 分にマグニチュード 6.3 の地震が発生し、（少なくとも）23 人が怪我、そのうち 7 人が重傷となっています。これは阪神淡路大震災以降、兵庫県で 18 年ぶりに発生したマグニチュード 6 以上の地震です。
　　（日本の）気象庁によると、震源地は（兵庫県の）淡路島付近、震源の深さは 15 キロで（気象庁は）、今回の地震により、一部地域で波の高さが変化するものの、津波は起きないとしています。
　　（今回の地震の範囲は広く、近畿地方の）兵庫、大阪、京都、奈良以外の、四国や九州地域でもはっきりと揺れを感じました。地震で怪我をした人の多くは転倒や落下物によるものです。
　　地震により（陸上交通にも重大な影響がありました。）JR 西日本では兵庫県内のすべての電車の運転を一時停止しました。
　　1995 年 1 月に（日本の関西地方で）発生したマグニチュード 7.3 の阪神（淡路）大震災では、6500 人が死亡、4 万人以上が負傷し、震源は（兵庫県）淡路島北部でした。

▶ **通訳練習**

カット例を見ながら、はじめはゆっくりバージョン、慣れたらオリジナル音声に合わせながら朗読、つまり原稿あり同通にチャレンジしてください。

 いかがでしたか？

カットはしたものの、まだかなり早口でしゃべらなければ追いついていけないかもしれません。その場合、さらに少し文字を削除すると同時に、日本語の速読の練習をしてください。

4　地震関連　　205

2 ―救援活動――四川省蘆山県地震の救援・復旧作業すすむ

 100_3-4-2A   101_3-4-2B   102_3-4-2C

　四川省雅安市蘆山県で発生した地震後の救援・復旧作業のニュースです。東日本大震災の時と同様、プライオリティとして人命救助、次にライフライン（"生命线，生命线工程"）の復旧ですが、蘆山地区ではどのように行われたのでしょうか？

STEP1

音声を聴きましょう。

聴き取りのネックになりそうな県や村の名前を挙げておきます。

Tiānquán xiàn	天全県
Bǎoxīng xiàn	宝興県
Lóngmén xiāng	龙门郷　＊行政区域としては、市の下に県、その下に郷（ごう）
Yǎ'ān shì	雅安市

中国語で答えましょう。
　①当前的抗震救灾工作的重点是什么？
　②在天全县城的安置点共安置了多少群众？
　③受灾群众最需要的救援物资是什么？成都军区为救援受灾群众开设了什么？
　④芦山县城虽受严重的破坏，但目前已恢复到什么样的程度？

　答えはスクリプトの下線部分を参照してください。

スクリプト

　　　随着抗震救灾工作全面展开，①当前a 抗震救灾工作重心，逐渐由抢险救援转向了群众安置，灾区群众生活正在逐步恢复。
　　　为保证大灾之后无大疫，卫生防疫工作已成重中之重。目前灾区未发现重大传染病疫情和重大突发公共卫生事件。
　　　"现在我所在的位置呢，就是位于②天全县城最大的b 一个受灾群众的安置点，那么在这个安置点呢，总共安置了有2000多名（的这个）受灾群众。今天的救灾物资主要是有食品以及饮用水。"

天全县在这次地震中受灾严重，当地 c 严把审核关、监管关，确保救灾物资即时 d 有序发放。

宝兴县已发放③帐篷 6465 顶、棉被 1 万余床、其他物资包括大米、棉衣和 e 彩布条等。目前帐篷缺口大概是 5000 顶。为让灾区群众 f 吃上热饭，成都军区在宝兴县开设了一个热食供应站，每天能够解决 5000 多受灾群众吃饭问题。

除此之外，成都军区还在芦山县城龙门乡、宝胜乡和宝兴县等重灾区开设野战 g 供水站、洗浴站，保障了两万一千余人次用水。"随着道路的抢通救灾物资已经发放到了受灾群众的手中。"

④芦山县城的很多超市目前已经开始营业，成都与雅安、芦山之间的长途客车也恢复营运。

"现在我们就来到了芦山县的民政局，这些 h 板房主要都是派发到教育、卫生两个部门。"到目前为止，庐山地震震区已有 98 所中小学复课，高三年级已全部复课。

✳ 語句解説

a 抗 kàng：日本語よりはるかに出現頻度が高く、"抗战" は言うに及ばず、"抗震" "抗洪" "抗旱" "抗药"（薬物耐性）など多岐にわたります。自然災害と立ち向かう場合には、「対策」などと訳しています。

b 安置（点）ānzhì (diǎn)：避難する、避難場所。"安置" は、例えば "安置点" のように、災害にはつきものの用語です。ここでは「避難場所」ですが、状況に応じて様々な対応が必要です。"安家落户" が定着する、配置する、適切にアレンジする、などと訳されるように、"安置" もケースバイケースで訳さなければなりません。"安置房" といえば、都市化の波で移転せざるを得ず、新たに配分された住居を指します。

但し日本語の「安置」は、「遺体を安置する」（中国語なら "安放遗体"）などと用いられるので、直訳はタブー。ご注意ください。

c 严把审核关 yán bǎ shěnhé guān：リスニングで何が難しいかといえば、このように短い言葉に凝縮された中国特有の表現です。"严把审核关" は審査チェックを厳しく行うの意味ですが、原意をたどれば "把关" が要所要所をつかむ、ポイ

4　地震関連　207

ントを検査チェックするの意。"关"は、ハードルと考えてもいいですね。

d 有序发放 yǒu xù fāfàng：金融で"发放贷款"といえば、「貸付」「融資」ですが、ここでは、物資を滞りなく支給する、放出する。

e 彩布条 cǎibùtiáo：救援物資の中にあった"彩布条"は、"彩条布"ともいいます。漢字はこのように想像がつきましたが、直訳すれば、これは柄模様の布地、被災地に送られる救援物資の一つに名を連ねているのにその用途がわかりません。あれこれ調べた結果、白、赤、青の柄もののビニールシートで、幅約2m、長さは自在なものと判明。仮設テントを張った後、柱に結び付けて、部屋と部屋を隔てるための目かくしなどにも使えるとのこと（写真参照）。目から鱗とはこのこと、まさに"恍然大悟"、納得、納得！

f 吃上热饭 chīshang rèfàn：日本では、こういう時はさしずめおにぎり"饭团"、しかし中国ではやはり温かいものが好まれるのでしょう。

g 洗浴站 xǐyùzhàn：リスニングで迷ったのが、"供水站"（給水所）の後の"洗浴站"。おそらく簡易浴槽のようなものでしょう。

h 板房 bǎnfáng：プレハブ小屋、仮設住宅。

STEP2

▶ シャドーイング
では音声に合わせて、シャドーイングの練習をしましょう。

▶ サイトトランスレーション
その後、サイトラをしてください。

▶ 通訳練習
直接チャレンジしたい方は、サイトラをとばして同通をしてみてください。

● 訳例

地震の救援対策が全面的にスタートし、当面の（地震救済の）取り組みの重点は緊急措置から住民の生活への対応に移り、被災後の暮らしも少しずつ落ち着きを取り戻しています。

そして被災後に伝染病の蔓延をいかに防ぐか、衛生や防疫への取り組みがすでに最重要課題となっています。いまのところ、深刻な伝染病の大流行（パンデミック）や突発的な公衆衛生にまつわる事件は発生していません。
　「いま私がいるところは、天全県の県庁所在地にある最大の避難場所です。ここには 2000 人余りの被災者が暮らしています。今日の救援物資は、主に食品と飲料水です」。
　天全県は、今回の地震で、もっとも深刻な被害を受けたところです。地元では、救援物資が迅速に滞りなく配布されるよう審査、監督管理を強めています。
　宝興県では、すでにテント 6465 張り、掛け布団 1 万枚余り、その他、米、綿入れ、ビニールシートなどの物資が届けられました。現在およそ 5000 張りのテントが不足しています。被災者に温かい食事を提供するために、成都軍区では宝興県に供給所を開設し、毎日被災者 5000 人余りの食事を賄うことができるようにしています。
　このほか、成都軍区は、蘆山県県庁所在地の竜門郷、宝勝郷や宝興県など重被災地に野外給水所や入浴場を設け、のべ 2 万 1000 人分の水を賄っています。「道路を速やかに開通し、救援物資がすでに被災者の手元に届けられています」。
　蘆山県県城の多くのスーパーはすでに営業を開始し、成都と雅安、蘆山地区に通じる長距離バスも運行しています。
　「いま私たちは、蘆山県の民政局に来ていますが、これらのプレハブは、主に教育、医療衛生など二つの部門に提供されます」。現在、蘆山の被災地域の 98 の小中学校と高校 3 年生の授業は全部再開しました。

3―地震局の見解――四川省で起きた二つの地震について

　　　　　　　　　　🫘 103_3-4-3A　　🎙 104_3-4-3B　　🎧 105_3-4-3C

　2008 年、四川省成都北部で起きた"汶川 Wènchuān"地震とその後 5 年を経て成都南東寄りの"雅安市芦山"で発生した地震との関連についての記者会見です。

 STEP1

音声を聴いて次の単語を確認しましょう。

guóxīnbàn　　　　　　　国新办（国务院新闻办公室）　　国務院新聞弁公室の略称
xīnwén fābùhuì　　　　　新闻发布会　　記者会見

4　地震関連　　209

dìzhènjú yìngjí jiùyuánsī 地震局应急救援司　地震局緊急救援司
　　　　　　*「司」は"部"の下、"处"の上。「司」だけなら「局」とする場合もある

gūlì shìjiàn　　　　　　孤立事件　　　孤立した事件、個別の事象
duànlièdài　　　　　　断裂带　　　　断層帯
huápōdiǎn　　　　　　滑坡点　　　　地滑り地点。"滑坡"は、不景気や落ち
　　　　　　　　　　　　　　　　　　目を表し、経済分野などでも動詞として
　　　　　　　　　　　　　　　　　　使われる
wèixīng yáogǎn yǐngxiàng　卫星遥感影像　衛星リモートセンシングによる画像

一、次のキーワード（地名）を確認しましょう。
　　① Lúshān dìzhèn　　② Wènchuān dìzhèn　　③ Lóngmén shān

二、中国語で答えましょう。
　　①大多数专家如何看待芦山地震和汶川地震的关系?
　　②芦山地震发生后，地震局做了哪些工作?

● 回答例
一：①芦山地震（雅安蘆山地震）②汶川地震（日本では通常「四川大地震」）③龙门山
二：①目前大多数专家认为芦山地震和之前的汶川地震是两个孤立事件，这次地震不会
　　对整个四川地质造成很大的变化影响。②地震局当天派出了地震系统 330 人左右现
　　场工作队到现场进行工作，目前为止累计行程 3 万多公里，调查整个灾区，对灾区
　　的房屋、建筑、生命线工程等进行了调查，完成 360 个调查点，同时对灾区 233 个
　　滑坡点和 126 个居民点进行了卫星遥感影像的灾害解译。

STEP2

▶ シャドーイング
　ゆっくりバージョンで、シャドーイングの練習をしましょう。
　原文を見ながらでもけっこうです。

▶ サイトトランスレーション
　次に、サイトトランスレーションをしましょう。

▶ 通訳練習
　さらに同時通訳にチャレンジしてみましょう。

210　第三部　放送通訳

スクリプト

2008年四川汶川八级地震、5年后四川芦山七级地震，时间间隔不长，地点距离不远。

这两次地震究竟是怎样的关系，是否存在关联，在昨天的国新办新闻发布会上，中国地震局震灾应急救援司司长赵明在回答记者提问时指出，目前大多数专家认为芦山地震和之前的汶川地震是两个孤立事件，这次地震不会对整个四川地质造成很大的变化影响。

在回答此次芦山地震和之前的汶川地震有何关系的提问时，中国地震局震灾应急救援司司长赵明表示，汶川地震和芦山地震都处在龙门山断裂带上，这两个地震是在同一个断裂带上发生的不同地震；

"整个龙门山的这个长度（呢）大概是500来公里，汶川地震（呢），破裂的长度大概是330公里，（那么呢）这次（呢）芦山地震（呢）破裂的长度（呢），不到40公里，那么它们两个之间的（这个）余震的中间呢，余震区中间还差了有大概50公里，也可以说这两个地震（呢）是在同一个断裂带上发生的（这个）不同的地震。大多数专家目前持的（这个）态度是两个孤立事件，当然还有其它看法。那么这个方面（呢），还需要专家们的进一步的研究，因为这个数据（呢）应该还要再进行（这个）进一步的挖掘。"

赵明指出，地震和地质的关系是非常密切的，但是一次地震不会对整个四川地质造成很大的变化。

他表示地震发生后，地震局当天派出了地震系统330人左右现场工作队到现场进行工作，目前为止累计行程3万多公里，调查遍及整个灾区，对灾区的房屋、建筑、生命线工程等进行了调查，完成了360个调查点，同时对灾区的233个滑坡点和126个居民点进行了卫星遥感影像的灾害解译。

● 訳例

2008年四川省汶川県で、マグニチュード8.0の地震が発生してから5年、四

川省蘆山県で再びマグニチュード7.0の地震が発生しました。この二つの地震は、時期的にさほど離れておらず、距離的にもあまり遠くありません。

この2回の地震は、一体どのような関係があるのか、はたして関連があるのかないのか、昨日開かれた国務院新聞弁公室の記者会見で、中国地震局震災緊急救援司の趙明司長が、記者の質問に対し、次のように答えました。現在多くの専門家は、蘆山地震とその前の汶川地震は、二つの孤立した地震であり、今回の地震が四川省全体の地質構造に大きな変化をもたらすことはありえないと考えています。

今回の蘆山地震とその前の汶川地震との関係について、中国地震局震災救援司の趙明司長は、汶川地震と蘆山地震は、いずれも竜門山の山あいの断層帯上に位置しているが、この二つの地震は、同じ断層帯で発生した異なる地震であるとし、次のように述べました。

「竜門山全体の長さはおよそ500km余りで、汶川地震の断層の長さは、およそ330kmです。ところが今回の蘆山地震の断層の長さは40kmに達しておらず、両者の余震区域（訳注：余震が集中的に発生している区域）の間には、50kmのズレがあります。ですから、この二つの地震は、同一の断層帯上で発生した、異なる地震と考えられます。ほとんどの専門家はいまのところ二つの孤立した地震との見方をしています。ただし別な見解もあります。この点、データをさらに掘り下げて検討する必要があり、専門家のさらなる研究を待たなければなりません」。

趙司長はまた、地震と地質の関係はきわめて密接であるが、1回の地震が四川省全体の地質構造に大きな変化をもたらすことはありえないとしています。

地震発生後、地震局はその日のうちに、地震関係部門の作業チーム約330人を現場に派遣して作業に当たらせ、これまででその行程は累計3万kmに達しており、被災地をつぶさに調査しました。被災地の家屋、建築物、ライフラインなどについて調査を行い、その調査地点は360か所に及び、それと同時に、被災地の233か所の地滑りした地点と126の住宅地について衛星リモートセンシング画像による解析を行いました。

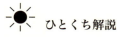 ひとくち解説

✿ **中国の地名について**

中国の地名は、"Hénán Zhèngzhōu" → "河南鄭州" → "カナンショウテイシュウ"という音声回路をたどります。したがって "Sìchuān Lúshān xiàn" ときたら、"四川"

はいいとして"Lúshān xiàn"がすなわち"芦山県"（ロザン県）であることを確認しなければなりません。その場合は『中国地名録』（地図出版社）などを使って調べますが、県はまだしも、鎮（町＝県の下の行政単位）や村の名前となると、いくら『中国地名録』を引いても見つからない時があります。そのような時は、村名などをカットしてしまいますが、災害の被災地の報道などでは、できるだけ正確を期したいものです。

さらにやっかいなのが、新疆やチベット、内モンゴルなどの地名。

例えば新疆の県名の一つ「ニヤ」にたどり着くまでの回路をたどると"mín fēng"→"民丰"→「ミンポウ」→「ニヤ」。「ミンポウ」から「ニヤ」に到ったのは、『現代中国地名辞典』（学習研究社）のお陰です。

また"巴州"→「バインゴロン」などはさらに難解です。これは新疆中部にある"巴音郭楞蒙古自治州"を略して"巴州"としたもので、丁寧に訳せば「バインゴロン蒙古自治州」となります。

ちなみに私たち中国語通訳者の放送現場にある備え付け辞書類でいち早くぼろぼろになるのは、前述の『中国地名録』、通訳者の苦戦の跡がうかがえます。

地名の読みも複雑です。四川省"岷mín県"は、「ミン」と読みたいところですが、"岷江""岷山"など地名では「ビン」、『漢字源』（角川書店）によれば「ビンコウ」「ビンザン」。黒竜江省の"嫩江Nènjiāng"は、「ドンコウ」ではなく「ノンコウ」。

✧「四川大地震」

2008年、成都北部で発生した"汶川Wènchuān"地震を日本では「四川大地震」と放送してきましたが、5年後、四川省の"雅安市芦山県"で再び地震が発生しました。日本の視聴者にとって「ブンセン」などと説明するより、「四川大地震」のほうが、わかりやすいという理由からですが、やはり忠実に訳さないとこの二つの地震を比較できなくなってしまいます。ちなみに日本で2011年3月11日に起きた地震の名称を、日本では「東日本大震災」としましたが、中国では、当初"日本大地震"と呼んでいました。

聴衆にわかりやすく通訳することと、専門的な説明を要する場合に求められる内容とが、時として齟齬をきたしてしまうのです。

4—東日本大震災後のがれき処理、道のり遠し

📀 106_3-4-4A　📢 107_3-4-4B　🎧 108_3-4-4C

遅々として進まないがれき処理や除染作業のニュースです。

📌 **STEP1**

音声を聴いて以下の問いに答えましょう。

一、次の単語を確認しましょう。

① dìzhèn lājī　② zhòngzāiqū　③ héfúshè　④ gāo fúshè

⑤ chúrǎn zuòyè　⑥ xīn cún gùjì　⑦ tíngzhì bù qián　⑧ lājīshān

⑨ mùxiè　⑩ nèibù fājiào　⑪ zìrán de xiànxiàng　⑫ xíng zhī yǒuxiào

二、中国語で答えましょう。

①岩手県、宮城県、福島3県で発生したがれきの量は何トンでしょうか。

②がれきの山にはどういう物が混じっているでしょうか。

③がれきの山を放置しておくと、どんな現象が起こるのでしょうか。

● **回答例**

一：①地震垃圾（地震によって発生したがれき）②重灾区（重被災地）③核辐射（核放射、核輻射）④高辐射（高い放射線量）⑤除染作业（除染作業）⑥心存顾忌（はばかる、不安に思う）⑦停滞不前（遅々として進まない）⑧垃圾山（がれきの山）⑨木屑（木屑）⑩内部发酵（内部の発酵）⑪自燃的现象（自然発火）⑫行之有效（有効な手立て）

二：①重灾区岩手、宫城、福岛这三县总共产生了1628万吨的地震垃圾。②在垃圾山里不只混有各种金属、木屑和瓦砾，还有海啸带来的死鱼等。③垃圾山会很容易发臭，有时因为垃圾山内部发酵还会产生自燃的现象。

📌 **STEP2**

▶ **シャドーイング**

まず、ゆっくりバージョンを聴きながら繰り返しシャドーイングしましょう。意味内容をよくイメージしながらやってください。

▶ **サイトトランスレーション**

次に、スクリプトを見ながらサイトトランスレーションをしましょう。自分のペースで構いませんので、ゆっくり丁寧に訳しましょう。

214　第三部　放送通訳

▶ 通訳練習

スクリプトと訳例をよく読んで確認してから、日本語訳をつけてみましょう。

スクリプト

日本三・一一大地震给灾区留下的不仅仅是人们心里上的创伤，还有成千上万吨的垃圾。

根据日本环境省今年一月底公布的一个数据，重灾区岩手、宫城、福岛这三县总共产生了 1628 万吨的地震垃圾，相当于日本全国一年内产生的生活垃圾的一半儿。

而到今年的一月底日本政府总共处理掉了 753 万吨垃圾，占到了总数的大约 46%。

几个重灾区里，在垃圾处理方面面临最大困难的当属福岛县。

由于核辐射的存在，日本政府必须首先对高辐射的地区进行除染作业。这个过程就花了很长的时间。而且即使经过除染，辐射降低到了可以接受的程度，人们还是心存顾忌。这导致福岛许多地区人力不足，而且许多地方都拒绝接收来自福岛的垃圾，垃圾处理工作停滞不前。

相比福岛，宫城县要幸运很多。2012 年 5 月起，宫城县建立了一套完整的地震垃圾处理流程。以宫城县石卷市为例，政府在这里设置了一座二十四小时运转的垃圾处理场。

"这边的地震垃圾大概有两到三吨重。它从运到这里到处理完大概要花上一天的时间。"

在垃圾山里不只混有各种金属、木屑和瓦砾，还有海啸带来的死鱼等。如果无法对运来的垃圾进行及时处理，垃圾山会很容易发臭，有时因为垃圾的内部发酵还会产生自燃的现象。

根据日本政府制定的目标，灾区的垃圾处理工作将在大地震的三年后，也就是 2014 年 3 月完成。从目前看来这个目标似乎存在着一

4 地震関連 215

定难度。尤其是福岛地区，如果无法给出行之有效的辐射物的处理方式，完成垃圾的处理，路还很漫长。

● 訳例

東日本大震災は、人々の心に深い傷跡を残しただけでなく、膨大ながれきを発生させました。

環境省が今年1月末に発表したデータによれば、被害の大きかった岩手、宮城、福島の3県では合計1628万トンのがれきが発生しています。これは日本全国で年間を通じて発生する生活ごみの半分の量に相当します。

また、日本政府は、今年の1月末までにすでに753万トンのがれきを処理していますが、これはがれき全体のおよそ46％に相当します。

被害の大きかった被災地のなかでももっとも事態が深刻なのが福島県です。

放射性物質が存在するため、日本政府は汚染レベルの高い地域に対して優先的に除染作業を実施してきましたが、この除染作業だけでもかなり長い時間が費やされました。また、たとえ除染によって汚染レベルが受け入れ可能な程度にまで下がったとしても、人々の不安は完全には拭い去れません。こうした理由から福島県では多くの地域で人手が不足し、また、いまだに多くの地域が福島で発生したがれきの受け入れを拒否しており、がれきの処理は遅々として進んでいません。

福島県に比べ、宮城県の状況はかなり恵まれています。宮城県では、2012年5月に震災がれき処理体制が構築されました。例えば宮城県石巻市では、自治体により24時間運転可能ながれき処理場が作られています。

「こちらのがれきは、おそらく2から3トンあります。運んできてから処理するまで多分丸1日の時間を要するでしょう」。

がれきの山には、金属、木屑や石などが混じっているほか、津波によって打ち上げられた魚の死骸なども混じっています。運搬されてきたがれきが迅速に処理されなければ、すぐにがれきの山から悪臭が漂いはじめ、時にはがれきの発酵による自然発火も起きています。

日本政府が発表した目標によれば、被災地のがれき処理については地震発生から3年後、すなわち2014年3月末までに終了する見込みでした。しかし、現状からするとこの目標の達成はやや厳しいとされており、特に、福島県が放射性物質の処理に有効な手立てを見出せない場合、がれきの完全な処理は、かなり長期化するでしょう。

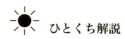 ひとくち解説

日本の地名への対応

　中国のニュース番組でも、東日本大震災に関する話題が大々的に取り上げられてきましたが、当然のことながら被災地の地名がたくさん出てきます。南相馬市、楢葉町、南三陸町、気仙沼市、石巻市、女川町、陸前高田市、宮古市、釜石市などなど。日本の地名だからといって安心せず、これらの地名が中国語で聴こえてきても即座に反応できるように、読み方（ピンイン、四声）などを充分に準備しておきたいものです。

　一方中国人にとっても日本の地名は難解のようです。時には地名を一般名詞と勘違いして、北海道の「大雪山」を"很大的雪山"などと誤訳することもあるので、気をつけなければなりません。

5―東京タワー　ライトアップ

　　　　　　　　　　　109_3-4-5A　　110_3-4-5B　　111_3-4-5C

東日本大震災の犠牲者を弔う行事の紹介です。

 STEP1

音声を聴いて以下の問いに答えましょう。

空白にあてはまる言葉を聴き取りましょう。
　①□□□福岛核电站发生严重的泄漏事故
　②□□"新的羁绊(jībàn)"的字样
　③□□鼓励民众为灾区作出贡献
　④亮起同样的□□

● 回答例
　①导致了　②意为　③旨在　④寄语

4　地震関連　217

STEP2

▶ シャドーイング

ゆっくりバージョンを聴きながらシャドーイングしましょう。

▶ 通訳練習

音声に合わせて同時通訳をしましょう。はじめはスクリプトを見ながらで構いません。慣れたらスクリプトを見ないでやってみましょう。

スクリプト

　　两年之前的 3 月 11 号在日本发生了九级地震并且引发海啸，还导致了福岛核电站发生严重的泄漏事故。在日本大地震两周年到来之际，日本各地举行，各种各样的纪念活动，哀悼遇难者。

　　当地时间 10 号下午 6 点半左右，东京塔瞭望台上，原本的橙色灯光熄灭，用灯光打出了意为"新的羁绊"的字样，旨在鼓励民众为灾区作出贡献。

　　据悉，在 11 号东京塔也会亮起同样的寄语。由于 11 号是工作日，因此一些灾区的悼念仪式提早一天在 10 号举行。

● **訳例**

　2 年前の 3 月 11 日、日本でマグニチュード 9 の地震が発生し、津波を併発、また福島原発の深刻な核漏れ事故（放射性物質漏れ）を引き起こしました。（東）日本大震災から 2 年、日本各地で犠牲者を弔う記念行事が行われました。

　現地時間の 10 日午後 6 時半ごろ、東京タワーの展望台では、従来のオレンジ色のライトアップが消え、「KIZUNA ARATANI」の文字が映しだされました。それは被災地に手をさしのべるよう人々を励ましているようです。

　東京タワーでは、11 日にもこのメッセージが掲げられるそうです。3 月 11 日がウイークデイのため、一部の被災地では追悼式が 10 日にくりあげて行われました。

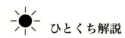 ひとくち解説

　震災後、流行語になった「絆」、中国語で"纽带"と言うのではと思っていましたが、ここでは"羁绊"。もっとも国と国の「絆」を指す場合は、"关系"……？ あれこれ思いをめぐらしているうちにふと現実にもどると、両国の絆は、いまにも切れてしまいそうになっている……。

　日本と中国にとっても、「KIZUNA ARATANI」と切に願ってやみません。

【5】医療・衛生

次の3本のニュースは、いずれもH7N9型鳥インフルエンザ（H7N9 qínliúgǎn 禽流感）をテーマにしたものですが、三者三様、さまざまな角度から鳥インフルエンザ問題を取りあげています。これらのニュースを通して、鳥インフルエンザについて、中国でどのような取り組みがなされたのかを知る一つの手立てになれば幸いです。

ここでは、通訳のトレーニングはもちろんですが、むしろ内容を理解したうえで、少しでも医学的な表現に慣れることができれば、本来の目標を達成したといえましょう。

1―世界保健機関WHOの見解

112_3-5-1A　　113_3-5-1B　　114_3-5-1C

WHOによりますと、「H7N9型鳥インフルエンザについてはヒトとヒトとの感染はいまのところ見られない」とのことです。

STEP1

音声を聴きましょう。

専門用語

rénjì gǎnrǎn	人际感染	ヒトとヒトの感染
bìngdú biànyì	病毒变异	ウイルスの（突然）変異
sùzhǔ hé chuánbō tújìng	宿主和传播途径	宿主と感染ルート
shénjīng ānsuānméi yìzhìjì	神经氨酸酶抑制剂	ノイラミニダーゼ抑制剤

カッコにあてはまる言葉を聴き取りましょう。おおむね正解なら、かなりのリスニング力です。

世界卫生组织（①　　）哈特尔3号在（②　　）说，世卫组织还没有发现有（③　　）表明H7N9禽流感（④　　）出现人际传播，（⑤　　）尚无定论，但是已经发现这种（⑥　　）出现（⑦　　），

变得易于感染人体，如果不存在（⑧　　　　　　），疫情蔓延的（⑨　　　　　）就比较低。

　　世卫组织表示，H7N9 禽流感病毒的宿主和（⑩　　　　　　）可能成为当前调查的两大重点。此外，世卫组织当天发布（⑪　　　　　　）说，初步试验结果显示，神经氨酸酶（⑫　　　　　　）或许会对 H7N9 禽流感病毒起作用。

● 回答例
　　①发言人　②日内瓦　③证据　④疫情　⑤感染源　⑥病毒　⑦变异　⑧人际传播
　　⑨风险　⑩传播途径　⑪通报　⑫抑制剂

📍 STEP2

▶ シャドーイング
ゆっくりバージョンを聴きながらシャドーイングをしましょう。

▶ サイトトランスレーション

次にスクリプトを見ながらサイトトランスレーションをしましょう。長いセンテンスの意味をひも解くには、スラッシュ（／）を入れて考えてみましょう。
例えば、下記の文は複文で、主節の主語は"哈特尔"、述語は"说"、その後にさらに従属節が続きます。

　　世界卫生组织发言人哈特尔 3 号在日内瓦说，①世卫组织还没有发现／②有证据表明 H7N9 禽流感疫情／出现人际传播，／③感染源尚无定论，…
　　① WHO は発見していない
　　②H7N9 型鳥インフルエンザの流行で／ヒトとヒトとの感染を示すような証拠
　　③感染源についての定説はない

この複文を分析したものをわかりやすい日本語に訳すと
「WHO は、H7N9 型鳥インフルエンザの流行において、まだヒトとヒトの感染を裏付けるような証拠は発見されておらず、感染源についての定説はまだないとしており…」

では引き続き同じ要領で、サイトラをしてください。

5　医療・衛生　221

▶ 通訳練習

最後に同時通訳にチャレンジしてください。

> スクリプト

　　　世界卫生组织发言人哈特尔3号在日内瓦说，世卫组织还没有发现有证据表明H7N9禽流感疫情出现人际传播，感染源尚无定论，但是已经发现这种病毒出现变异，变得易于感染人体，如果不存在人际传播，疫情蔓延的风险就比较低。

　　　世卫组织表示，H7N9禽流感病毒的宿主和传播途径可能成为当前调查的两大重点。此外，世卫组织当天发布通报说，初步试验结果显示，神经氨酸酶抑制剂或许会对H7N9禽流感病毒起作用。

● 訳例

　世界保健機関（WHO）のハートル報道官は、3日ジュネーブで、「WHOは、H7N9型鳥インフルエンザの流行において、ヒトとヒトの感染を示す確たる証拠は発見されておらず、感染源の定説はまだない。しかしすでにこの種のウイルスの変異が発見されており、人体に感染しやすくなっている。仮にヒト同士の感染がなければ、流行が拡大するリスクはかなり低い」と述べました。

　WHOは、H7N9型鳥インフルエンザの宿主と感染ルートが、当面の調査の二つのポイントであるとしています。このほか、WHOは、同日通達を出し、初歩的な実験の結果、ノイラミニダーゼ抑制剤が、H7N9型鳥インフルエンザウイルスに効果があるかもしれないとしています。

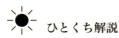 ひとくち解説

✦ 略称について

　中国で鳥インフルエンザ問題を統括しているのは、"卫生和计划生育委员会"（略して"卫生计划委"。2013年3月に"卫生部"と"人口计划生育委员会"を統合）。なお中国語の"卫生"は、いわゆる日本語の「衛生」のほかに、さらに広義に疾病の防止なども含まれます。

　あるニュースで除雪作業を担当する部門に"huánwèi"→"环卫部门"（環境衛生部門）というのが出てきました。リスニングでは、このような略称に苦労します。

222　第三部　放送通訳

2─鳥インフルエンザの予防対策について──中医へのインタビュー

 115_3-5-2A　　116_3-5-2B　　117_3-5-1C

「風邪の症状がなければ、あえて予防薬を飲む必要はない」そうです。
　ところで"中医"といえば、中国の伝統医学と漢方医という二つの意味が含まれますが、たとえルーツは同じでも日本の漢方医学とは、それぞれやや異なる道をたどっているため、会議ではそのまま「中医」としています。厳密にいえば、ここでは中国伝統医学の専門家です。

STEP1

音声を聴き、医学関連用語に慣れましょう。

yìqíng	疫情	伝染病の感染状況
zhōngyīyào	中医药	中医薬、中国伝統医薬
réngǎnrǎn	人感染	ヒト感染
gǎnmào	感冒	風邪、感冒
fúyào	服药	服薬。"吃药"とも言う
yùfáng	预防	予防、予防する
shèqín	涉禽	鳥類に接触する
gāowēi rénqún	高危人群	ハイリスク・ヒトグループ
shànghūxīdào	上呼吸道	上部呼吸器
gǎnrǎn zhèngzhuàng	感染症状	感染症状
yúxīngcǎo	鱼腥草	ドクダミ
qīngrè jiědúyào	清热解毒药	清熱解毒剤
jiù yī	就医	受診する
liúgǎn yìfā	流感易发	流感が発生しやすい
yǐnshí xíguàn	饮食习惯	飲食の習慣
miǎnyìlì	免疫力	免疫力
yùfáng cuòshī	预防措施	予防措置、予防対策
hùxiāng chuánrǎn	互相传染	相互感染
jiāqín	家禽	家禽類
yàoshàn	药膳	薬膳
bàijiàngcǎo	败酱草	ハイショウソウ
jīnyínhuā	金银花	キンギンカ、スイカズラ

liánqiáo	连翘	レンギョウ
cháihú	柴胡	サイコ
shuǐjiānjì	水煎剂	煎じ薬
yísì zhèngzhuàng	疑似症状	疑似症状
quèzhěn bìngzhèng (lì)	确诊病症（例）	診断する

次の質問に中国語で答えましょう。

①接受记者采访的是谁？

②他提醒大家平时应注意哪些？

③对哪些人群要尽早进行干预？

④哪些药能够解毒？其中在医生指导下可服用的是哪些药？

● 回答例

①上海市中医药防治人感染 H7N9 禽流感专家组组长吴银根医生②保持良好的生活方式、合理的饮食习惯以及提高免疫力是最好的预防措施③涉禽人员以及一周内接触过家禽的人员，有轻度上呼吸道感染症状的人应该尽早干预。④清热解毒药的一种如鱼腥草，败酱草等。需要在医生指导下服用的中药有金银花、连翘、柴胡等。

🖈 STEP2

▶ シャドーイング

まずゆっくりバージョンを聴きながら、シャドーイングをしましょう。最初はスクリプトを見ながら、慣れたらテキストを閉じてやってみましょう。

▶ サイトトランスレーション

次に、テキストを開き、サイトトランスレーションをしましょう。

▶ 通訳練習

最後に、スクリプトを見ないで同時通訳してみましょう。

スクリプト

（另外）针对这一次 H7N9 禽流感疫情，上海市已经成立中医药防治人感染 H7N9 禽流感专家组，昨天（呢）专家组的组长在接受采

访的时候就表示，没有感冒的市民无需服药预防，而涉禽等高危人群，尤其是已经有轻度上呼吸道感染症状的可以适当地服用鱼腥草等清热解毒药膳，严重者应当立即就医。

上海市中医药防治人感染 H7N9 禽流感专家组组长吴银根说：市民应以平常心来对待这次禽流感，每年的 4 月到 5 月都是流感易发季节，保持良好的生活方式、合理的饮食习惯以及自我卫生防护来提高免疫力是最好的预防措施。

"没有必要大家都去吃预防药，人与人之间（的）互相传染（的）可能性到目前为止没有证据。所以没有必要大家都去吃预防药。"

吴教授提醒，涉禽人员以及一周内接触过家禽的人员，尤其是已经有轻度上呼吸道感染症状的，应该尽早的进行干预，并适当服用鱼腥草等药膳。

"鱼腥草是（呢）一个清热解毒药,认为（呢）对上呼吸道感染（呢），是有一点效果的。还有败酱草，败酱草也是解毒的。开水泡了以后或者开水浸了以后，用大蒜（啦），用醋啦拌一拌。"

同时也可以在医生的指导下用金银花、连翘、柴胡等清热解毒中药制成水煎剂进行服用。目前专家组正在研究一套方案，根据疑似症状以及确诊病症轻重来进行治疗，将部署到上海全市医院。

● 訳例

今回の H7N9 型鳥インフルエンザの流行に対し、上海市では、すでにヒト感染 H7N9 型中医薬予防治療専門家グループを立ち上げました。昨日、専門家グループの責任者がインタビューに応じ、風邪をひいていない市民は、予防薬を飲む必要はないが、禽類に接しているハイリスク・ヒトグループ、そして上部呼吸器に軽度の感染症状が見られる場合、ドクダミなどの解熱剤を服用し、重症者は、ただちに受診するよう述べています。

上海市中医薬ヒト感染 H7N9 型鳥インフルエンザ予防治療専門家グループの責任者呉銀根さんは、「市民は、平常心をもって鳥インフルエンザに対処し、毎年 4 月から 5 月の、インフルエンザが流行しやすいシーズンには、合理的なライフスタイルと食生活を保ち、清潔にし、免疫力を高めることが、最高の予防策である」としています。

5　医療・衛生　225

「誰もが予防薬を飲む必要はありません。いまのところヒトとヒトが感染するような証拠は見られないので、みんなが予防薬を服用する必要はありません」。

呉教授は、「禽類に接触する人、また1週間内に家禽類に触れたことのある人、とりわけすでに上部呼吸器に軽度の感染症状が見られる人は、できるだけ早く対策をとり、ドクダミなどの薬膳を適当に摂取するといい」と述べています。

「ドクダミは一種の清熱解毒剤で、上部呼吸器官の感染にある程度効果があると見られています。またハイショウソウも解毒作用があります。お湯に浸してから、ニンニクや酢と混ぜ合わせるといいでしょう」。

また医師の指導のもと、キンギンカ、レンギョウ、サイコなど清熱解毒の生薬で煎じ薬を作り、服用するのもいいでしょう。目下専門家グループは、一連の方策を練り、疑似症状や症状の度合いによって治療を施し、上海全市の病院に徹底させるとしています。

 ひとくち解説

医療の面でもたえず新語が出てくるので、適時対応を迫られます。例えば、パンデミック＝"传染病大流行"、急性伝染病のリスク＝"瘟病危机"なども覚えておくといいでしょう。

そのほか、日本と同様、医者と患者の関係"医患关系"などもいろいろ問題があるようです。とくに農村では"看病难"、都会でも"先付费后看病"（"先看病后付费"であるべき）、また大先生に診てもらうために1000元プラスする"专家号"など、医療の現場は複雑なようです。ただ最近は、空港などでよく見かける"绿色通道"（グリーン・チャンネル、グリーン・ウェイ）が病院内にも設置され、緊急時には、手続きも前払いもせずに、ただちに患者を手術室に搬送するシステムが整いつつあるようです。

ところで中医関連の通訳をする際には、生薬の名前が欠かせません。ただフリーランスの通訳は、いつも同じ分野の会議通訳を依頼されるとは限らないので、中医の通訳をしばらくしないと、単語を忘れてしまいます。そのためその都度予習に努め、記憶を甦らせるために自己流の単語帳をこしらえています。

その一例として、出現頻度が比較的高い生薬の名前を挙げておきます。

阿胶	ājiāo	アキョウ		决明子	juémíngzi	ケツメイシ
艾叶	àiyè	ガイヨウ（ヨモギなどの乾燥葉）		栝蒌仁（瓜蒌仁）	kuòlóurén (guālóurén)	
败酱草	bàijiàngcǎo	ハイショウソウ				カロウニン、カロニン
白术	báizhú	ビャクジュツ		老鹳草	lǎoguàncǎo	ロウカンソウ、
白芍	báisháo	シャクヤク				ゲンノショウコ
半夏	bànxià	ハンゲ		连翘	liánqiáo	レンギョウ
苍术	cāngzhú	ソウジュツ		龙胆	lóngdǎn	リュウタン
柴胡	cháihú	サイコ		麻黄	máhuáng	マオウ
陈皮	chénpí	チンピ		牡丹皮	mǔdānpí	ムダンピ
赤芍	chìsháo	ベニバナヤマシャクヤク		木通	mùtōng	モクツウ
车前子	chēqiánzǐ	シャゼンシ、オオバコ		木香	mùxiāng	モクコウ
川芎	chuānxiōng	センキュウ		牛膝	niúxī	ゴシツ
大黄	dàhuáng	ダイオウ		人参	rénshēn	ニンジン
党参	dǎngshēn	トウジン		沙参	shāshēn	シャジン
丹参	dānshēn	タンジン		山药	shānyào	サンヤク、ナガイモ
当归	dāngguī	トウキ		山栀子	shānzhīzi	クチナシ、サンシシ
茯苓	fúlíng	ブクリョウ		山茱萸	shānzhūyú	サンシュユ
附子	fùzǐ	トリカブト		生姜	shēngjiāng	ショウキョウ
甘草	gāncǎo	カンゾウ		生地黄	shēngdìhuáng	ショウジオウ
干姜	gānjiāng	カンキョウ		升麻	shēngmá	ショウマ
干地黄	gāndìhuáng	カンジオウ		石膏	shígāo	セッコウ
葛根	gégēn	カッコン、クズの根		酸枣仁	suānzǎorén	サンソウニン
枸杞子	gǒuqǐzǐ	クコシ、クコ		天门冬	tiānméndōng	テンモンドウ
桂枝	guìzhī	シナモン		桃仁	táorén	トウニン
汉防已	hànfángyǐ	シマノハカズラ、ボウイ		菟丝子	tùsīzǐ	トシシ
何首乌	héshǒuwū	カシュウ		五味子	wǔwèizǐ	ゴミシ
黄芪	huángqí	オウギ		细辛	xìxīn	ケイサンサイシン
黄柏	huángbǎi	オウバク		薏苡仁	yìyǐrén	ヨクイニン、ハトムギ
黄连	huánglián	オウレン		鱼腥草	yúxīngcǎo	ドクダミ
滑石	huáshí	カッセキ		泽泻	zéxiè	タクシャ
厚朴	hòupò	コウボク（モクレン属の樹皮または根皮）		知母	zhīmǔ	チモ
				枳实	zhǐshí	カラタチ
酱草	jiàngcǎo	ショウソウ		茵陈蒿	yīnchénhāo	インチンコウ、
金银花	jīnyínhuā	キンギンカ、スイカズラ				カワラヨモギ
菊花	júhuā	キッカ		淫羊霍	yínyánghuò	インヨウカク、イカリソウ

5　医療・衛生　227

3—手洗いの呼びかけ

🔊 118_3-5-3A　　🎤 119_3-5-3B　　※ 🎧 はありません

「インフルエンザの予防には、手洗いの励行を」。

📌 STEP1

音声を聴きながら、単語をチェックしてみましょう。
手にまつわる具体的なしぐさなど、かえって馴染みのない単語もあります。

shǒuzhǎng	手掌	手のひら（全体を指す）
shǒuxīn	手心	手のひら（たなごころ）*
shǒubèi	手背	手の甲
zhǎngxīn	掌心	手のひら（たなごころ）*
		*"手心"も"掌心"も手のひらの真中の部分を指す
zhǐfèng	指缝	指の股、指と指の間
kōngquán	空拳	こぶし
zhǐbèi	指背	指の外側
		※ 🎤 では誤って"指臂 bì"と発音しています
dàmǔzhǐ	大拇指	親指
zhǐjiān	指尖	指先
bìnglǒng	并拢	指を合わせる、指先をそろえる
cuōxǐfǎ	搓洗法	こすりながら洗う
róucuō	揉搓	もみ洗い
shēngqín	生禽	生のトリ肉
chùròu	畜肉	家畜の肉
shāo shú zhǔ tòu	烧熟煮透	よく火を通す
yǒuyǎng yùndòng	有氧运动	エアロビクス、有酸素運動
huóqínlèi	活禽类	生きた鳥類（ニワトリなど）
lùbiāntān	路边摊	屋台

228　第三部　放送通訳

STEP2

▶ **シャドーイング**
ゆっくりバージョンに合わせてシャドーイングをしましょう。

▶ **通訳練習**
音声を聴きながら、段落ごとにメモを取り、逐次通訳をしてみましょう。段落は全部で三つの部分からなっています。前のニュースに比べ、センテンスが短いので、単語の訳がスムーズにいけば、かなりやりやすいはずです。
メモの取り方を工夫しましょう。
〔メモ一例〕1 ひら、もむ　2 甲　3 指の股　4 こぶし　5 親指　6 指先　合わせ
この場合、「手」と「洗う」は、書かずと知れたことなので、書かない。動詞は記憶に留めておく。逐次通訳にメモは欠かせませんが、メモの仕方に定説はないので、自己流でいきましょう。問題はむしろ書くことに追われて、耳がお留守になることです(「逐次通訳とメモ」59 ページ参照)。

スクリプト

　　　预防禽流感，手卫生很重要，要学会六步搓洗法，第一步的重点在于手掌的相互揉搓，第二步要洗净手背，第三步掌心相对，双手交叉洗净指缝，第四步双手合成空拳洗净指背，第五步关键要洗净大拇指，而最后一步要将指尖并拢在另一手的掌心处揉搓，洗净指尖。
　　　同时，预防禽流感，最好要一周给家里做一次大扫除，做到上午10点到下午3点间通风半小时，回家后换衣换鞋。家里要养成良好的厨房卫生习惯，生禽、畜肉和鸡蛋等一定要洗净烧熟煮透，做到生熟分开，定期消毒。我们日常的饮食要多样化，营养均衡，平时坚持有氧运动。
　　　特别提醒大家，公众外出时要远离有禽类的区域，应尽量避免直接接触活禽类、鸟类或者粪便，若曾接触，须尽快用消毒液清洗。外出就餐少吃路边摊，出门戴口罩和手套。一旦出现咳嗽、发热等早期流感症状应该及时去医院就诊。

● 訳例

　鳥インフルエンザの予防には、手洗いが欠かせません。手洗いを六つのステップに分けてご説明しましょう。
　1　手のひらを合わせてよくもみましょう。
　2　手の甲をよく洗いましょう。
　3　手と手を合わせ、指を交叉し、指の間をこすりましょう。
　4　両手を握り合わせ拳を作り、指の外側をよく洗いましょう。
　5　大切なのは親指をよく洗うこと。
　6　最後は指先をそろえて、もう一方の手のひらでこすり、指先をきれいにしましょう。

　それから、鳥インフルエンザの予防には、週に一度は、家の大掃除をすること、午前10時から午後3時までの間に、30分窓を開け、帰宅したら、服や靴を替えること。キッチンを清潔にする習慣をつけ、生のトリ、肉類、たまごは必ずよく洗い、よく熱し、生ものと煮たものを分け、定期的に消毒しましょう。

　日頃の飲食は、多様化させ、栄養のバランスを図り、平素、有酸素運動を心がけましょう。

　とくに外出する時は、鳥類のいる所を避け、できるだけ生きた禽類と直接接触しないようにしましょう。もし鳥やその糞に触ったら、必ず急いで消毒液で消毒すること。外食するなら、なるべく屋台で食べないようにすること。外出時はマスクと手袋をしましょう。咳や熱など流感の初期症状が見られたら、ただちに病院で受診してください。

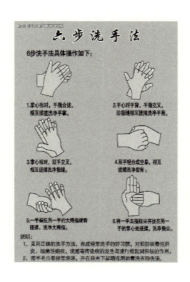

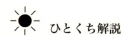 **ひとくち解説**

　手洗いの呼びかけ、どこの国でも同じですね。微に入り細に入り丁寧に説明しているところがおもしろい。でも習慣や文化の違いも感じます。「生きた鳥に触れないこと」、そういえばかつて、夕暮れの北京で、自転車の後ろの籠に生きたニワトリを入れて家路を急ぐ人を見かけたものです。「帰宅したら靴を替える」というのもおもしろい。中国では、日本のような、いわゆる玄関というものがなく、ドアを開けたら、いきなり廊下か部屋に直結というような家が多いのです。でも最近はスリッパなど室内履きに履き替える家もあるようです。

　ところで、初めて日本を訪れた中国の友人が「化粧室」とあるので、ほんとうに手を洗ったり、お化粧したりするだけの場所かと思ったとか。「手洗い」も「お」をつけると「お手洗い」、"厠所"になってしまいますね。だから「手洗いの歌」はあっても、「お手洗いの歌」は見かけません。

　そういえば、中国にも可愛い"洗手歌"がありました。

洗手歌
　　鼓鼓掌，拍拍手，讲卫生呀，勤洗手
　　大家一起来唱歌，互相提醒小朋友，提醒小朋友！啦…啦…
　　　（中略）
　　拍皮球，画图画，捉迷藏呀，玩游戏，
　　回家洗手别忘记，偷懒只能害自己，只能害自己，啦…啦…

訳例：
　　手をたたきましょ！　パチ　パチ　パチ！
　　キレイにしましょ、手を洗いましょ！
　　みんなでうたを歌いましょ！
　　そろってキレイキレイしましょ！　ランランラン
　　（中略）
　　ゴムまり、お絵描き、かくれんぼ、ゲーム遊びも楽しいな！
　　お家に帰ったら、手洗いを
　　忘れちゃダメよ！
　　怠けちゃダメよ！　ランランラン

【コラム】通訳奮戦記

耳慣れない単語に戸惑い

　明日は友人グループで伊豆へ旅行という日、通訳のエージェントから電話があった。伊豆から帰宅してその翌日に控えている講演会の講演者の著書が手に入ったのだが、どうするかとの問い合わせ。そして「そんなにお堅い本じゃなさそうですよ」と一言。

　この仕事は、去年に続き2度目で逐次通訳、テーマは「ガンに効く漢方製剤」、原稿はなしということなのでやはり心配。かくして旅行先のホテルに本が配送されることになり、しかもご丁寧に重要な個所に付箋までつけてあった。エージェントのこうした気配りに感謝しつつ私は温泉での就寝前の一時、ざっと著書に目を通し、難しそうな生薬や微量元素の名前を覚えておいた。

　そして当日、著書の範囲内の話はどうにかクリアできたが、やはり耳慣れない単語には戸惑う。思えば通訳の仕事を始めたばかりの二十代初めのころは、訳せない単語に随分悩まされたものだ。「タンウー」→「貪汚」、「えー、タンウー」漢字が浮かんでも日本語に変換できない。でも若いころはありがたいことに立ち往生しているとどこからか助っ人が現れ、「汚職！」などと声をかけてくれたものだった。

　昨今はそう人様を頼りにするわけにはいかない。だが耳に入ってくる単語に一喜一憂するのはなぜか今も同じ。「ニューピーシエン」→「牛皮癬」、文字は思い浮かぶのに日本語に訳せない。私の迷いを察知した壇上の講演者は「この薬はガンばかりでなく皮膚病にも効きます」という中国語に言い換えてくれた。

　でもそれでは自分が納得いかない。プロの誇りが傷つく。私は右手でメモを取り通訳を続行しつつ、左手で万一にそなえ準備しておいた『中日英医学用語辞典』をペラペラとめくった。「あった。乾癬！」

　とっさに助け船を出してくれた講演者には感謝感激だが、言い換えをされるのは恥だという思いがある。「先程の皮膚病の名前は乾癬でした」と補足して幾らかほっとしたことだった。

（日本経済新聞「通訳奮戦記」1997.9.22）

【6】人々の仕事

　　人々の暮らしに根ざした話題のひとつに「仕事」があります。労働者の姿、雇用情勢、就職活動の新たなトレンドなど、話題には事欠きません。お堅い話題とは少々異なる、生活感あふれる雰囲気をうまく伝えられるかどうか練習してみましょう。

1―労働 Style

🔘 120_3-6-1A　　🎙 121_3-6-1B　　🎧 122_3-6-1C

　　5月1日のメーデー（劳动节）に向けてシリーズで放送された「労働 Style」という特集です。同じような動作を黙々と繰り返す仕事の達人たちにスポットをあてています。美辞麗句を並べて称えるようなリポートではありませんが、勤労者に対する敬意に溢れている気がします。ここでは"点钞员"というお金を数える仕事をする女性が主人公です。

📌 STEP1

音声を聴いて以下の問いに答えましょう。

一、キーワードを確認しましょう。
　　① píngfán　　② jiānshǒu　　③ chōujīn　　④ chāishì　　⑤ róuniē
　　⑥ gēshāng　　⑦ fēnjiǎn　　⑧ zhuǎngǎng　　⑨ shèngrèn

二、次の数字が何を表すか中国語で説明しましょう。
　　① 40 万　　② 19　　③ 5　　④ 1 万多　　⑤ 4000 多

三、以下の問いにまず中国語で、それから日本語でも答えてみましょう。
　　①王さんの娘が嫌がることとは？　　その理由は？
　　②なぜ王さんたちはこの仕事に誇りを持っているのでしょう？

● 回答例
一：①平凡（ありきたり、平凡）②堅守（守り抜く）③抽筋（けいれん）④差事（仕事、公務）⑤揉捏（丸める）⑥割伤（切り傷をつくる）⑦分拣（分別する、仕分ける）

6　人々の仕事　　233

⑧转岗（配置転換）⑨胜任（職務に堪える）

二：①每天需要分拣清点四十万元左右。②每天由 19 位点钞员分拣清点完成。③每天在五个小时内分拣清点完成。④每天小王要分拣一万多块钱币。⑤小王每天清点四千多张纸币。

三：①小王的女儿不愿意让小王摸自己的脸。因为她女儿说妈妈的手太糙。
②能胜任这个工作说明她们的人品是绝对靠得住的。
＊日本語は訳例を参照してください

STEP2

▶ シャドーイング
音声に合わせて繰り返しシャドーイングしましょう。最初はスクリプトを見ながら、そして自信がついたらテキストを閉じてやってみましょう。

▶ サイトトランスレーション
次に、テキストを再び開き、スクリプトを見ながらサイトトランスレーションをしましょう。自分のペースで構いませんので、ゆっくり丁寧に訳しましょう。

▶ 通訳練習
次は、音声に合わせて通訳してみましょう。まずはスクリプトを参照しながら、そして慣れてきたらテキストを閉じてもやってみましょう。

スクリプト

继续五一节"劳动 Style"。生活中有不少劳动者虽然平凡，可是（呢），当他们把一些劳动动作重复无数次的时候，也就有了与众不同的坚守。

数钱数到手抽筋，可是很多人梦寐以求的好事儿。可每天让你干这个差事，会是什么感觉？点钞员数的就是我们每天乘坐公交车投的钱币。每天四十万左右的钱款需要 19 位点钞员在五个小时内分拣清点完成。把袋子内的硬币和纸币分开，硬币交给机器。这些被揉捏成各种形状的纸币则需要点钞员一张张地捋平，还要新旧分开，每一百元捆在一起。

今年 32 岁的王飞静干这行才 3 年，但已经成了这里的业务骨干，一分钟能清点六十多张纸币。每天小王都要分拣一万多块钱币，清点四千多张纸币。工作时间长了，落下的颈椎病和腰病这些职业病都不算什么。最遗憾的是小女儿不愿意让她再摸自己的脸。"我女儿的脸太嫩了嘛，我摸她的话，她老是在说，妈妈你的手可真糙。我挺心酸的。"小王手上已经有了不少硬皮，而因为拇指和食指长时间捻擦，一些老师傅手指上的螺纹已经不清楚了。

这些点钞员大都是售票员，因为公交车实行无人售票后转岗过来的。说起这个岗位，大家可是自豪得很。因为是在钱堆里工作，能胜任这个工作，那说明自己的人品可是绝对靠得住的。

● 訳例

引き続きメーデーにちなんだ「労働スタイル」をお伝えします。ありきたりの動作を数えきれないほど繰り返すことで、仕事を貫く労働者がいます。

手がケイレンするほどお金を数えてみる——多くの人にとっては夢のような話ですが、それを日々の仕事としてやらなければならないとしたらどうでしょう。現金を数える職員たちが扱っているのは、私たちが日々利用する路線バスで支払われたお金です。1日およそ40万元を19人の職員が5時間内に分類し、数えています。袋の中の硬貨と紙幣を分け、硬貨は機械に入れます。様々な形に丸められた紙幣は職員が1枚1枚広げます。さらに新札と古びたお札を区分けして100元ずつ束ねます。

今年32歳の王飛静さんはこの仕事を始めてまだ3年。それでもいまでは中堅で、1分間に60枚以上の紙幣を数えることができます。王さんは1日に1万元以上の紙幣と硬貨を分類し、4000枚以上の紙幣を数えます。長年の業務で患った職業病でもある頸椎や腰の病気などたいしたことではありません。ただ、切なく感じるのは愛娘が顔を触らせてくれなくなったことです。「娘の顔は柔らかいのですが、私が触ると、『お母さんの手はガサガサ』と言われて、とても切ないです」。王さんの手の皮は固くなったところが幾つもあります。親指と人差し指を長時間こすりあわせるため、長年この仕事についている人たちは指紋も薄れています。

この現金を計数する職員の多くは、もともと車内の切符販売員でしたが、ワンマン化にともなって配置転換されたのです。みんながこの仕事を誇りに感じています。何分大量のお金を扱う仕事です。任せてもらえるということは、自分の品行が確かだと信頼されている証だからです。

6　人々の仕事　235

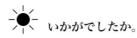 いかがでしたか。

"分拣"（分ける）、"揉捏"（丸める）、"捋平"（広げる）など、王さんの手作業に関する色々な動詞が出てきましたね。

韓国の男性芸能人の乗馬ダンス風のパフォーマンス「江南 Style」が中国で爆発的人気を得たのがきっかけで「Style」という言葉が流行語になりました。そのころ中国の航空母艦の甲板から飛び立つ戦闘機に、全身を低く傾けて合図を送る解放軍兵士の独特な仕草も「空母 Style」と呼ばれて話題になりました。労働者の様々な動きをとらえた「労働 Style」というシリーズは、こうした「流行語」を取り入れたユニークなタイトルです。

2―就活シーズン

🔘 123_3-6-2A　🎙 124_3-6-2B　🎧 125_3-6-2C

日本の大学新卒者はおよそ 56 万人。それに対し人口大国の中国ではその 10 倍以上の大卒者が毎年生まれます。

「大学は出たけれど……」。折からの就職難を受けて、中国の就職フェアには多くの学生が押し寄せます。職業学院には実践的な職業訓練基地もつくられました。さて、こうした取り組みが就職率のアップにつながるのでしょうか。

 STEP1

音声を聴いて以下の問いに答えましょう。

一、次の数字が何を表すか中国語で説明しましょう。
　　① 19 万　② 6 月份　③ 90%

二、内容と合わない文を 2 つ選びましょう。
　　①今年中国会有将近 700 万名高校应届毕业生。
　　②教育部表示今年要大幅度提高高校毕业生就业率。
　　③应届毕业生的实习经验非常有限。
　　④关于应届毕业生的实习，学校经常给大学生提出建议。
　　⑤大学生择业最好根据自己的专业和能够发挥自己的特长出发。

三、以下の問いにまず中国語で、それから日本語でも答えてみましょう。

新たにつくられた「実習基地」はどのようなものですか？

● 回答例

一：①今年普通高校毕业生比去年增加了 19 万人。②预计今年签约率将会在 6 月份迎来高峰。③今年学校的应届毕业生签约率已经达到了 90%。

二：② 正しくは " 教育部表示，今年将努力确保不降低高校毕业生最终就业率。"

④ 正しくは " 学校为学生设立了综合实习基地。也有招聘企业负责人给应聘大学生提出建议。"

三：在实习基地内设有各类生产制造企业、各类社会服务管理机构，大学生扮演 CEO、会计、采购员等角色，通过半个月的综合实训，可以让应届毕业生找到职场人的感觉。

＊日本語は訳例を参照してください

📌 STEP2

▶ シャドーイング

まず、繰り返しシャドーイングしましょう。最初はスクリプトを見ながら、自信がついたらテキストを閉じてやってみましょう。

▶ サイトトランスレーション

次に、テキストを再び開き、サイトトランスレーションをしていきましょう。自分のペースで、スクリプトを見ながら日本語に訳します。

▶ 通訳練習

最後の仕上げに、テキストを閉じて同時通訳してみましょう。自分の力に合わせて、ゆっくりバージョンまたはオリジナル音声に合わせて練習しましょう。

| スクリプト |

　　　马上又到了高校毕业生离校的时候。今年中国将会有 699 万名普通高校毕业生比去年增加了 19 万人。这也是历史上大学毕业生最多的一年。预计今年签约率将会在 6 月份迎来高峰。教育部表示，今年将努力确保不降低高校毕业生最终就业率。

　　　大学生就业形势严峻，如何能帮助大学生顺利地找到工作？四川

6　人々の仕事　237

财经职业学院院长李高伟说，现在单位招人越来越看重工作经验。应届毕业生只有很少的实习经验，而且内容是事先给定的，步骤结构都是固定的，发挥空间不大。对此，学校成立了多专业综合实习基地。在实习基地内设有各类生产制造企业、各类社会服务管理机构，大学生扮演 CEO、会计、采购员等角色，通过半个月的综合实训，可以让应届毕业生找到职场人的感觉。李高伟说，通过这种培训，今年学校的应届毕业生签约率已经达到了 90%。

也有招聘企业负责人给应聘大学生提出建议。"（这个）大学生择业呢，我们也有一些建议。还是要根据自己的专业，（把）能够发挥特长出发建立自己的职业生涯规划。从基层做起，从专业做起，这样（呢）才能够积累更多的经验，逐步地实现自己的职业晋升，体现自己的价值。适合的就是最好的。"

● 訳例

まもなく大学卒業生が巣立っていきます。今年、中国の一般大学の卒業生は699万人で、去年より19万人増えています。それは史上最多の大卒者を送りだす年ということでもあります。今年の就職内定率は6月にピークに達するとみられます。教育省は今年、大卒者の最終就職率を下げないよう努力するとしています。

大学生の就職は厳しい情勢にあります。学生たちの職探しをどう後押しすればよいでしょうか。四川財経職業学院の李高偉院長は、いまの求人は実務経験がますます重視されていると話しています。新卒者は実習経験がとぼしく、しかも（実習の）内容も手順もあらかじめ決められた型通りのものなので、応用をきかせる余地もあまりありません。このため、この学院では、複数の専門にかかわる総合実習拠点を設けました。この拠点には各種製造業や社会サービス管理機関が設けられ、大学生が CEO、会計士、購買担当者などの役割を体験できるようになっています。半年間の総合的実習訓練を通じて、新卒者は、実際にその職場のスタッフになったような感覚を身に着けることができます。李高偉院長は、このトレーニングを通じて、今年この学院の新卒者の就職内定率は90%に達したと話しています。

求人企業の担当者も応募してくる大学生にアドバイスしています。「大学生の仕事選びでは、やはり自分の専門をふまえて、特技を生かせるライフプランニングをすることが大切です。現場の仕事や専攻を生かせるところから始める

こと。そうすることでより多くの経験を積むことができます。そこからキャリアアップして、自己実現していけばいいのです。身の丈に合った仕事が最良の仕事なのです」。

 いかがでしたか。

　まぎらわしいのですが、中国語で"高校"とは日本でいう「大学」のこと、"中学"というと日本でいう「中学・高校」のことをいいます。
　"职场"は日本語の「職場」が中国語に逆輸入されていったコトバのようで、まず台湾などから広がっていた模様です。ちなみに日本語でいう「職場」を指すほかの中国語表現では"工作単位"がお馴染みです。

3—モノのインターネット

　　　　　　　　　　126_3-6-3A　　127_3-6-3B　　128_3-6-3C

　農業もIT化が進んでいます。生乳の管理にICタグなどを使って生産・物流管理を行う"物联网"（モノのインターネット）が整備されつつあります。酪農家の小楚（楚さん）には一体どのような変化があったのでしょうか。

STEP1
音声を聴いて以下の問いに答えましょう。

一、キーワードを確認しましょう。
　　①wùliánwǎng　②nǎiniú　③shǔbiāo　④kězhuīsù　⑤èrwéimǎ

二、音声をもとに、名詞A〜Fと動詞①〜⑥を正しく組み合わせましょう。
　　A 手机　　B 鼠标　　C 政策　　D 安全　　E 水　　F 肥（料）
　　①浇　　②点　　③出台　　④扫　　⑤施　　⑥把控

三、以下の問いにまず中国語で、それから日本語でも答えてみましょう。
　　①为什么要把奶牛集中饲养呢？
　　②贴了标签的奶到最后都要经历哪些过程？

6　人々の仕事　239

③小楚说的"千里眼"和"顺风耳"实际上是指什么？

● 回答例
一：①物联网（「モノのインターネット」。「IoT（Internet of Things）」とも）②奶牛（乳牛）③鼠标（マウス）④可追溯（追跡性、トレーサビリティ）⑤二维码（二次元コードまたはQRコード）
二：A—④、B—②、C—③、D—⑥、E—①、F—⑤
三：①这个新变化是源于一种先进的物联网技术的运用。将奶牛集中饲养后，防病检疫、饲料安全都可以把控，也可以实现奶源的可追溯。②贴了标签的奶，被密闭的送往加工厂，制成各种奶制品，在奶流动的过程中，信息也跟着流动，并不断地添加新的内容,最后合成到包装盒的一个二维码上。③实际上这是一种"遥控种菜、精确管理"的技术。棚室光照度、温湿度等等细微的变化，都能传到电脑或者手机上，而他要做的，只是判断数据后下达指令。
＊日本語は訳例を参照してください。

 STEP2

▶ シャドーイング
音声に合わせて繰り返しシャドーイングをしましょう。はじめはスクリプトを見ながら、慣れてきたらテキストを閉じてやってみましょう。

▶ サイトトランスレーション
次に、サイトトランスレーションをしましょう。自分のペースで、丁寧に日本語訳を言えるようにしてみましょう。

▶ 通訳練習
今度は音声に合わせて同時通訳をしましょう。はじめはスクリプトを見ながらで構いません。慣れたらスクリプトを見ないでやってみましょう。

スクリプト

　　手机一扫就能知道奶粉来自哪群奶牛，鼠标一点（呢）就能轻松给菜浇水施肥，物联网技术和传统产业的结合，让这些曾经看似不可能的事儿逐步变成了现实，而国家刚刚出台的物联网扶持政策，正是这种变化产生的原动力。

这些天，黑龙江农垦的不少农场，都在进行奶牛大搬家。由原来的一家一户的散养，变为牧场集中饲养。这个新变化是源于一种先进的物联网技术在农垦的运用。将奶牛集中饲养后，防病检疫、饲料安全都可以把控，更重要的是可以实现奶源的可追溯。贴了标签的奶，被封闭的送往加工厂，制成各种奶制品，在奶流动的过程中，信息也跟着流动，并不断地添加新的内容，最后合成到包装盒的一个二维码上。

"今后呢，只要我们拿着手机在这个奶粉盒的二维码上轻轻一扫，就能够知道这盒奶粉的奶源来自哪个牧场、哪批牛，甚至它们吃了什么。"

今年，黑龙江决定投入 30 多亿元在全省推广这样的牛奶食品追溯体系。而在天津，20 多个农业物联网基地开始全面建设，原本风吹日晒的辛苦活，如今轻点鼠标就完成了。

小楚说，物联网就像给自己的农田装上了"千里眼"和"顺风耳"，棚室光照度、温湿度等等细微的变化，都能传到电脑或者手机上，而他要做的，只是判断数据后下达指令。而在农业物联网专家看来，由物联网技术带来的不仅仅是"遥控种菜、精确管理"。

"可以降低农药的使用量，农产品的安全问题就有了源头性的、根本上的保障。"

根据国务院新发布的物联网扶持政策，我国将在农业、工业、节能环保、交通能源等众多领域实现物联网试点的示范应用。到2015年，要初步建成物联网产业体系，实现在经济社会各领域的广泛应用。

● 訳例

携帯をかざせば、粉ミルクがどの乳牛のものかがわかり、マウスをクリックすれば、簡単に野菜に水や肥料を与えられる——そんな「物聯網（モノのインターネット）」の技術と従来型の産業が結び付き、それまで不可能と思われたことが現実のものになりました。このほど国が出した「モノのインターネット」支援策がこうした変化の原動力となっています。

ここ数日、黒竜江省の農墾区の多くの農場で、乳牛の引っ越しが行われています。これまで各世帯が個別に飼育していたのを、牧場で集中して育てることになったのです。この新たな変化は、進んだ「モノのインターネット」の技術

を国営農場で運用することになったのがそもそもの発端です。乳牛を集中させれば、病気の予防・検疫、安全な餌などをまとめて把握することができます。何よりも、生乳の生産元を追跡することも可能になります。タグをつけられた生乳は密閉して加工工場に運ばれ、乳製品に加工されます。生乳が移動する際は、情報もともに移動し、絶えず新たな情報が加えられ、最終的にパッケージの二次元コードにまとめられます。

「これからは、ケータイを粉ミルク容器の二次元コードに軽くかざせば、この粉ミルクのもとになった生乳がどの牧場のどの牛たちのものか、その牛たちがどんなエサを食べたのかも知ることができるのです」。

今年、黒竜江省は30億元あまりをかけ、全省をあげて牛乳の食品トレーサビリティシステムを普及すると決定しました。天津では農業関連「モノのインターネット」の拠点二十数か所の整備が本格的に始まっています。これまでの吹きさらしの中でのつらい仕事も、いまではマウスを軽くクリックすれば済みます。

「モノのインターネット」で、まるで畑に「目」や「耳」がついたようだと(農家の)楚さんは語ります。温室の照度・温度・湿度の些細な変化も、パソコンや携帯に送信されます。楚さんはただデータをもとに判断を下し、指示を出せばよいのです。農業分野の「モノのインターネット」の専門家によりますと、「モノのインターネット」の技術がもたらしたのは「遠隔栽培やきめ細かい管理」だけではありません。

「農薬の量を減らすことができ、農産物をとりまく食品安全問題を根源から保障しています」。

国務院が新たに発表した「モノのインターネット」支援策によりますと、我が国は農業、工業、省エネ環境保全、交通エネルギーなど多くの分野で「モノのインターネット」実験拠点での実証応用が進められることになっています。2015年までに、「モノのインターネット」の産業体系を初歩的につくりあげ、経済社会の諸分野で幅広い応用をめざします。

 いかがでしたか。

"标签"はラベル、タグなどの意味ですが、ここでは内容から判断して単なるタグではなく、"电子标签"を略しているとみられます。なお"遥控种菜"は遠隔操作で野菜を栽培すること。ちなみに"遥感"はリモートセンシングのこと、テレビなどのリモコン(リモートコントローラ)は"遥控器"といいますね。人間の「目」や「耳」に頼らないでも監視管理ができるようになり、楚さんの作業負担は、劇的に軽減されたことでしょう。

【7】科学技術 1

　　　中国が初めて有人宇宙船を打ち上げてから 10 周年を迎えた 2013 年、3 人の宇宙飛行士を乗せた「神舟 10 号」が、再び宇宙に旅立ちました。しかも宇宙滞在期間がこれまで 4 回打ち上げられた有人宇宙船の中で最も長い 15 日間です。ここでは飛躍的な発展を遂げる中国の宇宙事業ならびに原発関連のニュースに取り組みます。

1—中国宇宙事業における年間打ち上げ計画

129_3-7-1A　　130_3-7-1B　　131_3-7-1C

　"航天" は宇宙飛行、"太空" とは宇宙空間のこと。有人宇宙飛行船「神舟 10 号」や「嫦娥 3 号」などの打ち上げが続きそうです。運搬ロケットの開発も進んでいます。

STEP1

音声を聴いて以下の問いに答えましょう。

一、カッコにあてはまる言葉を A ～ F から選びましょう。

　　中国航天今年计划将（①　　　　）、（②　　　　　）等航天器送入太空。

　　3 名（③　　　）将驾乘飞船与（④　　　　）实施载人空间交会对接。

　　要完成（⑤　　　）建设,需要推力更大的新一代（⑥　　　）来承担发射任务。

　　　A 航天员（宇宙飛行士）
　　　B 运载火箭（運搬ロケット。"长征" の名前で知られています）
　　　C 神舟十号（中国の有人宇宙飛行船）
　　　D 天宫一号（中国の宇宙実験機）
　　　E 嫦娥三号（中国の月探査機）
　　　F 空间站（宇宙ステーション、"太空站" とも言う）

二、以下の問いにまず中国語で、それから日本語でも答えてみましょう。

　　①次の数字は何を説明しているでしょう？

　　　16 次、20 个

　　②神舟や嫦娥以外に、打ち上げられる計画にあるのは？

　　③神舟 10 号は宇宙でどのような実験を行う予定でしょうか？

7　科学技術 1　　243

● 回答例

一：① C　② E　③ A　④ D　⑤ F　⑥ B

二：①中国航天今年计划完成 16 次发射，将 20 个航天器送入太空。中国の宇宙事業では、16 回の打ち上げをし、20 の飛行体を宇宙に送る予定です。②通信卫星、气象卫星和遥感卫星等。此外计划在明年实现一到两型正在研制中的新型长征火箭的首飞。通信衛星、気象衛星、リモートセンシングなど。その外、来年には現在開発中の 1 ないし 2 タイプのロケットの初飛行を実現する計画です。③航天员将乘飞船与"天宫一号"实施载人空间交会对接。此外，还将进行一些新的试验，比如绕飞。宇宙飛行士が宇宙船に乗船しながら、「天宮 1 号」と宇宙でランデブードッキングをするほか、例えば巡回飛行など新たな実験を行います。

 STEP2

▶ シャドーイング

まず、ゆっくりバージョンを聴きながら中国語で繰り返しシャドーイングしましょう。慣れてきたら放送通訳をイメージしながらやってみましょう。

【放送通訳のイメージ】

今年中国の宇宙事業は打ち上げ続きとなりそうです。16 回にわたる打ち上げが予定され、「神舟 10 号」「嫦娥 3 号」など 20 の飛行体のほか、通信衛星、気象衛星、リモートセンシング衛星も打ち上げられます。「神舟 10 号」は 6 月から 8 月の間に打ち上げられる予定で、3 人の宇宙飛行士が宇宙船で「天宮 1 号」とドッキングを行います。「神舟 10 号」は、巡回飛行などの実験も行います。宇宙ステーションを作るためには、推進力の大きい運搬ロケットが必要です。このため新型のロケット「長征 5 号、6 号、7 号」を研究開発中で、来年にはいくつか試験的に打ち上げられる見込みです。

▶ 通訳練習

音声に同時に日本語訳をつけてみましょう。はじめはスクリプトを見ながらやってみるのもよいでしょう。慣れたらスクリプトを見ないで挑戦してください。

> **スクリプト**

　　今年，中国航天又将是高密度发射年，计划完成16次发射，将神舟十号、嫦娥三号等20个航天器送入太空。
　　除了神舟十号、嫦娥三号外，这些航天器还包括通信卫星、气象卫星和遥感卫星等。
　　计划于6月到8月择机发射的神舟十号，将是飞船在太空飞行时间最长的一次，3名航天员将驾乘飞船与天宫一号实施载人空间交会对接。此外，神舟十号还将进行一些新的试验，比如绕飞。要完成空间站建设，需要推力更大的新一代运载火箭来承担发射任务。目前我国的新型火箭长征五号、长征六号、长征七号正在研制过程中，计划在明年实现一到两型火箭的首飞。

● 訳例
　今年、中国の宇宙事業は、打ち上げが密に続く1年になりそうです。計画では16回の打ち上げを実施し、「神舟10号」「嫦娥3号」など20の飛行体が宇宙に打ち上げられます。
　これらの飛行体には「神舟10号」「嫦娥3号」のほか、通信衛星、気象衛星、リモートセンシング衛星などが含まれます。
　計画では6月から8月の間に時期を選んで打ち上げられる「神舟10号」は、宇宙空間における宇宙船としては飛行時間の最も長いものとなります。3人の宇宙飛行士が宇宙船に乗船しながら「天宮1号」と宇宙空間で有人ランデブードッキングを行います。このほか、「神舟10号」は、巡回飛行などの新たな実験を行う予定です。宇宙ステーションの建設を完了するには、推進力がさらに大きい新世代の運搬ロケットが打ち上げ任務を担う必要があります。現在わが国では新型ロケット「長征5号」「長征6号」「長征7号」を研究開発中で、来年に1ないし2タイプのロケットの初飛行を実現する計画です。

 ひとくち解説

　細かいところですが"择机发射"や"首飞"などは中国語ならではの簡潔な表現ですね。"ràofēi 绕飞"とは、今後の宇宙ステーション建設に備え、「天宮1号」などの周りを巡回飛行する実験。

7　科学技術1　245

アメリカ、ロシアに次いで有人宇宙飛行を成功させた中国。国威発揚の意も込められた宇宙事業にかかわる話題の出現頻度は今後も増えるかもしれません。まずは基本的な用語を頭に入れておけば、ぐんと聴きとりやすく、訳しやすくなることでしょう。

2―有人宇宙船「神舟10号」打ち上げ成功！

 132_3-7-2A　　133_3-7-2B　　134_3-7-2C

遠い宇宙からのメッセージです。

STEP1

まず四つのキーワードから、ニュースをイメージしてみてください。

Duānwǔjié	端午节	端午の節句
Shénzhōu shíhào fēichuán	神舟十号飞船	「神舟10号」宇宙船
hángtiānyuán	航天员	宇宙飛行士
zòngzi	粽子	ちまき

関連の術語をさらに挙げておきます。

jiàchéng	驾乘	操縦する
áoyóu tàikōng	遨游太空	宇宙を駆け巡る、漫遊する
hángtiān fēixíng kòngzhì zhōngxīn	航天飞行控制中心	宇宙飛行管制センター
fǎnhuícāng	返回舱	帰還モジュール
rù guǐdào	入轨道	軌道に入る
cānshì rényuán	参试人员	実験参加スタッフ
guǐdàocāng	轨道舱	軌道モジュール

音声を聴いて次の問いに中国語で答えましょう。

　①控制中心的大屏幕上显示出什么？
　②飞船入轨后，状态怎样？

246　第三部　放送通訳

③太空粽子是什么样的形状？包上了一层什么东西？

● 回答例
①神舟十号飞船返回舱内的情景　②状态一切正常，各项工作进展顺利　③是扁平形状的，包上了一层嫩绿的粽叶

 STEP2

▶ **シャドーイング**
　ゆっくりバージョンを聴きながら、シャドーイングをしましょう。

▶ **サイトトランスレーション**
　スクリプトを見ながら、サイトトランスレーションをしましょう。

▶ **通訳練習**
　音声に合わせて日本語訳をつけてみましょう。

スクリプト

　　今天是农历五月初五，我们中华民族的传统节日端午节。正驾乘神舟十号飞船遨游太空的3名航天员，也吃着美味儿的豆沙粽度过了端午节，而且还从太空中发回了节日的祝福。我们来看报道。
　　"这里是北京航天飞行控制中心，今天航天员们第一次在神舟飞船上度过了端午节，他们从太空送出了祝福。"
　　13点，北京飞行控制中心的大屏幕上，清晰地显示出神舟十号飞船返回舱内的情景。
　　"今天是中华民族的传统节日端午节，我们神舟十号的航天员向全国人民，全球华人致以节日祝福：祝大家端午节快乐！飞船入轨后，状态一切正常，各项工作进展顺利，感谢大家的关心。"
　　"我们的太空生活刚刚开始，目前感觉良好，请大家放心！"
　　"向坚守在工作岗位上的航天科研人员致敬！你们辛苦了！"

7　科学技术 1　　247

"代表地面参试人员，也祝你们端午节快乐，祝你们在太空生活工作一切顺利！"

随后，航天员们进入飞船轨道舱，品尝科研人员为他们精心准备的节日美食——豆沙粽。

和地面不同，太空粽子是扁平形状的，目的是为了方便贮存和加热。为了让航天员找到在家过节的感觉，细心的科研人员还专门为每颗太空粽子包上了一层嫩绿的粽叶。这是中国航天员首次在神舟飞船上品尝美味的太空香粽。

● 訳例

今日は、旧暦の5月5日で、私たち中華民族の伝統ある祝日、端午の節句です。神舟10号に乗って宇宙を駆け巡っている3人の宇宙飛行士も、おいしいちまきを食べ、宇宙からお祝いのメッセージを送ってくれました。

「こちらは北京宇宙管制センターです。今日、飛行士たちは、宇宙船神舟で初めての端午の節句を過ごし、宇宙からお祝いのメッセージを送ってきました」。

13時、北京宇宙管制センターの大きなスクリーンには、宇宙船「神舟10号」の帰還モジュールの中の様子がはっきり映し出されました。

「今日は中華民族の伝統ある祝日、端午の節句です。私たち『神舟10号』の飛行士は、全国人民、世界の華人に祝日のお祝いを申し上げます。みなさんおめでとうございます。宇宙船は、軌道に入った後、すべて正常で、作業は順調にいっています。みなさん、ありがとうございます！」

「私たちの宇宙での生活は始まったばかりです。いまのところとてもリラックスしています、みなさんご安心ください！」

「持ち場を守り、頑張っていらっしゃる宇宙研究スタッフの皆さんに敬意を表します。どうもご苦労さまです！」

「地上のスタッフを代表して、みなさんに祝日のあいさつをお送りします。みなさんの宇宙での生活、作業がスムーズにいくようお祈りします」。

この後、宇宙飛行士たちは、宇宙船の軌道モジュールに移り、研究者たちが特別に用意した餡入りのちまきを試食しました。

宇宙ちまきは、保存や加熱がしやすいように、地上とは異なり平べったい形をしています。飛行士たちがゆったりした気分で祝日を過ごせるよう、研究者たちは、細心の注意を払い、ちまきを一つ一つ浅緑のちまきざさで包みました。これは中国の飛行士たちが、宇宙船内で初めて味わうおいしい宇宙ちまきです。

248　第三部　放送通訳

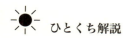 ひとくち解説

　いかがでしたか？　遠い宇宙からのメッセージ、やや音源が聴きとりにくかったかもしれません。

　ところで、中国初の有人宇宙船「神舟5号」が打ち上げられたのは、2003年10月。旧ソ連、アメリカに次ぐ世界3番目の打ち上げに沸き立ち、日本のテレビ局も同時通訳で対応しました。

　搭乗した宇宙飛行士は、"Yáng Lìwěi"楊利偉さん。その名前だけはどうにか突き止め、宇宙船がわずか1日で地球にとんぼ返りし、無事に帰還した時の感動のシーンを忠実に通訳することができました。そしてその後、開発に携わった研究者の一問一答形式による解説が続き、初めは順調に行ったものの、突如出てきた"yàyīnsù"で、つまずいてしまいました。あたふたしているうちに、ばっさり一問抜けたまま映像は早や次のQ&Aへ。後でわかったのですが、意味不明の単語は"yàyīnsù＝亚音速"、訳もそのまま「亜音速」でよかったようです。誰にも気づかれないまま「無事に終わった」ことを怪我の功名と言っていいのかどうか、いまでもその時の緊迫感が甦ってきます。

3─大飯原発定期検査のため運転停止

🎧 135_3-7-3A　　🎧 136_3-7-3B　　🎧 137_3-7-3C

日本は、大飯原発稼働停止で「原発ゼロ」になりました。

 STEP1

音声を聴いて以下の問いに答えましょう。

一、キーワードを確認しましょう。

　① héfǎnyìngduī　② línghédiàn　③ hédiànzhàn
　④ yuánzǐnéng guīzhì wěiyuánhuì　⑤ diànlì gōngyìng

二、カッコにあてはまる数字や助数詞を記入しましょう。

　　16号日本国内唯一仍然在运转的商业核反应堆——大饭核电站（①　　　　）完全停止工作，开始接受定期检查。这意味着时隔约（②　　　　），日本国内的

（③　　　　　）商业核电机组再次全部停止运转,进入"零核电"状态。按照规定,日本的核电站在营业性运转后（④　　　　　）之内就要接受定期检查, 此后还需要重新接受原子能规制委员会的安全审查, 预计最快也要到新年之后才能有核反应堆重新开始运转。在（⑤　　　　　）东日本大地震之前, 日本全国电力供应约有（⑥　　　　　）来自核电。"零核电"的状态只在核电发展初期及（⑦　　　　　）发生过。

● 回答例

一：①核又应堆（原子炉）②零核电（原発ゼロ）③核电站（原子力発電所＝原発）
　　④原子能规制委员会（原子力規制委員会）⑤电力供应（電力供給）

二：①4号机组 ②一年零两个月 ③50座 ④13个月 ⑤2011年 ⑥三成 ⑦2012年

STEP2

▶ シャドーイング

音声を穂きながら繰り返しシャドーイングしましょう。

▶ サイトトランスレーション

さらにスクリプトを見ながら、日本語訳をつけてみましょう。

▶ 通訳練習

では音声に合わせて同時通訳をしてみましょう。

スクリプト

　　16号日本国内唯一仍然在运转的商业核反应堆——大饭核电站4号机组完全停止工作, 开始接受定期检查。这意味着时隔约一年零两个月, 日本国内的50座商业核电机组再次全部停止运转, 进入"零核电"状态。按照规定, 日本的核电站在营业性运转后13个月之内就要接受定期检查, 此后还需要重新接受原子能规制委员会的安全审查, 预计最快也要到新年之后才能有核反应堆重新开始运转。在2011年东日本大地震之前, 日本全国电力供应约有三成来自核电。"零核电"的状态只在核电发展初期及2012年发生过。

● 訳例

　　日本国内で唯一稼働していた商用原子炉——大飯原子力発電所4号機が、16日、完全に運転を停止し、定期検査に入りました。およそ1年2か月ぶりに日本国内の発電用原子炉50基がすべて運転停止となったもので、再び「原発ゼロ」の状態に入りました。日本の原子力発電所は、規定により営業運転後から13か月以内に定期検査を受けることになっています。その後原子力規制委員会の安全審査を改めて受けなければならず、原子炉の再稼働は早くても新年以降になるとみられます。2011年の東日本大震災発生前、日本の電力供給のおよそ3割は原子力発電でまかなわれていました。これまでに「原発ゼロ」の状態が発生したのは、原発が導入された初期のころと2012年だけでした。

 いかがでしたか。

　　日本のニュースとはいえ、地名の"大饭"（Dàfàn おおい）や固有名詞の"规制委员会"などはやや聴きとりにくいかもしれません。また"零核电"と同じように"零排放"（ゼロエミッション、廃棄物ゼロ、ごみゼロ）などもよく使われるので、覚えておきましょう。

4─福建省寧徳原発稼働

福建省寧徳原発稼働のニュースです。

音声を聴いて以下の問いに答えましょう。

一、次の単語を確認しましょう。

① yīhào jīzǔ　　　　② mǎngōnglǜ de yùnxíng　　③ dàojìshí zhǐzhēn
④ shèbèi tiáoshì　　⑤ chénggōng shāngyùn　　　⑥ zìzhǔ pǐnpái
⑦ yāshuǐduī hédiàn jìshù　⑧ dānjī róngliàng　　　⑨ qīngjié néngyuán

7　科学技術1　251

二、以下の問いにまず中国語で、それから日本語でも答えてみましょう。

①寧徳原子力発電所 1 号機は、営業運転前に、全負荷試運転をどのぐらいの時間行ったでしょうか。

②寧徳原子力発電所 1 号機は、どのような独自開発技術を採用しているのでしょうか。

③ 2015 年の年間の総発電量はどのくらいに達するでしょうか。

● 回答例

一：①1 号机组（1 号機）②满功率（100％功率）的运行（全負荷試運転）③倒计时指针（カウントダウンの針）④设备调试（試運転）⑤成功商运（営業運転、営業化）⑥自主品牌（自主ブランド）⑦ 压水堆核电技术（加圧水型原子炉技術）⑧单机容量（一基あたりの設備容量）⑨清洁能源（クリーンエネルギー）

二：①福建宁德核电 1 号机组在正式投入商业运行之前,已经满功率地运行了 168 个小时。すでに全負荷試運転を 168 時間行った。②宁德核电一号机组采用的是我国自主品牌的压水堆核电技术 CPR1000。中国が独自に開発した加圧水型の CPR1000 型原子炉技術を採用している。③到 2015 年,年发电量将达到 300 亿度。年間の総発電量は、300 億 kWh（キロワットアワー）に達する。

STEP2

▶▶ シャドーイング

まずゆっくりバージョンを聴きながら繰り返しシャドーイングしましょう。内容をよくイメージしながらやってください。

▶▶ 通訳練習

今度は音声に合わせて同時通訳をしましょう。はじめはスクリプトを見ながらで構いません。慣れたらスクリプトを見ないでやってみましょう。

スクリプト

　　　　今天中国第四个核电基地，福建宁德核电 1 号机组正式投入商业运行，而在此之前，它已经满功率地运行了 168 个小时。

　　　　168 小时的试运行考核，是考核核电站是否具备商运条件的重要

内容。"这个数据啊，1089 啊，这个代表我们的汽机功率，现在是处于满功率状态。从我们这个画面中看得出来，我们所有的重要参数，全部都是组成一条直线，代表我们的参数是稳定状态。"

"随着倒计时指针的逐步完成，宁德核电一号机组完成了试运行考核，这也意味着宁德核电具备了商运的条件。"

"因为我们从来到宁德核电，看到从（这个）一马平川，然后到（这个）核电站拔地而起，然后里面安装上所有的设备，然后再到现在设备调试完成，机组成功商运，觉得我们是实现了一个非常光荣的一个梦想。"

"很开心也特别激动，但更多的是责任，因为要保证机组的安全稳定运行。"

新建成的宁德核电一号机组采用的是我国自主品牌的压水堆核电技术 CPR1000，日发电量 2400 万度，可以同时满足 240 万个家庭的用电需求。而到 2015 年，这里将建成 4 台单机容量为 108.9 万千瓦的核电机组，年发电量将达到 300 亿度，大幅提高清洁能源在福建能源供给中的比例。

● 訳例

　中国における四つ目の原子力発電基地である福建省寧徳原子力発電所 1 号機が、168 時間の全負荷試運転を終え、今日から正式に営業運転に入りました。

　168 時間に及ぶ試運転は、営業運転の可否を判断するための重要な条件のひとつでした。

　「この 1089（メガワット）という数字はスチームエンジンの発電容量を示しています。現在は全負荷運転の状態にあります。この画面から見てわかるとおり、重要なパラメータすべてが 1 本の直線状になっています。つまり、私たちのパラメータは安定しているということです」

　「カウントダウンも終了に近づき、寧徳原子力発電所 1 号機の試運転に関する審査も終わったことになるわけで、これはつまり寧徳原発が営業運転の条件を備えているということを表しています」

　「私たちが最初に寧徳に来た時、ここはまだ見渡す限りの平野でしたが、のちに寧徳原発が建ち、設備が据え付けられ、そして今回試運転にも成功し、営

7　科学技術 1　　253

業運転することができて、すばらしい夢を実現できたという思いです」

「大変うれしいですし、感激していますが、これからユニットを安全運転させていかなければならないということを思うと、むしろ責任の重さを感じます」。

新たに作られた寧徳原子力発電所 1 号機は、わが国で独自に開発された加圧水型の CPR1000 型原子炉技術を採用しており、1 日あたりの発電量は 2400 万 kWh に達し、同時に 240 万世帯分の電力を賄うことができます。2015 年には、1 基あたりの設備容量が 108 万 9000kW の原子炉が 4 基完成し、年間の総発電量は 300 億 kWh に達し、福建省におけるエネルギー全体の中での、クリーンエネルギーの占める割合が大幅に増えることになります。

 ひとくち解説

他の専門分野と同様に原発関連の分野にも独特の専門用語があり、慣れるまでに少し時間がかかります。

例えば、単位ではベクレル"贝克勒尔 bèikèlè'ěr"、シーベルト"希沃特 xīwòtè"、グレイ"戈瑞 gēruì"、化学物質ではウラン"铀 yóu"、セシウム"铯 sè"、プルトニウム"钚 bù"、ストロンチウム"锶 sī"、ヨウ素"碘 diǎn"など、ほかにもメルトダウン"堆芯熔毁 duīxīn rónghuǐ"、ストレステスト"压力测试 yālì cèshì"などが挙げられます。また、放射線"辐射线 fúshèxiàn"と放射能"放射能 fàngshènéng"と放射性物質"放射性物质 fàngshèxìng wùzhì"の違いにも気をつけたいところです。

【 8 】観光・歳事

　　暮らしが豊かになるにつれ、中国でもレジャーの過ごし方が多様化しています。とくに農村では、古き佳き伝統への回帰というか、"传统味儿浓"伝統的な色彩の濃い行事が、ますます盛んになっているようです。ここでは武漢大学の桜の花見、五穀豊穣を願う「竜頭節」、三沙クルーズ、春の花々のニュースに取り組んでみましょう。

1―武漢大学で桜の花見

第一段落	141_3-8-11A	142_3-8-11B	143_3-8-11C
第二段落	144_3-8-12A	145_3-8-12B	146_3-8-12C

二段落に分けて聴いていきます。

STEP1

● まず第一段落を聴きましょう。　　141_3-8-11A　　142_3-8-11B

寸劇でも観る（聴く？）ような気持ちで、ストーリーを追ってみましょう。

場所 "地点" ：武漢大学キャンパス "武大校园"

時 "时间" 　：4 月

主役 "主角" ：桜＝ "樱花" または "樱花树"

脇役 "配角" ：花見客 "赏花的游客"、その他学生、先生など

キーワード 　： "赏樱花" "赏花的游客" "门票涨价"

一、次の単語を確認しましょう。

① zhīmíngdù　② lǚyóu kàndiǎn　③ ménpiào　　　④ shàngzhǎng

⑤ zhēngyì hé fánnǎo　⑥ xiànchǎng kuàizhào　　⑦ yāohe mǎimài

⑧ yóurén rúzhī　⑨ kèliúliàng　⑩ jiǔ fù shèngmíng　⑪ dāchéng gāotiě

⑫ shǎng yīnghuā　⑬ jiǎn lājī　⑭ gǎo wèishēng　⑮ chènzhe…dāngkour

8　観光・歳事　255

二、中国語で答えましょう。
　①请描述一下武汉大学赏樱花季节的情景。
　②在武汉大学赏樱花，为什么要收门票？
　③收门票以后，情况有没有变化？来客对收门票有什么看法？
　④开始收门票以后，外校学生是怎么对待的？

● 回答例
一：①知名度（知名度）②旅游看点（観光スポット。"旅游景点"とも言う）③门票（入場券）④上涨（値上げ）⑤争议和烦恼（争いや悩みごと）⑥现场快照（スピード仕上げの写真屋）⑦吆喝买卖（物売りの掛け声）⑧游人如织（観光客が一杯ですし詰め状態）⑨客流量（客足）⑩久负盛名（かねてから有名）⑪搭乘高铁（高速列車に乗る）⑫赏樱花（桜の花見）⑬捡垃圾（ゴミを拾う）⑭搞卫生（きれいにする）⑮趁着…当口儿（タイミングよく）
二：①一到樱花盛开的季节，到武大赏樱花的人特别多，现在已经成了武汉市的很有知名度的旅游看点了。②随着武大赏樱花的客流量增多，像是个小公园，随之争议和烦恼也来了。武大不得不把门票从十块上涨到二十块。③虽然价钱长了一倍，却还是有格外的客流量。因为需要捡垃圾，搞卫生等，收一点费用也是被大家所认可的。④一些外校学生趁着早晨八点前，晚五点后，这个免费当口儿来看樱花。

● では第二段落を聴いてみましょう。　　

一、次の単語を確認しましょう。
　① zhìyí　　② chènjī lāo yóushuǐ　③ qiàn tuǒdang　④ yǒng zài ménkǒur
　⑤ lánbuzhù　⑥ pānpá　　　⑦ fènnù　　⑧ hùhuā zhìyuànzhě
　⑨ dìshuì　　⑩ shěnhé　　　⑪ wúnài zhī jǔ　⑫ qiǎngjiùxìng xiūfù
　⑬ rénliúliàng　⑭ chángshì

二、中国語で答えましょう。
　①武汉大学开始收门票以后，从各方面有哪些反映？
　②武大学生对这个热闹情景是怎样看待的？
　③校方是如何解释收门票之举的呢？

三、ストーリーを中国語で要約しましょう。
　　　（　　　　　　　）→（　　　　　　　　）→（　　　　　　　　）
　→（　　　　　　　　）→（　　　　　　　　）→（　　　　　　　）

● **回答例**

一：①质疑（疑う）②趁机捞油水（機に乗じて甘い汁を吸う）③欠妥当（適切さを欠く、不合理）④涌在门口儿（入口に押しかける）⑤拦不住（止められない）⑥攀爬（よじ登る）⑦愤怒（怒り）⑧护花志愿者（花を守るボランティア）⑨地税（土地税、地方税）⑩审核（審査）⑪无奈之举（万やむを得ない）⑫抢救性修复（応急手当て）⑬人流量（人の流れ）⑭尝试（試み）

二：①一张二十元的门票，招来了许多人的质疑，有人担心学校趁机捞油水，有人认为樱花树是国有资产，所以大学收门票就欠妥当，为何不直接限流。②学生一般都不走这一条路了，因为比较拥挤，丢东西的也比较多，就是樱花树，有的会攀爬，有的还会摘下来戴在头上面，大家都挺愤怒的。今年为了保护樱花，学校出动了近五百个护花志愿者。③学校认为门票已经经过地税等相关部门审核，收门票也是无奈之举。一方面樱花需要维护，防治病虫害，或已老朽的樱花树也要抢救性修复，另一方面涨价也是控制人流量的一种尝试。

三：武大校园樱花盛开 → 许多游客蜂拥而上 → 妨碍学生正常上课 → 有时无奈请警察出动维持秩序 → 校方认为不得不涨门票→各方面对此争论不休

📌 STEP2

▶ シャドーイング

第一段落、第二段落の音声を聴きながら、シャドーイングをしましょう。最初はスクリプトを見て、慣れたらテキストを閉じてやってみましょう。

▶ サイトトランスレーション

テキストを開き、サイトトランスレーションをしましょう。

▶ 通訳練習①

まずはゆっくりバージョンで、同時通訳にチャレンジしましょう。

多分インタビューに答える会話の部分のほうが、アナウンサーの解説部分より訳しやすいでしょう。それは言葉が平易であることとセンテンスが短く区切られているからです。

一方、アナウンサーが話すきちんとした解説は、難解な部分が多々あります。とりわけ中国語は、表意文字のため、一文字にたくさんの情報がつまっています。またソラで聴いている限り、句読点は自分で想像するほかありません。サイトラをすると、、。：；など原稿に記された句読点がいかに内容の理解に役立つか、その有難さを実感させられます。

8 観光・歳事 257

▶ 通訳練習②

では次にオリジナル音声を聴きながら同時通訳してみましょう。

アナウンサーのスピーディーな語り口についていくにはどうするか？ カット
する際、できれば副詞や形容詞のみに留める、それが不可能な場合、時にはワ
ンセンテンス削除してください（「地震関連」205 ページ参照）。

同通に数回チャレンジしたら、同時通訳入り音声（🎧 143_3-8-11C、🎧 146_3-
8-12C）を聴いてみましょう。

同時通訳者は、聴こえてくる原音の語順にそって通訳していくので、どうして
も順送り訳にならざるをえません。日本語と中国語の文法構造が異なるので、
それはやむをえないことです。

スクリプト

第一段落

　　武汉大学的樱花现在已经是成了武汉市的一个很有知名度的旅游
看点了。今年（呢）武大樱花门票（啊），从十块上涨到二十块，樱
花开了，游人来了，争议和烦恼也来了。

　　现场快照、吆喝买卖、游人如织、此时的武汉大学，更像是个
小公园，3 月 13 号是武汉大学今年开始收门票的第一天。

　　虽然价钱长了一倍，却还是有过万的客流量，武大樱花久负盛名，
不光有本地游客，自从高铁开通以后，还有很多香港、广东和湖南的
游客，搭乘高铁，直接奔到武大赏樱花。

　　"觉得 20 高不高啊？""捡垃圾，搞卫生，收一点是可以的"

　　看樱花，20 块，虽然这个价格对一些游客来说不算什么，但一
些外校学生，却宁愿趁着早八点前，晚五点后，这个免费当口儿来看
樱花。

　　"我们今天早上大概是 7 点 56（分到的）"

　　"为什么 7 点 56（分）？"

　　"赶在 8 点之前，8 点之前就不收门票"

258　第三部　放送通訳

● 訳例

　武漢大学の桜のお花見は、既に武漢市の大変有名な観光スポットの一つに
なっています。今年はというと、武漢大学の花見の入場券が 10 元から 20 元に
値上がりしました。桜が咲くと観光客はやってくるし、争いや悩みもやってく
るのです。

　スピード仕上げの写真屋さん、物売りの掛け声、どっと押し寄せる観光客、
この時期の大学はまるで小さな公園に変わります。3 月 13 日は今年の入場料を
取り始めた初日に当たります。

　値段は 2 倍にはね上がったというものの、依然大勢の観光客が訪れます。武
漢大学の桜はかねてから有名で、地元の観光客ばかりでなく、高速鉄道が開通
してからは、さらに多くの香港、広東、湖南などの観光客が高速鉄道に乗って
武漢大学に直行して来てお花見をするのです。

　「20 元は高いと思いませんか」「でもゴミを集めたり、清潔にしなければなら
ないから、少しは取ってもいいと思いますよ」。

　お花見に 20 元というこの値段は、一部の観光客にとってはたいしたことで
はありません。しかし他の学校の学生たちは、朝の 8 時前とか、夕方 5 時以降
というちょうど無料になるタイミングを狙って花見に来るのです。

　「私たちは今朝大体 7 時 56 分頃に着きました」

　「どうして 7 時 56 分なのですか」

　「8 時前を狙うのです。8 時前だったら入場料は要らないでしょ」。

第二段落

　　一张二十元的门票，招来了很多人的质疑，有人担心学校趁机捞
油水，有人认为樱花树是国有资产，作为大学收门票本身有欠妥当，
为何不直接限流。

　　"比如去年曾出现过中午 11 点到下午两点，有几万人涌在门口，
有几百个警察都拦不住。"

　　去年来武汉大学赏樱花的人数达到 100 多万人，如今武大的樱花
已经成为武汉的名片。

　　这看似热热闹闹的武大樱花节，却是武大每年的烦恼。

　　"我们的学生一般都不走这条路了，因为比较拥挤，丢东西的也
比较多，就是樱花树，就有的会攀爬，有的还会摘下来戴在头上面，
大家就都挺愤怒的。"

8　観光・歳事　259

今年为了保护樱花，学校出动了近五百个护花志愿者。

学校说：门票已经经过地税等相关部门审核，收门票也是无奈之举。一方面樱花需要维护，一些遭遇病虫害，或已老朽的樱花树，也需要抢救性修复，另一方面涨价也是控制人流量的一种尝试。

● 訳例

　1枚20元の入場券は、かなりの人から疑惑の目で見られています。学校がこの機に乗じてひと儲けしようとしているのではないかと。桜の木は国の財産なのだから大学が入場料を取ることは少しおかしいのではないか。なぜ直接人の流れを制限しないのか。

　「例えば去年、午前11時から午後2時の時間帯に、数万人の人が入口に押しかけ、数百人の警察が出動しても止められなかったということが起きています」。

　去年武漢大学に花見に来た人は100万人以上で、ここの桜はすでに武漢市の看板といえましょう。

　ただ、賑やかな桜祭りも、裏を返せば武漢大学にとって毎年の悩みの種になっているのです。

　「私たち学生はもう誰もこの道は通らなくなりました。ひどい混雑だし、物を捨てる人も多いし、桜の木にだって、よじ登って枝を折って頭にかざしたりしている人もいるのですよ。皆とても怒ってます」。

　今年は桜を保護するために、大学は500人近いボランティアを動員しました。

　大学は、「入場券については、地方税務局など関連部門の審査を通っているし、徴収するのは万やむを得ない」と言っています。

　桜は病虫害から守らなければならないし、すでに古木になった桜の木には応急手当ても必要です。入場料の値上げは、人の流れを制限するための一つの試みでもあるのです。

ひとくち解説

　このニュースを聴いていると、日本の聖なる山、富士山を思いだしてしまいます。世界文化遺産にあやかって大勢の登山者が押し寄せる一方で、山の環境を守るために入山料を徴収するかが議論されています。たしかに地元では、もろ手を挙げて大歓迎とまではいかず、武漢大学と同様痛し痒しのようです。

　ところで、気になるのが、武漢大学のこれらの桜は、どこから来たのかということです。

その由来は、1972年、日中国交正常化の際に田中角栄首相が周恩来総理に桜の苗木1000株を贈り、そのうちの50株を周総理が同校に贈られたそうです。その後、国交正常化の10年ごとの節目の年に日本の友好団体や企業が桜を贈り続け、いまのようにみごとな桜通りがキャンパスの中にお目見えしたとか。
　やっぱり桜もパンダに負けない立派な友好の使者なのですね。

2 ― 三沙観光スポット　クルーズ開通

　次は新たな観光スポットとして注目されている海南省のニュースです。
　三沙市は、2012年7月に"地级市"、つまり地区クラスの市として誕生し、283番目の"地级市"になったのです。
　同市は、西沙諸島、南沙諸島、中沙諸島の島嶼およびその海域からなっており、陸地面積はわずか13km²ですが、海域面積は260万km²で、市の総面積は中国最大、人口は最少の市です。市政府所在地は、西沙諸島の永興島にあります。

 STEP1

音声を聴いて次の単語を確認しましょう。

Bó'áo	博鳌	ボアオ、海南省瓊海市博鳌（けいかい）

＊ボアオはもともと半漁半農の小さな町でしたが、2001年"亚洲论坛"アジア・フォーラム（Boao forum for Asia 略称BFA）が開催されるようになってから一躍有名に。

yóulún	邮轮	クルーズ
chīzhù	吃住	寝食、寝泊まり
rùjìng qiānzhèng	入境签证	入国ビザ
tèxǔ jīngyíng quán	特许经营权	特別経営権
dìfāng lìfǎ quán	地方立法权	地方立法権
chūtái	出台	（政策などが）打ち出される、公布される
hòuxù zhèngcè	后续政策	その後の政策、フォローアップ

8　観光・歳事　261

STEP2

▶ **シャドーイング**

ゆっくりバージョンを聴きながらシャドーイングしましょう。ニュースの内容をよくイメージしてください。

▶ **通訳練習**

今度は音声に合わせて同時通訳をしましょう。はじめはスクリプトを見ながらで構いません。慣れたらスクリプトを見ないでやってみましょう。

スクリプト

　　　　海南省人民政府昨天在博鳌召开新闻发布会，三沙市的旅游景点有望在今年的"五一"之前开通。

　　　　为了争取"五一"前开通三沙游，三沙旅游线路、景点、着陆点都已经基本确定。

　　　　去年设立地级市的三沙市目前正在进行推进基础设施建设,供水、污水、垃圾处理等十二个项目在同时进行。但考虑到三沙陆地面积有限，游客将主要在邮轮上吃住。

　　　　目前海南省享有我国最便利、最开放的入境签证政策，免签证由二十一个国家扩大到现在的二十六个国家。同时国家赋予了海南省离岛免税品的特许经营权，而大批的游艇企业和项目得以落户海南，则是依靠海南省创新运用地方立法权，制定出台的游艇、邮轮管理政策，而拉动旅游的后续政策更值得期待。

● 訳例

　海南省人民政府は、昨日ボアオで記者会見を行い、今年のメーデーまでに三沙観光を実施する見込みであると発表しました。

　メーデーまでに三沙ツアーを実現するため、三沙観光のルートや観光スポット、上陸地点などはすでにほぼ決まっています。

　昨年地区クラスの市となった三沙市は、現在インフラ設備の建設を行い、給水、汚水、ゴミ処理など12の事業が同時に進められています。しかし、三沙の陸地面積が限られていることを考慮すると、観光客は主にクルーズ船の上で

寝泊まりすることになります。

　現在、海南省は中国において最も便利で開放的な入境ビザ政策をとっており、ビザの免除を21か国から現在の26か国まで拡大しました。同時に、国が付与した海南省離島免税品特許契約権により、多くの船会社やプロジェクトの拠点が海南に置かれ、海南省の地方立法権を駆使して打ち出された遊覧船やクルーズの管理政策に則って、観光の後押しをする政策に更なる期待がかけられています。

 ひとくち解説

　中国でも"一日游"（日帰りツアー）、"二日游"（一泊ツアー）、"红色旅游"（革命遺跡巡りツアー）などが、盛んに行われています。三沙観光は、さしずめ島巡りクルーズといえましょう。なお発音は同じでも"邮轮"はクルーズ、"油轮"ならタンカー、紛らわしいですね。

3—竜頭節

 150_3-8-3A　　151_3-8-3B　　152_3-8-3C

　ここで取り上げる"龙抬头"とも言われる村祭り"龙头节"は、旧暦の2月2日、啓蟄（けいちつ）の日に村人が豊作を祈って行うお祭りです。日本の田植え祭りのようなもので、"春耕节""农事节"とも言われています。この日は、雨を司る竜王が頭をもたげ、百虫とともに冬眠から目覚め、大地に恵みをもたらすというおめでたい日で、明清時代から米粉でこしらえたお餅"撑腰糕"を食べる習わしがあるそうです。

📌 STEP1

音声を聴いてみましょう。ピンインから文字を想像できますか？

èryuè chū'èr	二月初二	旧暦2月2日
Lóngtáitóu	龙抬头	竜台頭
èrshísì jiéqì	二十四节气	二十四節気
jīngzhé	惊蛰	啓蟄

8　観光・歳事　263

qiūyǐn	蚯蚓	ミミズ
Chūnlóngjié	春龙节	春竜節
chēngyāogāo	撑腰糕	（腰を支える）ちから餅
yǔshuǐ chōngpèi	雨水充沛	雨水満ち溢れる
wànwù fùsū	万物复苏	万物甦る
chūngēng / bèigēng	春耕／备耕	春耕／春耕前の準備
lónglín	龙鳞	竜の鱗
lóngxūmiàn	龙须面	ロンシュィメン、細い麺
chángmìng bǎisuì	长命百岁	長寿

 STEP2

▶ シャドーイング
ゆっくりバージョンを聴きながら繰り返しシャドーイングしましょう。

▶ サイトトランスレーション
次に、サイトトランスレーションをしましょう。

▶ 通訳練習
仕上げに同時通訳してみましょう。

スクリプト

今天(呢)是中国农历的二月初二,是中国民间传统的"龙头节",民间有二月二"龙抬头"之说。

那么为什么二月初二"龙抬头"呢？龙头节又是怎么来的？我们来听一听民俗专家的介绍。

据民俗专家介绍，"龙头节"起源于二十四节气中的惊蛰，传说中的龙是在蛇和蚯蚓等基础上想象出来的，因而民间又将蛇叫小龙，民间认为二月二是龙升天开始活动的日子。

古曰二月二龙抬头，古人也把二月二称做"春龙节"，又叫"龙头节"，在中国南方的一些地方，每到这一天有吃"撑腰糕"的习俗，

传说吃了"撑腰糕"腰板硬，做起农活来不伤身。

而过了农历二月初二，各地雨水充沛，万物复苏，农村也到了春耕备耕的时候。

此外这一天在民间吃什么，都与龙有关，吃春饼叫吃"龙鳞"，吃面叫吃"龙须面"。传说在这一天吃一顿"龙须面"，能够长命百岁。

二月二这天，民间还有理发去旧的说法，人们选择在这一天理发，希望在新的一年能有好运气。

● 訳例

今日は、旧暦の2月2日、中国の民間の伝統的な「竜頭節」です。民間には、「竜台頭」の伝説があります。

では、2月2日は、なぜ「竜台頭」なのでしょうか？「竜頭節」の由来について民俗学の専門家に紹介していただきましょう。

専門家によりますと、「竜頭節」は、二十四節気の啓蟄に由来し、伝説の中の竜は、蛇やミミズなどをベースにした想像上の動物で、民間では、蛇は小竜とも呼ばれ、2月2日は竜が天に昇り、活動をはじめる日とされています。

昔、2月2日を「竜台頭」と言い、昔の人は「春竜節」とも呼び、又の名を「竜頭節」と言いました。中国の南方では、この日に"撑腰饼""ちから餅"を食べる習慣があります。これを食べると、背筋がしゃんとして、野良しごとをしても、疲れ知らずといわれています。

そして旧暦の2月2日を過ぎると、いずこも雨の恵みを受け、万物みな甦り、農村は春の耕作やその支度で忙しい時を迎えます。

さらにこの日、民間では、何を食べても竜とかかわりあいがあります。"春饼"は「竜鱗」、麺は"龙须面"、つまり竜の髭の麺。これを食べると、百歳まで長生きすると言われています。

また2月2日に、散髪をしに行って古いものを取り除くという謂われがあり、人々はこの日に床屋に行き、新たな一年の幸運を祈るのです。

 ひとくち解説

これまで中国では、祭日といえば、春節（旧正月）のほかメーデー、十月一日国慶節、中秋節などでしたが、最近は"小长假"が増えたようです。

なんの説明もなしに"xiǎochángjià＝小长假"が出てきた時は、戸惑いました。

8　観光・歳事　265

その日に旧暦の端午の節句、政府は、これまでの"五一劳动节"の7日間の長期休暇を減らして、三つの"小长假"を増やしたとか。直訳すれば「小さな休日」、ちなみに英訳は"minor vacation"です。

4—春の大地——花の競演

🎧 153_3-8-4A　📢 154_3-8-4B　※🎧 はありません

　中国には、"劳逸结合 láoyì jiéhé"という言葉があります。ここらでちょっと通訳トレーニングもひと休み。リラックスしてゆっくりバージョンに耳を傾けてみましょう。数回聴いたら、春の中国をイメージしながらスクリプトを読み、日本語に訳してみてください。慣れたらオリジナル音声を聴いてください。

スクリプト

　　　天气渐暖，许多地方进入了春色满园的时节，现在让我们通过景观镜头来领略大江南北的春色。

　　　河北赵县的万亩梨园，25万亩梨花绽放，百里花海飘香醉人。近几年，梨农们把梨花出售，梨花可用于制造营养品、化妆品等，具有很高的经济价值，仅这一项每年就可为梨农增收四千多万元。

　暖かくなるのにつれて、多くの地方で春爛漫の季節を迎えています。では映像を通して長江南北の春を体感してみようではありませんか。

　河北省趙県の万畝（ワンムー）梨園では、25万ムー（1ムー＝1/15ヘクタール）に及ぶ梨の花がほころび、見渡すかぎり花の海、その香りは、まるで人を酔わせるかのようです。近年、梨農家は、梨の花を売り出しました。梨の花は、サプリメントや化粧品を作るなど高い経済価値を生み出しており、花の収入だけで、年間4000万元余りの増収となっています。

　　　这里是洛阳的国花园景区，刚刚进入盛花期的1548亩牡丹几乎涵盖了牡丹王国里的所有品种。这片黑色的牡丹叫墨海撒金，由于数

量稀少，是牡丹中的绝品。

　　ここは、河南省洛陽の観光地、国花園です。見ごろを迎えた1548ムー（約100ヘクタール）に及ぶ牡丹園には、牡丹王国中国のすべての品種が含まれていると言えましょう。この黒っぽい牡丹は、"墨海撒金 mòhǎisǎjīn"と呼ばれ、数が少ないことから牡丹の中の絶品といわれています。

　　"处处桃树红霞飞，片片桃花吐芳菲"。这里是兰州安宁堡红艺村桃园。与南方相比，西北桃花多在4月中绽放。安宁鲜桃品种多达80种，年产量300万公斤，每年总收入上千万元，是当地农民的主要收入来源。

　　「夕焼けと見まごうばかりの桃の木々、芳しきかな桃の花々」。ここは、蘭州安寧堡紅芸村の桃園です。南方に比べ、西北の桃の花は、4月に見ごろを迎えます。安寧の桃の品種は、80種類に及び、年産300万kg、年間の総収入は数千万元になり、地元農家の主な収入源になっています。

　　在云南大理的苍山西坡，漫山遍野的杜鹃花已经盛开。这些红杜鹃是开在海拔2880米的山坡上，这些紫色、白色的杜鹃则是开在海拔3250米的山坡。每年从春节开始到六月，各种色彩的杜鹃花随着海拔上升，一层层地向上开放，很多树龄都超过了500年，这里也被称为"遗落人间的天堂"。

　　雲南省大理市蒼山の西側の山腹には、いたるところツツジが咲き乱れています。赤いツツジは、標高2880mの山の斜面に、紫や白のツツジは、標高3250mの山の斜面に咲いています。毎年春節から6月にかけて色とりどりのツツジが、標高が高くなるにつれて層を成して花をつけ、多くの木が樹齢500年を超えており、みごとな美しさは「この世に置き忘れられた楽園」とすらいわれています。

 ひとくち解説

　　映像をご覧いただけないのは残念ですが、ここに登場した花は、梨、牡丹、桃、ツツジ（dùjuānhuā 杜鹃花）。牡丹園を"国花园"というのはなぜかわかりますね。

8　観光・歳事　267

中国の国花は、牡丹です。

花にまつわる通訳では、苦い想い出があります。北京オリンピックが間近に迫ったころ、日本の"園丁"園芸家、ガーデナーが、北京の街を花で飾るというニュースが出てきました。そこに登場したのは、丈夫で長持ちするといわれる花の名前のオンパレード、全くお手上げで、とうとうそのニュースは通訳の裁量でお蔵入りに、友好の花を咲かせることなく封じ込めてしまいました。

同時通訳ばかりやっていると、頭が疲れてしまいますね。

ちょっと道草をしましょう。日本のテレビで観た（聴いた）ウソのようなホントの読み間違いの話です。

    ①枝垂れ桜　　えだたれざくら　　　　——対話の中で
    ②旧中山道　　いちにちじゅうやまみち　——字幕スーパーから
    ③天照大神　　てんてるだいじん　　　　——出どころ不明

正しくは言わずと知れた　①しだれざくら　②きゅうなかせんどう　③あまてらすおおみかみ　ですね。

268　第三部　放送通訳

【 9 】対外交流

　　国際交流や国際化にかかわるニュースを 3 本とりあげます。中国政府によるアフリカへの援助プロジェクト、海南省で毎年行われているボアオ・アジア・フォーラム、そしてドイツの都市化に関する話題の 3 本です。

　　最初の 2 本は中国の国際化と国際的地位の高まりを感じさせられる内容です。3 本目のドイツの都市化の話題は、ドイツの経験を学び、中国の発展に生かそうという意気込みを感じさせられるニュースです。

1―タンザニアの国際会議センター

⦿ 155_3-9-1A　　🎙 156_3-9-1B　　🎧 157_3-9-1C

　中国はアフリカに様々な投資をし、支援事業も行っています。そのひとつが、タンザニアの国際会議センターの建設です。同時通訳機材も完備していて興味深いところです。地名、人名などの固有名詞は、STEP1 の練習でよく確認しておきましょう。

📍 STEP1

音声を聴いて以下の問いに答えましょう。

一、キーワードの意味を確かめましょう。

　　① Tǎnsāngníyà　　② yuánjiàn xiàngmù　　③ guójì huìyì zhōngxīn

二、固有名詞を確認しましょう。対応する番号を下から選びましょう。

　　A) Níléi'ěr guójì huìyì zhōngxīn（　　）　　B) Níléi'ěr zǒngtǒng（　　）

　　C) Jīkuítè zǒngtǒng（　　）　　　　　　　　D) Dáléisīsàlāmǔ（　　）

　　①尼雷尔总统：ジュリウス・ニエレレ (1922〜1999) タンザニア初代大統領
　　②达累斯萨拉姆：ダルエスサラーム（ダルエスサラーム州州都）
　　③尼雷尔国际会议中心：ニエレレ国際会議センター
　　④基奎特总统：キクウェテ大統領

三、以下の文章の間違いを音声を聴いて訂正しましょう。

　　①中国援建的项目将于近期交给探访。

9　対外交流　269

②会议中心与 2010 年 3 月底开始动工修建。

③将于星期交付坦方并正式投入使用。

④坦藏铁路是坦中传统友谊的象征。

⑤国际会议中心里步伐中国元素。

四、中国語で答えましょう。

①中国の支援でタンザニアに造られた建物の名前は？

②建物の引き渡しはいつでしょう？

③その建物の特徴は？

④会議室には、どのような設備がありますか？

● 回答例

一：①坦桑尼亚 (タンザニア) ②援建项目 (建設支援プロジェクト) ③国际会议中心 (国際会議センター)

二：A—③、B—①、C—④、D—②

三：①探访→坦方　②与→于　③星期→近期　④坦藏→坦赞　⑤步伐→不乏

四：①尼雷尔国际会议中心　②援建项目将在近期交付坦方。③葡萄架、回子纹等具有中国特色的建筑。④会议室采用了数字音频处理系统，1003 个座位都可以同时接收到六种语言的同声传译。

📌 STEP2

▶ シャドーイング

まず、音声を聴きながら繰り返しシャドーイングをしましょう。情景を思い浮かべるように内容をよくイメージしながらやってみるとよいでしょう。はじめはスクリプトを見ながらでも構いません。慣れたら見ないでやってみましょう。

▶ サイトトランスレーション

スクリプトを見ながらサイトトランスレーションをしましょう。自分のペースでゆっくりと、丁寧にやりましょう。

▶ 通訳練習

次に、同時通訳の練習です。まずスクリプトを見ながらじっくりと練習し、最後に見ないでどれくらいできるか挑戦してみましょう。

270　第三部　放送通訳

スクリプト

　　坦桑尼亚的尼雷尔国际会议中心是中国援建的项目，将会在近期交付给坦方。（那）本台记者（呢）近日也对该中心进行了探访。

　　尼雷尔国际会议中心以坦桑尼亚开国元首尼雷尔总统的名字命名。会议中心于 2010 年 3 月底开始动工修建，将于近期交付坦方并正式投入使用。尼雷尔国际会议中心也将成为达累斯萨拉姆市第一座可召开大型国际会议的现代化会议中心。葡萄架、回字纹，尼雷尔国际会议中心里不乏中国元素。会议中心的大会议室采用了数字音频处理系统，1003 个座位都可以同时接收到六种语言的同声传译。坦桑尼亚现任总统基奎特在今年 2 月到访会议中心时曾评价说："坦赞铁路是坦中传统友谊的象征，中国援建的尼雷尔国际会议中心就是坦中新时期友好合作的见证。"

● 訳例

　タンザニアのニエレレ国際会議センターは、中国の援助によって建設されたプロジェクトで、近くタンザニアに引き渡されます。そこで記者は、このほど同センターを取材しました。

　ニエレレ国際会議センターは、タンザニア建国の父ニエレレ大統領の名にちなんで命名されました。会議センターは、2010 年 3 月末に着工、建設が始まり、まもなくタンザニア側に引き渡され、正式にオープンします。ニエレレ国際会議センターは、ダルエスサラーム市初の大規模な国際会議を開催できる近代的な会議センターです。ここには、ぶどう棚式建築や回字紋をモチーフにした中国的なエレメントが散りばめられています。センター内の大会議室では、デジタルオーディオシステムを用い、1003 席ある全座席で 6 か国語の同時通訳を聴くことができます。タンザニアの現職のキクウェテ大統領は、今年 2 月、会議センターを訪れた際、「タンザニア・ザンビア鉄道は、タンザニアと中国の友好のシンボルであり、中国の援助で建設されたニエレレ国際会議センターは、新たな時期におけるタンザニア・中国の友好協力の証しである」と述べました。

9　対外交流　271

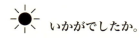 **いかがでしたか。**

　"援建項目"はいわば日本のODAのようなもの。国内で起きた地震被災地への支援なども"援建"と言っています。このニュースは地名や人名などの固有名詞が多いのですが、このような時はインターネットなどで逐一確かめるほかありません。かなりの早口ニュースに加えて"坦方"（タンザニア側）、"坦贊鉄路"（タンザニア・ザンビア鉄道）のような略称が使われるなど速度対応が課題。"贊"を"藏"と間違えないように"n"と"ng"を聴き分けることもポイントです。

2―ボアオ・アジア・フォーラム

　　　　　　　　　🔘 158_3-9-2A　　🎙 159_3-9-2B　　🎧 160_3-9-2C

　海南省の博鰲（ボアオ）で2001年から毎年開かれている国際会議です。中国の首脳をはじめ、アジアを中心として世界中から政治家や財界人らが集います。

 STEP1

音声を聴いて以下の問いに答えましょう。

一、次の数字が何を表すか中国語で説明しましょう。

　　①43个／10多位　　②200家／1000余名

二、メモをとり中国と世界の経済成長率について、下の表を完成させましょう。

	2010年	2011年	2012年
①世界经济增速			
②中国经济增速			

三、以下の問いにまず中国語で、それから日本語でも答えてみましょう。

　　①中国の経済成長は、他国に何を提供しましたか？

　　②今回のフォーラムのテーマは、どのような趨勢に合わせて選ばれましたか？

四、カッコにあてはまる言葉を聴き取りましょう。

　　　　　今年年会设置了（①　　　）和（②　　　）分论坛，同时特设欧盟分论坛，
　　（③　　　）欧盟未来发展方向，为解决债务危机提供（④　　　）。此外，本

届年会还首次安排（⑤　　　　）中国领导人与中外企业家举行（⑥　　　　）。专家认为重视企业发展为他们创造良好的经营环境，既有利于中国经济发展，也有利于世界经济复苏，而这也是中国最为世界所（⑦　　　　）的地方。

● 回答例

一：① 43 个国家和地区、十多位亚洲和其他地区的国家领导人　②全球约两百家新闻机构的千余名记者

二：① 5.1 ／ 3.8 ／ 3.3　② 10.3 ／ 9.2 ／ 7.8

三：①中国经济快速增长为其他国家提供了摆脱危机急需的出口市场和投资目的地。

②在全球化背景下，中国的一些问题会对世界产生越来越大的影响，同时也有越老越多源自国外的问题波及中国。中国博鳌论坛的议题恰恰顺应了这一趋势。

　　＊日本語は訳例を参照してください

四：①非洲　②拉美　③把脉　④思路　⑤与会　⑥专场对话　⑦看重

STEP2

▶ シャドーイング

音声に合わせて繰り返しシャドーイングをしましょう。まずはスクリプトを見ながら、次に見ないでもやってみましょう。

▶ サイトトランスレーション

スクリプトを見ながらサイトトランスレーションをしましょう。自分のペースでゆっくりと、丁寧に訳しましょう。

▶ 通訳練習

今度は、音声に合わせて日本語訳をつけてみましょう。はじめはスクリプトを見ながら、そのあとスクリプトを見ないでもやってみましょう。

スクリプト

　　本届博鳌亚洲论坛嘉宾阵容空前，来自全球 43 个国家和地区的嘉宾确认参会。其中包括十余位亚洲和其他地区的国家领导人和多位国际组织的负责人。与此同时，全球约两百家新闻机构的千余名记者投身年会报道。

9　对外交流　273

博鳌亚洲论坛受到广泛关注离不开中国经济的蓬勃发展。国际货币基金组织的统计表明，2010 年至 2012 年世界经济分别增长 5.1%、3.8% 和 3.3%，而中国国家统计局的数据显示，同期中国经济增速分别高达 10.3%、9.2% 和 7.8%。中国经济快速增长为其他国家提供了摆脱危机急需的出口市场和投资目的地。在全球化背景下，中国的一些问题会对世界产生越来越大的影响，同时也有越来越多源自国外的问题会波及中国。博鳌亚洲论坛议题的全球化色彩恰恰顺应了这一趋势。

"博鳌论坛它的宗旨不会改变，但是我想亚洲的发展、它的融合一体化、或者地区合作必须在世界的一个大的发展的背景下来考虑。所以我觉得亚洲的发展离不开和世界其他地区的互动。"

今年年会设置了非洲和拉美分论坛，同时特设欧盟分论坛，把脉欧盟未来发展方向，为解决债务危机提供思路。此外，本届年会还首次安非与会中国领导人与中外企业家举行专场对话。专家认为重视企业发展为他们创造良好的经营环境，既有利于中国经济发展，也有利于世界经济复苏，而这也是中国最为世界所看重的地方。

● 訳例

　今回のボアオ・アジア・フォーラムの参加者は空前の顔ぶれです。世界43の国と地域からの参会が決まっています。アジアその他地域の国家指導者十数名に加え、国際機関の責任者も多数出席します。このほか世界の報道機関およそ 200 社から 1000 人余りの記者が、その年次総会の報道にあたります。

　ボアオ・アジア・フォーラムが注目を集めているのは、中国経済の活気に満ちた成長と無関係ではありません。IMF の統計によりますと、2010 年〜 2012 年の世界経済の成長率はそれぞれ 5.1 ％、3.8 ％、3.3 ％だったのに対し、中国国家統計局のデータによりますと、同時期の中国経済の成長率はそれぞれ 10.3 ％、9.2 ％、7.8 ％に達しました。中国経済の急成長は、経済危機から脱するために必要な輸出市場や投資先を諸外国に提供しています。グローバリゼーションの進むなか、中国の抱える問題が世界に与える影響はますます拡大し、それと同時に海外で生じた問題も中国に波及します。ボアオ・アジア・フォーラムの議題がグローバルな議題になっているのも、この趨勢に対応したものです。

　「ボアオ・フォーラムの趣旨に変わりはありません。しかし、アジアの発展

や融合、あるいは地域協力は、世界の発展という大きな背景のもとで考慮することが不可欠です。アジアの発展を、世界のそのほかの地域との関係と切り離して考えることはできません」。

　今年の年次総会は、アフリカとラテンアメリカの分科会が設けられました。このほか、EU分科会も特別に設けられ、今後のEUの進む方向を見据え、債務危機解決のヒントを探ります。このほか、今年の年次総会は、会議に出席する中国指導者と内外の企業家との対話セッションも初めて行われます。企業の発展を重んじ、よき経営環境を整えることは、中国の発展にとっても、世界の景気回復にとっても有益で、それはまた中国が世界から最も注目されていることでもあると専門家は見ています。

 いかがでしたか。

　"论坛"はフォーラムのことで、「シンポジウム」や「セミナー」は"研讨会"と言います。日本側と中国側の双方だけが出席するような二国間の会議は"双边会议"と言い、ボアオ・フォーラムのように多数の国や地域が出席する多国間の会議は"多边会议"と言います。

　なお、"分论坛"はフォーラムの分科会のこと。会議によっては"分组会"とも呼ばれます。

　"把脉"はそもそも"中医"などの「脈をとる」の意味です。ここでは情勢を把握する、見極める、見据えるといった意味として使われています。

　"为～所看重"は"被～所看重"と同じ。直訳するなら「～に重視される」ですが、受動態であることにとらわれず、「～が重視する」と訳してもわかりやすいかもしれません。

　ちなみに、ボアオ・アジア・フォーラムは、2002年に小泉純一郎首相（当時）が出席し「中国の経済発展は脅威ではない、好機だ」と発言して注目されました。2014年現在、福田康夫元首相がボアオ・フォーラムの理事長を務めています。

9　対外交流　275

3—ドイツの都市化

　161_3-9-3A　　162_3-9-3B　　163_3-9-3C

"城镇化"（都市化）は成長を遂げる中国のキーワードのひとつ。

　ドイツの都市群を紹介しつつ、重工業からの産業転換、環境対策など、中国の抱える課題がいくつも投影されているかのような海外リポートです。少々長いリポートですが、まずは地名を中心に内容を押さえたうえで訳してみましょう。

STEP1

地名と用語を確認しましょう。

Lǔ'ěr qū	鲁尔区	ルール地方
Duōtèméngdé	多特蒙德	ドルトムント
Āisēn	埃森	エッセン
Dùyīsībǎo	杜伊斯堡	デュイスブルク
Bōhóng	波鸿	ボーフム
Bólín	柏林	ベルリン
Hànbǎo	汉堡	ハンブルク
Mùníhēi	慕尼黑	ミュンヘン
Ōuzhōu wénhuà zhī dū	欧洲文化之都	欧州文化首都（欧州文化都市）
chéngzhènhuà	城镇化	都市化
chéngshìqún	城市群	都市群
hùbǔxìng	互补性	相互補完性
jīngjì zhuǎnxíng / chǎnyè zhuǎnxíng	经济转型／产业转型	経済転換／産業転換
xīnxīng chǎnyè	新兴产业	新興産業
méigāng zhònggōngyè	煤钢重工业	石炭と鉄鋼の重工業

音声を聴いて以下の問いに答えましょう。

一、リポートを聴きながら、メモをとりましょう。そのメモをもとに、各都市に関連する数字や言葉Ａ〜Ｊを①〜⑤の都市に振り分けましょう。
　　①鲁尔区（　　　　）　②波鸿（　　　　）　③多特蒙德（　　　　）
　　④埃森（　　　　）　⑤杜伊斯堡（　　　　）

276　第三部　放送通訳

A 港口　　　　B 科技中心　　C 新材料　　　　D 约 530 万人口

E 体育中心　　F 服务业　　　G 约 57 万人口　　H 德国第九大城市

I 煤矿工业区　J 欧洲文化之都

二、以下の問いにまず中国語で、それから日本語でも答えてみましょう。

①ドイツの都市化の特徴とは？

②ルール地方はどのように産業転換を進めましたか？

● 回答例

一：①ルール C、D、I、J　②ボーフム B　③ドルトムント E　④エッセン H、G、F

　　⑤デュイスブルク A

二：①德国是世界上城镇化水平最高的国家之一，在长期发展中形成了自己的特色，那
就是避免过度发展重点城市，从而建设起各具特色的互补性城市群。　②二战之后，
鲁尔区成为欧洲最大的煤矿工业区，但也付出了昂贵的环境代价。德国政府关闭了
鲁尔区最大的煤矿和高能耗、重污染的工厂，同时鲁尔区也积极发展新材料和环保
等多个新兴产业。现在整个鲁尔区完成了从煤钢重工业向新兴产业的转变。

　　＊日本語は訳例を参照してください。

🧷 STEP2

▶▶ シャドーイング

音声を聴きながらシャドーイングをしましょう。まずはスクリプトを見ながら、
その後、見ないでやってみましょう。

▶▶ サイトトランスレーション

STEP1 で確認した地名をもう一度おさらいし、必要であればそれらをメモしま
しょう。そしてメモとスクリプトを見ながらサイトトランスレーションをやっ
てみましょう。ゆっくりと丁寧に訳すよう心がけましょう。

▶▶ 通訳練習

テキストを閉じて、同時通訳をしましょう。STEP1 で示した地名や用語、ある
いはサイトラ用に書いたメモを見ながらやっても構いません。

9　対外交流　277

スクリプト

　　德国目前城镇化水平为 89%，是世界上城镇化水平最高的国家之一。在长期发展中德国形成了自己的特色，那就是避免过度发展重点城市，从而建设起各具特色的互补性城市群。

　　位于德国中西部的鲁尔区由包括多特蒙德、埃森以及杜伊斯堡等在内的十一个城市和四个区县行政单位组成。拥有约 530 万人口，是德国主要的城市群之一。

　　"我现在所处的城市是位于德国中西部的埃森。埃森是德国第九大城市，拥有人口数约 57 万。从人口规模来看，埃森仅和中国国内一个县级行政区相当。从这个数字我们也可以侧面推断出，德国的城镇化比较均匀，大部分的德国人都生活在中小城市里。"

　　以埃森为代表的鲁尔区城市群从十九世纪开始便各自发展，到现在已经形成了各自鲜明的特点：杜伊斯堡以港口闻名全德国；多特蒙德因为他的足球队成为了体育中心；波鸿凭借其高校科研力量成为鲁尔区的科技中心；而埃森则依靠经济转型后发展起来的新兴产业成为了服务业密集的城市。通过高度发达的公路和铁路交通网，鲁尔区相邻城市的市中心之间仅仅相隔 30 分钟左右的车程。

　　鲁尔区中每个城市的人口都不超过 60 万，远远比不上柏林、汉堡和慕尼黑等大城市的规模，但是无论从基础设施、教育、医疗和就业来说，鲁尔区的城市和这些大城市相比，也没有太大的差别。

　　现在的鲁尔区是一个绿色的城市群，但它也曾经是一个饱受污染的地区。二战之后，鲁尔区成为欧洲最大的煤矿工业区，曾带领德国创造了历时 20 年的经济奇迹。但也付出了昂贵的环境代价。

　　为了治理鲁尔区的环境污染，1986 年，德国政府关闭了鲁尔区最大的煤矿，此后陆续关闭了一些高能耗、重污染的工厂，同时鲁尔区也积极寻求产业转型，发展新材料和环保等多个新兴产业。经过这一系列长期有效的治理，鲁尔区终于又恢复了曾经的青山绿水。在

278　第三部　放送通訳

2010 年魯尓区还被选为欧洲文化之都。

　　"除了埃森之外，整个鲁尓区也完成了从煤钢重工业向新兴产业的转变。这种成功的转型的经验也值得咱们中国借鉴学习。"

● 訳例

　　ドイツの都市化率は89％にのぼり、世界でも都市化率の高い国のひとつです。長期にわたる発展を経ながら、ドイツは独自色を持つようになりました。即ち重点都市に過度に集中するのではなく、それぞれ特徴的な相互補完型都市群を築いたのです。

　　ドイツ中西部のルール地方は、ドルトムント、エッセン、デュイスブルクなど11都市と4つの郡が含まれます。人口は530万人、ドイツの主な都市群のひとつです。

　　「ドイツの中西部のエッセンに来ています。エッセンはドイツで9番目に大きな都市です。人口はおよそ57万人。人口規模からみれば、エッセンは中国の県レベルの行政区に匹敵します。この数字を見ても、ドイツの都市化は比較的均一で、大多数のドイツ人は中小都市に暮らしていることがわかります」。

　　エッセンをはじめとするルール地方の都市群は19世紀からそれぞれが発展しはじめ、それぞれの特徴を形づくってきました。デュイスブルクは港湾で全国的に有名です。ドルトムントはサッカーチームがあることからスポーツの中心です。ボーフムはその科学技術力をもとにルール地方の科学技術の中心となっています。一方、エッセンは経済構造の転換で発展を遂げた新興産業をもとにした、サービス業の集積都市です。発達した道路網と鉄道網で、ルール地方と近隣都市の中心地とは、わずか30分程で結ばれています。

　　ルール地方の各都市の人口はいずれも60万人足らずで、ベルリン、ハンブルク、ミュンヘンなどの大都市の規模には及びません。しかし、インフラ、教育、医療、雇用のどれをとっても、ルール地方の都市群は大都市と比べても大差はありません。

　　今でこそ緑あふれる都市群ですが、ルール地方はかつて汚染に悩まされていました。第二次世界大戦後、ルール地方はヨーロッパ最大の炭鉱産業の地として、20年に及ぶドイツの経済的奇跡をリードしてきました。しかし、そのために環境面で大きな代償を払うこととなりました。

　　ルール地方の環境汚染に対処するために、ドイツ政府は1986年にルール地方最大の炭鉱を閉鎖し、その後も資源を消耗し、汚染が深刻な工場を相次いで閉鎖しました。同時にルール地方の産業転換を積極的に進め、新素材、環境など多くの新興産業を育成しました。長期にわたる効果的対策により、ルール地方はついにかつての美しい環境を取り戻しました。2010年、ルール地方は「欧

9　対外交流　279

州文化首都」に選ばれました。
　「エッセンだけでなく、ルール地方全体が石炭と鉄鋼のような重工業から新興産業へと転換を果たしました。この成功した転換の経験は、中国にとっても学ぶべきものです」。

 いかがでしたか。

　都市化も環境問題も、いまの中国の重要課題です。
　中国は2020年までに都市化率を60％にするという目標を立てています。また都市部では大気汚染が深刻な問題としてクローズアップされています。
　ルール地方が"青山緑水"を取り戻したように、中国の都市化が"环境代价"を払うことなく進むことを誰もが願っていることでしょう。
　このニュースではドイツの地名がたくさん出てきました。これらをメモするなどして、参照しながら対応できればよいでしょう。実際に放送通訳をする時は、その日に出そうなニュースの資料を大量に持ち込み、いつでも参照できるように机いっぱいに資料をひろげたり、キーワードや固有名詞をメモして見やすいところに貼り付けたりして臨んでいます。
　なお、「欧州文化首都」とは、EU加盟国の中から1都市を選んで、1年間を通して芸術・文化に関する行事を行い、相互理解を深めようという制度のこと。当初は「欧州文化都市」とも呼ばれていました。

　以上「対外交流」に関するニュースを使って練習しました。いずれも中国中央テレビの素材を扱いましたが、中国のニュースでは、海外の通信社やメディアの報じる国際ニュースを引用する形でタイムリーに伝えています。
　よく出てくる海外の通信社やメディアをいくつか確認しておきましょう。

AP　美联社（美国联合通讯社）	AFP　法新社（法国新闻社）
ロイター　路透社	今日のロシア　今日俄罗斯
CNN　美国有线电视新闻网	BBC　英国广播公司
アルジャジーラ　半島電視台	ガーディアン　英国卫士报
ウォールストリートジャーナル　华尔街日报	ワシントンポスト　华盛顿邮报
韓国連合ニュース　韩联社（韩国联合通讯社）	
朝鮮中央通信　朝中社（朝鮮中央通訊社）	

【コラム】通訳奮戦記

要人の通訳は細心の注意

「みなさんのご来訪を心からお待ちしていました」。大平正芳元首相が蔵相のころ、表敬に訪れた中国の婦人代表団にこうあいさつした。私は一瞬ためらって「主語はなんですか」と聞いた。「国民です」。やはり国を代表するような人には様々な顔があるものだ、確かめて良かったと思った。

中国外務省のスポークスマンなどもいわば国の顔、その談話をテレビで日本語に放送通訳する時には細心の注意を払う。例えばユーゴの中国大使館が爆撃された事件でも、日本のマスコミでいう「誤爆事件」などと訳したら大変だ。

この前の小渕恵三首相の北京訪問では、記者会見の同時通訳をした。話の中心は「日米防衛協力のためのガイドライン」と見定め、出発前に新聞をスクラップして勉強する。しかしなんといってもカナメは会見直前の首相を囲んでの日本代表団のミーティング。わずか30分余りだが、必要なニュースソースはおおむねこの会合からといっても過言ではない。そこでのやりとりが直後に控える同時通訳の成否につながるのだ。

ミーティング会場から会見場までパトカー先導で5分で到着、ブースへ駆けこむ。この合間を縫って先のやりとりを思い浮かべつつ訳語を選ぶ。この時ばかりは渋滞にぶつかって時間稼ぎをしたい心境だった。

いよいよ記者会見、ガイドラインについて小渕首相は、朱鎔基首相の次のような言葉を引用した。「『言は信なり、実際の行動で示してほしい』と言われました」、それをまた中国語にひっくり返すと「言必信」、その後「行必果」と文語的に続けたいところだが、「実際の行動」と砕けた表現をされたのでやむなく現代中国語に移しかえた。

果たして朱首相の表現はどうだったのだろうか。首脳会談には同席していないので確信はないが、朱首相は、十中八九「言必信、行必果」と『論語』の言葉を引用したはずである。会場の中国人記者たちも十分承知の言葉の後半を現代中国語に直してしまって良かったのかどうか、その夜はよく眠れなかった。

（日本経済新聞「通訳奮戦記」1999.8.18）

【10】交通事情

　　次は広大な中国の交通事情の話題です。

　　高速道路や高速鉄道が大都市間に張り巡らされるようになりました。まちの中では地下鉄やモノレールの整備も進んでいます。しかし、人口の多い中国では祝祭日ともなると、旅行や帰省で道路も鉄道も大混雑。春節の帰省ラッシュには"春运"という特別輸送編成がとられ、ニュースでも鉄道、道路、空港のラッシュの様子を伝えています。

　　ここでは、メーデー連休の交通事情に関するニュースから勉強します。

1―連休中の交通ラッシュ

🎧 164_3-10-1A　　🎙 165_3-10-1B　　🎧 166_3-10-1C

　メーデーにあたり、中国では 3 日間の連休になります。旅行や帰省ラッシュに対応するため、鉄道は臨時列車を出して輸送力を増強。道路では事故渋滞が起きています。飲酒運転の取り締まりも強化されています。

📌 STEP1

まずは用語を確認しましょう。

xiǎochángjià	小长假	短い連休
chūnyùn	春运	春節の特別輸送体制
yōngdǔ	拥堵	渋滞
rèpěng	热捧	人気
gāofēng yùnxíngtú	高峰运行图	ピーク時のダイヤグラム
dòngchēzǔ	动车组	高速鉄道
chónglián／dàbiānzǔ	重联／大编组	車両編成を増やすこと
Jīng Guǎng	京广	北京—広州の略
Jīng Hù	京沪	北京—上海の略
Zhèng Xī	郑西	鄭州—西安の略

282　第三部　放送通訳

音声を聴いて以下の問いに答えましょう。

一、次の数字が何を表すか中国語で説明しましょう。
　　① 750 万人次　　② 271 列　　③ 38.9%

二、ニュースに出てくる順番に合わせて次のセンテンスを並べ替えましょう。
　　①交通事故的原因是驾驶员醉酒和超速驾驶。
　　②公路交通事故比去年同期下降，但是仍为导致高速拥堵的原因之一。
　　③大量加开大中城市间或大中城市去往主要旅游景区的旅客列车。
　　④高铁受到沿线旅客热捧。
　　⑤全国铁路发送旅客超过了春运时候的平均水平。

三、以下の問いにまず中国語で、それから日本語でも答えてみましょう。
　　鉄道の混雑に対応するために鉄道部門はどのような措置をとりましたか？

● 回答例
一：①今天全国铁路预计发送的旅客数　②全国铁路今天加开的临客（临时客运）　③各
　　地小长假期间涉及人员伤亡的道路交通事故较去年同期下降的幅度。
二：⑤→②→④→③→①
三：铁路部门实行高峰运行图，最大限度地组织动车组重联或大编组运行，大量加开大
　　中城市间或大中城市去往主要旅游景区的旅游旅客列车等。
　　＊日本語は訳例を参照してください

🔖 STEP2

▶ シャドーイング
　　音声を聴きながら繰り返しシャドーイングをしましょう。はじめはスクリプトを
　　見ながらで構いません。慣れたらテキストを閉じてやってみましょう。

▶ サイトトランスレーション
　　スクリプトを見ながらサイトトランスレーションをしましょう。

▶ 通訳練習
　　今度は、同時通訳の練習をしましょう。最初はスクリプトを見ながら、慣れた
　　ら最終的にテキストを閉じてやってみましょう。

10　交通事情　283

スクリプト

　　关注小长假里的交通状况，继昨天全国铁路创出了发送旅客888.5万人次的"五一"假日运输历史新高之后，今天全国铁路继续高位运行，预计发送旅客750万人次，也超过了春运时候的平均水平。公路交通事故虽然比去年同期明显下降了，但是仍然成为导致高速拥堵的主要原因之一。

　　今天，京广、京沪、郑西等高铁受到沿线旅客的热捧。上海、广东、兰州、呼和浩特等铁路局客运量均保持同期历史最高水平。济南火车站发送旅客超过春运最高人数。为此，铁路部门实行高峰运行图，最大限度地组织动车组重联或大编组运行。大量加开大中城市间或大中城市去往主要旅游景区的旅客列车，平稳度过客流最高峰。全国铁路今天加开临客271列。

　　截至目前，各地小长假期间接报涉及人员伤亡的道路交通事故数与去年同期相比下降了38.9%。其中51.4%的事故集中发生在夜间。昨天凌晨，在山东潍坊经济开发区发生一起造成五人死亡的交通事故，肇事原因是驾驶员醉酒和超速驾驶。交管部门提醒，节日期间，亲朋好友聚会增多，饮酒后千万不要驾车。

● 訳例

　　連休の交通事情をお伝えします。昨日、全国の鉄道乗客数はのべ888.5万人で「メーデー」の旅客輸送の記録を更新しました。今日も鉄道は全国的に混雑が続き、のべ750万人が利用し、春節の輸送ラッシュ時の平均を上回るとみられます。一方、道路での事故は去年の同時期より大幅に減少したものの、依然として高速道路渋滞の主な原因となっています。

　　今日は、北京—広州、北京—上海、鄭州—西安などの高速鉄道で混雑が予想されます。上海、広東、蘭州、呼和浩特などの鉄道局の旅客数は、これまでの同時期の記録的水準で推移するでしょう。済南駅の乗客数は春節時の最高記録を上回りました。このため、鉄道部門はピーク時の特別輸送体制に切り替え、高速鉄道の車両編成を最大限に増加して運行するなどして対応しています。大中都市間、または大中都市から観光地方面の本数を増やして、このラッシュを乗り切ることにしています。今日は全国で271本の臨時列車を増発します。

これまでのところ、連休中に各地で報告された道路交通死亡事故は去年の同じ時期より38.9％減りました。事故の51.4％は夜間に集中しています。昨夜未明、山東省濰坊経済開発区で5人が死亡する交通事故が発生しました。ドライバーの飲酒とスピード違反が原因です。交通管理部門は、祝日にあたり親戚や知人と集まる機会が多いなか、飲酒後は決して自動車を運転しないよう呼び掛けています。

 いかがでしたか。

　高速鉄道は"高铁"のほか、"动车組"とも呼ばれます。機関車のように先頭車両だけが動力を持つのとは異なり、中国の「高铁」の場合は各車両の底部に動力が備えられているからなのだそうです。

　後を絶たない交通事故。飲酒運転の取り締まりを強化したり、ドライビングレコーダーのとらえた激突する瞬間の映像を公開したりして安全運転が呼び掛けられています。

2―ハルビン―大連の高速鉄道

　　　　　　　　　　167_3-10-2A　　　168_3-10-2B　　　169_3-10-2C

　ハルビン―大連の高速鉄道が試験運行で、時速300kmを達成しました。寒冷地の鉄道であるため、冬と夏とでは異なるダイヤが組まれています。記録的な豪雪に見舞われたこの年、試運転は予定通りに行うことができたでしょうか。

 STEP1

音声を聴いて以下の問いに答えましょう。

一、次の数字が何を表すか中国語で説明しましょう。
　　①200公里、300公里　②5小时18分钟、3个半小时　③939万、7.8万

二、以下の問いにまず中国語で、それから日本語でも答えてみましょう。
　　①哈达高铁的运行图为什么要分为冬夏两季？
　　②冬季运行图是什么时候结束的？

10　交通事情　285

③夏季运行图提速试验被推迟 20 天的原因是什么?

三、音声を聴きながらメモをとりましょう。メモを参考にしながら次のフレーズのブランクを埋め、このニュースの内容を中国語で要約してみましょう。

①昨天＿＿＿＿＿＿＿＿＿首次达到了＿＿＿＿＿＿＿＿。这标志着＿＿＿＿＿＿
＿＿＿＿已经达标。

②从这个月 21 号开始, 旅客就可以＿＿＿＿＿＿＿＿, 到时候＿＿＿＿＿＿＿＿
＿的运行时间将由＿＿＿＿＿＿＿＿＿缩短到＿＿＿＿＿＿＿＿。

③作为世界首条＿＿＿＿＿＿＿＿, 哈大高铁运行图＿＿＿＿＿＿＿＿。＿＿
＿＿＿＿＿＿已于 3 月 31 号结束。

④虽然＿＿＿＿＿＿＿对于＿＿＿＿＿＿＿已经不是挑战, 但哈大高铁的
＿＿＿＿＿＿＿＿就遭遇了＿＿＿＿＿＿＿。让＿＿＿＿＿＿迟到了
20 天。

● 回答例

一：①冬季运营时速为 200 公里，经过试验，夏季列车运行速度可提高到时速 300 公里。
②从 4 月 21 号开始，从哈尔滨到大连全程的运行时间将由目前的 5 小时 18 分钟缩短到 3 个半小时。③4 个月来发送旅客 939 万人次，平均每天运送 7.8 万人。

二：①因为哈大高铁是高寒高铁。②冬季运行图已在 3 月 31 日结束。③由于遭到了五十年一遇的降雪天气，致使提速试验推迟了 20 天。
＊日本語は訳例を参照してください

三：スクリプトを参照してください

STEP2

▶ シャドーイング

まず、音声に合わせて繰り返しシャドーイングをしましょう。はじめはスクリプトを見ながら、慣れたら見ないでもやってみましょう。

▶ サイトトランスレーション

次に、スクリプトを見ながらサイトトランスレーションをしましょう。ゆっくりと自分のペースで、丁寧に訳すようにしましょう。

▶ 通訳練習

仕上げに同時通訳に挑戦です。はじめはスクリプトを見ながら、次に見ないで

286　第三部　放送通訳

もできるか試してみましょう。

> **スクリプト**

昨天哈大高铁试验列车运行速度首次达到了时速 300 公里。这标志着即将于 21 号实施的哈大高铁夏季运行图速度试验已经达标。

"我们看到哈大高铁的试验列车正在以时速 300 公里的速度前行，从这个月的 21 号开始，旅客就可以搭乘这样的列车。到时候从哈尔滨到大连全程的运行时间将由目前的 5 小时 18 分钟缩短到 3 个半小时。"

作为世界首条高寒高铁列车，哈大高铁运行图分冬夏两季。冬季运行图已于 3 月 31 号结束。4 个月共发送旅客 939 万人次，平均每天运送 7.8 万人。

4 月 1 号起，冬季运营的时速 200 公里的列车开始提速试验。虽然时速 300 公里的技术标准对于中国高铁已经不是挑战，但哈大高铁开行的第一个冬天就遭遇了五十年一遇的降雪天气。让原定 4 月 1 号执行的夏季运行图迟到了 20 天。

"从去年十二月一日开通运行以来，我们经历了 31 场风雪。据气象部门统计，今年是我们五十年以来最大的，降雪量最多的一次。四月中旬后，我们可能还要面临着风雪天气。"

● **訳例**

　ハルビンと大連を結ぶ高速鉄道の試験車両の運行速度が昨日初めて時速 300km に達しました。21 日から始まるハルビン―大連間の夏のダイヤの運行速度のテストをクリアしたことになります。

　「ハルビン―大連高速鉄道の試験車両が時速 300km で進んでいます。今月 21 日から乗客はこのような列車を利用することが可能となります。ハルビンから大連の所要時間は、これで現在の 5 時間 18 分から 3 時間半に短縮されます」。

　世界で初めて寒冷地帯を走る高速鉄道となるハルビン―大連間のダイヤは冬用と夏用に分かれています。冬季運行ダイヤは 3 月 31 日ですでに終了しました。4 か月間にのべ 939 万人を運び、1 日平均 7.8 万人を運んだ計算です。

　4 月 1 日、冬季運行時速 200km からさらに速度を引き上げるテストが始まり

10　交通事情　　287

ました。時速300kmの技術基準は、中国の高速鉄道にとって大きな問題ではありません。しかし、ハルビン―大連間で高速鉄道が運行を開始した最初の冬は、50年に一度といわれる大雪に見舞われました。4月1日から予定していた夏の運行ダイヤは20日遅れとなりました。

　「去年12月1日の運行開始から、31回吹雪に見舞われました。気象部門の統計では、50年来最大の降雪量だったといいます。4月中旬以降も、風雪に対応することになるかもしれません」。

いかがでしたか。

　中国の高速鉄道は、いまや四方八方へと整備が進み、航空業界とも激しい競争になるほどです。トウモロコシ畑を眺めながら十数時間寝台列車に揺られた中国の旅も今は昔の話となりました。

　また、"○○年一遇"とは、「○○年に一度」のことで、豪雪豪雨、水害などの異常気象に関するニュースの中でしばしば出てくる表現です。"○○年不遇"という表現もあります。確率的に「めったに起きることのない」大災害を形容しますが、このところ毎年のように世界のどこかで"○○年不遇"と言われるような深刻な自然災害が発生しており心が痛みます。

3―タクシーの乗車難

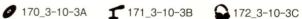

　"打车难"――タクシーがなかなかつかまらない！

　タクシーの絶対数が足りないだけではありません。ガソリン代の高騰や運転手に重くのしかかる"份子钱"（タクシー会社に納付するお金）の負担などから、道路が混雑する時間帯は採算がとれないため、運転手が客を乗せたがらないなど複雑な事情も色々あるようです。そんなタクシーの「乗車難」を打開するため、北京市が新しい措置を打ち出しました。

STEP1

音声を聴いて以下の問いに答えましょう。

一、次の数字が何を表すか中国語で説明しましょう。
　　① 6.6 万　　② 190 多万　　③ 6.6%

二、"打车难"を解消するために出された措置として正しいものを選びましょう。
　　①报废服务质量不好的出租汽车企业的车辆。
　　②增加出租车的数量。
　　③推广电召服务*。　　＊电召服务：電話やネットでタクシーを呼ぶサービス
　　④建设出租汽车专用停车位。
　　⑤要求现有出租车公司一概实行特许经营制。

三、新たな規定では、次の事柄はどう対処するよう求めていますか。中国語と日本語で答えましょう。
　　①新增车辆
　　②出租汽车增量投放
　　③企业经营期

● 回答例
一：①北京市出租车营运车辆　6.6 万辆　②日均客运量　190 多万人次　③出租车客流量占交通出行的比例　6.6%
二：②、③、④
三：①对新增车辆将实施特许经营制度。②出租汽车增量投放将通过竞争方式择优配置给企业。③企业经营期与出租汽车报废年限一致。
　　＊日本語は訳例を参照してください

STEP2

▶ シャドーイング
　　まず、音声に合わせて繰り返しシャドーイングをしましょう。

▶ サイトトランスレーション
　　次に、サイトトランスレーションをしましょう。自分のペースで、丁寧に訳してみましょう。

10　交通事情　　289

▶▶ 通訳練習

仕上げに、同時通訳の練習をしましょう。自分の力に合わせてゆっくりバージョン、オリジナル音声を選んでやってみましょう。はじめはスクリプトを見ても構いません。最終的に見ないでできるか挑戦してみましょう。

スクリプト

　　"打车难"是不少人都遇到过的事儿。北京市今天提出，通过对出租车市场进行综合改革，要在一到两年内，明显改善"打车难"的问题。

　　目前，北京市共有出租车营运车辆 6.6 万辆，日均客运量 190 多万人次，占交通出行结构的 6.6%，出租车出行供需矛盾和运营服务水平不高的问题日益突出。

　　在北京市今天发布的《关于加强出租汽车管理提高运营服务水平的意见》中，将通过适度增加出租车辆投放、在全市推广电召服务以及建设专用停车位等一系列措施来缓解"打车难"的状况。

　　《意见》还明确提出，北京市对新增车辆将实施特许经营制度，出租汽车增量投放将通过竞争方式择优配置给企业，企业经营期与出租汽车报废年限一致。对服务质量高、经营状况好的出租汽车企业可以适当倾斜。

● 訳例

　「タクシーがつかまらない」。多くの人が思い当たることでしょう。北京市は、タクシー市場を総合的に改革し、1～2年内にタクシーの乗車難を大々的に改善する方針を今日打ち出しました。

　いま北京市のタクシー車両数は 6 万 6000 台にのぼります。1 日の利用者数はのべ 190 万人余りで、外出時の交通手段全体の 6.6％にあたります。タクシーの需給ギャップと経営サービスの低さが日増しに露呈しています。

　北京市が今日発表した「タクシー管理の強化と経営サービス向上に関する意見」は、タクシーの車両数を適度に増やし、市内全域で電話呼び出しサービスを推進し、専用駐車場を整備するなど一連の措置を講じて、タクシーの乗車難を緩和するとしています。

290　第三部　放送通訳

この「意見」は、さらに北京市で新規増加車両数に特別許可制を導入し、新規増加分は競争方式により優良タクシー事業者に配分することにしています。タクシー事業者の経営期間と車両廃棄年限を一致させ、サービスに優れ、経営状況のよいタクシー事業者を適度に優遇することも認めています。

 いかがでしたか。

　このニュースの数か月後に北京に出張しましたが、やはりタクシーはつかまりにくく、必要な時はホテルのフロントで予約をしました。予約をすると、運転手さんからこちらの携帯電話に直接確認の電話が来るシステムでした。
　その後、中国ではタクシーの配車予約ができるスマホアプリ"打车软件"が急速に広まりました。中国のインターネット大手が提供するサービスで、タクシーを呼び出し、タクシー代もネット決済できるしくみです。
　しかし、運転手がスマホばかりに気をとられて運転するのは危険です。さらにこのアプリで配車すればインターネット会社から運転手にいくらかお金が入ることから、運転手はスマホを通じて予約する顧客を優先しがちで、スマホを使わない人、使えない人はますますタクシーをつかまえられないという問題も招いているということです。このため、今ではこの"打车软件"もラッシュ時の配車制限をするなどの措置をとる地域がでてきています。

　ところで"打"という動詞は"打车"（車を拾う／タクシーに乗る）のほか、様々なところで使われます。"打水"（水／お湯を汲む）、"打毛衣"（セーターを編む）、"打呼噜"（いびきをかく）などなど。球技もほとんど"打高尔夫球""打排球"など"打球"ですが、サッカーは足を使うことから"踢球"となります。

【11】日本経済

中国のニュース番組では、国際ニュースのコーナーで日本関連のニュースはかなりの頻度で取り上げられます。日本の政局や防衛に関する話題も多いですが、ここでは経済関連のものを3本取り上げます。

1本目は、円安が物価や企業経営に与える影響について中国人記者の現場リポートです。2本目はTPPに関する話題、最後は円安傾向を懸念するとした報告書をアメリカ財務省が発表したというニュースです。

それでは、用意ができたらさっそく始めましょう！

1─円安の影響

🎧 173_3-11-1A 🎙 174_3-11-1B 🎧 175_3-11-1C

はじめに日本の円安の動きを伝えるニュースです。為替の変動を堅苦しく伝えるのではなく、特派員の女性が、東京の商店街でリポートしながら、庶民的な切り口で円安で人々の暮らしにどのような影響が生じているかを伝えています。このほか、京都の野菜工場の事例も紹介しています。

📌 STEP1

音声を聴いて以下の問いに答えましょう。

一、次のキーワードを確認しましょう。

① yìnchāojī   ② rìyuán biǎnzhí   ③ zhǎngjià / zhǎngjiàcháo
④ jiārù … hángliè   ⑤ miànbāofáng   ⑥ kùcún
⑦ shàngtiáo jiàgé   ⑧ shílìng shūcài   ⑨ nàdēng
⑩ língshòu   ⑪ xiāolù   ⑫ zhuǎnjià

二、円安の影響で値上がりするとみられるものが述べられています。中国語で答えてみましょう。

三、カッコにあてはまる数字を聴き取りましょう。

1) 从去年的（ ① ）月份到现在,（ ② ）日元可以兑换的人民币从（ ③ ）

　　　　块多快速跌到了（④　）左右，短短半年多的时间就贬值了（⑤　）% 左右。
　　2）日本全国（①　）家电力公司（②　）月的家庭电费将比（③　）月上涨最多（④　）日元。
　　　　这里是京都的一家生产时令蔬菜的工厂，因为采用钠灯，每天蔬菜光照（⑤　）个小时以上，去年一年的电费是（⑥　）日元。关西电力为了转嫁燃料成本，（⑦　）年来首次提高了企业电费价格，今年这家工厂的电费预计将上涨（⑧　），达到（⑨　）日元。工厂无法大量节电，考虑到销路，又不能给蔬菜加价，只好停产，并解雇全部的（⑩　）名员工。

四、カッコにあてはまる言葉を聴き取りましょう。
　　安倍的经济政策成功（①　　　）日元升势，但对家庭（②　　　）来说，无疑增加了（③　　　）。专家表示，涨价如果长期持续，恐怕会（④　　　）老百姓的消费能力，（⑤　　　）经济增长。日本政府进一步的政策运营将面临（⑥　　　）。

● 回答例
一：①印钞机（紙幣印刷機）②日元贬值（円安）③涨价/涨价潮（値上がり／値上げブーム）④加入…行列（～の仲間入りをする）⑤面包房（パン屋）⑥库存（在庫）⑦上调价格（値上げ）⑧时令蔬菜（旬の野菜）⑨钠灯（ナトリウムランプ）⑩零售（小売り）⑪销路（販路）⑫转嫁（転嫁）
二：食品、电费、食用油（豆油、麻油、橄榄油）、小麦／面粉、面包、燃料费（原油、天然气、电费）
三：1) ①9　②100　③8　④6块5　⑤17　2) ①10　②4　③3　④131　⑤10　⑥900万　⑦33　⑧两成　⑨1091万　⑩6
四：①扭转　②开支　③压力　④削弱　⑤拖累　⑥考验

STEP2

▶ シャドーイング
まず、音声に合わせて繰り返しシャドーイングしましょう。最初はスクリプトを見ながら、そして自信がついたらテキストを閉じてやってみましょう。

▶ サイトトランスレーション
次に、テキストを再び開き、スクリプトを見ながらサイトトランスレーションをしていきましょう。自分のペースであせらず丁寧に訳してみましょう。

▶ **通訳練習**

さあ、同時通訳に挑戦しましょう。まずはスクリプトを見ながら、次第に見ないでもできるようにステップアップしていきましょう。

スクリプト

日本大举开动印钞机直接导致了日元的持续贬值。我们也来看一个具体的变化，从去年的 9 月份到现在，100 日元可以兑换的人民币从 8 块多快速跌到了 6 块 5 左右，短短半年多的时间就贬值了 17% 左右。而在日本的国内日元贬值也造成了进口价格上涨，今年春季日本迎来了涨价潮。从食品到电费都纷纷加入到了涨价的行列。我们来看记者在日本的调查。

"这里是东京市中心的一条商店街，纵向八百米的距离里呢，两边有一百多家小店，由于这个日元的持续贬值，从这个月开始，很多跟进口相关的食品（呢）都在涨价，比如我们日常生活中用到的豆油、麻油、橄榄油，每公斤（呢）就上涨了 30 日元，涨幅在 10% 以上，有些（呢）甚至达到 20%。而另外一个明显的例子（呢），是小麦的进口价格上调了 9.7%，所以这个许多使用面粉的，比如拉面店啊，面包房啊，就受到影响。我身后（呢）正好有一家，我们进去看一看。"

"我们看到许多这个刚烤好的面包已经香喷喷地摆在这里了。而这边的两袋（呢），就是他们用于烤面包的面粉。日本最大的面粉公司'日清'（呢）已经表示在最后一批库存卖出去之后（呢），将在今年的 6 月中下旬上调零售面粉的价格。"

除了面粉和食用油，日元贬值带来原油和天然气等火力发电的燃料费上涨。日本全国十家电力公司 4 月的家庭电费将比 3 月上涨最多 131 日元。

这里是京都的一家生产时令蔬菜的工厂。因为采用钠灯，每天蔬菜光照十个小时以上，去年一年的电费是 900 万日元。关西电力为了

转嫁燃料成本，33 年来首次提高了企业电费价格，今年这家工厂的电费预计将上涨两成，达到 1091 万日元。工厂无法大量节电，考虑到销路，又不能给蔬菜加价，只好停产，并解雇全部的六名员工。

安倍的经济政策成功扭转日元升势，但对家庭开支来说，无疑增加了压力。专家表示，涨价如果长期持续，恐怕会削弱老百姓的消费能力，拖累经济增长。日本政府进一步的政策运营将面临考验。

● 訳例

　日本が大量に紙幣を増刷したことにより円が続落しています。その変化を実際に見てみましょう。昨年 9 月からこれまでに、日本円で 100 円は人民元 8 元強だったのが一気に 6 元 50 銭前後となり、わずか半年間でおよそ 17% も下落しました。円安は日本国内で輸入価格の上昇をもたらし、この春日本は値上げブームが起きています。食品から電気に至るまで、続々と値上げの対象になっています。記者の日本での取材を見てみましょう。

　「ここは都心のある商店街です。長さ 800m の通りの両側に、100 軒ほど小さな店が並んでいます。円安が続くなか、今月から多くの輸入関連の食品が値上がりしました。例えば日常生活で使われる大豆油、ごま油、オリーブオイルなどが 1 kg あたり 30 円値上がりしました。値上げ幅は 10% 以上、中には 20% に達するものもあります。ほかの顕著な例としては、小麦の輸入価格が 9.7% 値上がりました。このため小麦粉を使うラーメン店やパン屋などが影響を受けています。後ろにちょうどお店があるので、入ってみましょう」。

　「焼きたてのパンが芳ばしい香りをたてて並んでいます。この 2 つの袋は、このお店でパンを焼くために用いる小麦粉です。日本最大の製粉会社『日清』は、在庫品を売り切った 6 月中下旬から、小売の小麦粉価格を上げるとしています」。

　小麦粉や食用油のほか、円安は原油や天然ガス等火力発電用燃料コストを押し上げました。日本の電力会社 10 社は 4 月、家庭向け電気料金を最大で 3 月よりも 131 円値上げします。

　ここは京都にある旬の野菜を生産する工場です。ナトリウムランプを使って毎日野菜に 10 時間以上光を当てるため、昨年 1 年の電気代は 900 万円でした。燃料費を転嫁するため、関西電力は 33 年ぶりに電気料金を値上げしました。今年この工場の電気代は 2 割増え、1091 万円に達するとみられます。工場に大幅な節電をする手立てはありません。売れ行きのこと考えると野菜を値上げするわけにもいかず、やむなく生産を停止し、6 人の従業員を全員解雇せざるを得ませんでした。

　アベノミクスは、円高基調を転換することに成功しました。しかし、家計の支

11　日本経済　295

出からみれば、紛れもなく負担が増しています。専門家は「物価上昇が長期間続けば、一般消費者の消費能力を弱め、経済成長の妨げとなり、日本政府は政策運営でさらなる試練に直面する」と指摘しています。

 いかがでしたか。

「アベノミクス」は、"安倍经济政策"や"安倍经济学"などと中国語に訳されています。

なお価格上昇に関する表現がいくつか出てきました。"涨价／价格上涨／上调价格／提高电费价格／给蔬菜加价"など、中国語の語彙を広げるよいチャンスですので、覚えておくとよいでしょう。

なお「円高」は"日元上涨"と言うのもアリですが、"日元升值"というよく使われる表現も合わせて覚えておきましょう。このニュースに出てくる"日元升势"は、"日元升值趋势"を簡略化して言っているとみてよいでしょう。

2―TPP交渉参加決定

 176_3-11-2A　177_3-11-2B　178_3-11-2C

TPP（環太平洋戦略的経済連携協定／跨太平洋经济伙伴关系协定）への交渉参加を決めた日本。中国のテレビもいち早くそれをニュースで伝えました。桁数の多い数字が出てきます。間違えずに訳せるか集中して練習しましょう。

📍 STEP1

単語を確認しましょう。

jiārù tánpàn	加入谈判	交渉参加
gūsuàn	估算	推算
shùjù	数据	数値、データ
qǔxiāo guānshuì	取消关税	関税廃止
chǎnzhí	产值	生産高
rèliàng	热量	熱量、カロリー

tǒngjì kǒujìng	统计口径	統計方法
liángshi zìjǐlǜ	粮食自给率	食料自給率
hángài	涵盖	含む、カバーする
líng guānshuì	零关税	ゼロ関税

Rìběn shǒuxiàng Ānbèi Jìnsān

日本首相安倍晋三

Rìběn nónglín shuǐchǎn dàchén Lín Fāngzhèng

日本农林水产大臣林芳正

音声を聴いて以下の問いに答えましょう。

一、次の金額が何を表すか、まず中国語で、それから日本語でも答えてみましょう。

① 7.1 万亿日元　　② 3 万亿日元　　③ 1500 亿日元

二、メモを取り、カッコにあてはまる数字を聴き取りましょう。

受本国农产品减少影响，以热量为统计口径的日本粮食自给率将从现在的

（① 　　）降至（② 　　）。

为保护本国农业，日本对大部分进口农产品征收高关税。外国大米、黄油和砂
糖的进口关税分别高达（③ 　　）、（④ 　　）和（⑤ 　　）。

三、農林水産大臣は何を表明しましたか？　まず中国語で、それから日本語でも答
えてみましょう。

● 回答例

一：①目前日本大米等 33 种农林水产品国内生产值约 7.1 万亿日元　②日本政府估算加
　　入 TPP 后该产值将减少约 3 万亿日元　③产值约 1500 亿日元的砂糖
　　＊日本語は訳例を参照してください

二：① 39%　② 27%　③ 778%　④ 360%　⑤ 328%

三：日本农林水产大臣林芳正表示，日本政府将在谈判交涉中全力确保大米、麦等五类
　　重要农产品的关税得以维持，同时将通过农业支援政策提高日本农业的竞争力。
　　＊日本語は訳例を参照してください

11　日本経済　297

STEP2

▶ シャドーイング

まず、音声に合わせて繰り返しシャドーイングしましょう。最初はスクリプトを見ながら、そして自信がついたらテキストを閉じてやってみましょう。

▶ サイトトランスレーション

次に、テキストを再び開き、スクリプトを見ながらサイトトランスレーションをしていきましょう。自分のペースで、丁寧に訳せるようにしましょう。

▶ 通訳練習

さあ、今度は音声に合わせて同時通訳に挑戦しましょう。はじめはスクリプトを見ながらやってみましょう。慣れてきたら、見ないでもできるかどうかやってみましょう。

スクリプト

　　15 号，日本首相安倍晋三宣布加入跨太平洋战略经济伙伴关系协定，也就是 TPP 谈判。同一天，日本政府公布估算数值说，在完全取消关税的情况下，加入这个协定将使得日本的主要农林水产品的产值减少四成多。

　　据了解，目前日本大米等 33 种农林水产品国内生产值约 7.1 万亿日元。日本政府估算加入 TPP 后将减少约 3 万亿日元。其中影响最大的分别是大米、猪肉、牛肉和牛乳制品等。而产值约 1500 亿日元的砂糖将全部消失。此外，受本国农产品减少影响，以热量为统计口径的日本粮食自给率将从现在的 39% 降至 27%。

　　为保护本国农业，日本对大部分进口农产品征收高关税。外国大米、黄油和砂糖的进口关税分别高达 778%、360% 和 328%。

　　另据报道在安倍宣布加入 TPP 谈判当天，日本农林水产大臣林芳正表示，日本政府将在谈判交涉中全力确保大米、麦等五类重要农产品的关税得以维持，同时将通过农业支持政策提高日本农业的竞争力。

TPP 是一项由美国主导的涵盖太平洋沿岸国家的自由贸易协定，计划在十年内实现所有商品零关税。目前共有十一个国家加入了此项谈判。

● 訳例
　日本の安倍晋三首相は、15日環太平洋戦略的経済連携協定（TPP）の交渉参加を決定しました。日本政府は同日、関税を完全に撤廃したなかで協定に加盟すれば、日本の主要農林水産物の生産額は4割減少するとする試算を公表しました。
　日本のコメなど農林水産物33種の国内生産額はおよそ7.1兆円です。日本政府の試算によりますと、TPPに加盟すれば、およそ3兆円減少するとみられます。このうち影響が最も大きいのはコメ、豚肉、牛肉、乳製品などです。生産額約1500億円の砂糖は全滅するとされています。このほか、自国の農産物が減少するため、カロリーベースで計算する日本の食料自給率は、現在の39％から27％に下がります。
　日本国内の農業を守るため、日本は大部分の輸入農産物に高い関税をかけています。外国産のコメ、バター、砂糖の輸入関税はそれぞれ778％、360％、328％です。
　報道によりますと、安倍首相がTPP交渉参加を発表したその日、林芳正農林水産大臣は、交渉にあたり日本政府は、コメ・麦など重要5品目の関税維持を全力で確保する、農業支援策を通じて日本の農業の競争力を引き上げると話しました。
　TPPは太平洋沿岸の国をカバーするアメリカ主導の自由貿易協定で、10年内にすべての商品でゼロ関税をめざす計画です。これまでに11か国がその交渉に参加しています。

 いかがでしたか。
　TPP（跨太平洋战略经济伙伴关系协定）、WTO（世界贸易组织）、APEC（亚太经合组织）、OECD（经合组织）などは、日本語の中でも中国語の中でもアルファベットの略称のまま使われていますが、逆に全称で言われた時に、どの協定や機関のことを指しているのか反応できるように（アルファベットの略称も思い浮かべられるように）しておく必要があるでしょう。

11　日本経済　299

数字が出てくる際に間違えやすいのは、"減少四成多""降至27%"のように、どれだけ減ったか（または増えたか）と、どこまで減ったか（または増えたか）の違いです。

　　　減少〇〇%　　　　　　⇒〇〇%減る
　　　減少到／減少至〇〇%　⇒〇〇%に減る
　　　増加△△%　　　　　　⇒△△%増える
　　　増加到／増加至△△%　⇒△△%に増える

きちんと聴き分けられるように注意しましょう。

3─円安に懸念示す米報告書

 179_3-11-3A　　180_3-11-3B　　181_3-11-3C

　「日本経済」の話題の最初に取りあげた「円安の影響」のニュースとも関連する内容です。アメリカの財務省から議会に定期的に提出される「為替政策報告書」。その中で日本の円安に関する懸念が示されました。

📌 STEP1

次の用語を確認しましょう。

jìngzhēngxìng biǎnzhí	竞争性贬值	競争的通貨切り下げ
zīchǎn gòumǎi	资产购买	資産購入
màoyì huǒbàn	贸易伙伴	貿易パートナー、貿易相手（国）
Bāxī léiyà'ěr	巴西雷亚尔	ブラジル・レアル
píruò	疲弱	疲弊
jījìn	激进	過激な、激しい
dà kāi yìnchāojī	大开印钞机	通貨の増刷

音声を聴いて、以下の問いにまず中国語で、それから日本語でも答えてみましょう。
　　①アメリカ財務省が日本に対して警告したこととは？
　　②2012年の後半、主要貿易相手国の対ドルレートはどのような動きを示しましたか？

300　第三部　放送通訳

● 回答例

①警告日本不要采取日元竞争性贬值政策

② 2012 年下半年美元对主要贸易伙伴的货币都在贬值。

＊日本語は訳例を参照してください

STEP2

シャドーイング

シャドーイングをしましょう。最初はスクリプトを見ながら、慣れたらテキストを閉じてやってみましょう。

サイトトランスレーション

次に、テキストを再び開き、スクリプトを見ながらサイトトランスレーションをしましょう。自分のペースで、丁寧に訳せるように心がけましょう。

通訳練習

仕上げに音声に合わせて同時通訳をしてみましょう。はじめはスクリプトを見て、次第に見ないでもやってみましょう。

スクリプト

　　　美国财政部 12 号公布了针对主要贸易对象的国际经济和汇率政策报告。报告警告日本不要采取日元竞争性贬值政策。报告说，美国将密切关注日本当局为刺激国内经济需求而采取的大规模资产购买货币政策，日本不应采取针对别国的日元竞争性贬值政策。

　　　在 2012 年下半年美元对主要贸易伙伴的货币都在贬值。只有对巴西雷亚尔和日元在升值。面对疲弱的经济，日本首相安倍晋三上台之后，在经济上主推激进的刺激政策，大开印钞机，其规模和力度都超过了美国。

● 訳例

アメリカ財務省は 12 日、主要貿易相手国の国際経済と為替政策に関する報告書を発表しました。報告書は、日本に対し、円の競争的通貨切り下げ策を採

11　日本経済　301

るべきではないと警告しています。報告書はさらに、日本が景気を刺激するために行っている大量の資産購入をともなう通貨政策にアメリカは今後も注目するとし、日本は他国に対して円の競争的通貨切り下げ策を採るべきではないとしています。
　2012年下半期、ドルは主要貿易相手国の通貨に対して軒並み下落したものの、ブラジルのレアルと円に対してはドル高となりました。疲弊した経済状況の中で、安倍首相は政権を握ると経済面で過激な景気刺激策を推し進め、通貨を大量に増刷しました。その規模と力量はアメリカをしのぐ勢いです。

 いかがでしたか。

　アメリカ財務省の「為替政策報告書」は、1980年代から年に2回ずつ発表されているもので、為替レートを不当に操作していると考える国を「為替操作国」と認定します。過去に中国の人民元もしばしばやり玉にあげられそうになりました。
　なお"力度"は直訳すれば「力の度合い」「力の入れ具合」。政策措置などを強化する場合に"加大力度"という言い回しをよく聴きます。

　以上、日本の経済関係のニュースを勉強しました。
　ここで、景気やマーケットに関する用語をいくつか覚えておきましょう。

量化宽松	liànghuà kuānsōng	量的緩和
紧缩银根	jǐnsuō yíngēn	金融引締
通货膨胀	tōnghuò péngzhàng	インフレ
通货紧缩	tōnghuò jǐnsuō	デフレ
暴跌／暴涨	bàodiē／bàozhǎng	暴落、急落／高騰、急騰
坚挺／疲软	jiāntǐng／píruǎn	堅調／弱含み
东证指数	Dōngzhèng zhǐshù	東証株価指数（TOPIX）
道琼斯工业平均指数	Dào qióngsī gōngyè píngjūn zhǐshù	ダウ平均
上证综合指数	Shàngzhèng zōnghé zhǐshù	上海総合指数
恒生指数	Héngshēng zhǐshù	（香港）ハンセン指数
市值总额	shìzhí zǒng'é	時価総額
收盘价／开盘价	shōupánjià／kāipánjià	終値／始値

触底（探底）	chùdǐ (tàndǐ)	（景気の）底入れ
反弹	fǎntán	反発
经济复苏（回升）	jīngjì fùsū (huíshēng)	景気回復
经济下行	jīngjì xiàxíng	景気下振れ
直线上升／一路下滑	zhíxiàn shàngshēng / yílù xiàhuá	
		右肩上がり、うなぎ上り／続落
价值链	jiàzhíliàn	バリューチェーン
供应链	gōngyìngliàn	サプライチェーン
影子银行	yǐngzi yínháng	シャドーバンキング
企业并购	qǐyè bìnggòu	企業買収、M&A
央行	yāngháng	中央銀行
美联储（FRB）	Měiliánchǔ	米国の連邦準備制度理事会／連邦準備銀行
居民消费价格指数（CPI）	jūmín xiāofèi jiàgé zhǐshù	消費者物価指数
采购经理（人）指数（PMI）	cǎigòu jīnglǐ(rén) zhǐshù	購買担当者景気指数

11　日本経済　303

【12】国防関係

　　　ニュース番組の中で、外交、経済、社会などの話題に並んでよく出るトピックのひとつに内外の国防・安全保障があります。"擦枪走火"と不測の事態にもなりかねない一触即発の危機的状況のほか、国際紛争や各国の安全保障政策の動き、さらには最新の防衛装備や軍事演習の話題を特集やシリーズで放送するものなど内容は多岐にわたります。ここでは中国の国防関係のものを3本とりあげます。

1—軍事白書発表

 182_3-12-1A　　183_3-12-1B　　184_3-12-1C

　中国の軍事白書が発表されました。中国語のほか、英語、日本語などの外国語版も発行されています。とても短いニュースですので、まずは内容をつかむことに集中して、繰り返し音声を聴いてみましょう。

STEP1

音声を聴いて以下の問いに答えましょう。

一、キーワードを確認しましょう。
　　① báipíshū　　② hànwèi zhǔquán　　③ lǐngtǔ wánzhěng
　　④ zhuāntí　　⑤ ānquán wēixié

二、繰り返し音声を聴きながらメモをとり、以下の問いにまず中国語で、それから日本語でも答えてみましょう。
　　①白書のタイトルは？
　　②中国語以外に何語で出版されるでしょうか？
　　③これまでの中国の国防白書と異なるところは？

三、次のフレーズを使い、白書について中国語で説明してみましょう。
　　　中国政府发表了＿＿＿＿＿＿＿＿＿＿＿＿＿＿＿＿。
　　　白皮书全文约1万5000字，主要由＿＿＿＿＿＿＿＿＿＿＿＿＿＿＿等内容组成。
　　　这是自1998年以来＿＿＿＿＿＿＿＿＿＿＿＿＿＿。

304　第三部　放送通訳

它是一部专题性白皮书,内容＿＿＿＿＿＿＿＿,集中反映＿＿＿＿＿＿＿＿的历史使命。

● **回答例**

一：①白皮书（白書）②捍卫主权（主権を守る）③领土完整（領土保全）④专题（専門テーマ）⑤安全威胁（安全保障上の脅威）

二：①《中国武装力量的多样化运用》白皮书　②除了中文外，还以英法俄德西阿日8种文字发表。③这是中国首部专题性白皮书，不同于过去的综合概述型白皮书。

三：スクリプト参照

STEP2

▶ **シャドーイング**

音声に合わせて繰り返しシャドーイングをしましょう。まずはスクリプトを見ながら、次第に見ないでもできるように練習しましょう。

▶ **サイトトランスレーション**

次に、スクリプトを見ながらサイトトランスレーションをしましょう。自分のペースで、ゆっくり丁寧に訳してみましょう。

▶ **通訳練習**

仕上げに同時通訳の練習です。はじめはスクリプトを見ながら、次にスクリプトから目を離し、先ほどSTEP1で使った自作のメモを見ながら同時通訳してみましょう。

スクリプト

　　中国政府今天发表《中国武装力量的多样化运用》白皮书。

　　白皮书全文约1万5千字，以中、英、法、俄、德、西、阿、日8种文字发表，由前言和新形势、新挑战、新使命，武装力量建设与发展，捍卫国家主权、安全、领土完整，保障国家经济社会发展，维护世界和平和地区稳定等五部分组成。这是自1998年以来中国政府发表的第八部国防白皮书，与前7部综合概述型的白皮书均有所不同。

　　"它是一部专题性白皮书，内容相对聚焦。集中反映新形势下中

12　国防関係　　305

国武装力量是如何有效履行新的历史使命，应对多种安全威胁，完成多样化军事任务。"

● 訳例
　中国政府は、国防白書「中国武装力多用化運用」を発表しました。
　白書はおよそ1万5000字におよび、中国語、英語、フランス語、ロシア語、ドイツ語、スペイン語、アラビア語、日本語の8か国語で発表されました。「まえがき」のほか、「新たな情勢・新たな挑戦・新たな使命」「武装力の建設と発展」「国家主権、安全を守り、領土を保全する」「国の経済社会の発展を保障」「世界平和と地域安定の維持」の五つの部分から構成されています。中国政府が1998年以降発表した8冊目の国防白書となります。総合的な記述方式をとったこれまでの7冊のものとは異なります。
　「特定のテーマに沿った形の白書で、内容も焦点が絞られています。新たな情勢下で中国の武装力がいかに新しい歴史的使命を効率的に履行し、安全保障上の脅威に対応し、多様化する軍事的任務を完了するかがまとめられています」。

　いかがでしたか。

　各言語の種類を、それぞれ一文字ずつで略してしまう中国語は効率のよい言葉ですが、それをひとつひとつ日本語に訳すとなると、訳が収まりきらず、こぼれてしまいます。少しでも訳を簡潔にするために、例えば冒頭の「中国政府」「白書」の語をはじめに訳しておけば、その次からは「中国政府」や「白書」は文脈によっては省いて処理するなどの工夫が必要です。

　なお"聚焦"は写真のピントを合わせることですが、ものごとに焦点を絞る、フォーカスをあてるという意味で使われています。"专题"は直訳すれば「特別テーマの〜」ですが、要するにテーマ別に記述されたものということです。

2―早期警戒機の連続訓練

⬤ 185_3-12-2A　🎙 186_3-12-2B　🎧 187_3-12-2C

　早期警戒機の空中偵察訓練が行われました。3 機が交替しながら 24 時間連続で行われた訓練です。気象関係の用語も出てきますので合わせて確認しましょう。

📌 STEP1

音声を聴いて以下の問いに答えましょう。

一、カッコにあてはまる言葉を A ～ F から選びましょう。

　　・空军（①　　　　　）某师首次进行了（②　　　　　　）24 小时不间断（③　　　　　　）
　　　（④　　　　　）训练。
　　・预警机先后遭遇（⑤　　　　　）、（⑥　　　　　）、大风、冷空气过境等复杂气
　　　象条件，但都保证了训练质量。

　　A 预警（早期警戒）　　　B 雾霾　　　C 航空兵　　　D 预警机（早期警戒機）
　　E 侦查（偵察）　　　　　　F 雨带边缘（降雨帯の端）

二、3 機ある早期警戒機はどのような要領で訓練を行ったでしょうか？　正しい
　　ものを選びましょう。
　　①どの早期警戒機も 2 回ずつ飛行した。
　　②2 機が 24 時間飛行し、1 機は待機した。
　　③1 機ずつ離陸した。

● 回答例

一：①C　②D　③A　④E　⑤B　⑥F
二：①、③

📌 STEP2

▶ シャドーイング

　まず、音声を聴きながら繰り返しシャドーイングをしましょう。はじめはスクリプトを見ながら、そのあと見ないでもやってみましょう。

▶ サイトトランスレーション

　次に、スクリプトを見ながらサイトトランスレーションをしましょう。自分の

12　国防関係　307

ペースで、ゆっくり丁寧にやってみましょう。

▶ 通訳練習

仕上げに、テキストを閉じて、音声に合わせて同時通訳をしましょう。最初はゆっくりバージョンを使い、慣れてきたらオリジナル音声に合わせて挑戦してみましょう。

スクリプト

　　　近日，空军航空兵某师首次进行了预警机 24 小时不间断预警侦察训练。

　　　上午 8 点 30 分，参加训练的 3 架大型预警机，采取每次单机起飞的方式，每架预警机飞行 2 个批次，单机飞行时间超过 8 小时，两架预警机在空中进行任务交接，以保证空中预警情报的连续，为指挥机构和武器平台提供准确、及时、详细的空、地、海上信息情报。训练期间，预警机先后遭遇雾霾、雨带边缘、大风、冷空气过境等复杂气象条件，但都保证了训练质量。次日上午 8 点 30 分，随着最后一架预警机平稳降落，训练任务圆满完成。

● 訳例

　空軍航空兵某師団は、このほど早期警戒機の 24 時間連続偵察訓練を初めて行いました。

　午前 8 時 30 分、訓練に参加した大型警戒機 3 機のうち、毎回 1 機ずつ離陸する方式をとり、各機とも計 2 回ずつ飛行しました。1 機あたりの総飛行時間は 8 時間を超え、2 機が空中で任務の引き継ぎを実施し、空中での警戒情報の連携を保ちました。指揮機関と兵器プラットフォームに正確、適時、かつ詳細な地空海の情報を提供しました。訓練中、早期警戒機は濃霧、降雨帯、強風、寒気通過など複雑な気象条件に見舞われましたが、いずれも訓練の質を保ちました。翌朝 8 時 30 分、最後の 1 機が安定した着陸を見せ、訓練は無事終了しました。

いかがでしたか。

　3機がそれぞれ2回ずつ、合計8時間余りの飛行を行い、全体で24時間にわたる連続偵察の訓練をしたというところが、混乱しやすいかもしれません。"单机"は文字通り「1機」ですので、"单机起飞"は、「1機ごとに離陸した」という意味です。また"批次"の"批"は、数量や回数をひとまとまりとして数える際の助数詞です。このニュースでは「回数」のことを指しますが、別の文脈によっては「ロット」や「バッチ」などとも訳されます。例えば工場での「大量生産」のことは中国語で"批量生产"または"大批量生产"です。

3—遼寧号の補給機能

　次は視線を海へと移します。
　中国が初めて保有した航空母艦「遼寧号」。2012年の就役前から何かと話題になり、就役後も戦闘機がその甲板に離着艦する訓練の様子をはじめ、遠洋訓練を行ったことなど様々な側面がニュースになりました。ここでは、軍港に停泊した遼寧号への補給などに関する話題をとりあげます。

STEP1

まず主な単語を確認しましょう。

tíngkào、kàobó、zhùbó	停靠、靠泊、驻泊	停泊、停泊する
mǎtou (tūdīshì jiégòu)	码头（突堤式结构）	埠頭（突堤式構造）
chénxiāng	沉箱	ケーソン、潜函
		（コンクリート製や木製の箱で、基礎工事に使う）
yùzhì	预制	プレキャスト
hòuqín bǎozhàng	后勤保障	後方支援
chángguī jiàntǐng	常规舰艇	通常艦艇
bù jié	不竭	尽きることのない
chāchē	叉车	フォークリフト

12　国防関係　309

tuōjǔ	托举	持ち上げる
lǚdài shūsòngchē	履带输送车	キャタピラ式運搬車
gānhuò	干货	ドライカーゴ
gēbo、shǒubì	胳膊、手臂	アーム
zhédié	折叠	折りたたみ、折りたたむ
jìngtài shíyàn	静态实验	静的テスト、静的実験
yuǎnhǎi shíyàn	远海实验	遠洋における実験
jiànzàijī	舰载机	艦載機
zháojiàn xùnliàn	着舰训练	着艦訓練

メモをとりながら音声を聴き、以下の問いにまず中国語で、それから日本語でも
答えてみましょう。

① この軍港の特徴は？

② 空母へのエネルギーや物資の補給はどのように行われますか？

③ 埠頭で動き回る車両にはどのようなものがありますか？

● 回答例

①码头采用突堤式结构。从外观上看不出它与其他军港有太大区别，但码头建设历
时 5 年，攻克了超大沉箱的预制、海上运输、水下安装等 40 多个世界性技术难题。
航母军港除了要有足够的驻泊空间，还要具备健全的后勤保障体系。

②航母所需的油、水、电、气都是由岸上保障，每天消耗能源物资是常规舰艇的数十倍。
码头中间有"能量站"，专门为航母提供动力保障，大型万伏高压变电站和大型储油
设施，能够为航母提供不竭的"生命之源"。

③码头上外形独特的车辆都是为航母保障专门设计的。叉车可以将上千公斤的货物
托举到十几米高的航母甲板。履带输送车是专门为航母进行干货补给的。输油车的
手臂可以折叠伸展，把油料精准输送到航母舰体内。

＊日本語は訳例を参照してください

🧷 STEP2

▶ シャドーイング

まず、音声に合わせて繰り返しシャドーイングをしましょう。はじめはスクリ
プトを見ながら、次に見ないでもやってみましょう。

310　第三部　放送通訳

▶ サイトトランスレーション

次に、スクリプトを見ながらサイトトランスレーションをしましょう。自分の
ペースで、ゆっくり丁寧に訳しましょう。

▶ 通訳練習

仕上げに、音声に合わせて同時通訳してみましょう。スクリプトを見て練習し、
最後に見ないでどれくらいできるか試してみましょう。

スクリプト

　　中国首艘航母"辽宁"舰 2 月 27 号停靠青岛某军港以来，一直
按计划进行各项试验和训练。目前（呢，航空）航母的军港（呢）已
经具备了靠泊保障能力，各项试验进展顺利。

　　航母码头采用突堤式结构。从外观上看不出它与其他军港有太大
区别，但资料显示，码头建设历时 5 年，攻克了超大沉箱的预制、海
上运输、水下安装等 40 多个世界性技术难题。

　　航母军港除了要有足够的驻泊空间，还要具备健全的后勤保障体
系，航母靠泊码头后，所需的油、水、电、气都是由岸上保障，每天
消耗能源物资是常规舰艇的数十倍。码头中间这个建筑叫"能量站"，
是专门为航母提供动力保障的，大型万伏高压变电站和大型储油设施，
能够为航母提供不竭的"生命之源"。

　　码头上这些外形独特的车辆都是为航母保障专门设计的。这款叉
车别看它个头不大，却可以将上千公斤的货物托举到十几米高的航母
甲板。这是履带输送车，是专门为航母进行干货补给的。这种长得长
长胳膊的输油车，它的手臂可以折叠伸展，把油料精准输送到航母舰
体内。

　　目前航母军港的建设仍在进一步完善中。停泊在码头的辽宁舰也
在紧张地进行各种静态试验，舰员的训练也在按计划展开。

　　辽宁舰入列以来，已经完成上百项训练科目和试验项目，按计划，
后续还将会进行远海试验和舰载机着舰技术训练等多项内容。

12　国防関係　311

● 訳例

　中国初の航空母艦「遼寧号」は2月27日に青島某軍港に停泊し、以来計画通りに試験と訓練が行われています。現在、空母用軍港は停泊支援の能力を備え、各種試験が順調に進んでいます。

　空母用の埠頭は突提式の構造がとられています。一見ほかの軍港と変わりありませんが、資料によりますと、この埠頭は建設に5年の年月が費やされ、超大型ケーソンの構築、海上輸送、水中設置など40以上の世界的な技術的難題を克服しました。

　空母の軍港は、充分な停泊の空間に加え、健全な後方支援体制が必要です。空母が埠頭に停泊すると必要な燃料、水、電力、ガスなどは陸から供給されます。日々消費するエネルギー物資は普通の艦艇の数十倍に及びます。埠頭中心にあるこの建物は「エネルギーステーション」です。大型の1万ボルト級高圧変電所、大型石油タンクが空母にその「命の源」を尽きることなく供給します。

　埠頭の独特な形をしたこちらの車両は、空母のために特別に設計されたものです。このフォークリフトは小柄ながら、数千kgもの貨物を高さ十数mの空母の甲板に押し上げます。これはキャタピラ式運搬車で、空母にドライカーゴを運びます。長いアーム付きのオイルタンクローリーは、アームを折りたたんだり伸ばしたりすることができ、空母への給油を正確に行います。

　空母用軍港の建設はいまも進行中です。停泊中の遼寧号も静的テストをこなし、乗員訓練も計画通りに行われています。

　遼寧号は就役してから100項目以上の訓練や試験を終え、今後さらに遠洋試験や艦載機の着艦訓練などを進める計画です。

 いかがでしたか。

　軍事用語で、文字面にとらわれずに訳すべき用語をいくつか紹介しましょう。"海军陆战队"といえば「海兵隊」のこと。"后勤"は軍事用語では「ロジスティクス」または「後方支援」といい、兵器・兵員・物資などを手配・確保することです。先ほどのニュースにも出てくる"保障"は「支援」や「サポート」と訳します。

　このほか各種兵器・装備の名称は数え切れないほどあり、覚えたくても切りがありません。放送通訳では出てくるたびにインターネットなどで調べ、自分の単語帳に付け足しているのが現状です。なかなか網羅しきれませんが、下記の単語ご参考まで。

＊装備関係

无人机（無人機）　战斗机（戦闘機）　轰炸机（爆撃機）　隐形机（ステルス機）

侦察机（偵察機）　反潜机（哨戒機）　空中加油机（空中給油機）

运输机（輸送機）　教练机（練習機）　武装直升机（武装ヘリ）

驱逐舰・导弹驱逐舰（駆逐艦・ミサイル駆逐艦）　护卫舰（フリゲート、護衛艦）

两栖战舰／登陆舰（揚陸艦）　　　扫雷艇（掃海艇）

核潜艇（原子力潜水艦）　　　　宙斯盾舰／神盾舰（イージス艦）

海军陆战队（海兵隊）　　水陆两栖团（水陸両用団）　　空降部队（空挺部隊）

弹道导弹（弾道ミサイル）　洲际弹道导弹（大陸間弾道ミサイル）

反导系统（ミサイル防衛システム）

＊装備名称

オスプレイ〔輸送機〕（魚鷹运输机）　　グローバルホーク〔無人機〕（全球鷹）

パトリオット〔ミサイル〕（愛国者导弹）　テポドン〔ミサイル〕（大浦洞导弹）

トマホーク〔巡航ミサイル〕（战斧巡航导弹）

东风（DF）〔ミサイル〕（東風）　　　　　歼（J）〔戦闘機〕（殲）

直武（ZW）〔武装ヘリコプター〕（直武）

＊軍演代号（軍事演習コードネーム）

环太平洋联合军演（リムパック）　金色眼镜蛇（コブラゴールド）

肩并肩（バリタカン）　　　　　　关键决心（キーリゾルブ）

秃鹫（フォールイーグル）　　　　黎明闪电（夜明けの電撃戦）

和平使命（平和の使命）

12　国防関係　313

【13】新しい政策

　　ここでは、新たな法律や政策規定に関するニュースをいくつか集めて勉強します。

　　季節感や生活感などを伝えたい柔らかい内容のニュースとは異なり、情報の正確さが求められます。聴き慣れない言葉も多く出てくるかもしれませんが、STEP1 の部分でよく確認してから STEP2 に進みましょう。

1―食品安全

🥚 191_3-13-1A　　🔨 192_3-13-1B　　🎧 193_3-13-1C

　相次ぐ食品安全にかかわる事件。中国でも高い関心が集まっています。食品安全を脅かす刑事犯罪について、中国の裁判所（法院）と検察院から司法解釈があらたに出されるというニュースです。

📌 STEP1

音声を聴いて以下の問いに答えましょう。

一、ピンインと漢字と意味とを線で結んでみましょう。

① shòuròujīng	A 毒胶囊	a 有害粉ミルク
② dúnǎifěn	B 病死猪肉	b 下水油（違法廃油加工）
③ dìgōuyóu	C 瘦肉精	c ラクトパミン
④ dújiāonáng	D 地沟油	d 病死した豚肉
⑤ bìngsǐ zhūròu	E 毒奶粉	e 有害カプセル

二、ナッコにあてはまる言葉をＡ～Ｆから選びましょう。

1）一些不法分子（①　　　）。

2）充分运用法律武器严厉（②　　　）危害食品安全犯罪，有效地（③　　　）食品安全犯罪的猖獗势头。

3）对危害食品安全相关犯罪的（④　　　）、（⑤　　　）进行明确，提出相关的（⑥　　　）的司法认定标准。

A 遏制　　B 量刑　　C 定罪　　D 惩治　　E 顶风作案　　F 罪名

314　第三部　放送通訳

三、以下の問いにまず中国語で、それから日本語でも答えてみましょう。

裁判所と検察院は、司法解釈を通じてどのような効果を期待しているのでしょうか？

● 回答例

一：①—C— c 、②—E—a、③—D—b、④—A—e、⑤—B—d

二：①E　②D　③A　④C　⑤B　⑥F

三：通过该司法解释想要严厉惩治危害食品安全犯罪，有效遏制食品安全犯罪的猖獗势头。

　　＊日本語は訳例を参照してください

STEP2

▶ シャドーイング

まず、繰り返しシャドーイングをしましょう。最初はスクリプトを見ながらで結構です。徐々にスクリプトを見ないようにやってみましょう。

▶ サイトトランスレーション

次に、テキストを再び開き、スクリプトを見ながらサイトトランスレーションをしましょう。自分のペースで、ゆっくりと丁寧に訳すようにしましょう。

▶ 通訳練習

仕上げに、同時通訳の練習をしましょう。最初はスクリプトを見ながら練習し、最終的に見ないでできるか挑戦してみましょう。

スクリプト

食品安全事关人民群众切身利益。食品安全犯罪严重危害人民群众身体健康和生命安全。近年来，重大恶性食品安全犯罪案件时有发生。一些不法分子顶风作案，相继出现瘦肉精、毒奶粉、地沟油、毒胶囊、病死猪肉等案件。目前食品安全形势十分严峻。

为了充分运用法律武器严厉惩治危害食品安全犯罪，有效地遏制食品安全犯罪的猖獗势头，最高人民法院、最高人民检察院今天将联合召开新闻发布会，发布打击危害食品安全刑事犯罪案件司法解释，

13　新しい政策　315

対危害食品安全相关犯罪的定罪、量刑进行明确，提出相关的罪名的司法认定标准，统一新型、疑难案件的法律适用意见。

● **訳例**

　　食品安全は、人々の利益にかかわります。食品安全にかかわる犯罪は、人の命や健康を著しく害します。深刻な食品安全の犯罪事件が近年しばしば発生しています。一部の違法者が、添加剤（ラクトパミン／塩酸クレンブテロール）で赤身を増やした肉、有害粉ミルク、違法廃油加工、有害カプセル、病死した豚肉などを製造・販売する事件を起こしました。目下、食品安全をめぐる情勢は極めて厳しいといえます。

　　法律の力を用いて食品安全を脅かす犯罪に厳しく対処し、食品安全に関わる犯罪の横行を抑え込もうと、最高人民法院と最高人民検察院は、今日合同で記者会見し、食品安全を脅かす刑事事件の取り締まりに関する司法解釈を発表します。食品安全を害する犯罪の認定や量刑を明確にし、関連する罪名の司法認定基準を定め、新しい手口あるいは複雑な事件への法の適用に関する見解を統一します。

 いかがでしたか。

　"顶风作案"は、法や規定を犯す犯罪のこと。中国語の"案件"は、日本語ニュアンスとは異なり、警察沙汰や裁判沙汰の「事件」を指し、"案子"などとも言います。

　さて、このニュース、法律用語が多くて少々難しく感じたかもしれません。「司法解釈」とは、裁判所や検察院の出す見解で、法的拘束力もある中国特有の制度です。すぐに反応できない単語があれば、それらを書き出して、繰り返し口に出してみるとよいでしょう。同時通訳する時は、STEP1で確認したキーワードをメモし、それを見ながらやっても構いません。実際にプロの通訳者も目の前に数々の資料や単語リストを広げつつ、それらに目を落としながら訳しています。色々資料がありすぎて、見たい単語や資料がどこかに行ってしまい、すぐに探し出せずに冷や汗をかくことさえあります。

　単語メモの作り方や資料の置き方は人それぞれですが、マーカーで色分けしたり、クリップの色で分けたり、のり付きの付箋を貼ったりして工夫しています。

2―香港の個人情報安全保護新条例

🔘 194_3-13-2A　🎤 195_3-13-2B　🎧 196_3-13-2C

　1995年に制定され、翌1996年から施行された香港の個人情報安全保護条例。このほど改正を経て、商店などが収集した個人情報をみだりにマーケティング目的で使用した場合の罰則が決められました。

 STEP1

次の用語を確認しましょう。

gèrén xìnxī	个人信息	個人情報
cùxiāo	促销	販売促進、マーケティング
fǒuzé	否则	さもなければ、しからざる場合には
Xiānggǎng gèrén zīliào sīyǐn zhuānyuán gōngshǔ		
	香港个人资料私隐专员公署	
		香港個人データプライバシーコミッショナー（PCPD）
lànyòng	滥用	乱用
jūnshǔ	均属	いずれも〜に属する。"都属于"と同じ
xíngshì fànzuì	刑事犯罪	刑事犯罪
wèijīng tóngyì	未经同意	同意無く、同意を経ずに
zhuǎnmài	转卖	転売

音声を聴いて以下の問いに答えましょう。

一、カッコにあてはまる言葉をA〜Gから選びましょう。

　1）任何（①　　）如果将客户个人信息用作（②　　）等商业行为，必须事先得到客户的明确同意，（③　　）属于违法。

　2）负责执行（④　　）的香港个人资料私隐专员公署表示，任何人（⑤　　）这一条例，（⑥　　）个人信息，或者为了（⑦　　）将客户信息提供给第三方，（⑧　　）刑事犯罪，最高处以一百万港元的罚款并（⑨　　）五年。

　　　A 获利　　B 如不遵守　　C 商业机构　　D 均属　　E 促销　　F 否则
　　　G 处以　　H 监禁　　　　I 相关条例　　G 滥用

13　新しい政策　317

二、以下の問いにまず中国語で、それから日本語でも答えてみましょう。
　　①改正条例は、どのような行為が違法になると述べていますか？
　　②これまで、個人情報が売られた結果、市民はどのようなことに悩まされて
　　　いましたか？

● 回答例
一：①Ｃ　②Ｅ　③Ｆ　④Ｉ　⑤Ｂ　⑥Ｇ　⑦Ａ　⑧Ｄ　⑨Ｈ
二：①任何商业机构如果将客户个人信息用作促销等商业行为，必须事先得到客户的明
　　确同意，否则属于违法。
　　②此前，一些香港商业机构在未经客户的同意下，将客户的个人信息专卖给第三方，
　　导致香港市民经常会收到一些不明来历的促销电话或电邮。
　　＊日本語は訳例を参照してください

🖈 STEP2

▶ シャドーイング
　まず、音声に合わせて繰り返しシャドーイングをしましょう。最初はスクリプト
を見ながらやってみましょう。次第にスクリプトを見ないでできるか挑戦してみ
ましょう。

▶ サイトトランスレーション
　次に、再びテキストを開き、スクリプトを見ながらサイトトランスレーション
をしましょう。自分のペースで、あせらず丁寧に訳してみましょう。

▶ 通訳練習
　仕上げに、音声に合わせて同時通訳しましょう。最初はスクリプトを見ながら、
次第に見ないでも挑戦してみましょう。

スクリプト

　　4月1号，香港正式实施有关保护个人信息安全的新条例。根据
新条例，任何商业机构如果将客户个人信息用作促销等商业行为，必
须事先得到客户的明确同意，否则属于违法。
　　负责执行相关条例的香港个人资料私隐专员公署表示，任何人如

318　第三部　放送通訳

不遵守这一条例，滥用个人信息，或者为了获利将客户信息提供给第三方，均属刑事犯罪，最高处以一百万港元的罚款并监禁五年。

　　此前，一些香港商业机构在未经客户的同意下，将客户的个人信息转卖给第三方，导致香港市民经常会收到一些不明来历的促销电话或电邮。

● 訳例

　4月1日から香港で改正「個人情報安全保護条例」が正式に施行されました。新条例により、いかなる商業機関も顧客の個人情報をマーケティングなどの商業行為に使う場合、顧客の同意を得なければ違法となります。

　条例実施を所轄する香港の個人情報保護部門「香港個人データプライバシーコミッショナー（PCPD）」によりますと、いかなる者も条例に違反して個人情報を乱用したり、営利目的で顧客情報を第三者に提供したりした場合、いずれも刑事犯罪となり、最高100万香港ドルの罰金と禁固5年が併科されます。

　これまで香港では一部の商業機関が顧客の同意を得ずして顧客の個人情報を第三者に転売していたことから、市民にしばしば誰とも知れぬ売り込み電話が来たり、電子メールが届いたりしていました。

 いかがでしたか。

　"均属"や"未经同意"は条文でそのまま使用されるような書き言葉ですので、一般の会話では、あまりなじみがないかもしれません。

　またニュースの中では"有关保护个人信息的安全新条例"（個人情報の安全保護に関する新条例）という言い回しになっていますが、正式な条例名は「个人资料（私隐）条例」です。ニュースの中では明確に述べられていませんが、この条例を改正したものを"新条例"と表現しているのです。

　"个人资料"は「個人データ（個人情報）」のこと。また"私隐"（プライバシー）は香港風の言い方で、中国本土では"个人隐私""隐私权"のように"隐私"と表記されます。

　なお、中国語で"信息"は一般的な「情報（information）」のことをいいますが、"情报"というと諜報活動を想起する「機密情報」のような重たいニュアンスになりますのでご注意を。

13　新しい政策　319

3―サービス業の税制改革

 197_3-13-3A　　198_3-13-3B　　199_3-13-3C

　中国では、新しい政策措置を導入するにあたって、一部地域で先行して実験を行い、それから全国的に広げる方法をとることがあります。物品の流通にかかる「営業税」を「増値税」に統合する改革もまず9地域で実施されました。

📌 STEP1

次の用語を確認しましょう。

yíngyèshuì	営業税	営業税
zēngzhíshuì	増値税	増値税、付加価値税
yínggǎizēng (yíngyèshuì gǎizhēng zēngzhíshuì)		
	営改増（営業税改征増値税）	
		営業税の増値税への移行、統合
zēngzhí'é	増値額	付加価値
kòuchú	扣除	控除
shàngjiǎo	上缴	納付
huāxiao	花销	費用、経費
jiǎoshuì	缴税	納税、税金の払い込み

音声を聴いて以下の問いに答えましょう。

一、ニュースの内容をもとに、次の質問に対する正しい答えをそれぞれ1つ選びましょう。
　A）営業税が増値税に統合されると何がどう変わりますか？
　①企業の営業収入について増値税が課税される。
　②他社から購入したモノや労働価値について課税される。
　③新たに創出された付加価値について課税される。
　④自動車購入費とガソリン代を営業収入から控除して計算することはできない。
　B）年間営業収入1000万円の企業の場合、営業税を増値税に移行した後に支払う税額は？
　①1000万円から400万円を差し引いた金額を増値税として支払う。
　②1000万円に税率をかけた金額を増値税として支払う。

③ 1000万円から400万元の経費を控除した金額に税率をかけた金額を増値税
として支払う。

④ 600万元を営業税として支払う。

二、音声を聴いて、出てくる数字のメモを取りましょう。次のカッコにあてはま
る数字をいれましょう。

1) 减少了重复征税，2012年上海第三产业增长达到了（①   ）。服务业
增加值占全市生产总值的比重增加了两个百分点，首次突破（②   ），
拉动地方经济增长（③   ）百分点。但在大多数企业减轻税负的同时，
上海却还有（④   ）的试点企业感觉税负反而上涨了。

2) 在2012年（⑤   ）试点省市共为企业直接减轻负担（⑥   ）元，
超过（⑦   ）的企业受益。其中以中小企业为主体的小规模纳税人减
税力度更大，平均减税幅度达到（⑧   ）。

● 回答例

一：A—③   B—③

二：① 10.6%   ② 60%   ③ 6.2个   ④ 9.2%   ⑤ 9个   ⑥ 426.3亿   ⑦ 95%   ⑧ 40%

STEP2

▶ シャドーイング

まず、音声に合わせてシャドーイングをしましょう。最初はスクリプトを見な
がら、次第にスクリプトを見ないでやってみましょう。

▶ サイトトランスレーション

次に、再びテキストを開き、スクリプトを見ながらサイトトランスレーションを
しましょう。自分のペースで、ゆっくり丁寧に訳すようにしましょう。

▶ 通訳練習

仕上げに、音声に合わせて同時通訳してみましょう。はじめはスクリプトを見
て、次第に見ないでもできるか挑戦してみましょう。

スクリプト

我国从 1994 年开始实行营业税和增值税并行。营业税改征增值税之前，税务部门根据企业营业收入的多少来征收营业税。营改增之后，从理论上说，税务部门只对企业的增值额征税。也就是要先扣除掉企业从他人那里购买的货物和劳务价值，只对企业劳动新增加的价值征税。

举例来说，如果一家企业一年的营运收入是 1000 万元，这年它又花了 400 万买车、汽油和修车，营改增之前它缴纳的营业税要按 1000 万乘以税率上缴。而营改增之后，要先扣除 400 万的花销，它只要按 600 万元来计算缴税。

减少了重复征税，2012 年上海第三产业增长达到了 10.6%。服务业增加值占全市生产总值的比重增加了两个百分点，首次突破 60%，拉动地方经济增长 6.2 个百分点。但在大多数企业减轻税负的同时，上海却还有 9.2% 的试点企业感觉税负反而上涨了。这种情况会一直困扰它们吗？

来自财政部国家税务总局的数据显示，在 2012 年 9 个试点省市共为企业直接减轻负担 426.3 亿元，超过 95% 的企业受益。其中以中小企业为主体的小规模纳税人减税力度更大，平均减税幅度达到 40%。

● 訳例

我が国は 1994 年から営業税と増値税を並行して導入してきました。営業税から増値税への移行改革前は、税務当局は企業の営業収入に対して営業税を徴収していました。しかし、営業税が増値税に移行すると、税務当局は理論上、企業が新たに創出する付加価値に対してのみ課税することになります。即ち、まず企業が他社から購入したモノや労務価値を控除し、企業労働により新たに増加した価値についてのみ課税されます。

例を挙げますと、ある会社の年間の営業収入は 1000 万元、その年に車両・ガソリンの購入、車両修理などに 400 万元支払ったとします。営業税から増値税への移行改革前は、この会社の納付する営業税は、1000 万元に税率をかけた

金額でした。しかし営業税が増値税に移行すると、まず 400 万元の経費を控除したのちの 600 万元分だけに課税されます。

　こうして重複課税が減ったため、上海の第三次産業は 2012 年、10.6％成長しました。サービス業の付加価値額が上海市の総生産高に占める割合は 2 ポイント高まり、初めて 60％を突破、地元経済の成長率を 6.2 ポイント押し上げました。一方で、大多数の企業は税負担が軽減されたものの、上海ではなお 9.2％の試験対象企業は税負担が増えたと感じています。この状況は今後も続くのでしょうか？

　財政部国家税務総局のデータによりますと、2012 年、九つの（営業税から増値税への移行改革の）実験対象となる省や直轄市で企業の税負担は 426.3 億元直接軽減され、95％を超す企業が恩恵を得ました。うち中小企業を中心とする小規模納税者はさらに減税となり、その平均減税幅は 40％に達しました。

 いかがでしたか。

　「増値税」は「付加価値税」とも呼ばれます。そもそも物品の販売や加工に対する税金ですが、サービス業に対する「営業税」の一部を「増値税」に組み入れることで、二重課税を避け、企業の税負担を減らすのが今回の税制改革の目的です。内容そのものが複雑なので、少々難しく感じるかもしれませんね。

　また、"営改増"を丁寧に日本語にすると、とても長くなってしまいます。同時通訳の時に、毎回全部言おうとすると、間に合わなくなってしまうと思います。冒頭で一度「営業税から増値税への移行改革」のように訳しておけば、その後に出てくる"営改増"は「この改革」「その改革」など代名詞を使って切り抜けていくしかありませんね。

　色々なニュースに触れていると、なかには専門用語が多かったり、内容が複雑すぎてとっつきにくいと感じるものもあるかもしれません。

　どの分野のニュースにも言えることですが、基本単語を確認するだけでなく、話の筋道を押さえることが放送通訳のポイントです。背景知識、関連知識を知っているかどうかで、通訳パフォーマンスは大きく変わるものです。予測もつけやすくなりますし、訳語の選択肢も広がるからです。

　普段から幅広くニュースに触れておくに越したことはありません。ただ、海のごとき情報の中で、何をしてよいかわからずに「溺れる」より、まずは興味の持

13　新しい政策

てる分野から手をつけて、そこから地道に広げていくのもひとつの方法です。

　もちろんプロ通訳者は、なかなか好きな分野や興味のある分野だけを選んで通訳するというわけにもいかないのがつらいところ。その道をめざすなら、好むと好まざるとにかかわらず、未知の分野にも進んで取り組む好奇心と忍耐力も必要です。

【14】メディア・文化

ここでは、中国中央テレビ（CCTV）の海外事業の展開、国内で議論されている「メディアの役割について」のニュース、文化面では、台湾版の教材が大陸に導入されたこと、また開発が進むなか次々に発見される古墓に関するニュースなど計4本をご紹介します。

とくにメディア関連の用語については、第二部の張麗玲さんや楊琳さんのスピーチを参考にしてください。

1―CCTV、ブラジルと協力

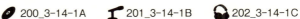
200_3-14-1A　　201_3-14-1B　　202_3-14-1C

中国中央テレビ（CCTV）の局長がブラジルを訪問し、ブラジル政府とさらなる協力強化について会談を行ったニュースです。

 STEP1

音声を聴きましょう。

ネックとなる地名、人名
Bāxī Bāxīlìyà	巴西 巴西利亚	ブラジルの首都ブラジリア
Hú Zhànfán	胡占凡（中央电视台台长）	こ・せんぼん（CCTV局長）
Shājiāsī	沙加斯（巴西政府新闻部部长）	シャガス（社会広報庁長官）

中国語で答えましょう。
　①CCTVは、ブラジルとさらにどのような協力を強化する予定ですか？
　②一方、ブラジルはどのような協力を中国に期待していますか？

● 回答例
　①在节目交流、人员互访以及重要活动报道等方面进行长期合作，并将优质的电视剧，纪录片提供给巴西，以便进一步促进两国人民的相互理解。②巴方表示希望引入中国的优质电视剧等，并想借鉴央视在举办大型赛事等报道组织方面的工作经验来提高自己举办盛事报道的水平，同时积极支持央视在巴西展开各项工作。

14　メディア・文化　325

STEP2

▶ シャドーイング

ゆっくりバージョンを聴きながら、繰り返しシャドーイングをしましょう。

▶ サイトトランスレーション

次にサイトトランスレーションをしましょう。

▶ 通訳練習

では音声に合わせて同時通訳をしましょう。はじめはスクリプトを見ながらで構いません。慣れたらスクリプトを見ないでやってみましょう。

スクリプト

　　　正在巴西访问的中央电视台台长胡占凡日前在巴西利亚会见了巴西政府新闻部长沙加斯女士，就两国国家电视台的合作深入交换了意见。

　　　会谈中胡占凡台长表示，国家电视台在中巴两国都发挥着非常重要的作用。特别是在政府信息发布等方面具有权威性和不可替代性。胡占凡希望中央电视台和巴西国家电视台进一步加强和完善两台已有合作协议。在节目交流、人员互访、重大活动报道等方面开展长期、有效、深入的合作，将更多中国优质的电视剧、纪录片引入巴西，进一步促进两国人民的相互了解。

　　　巴西政府新闻部部长沙加斯表示，巴西政府愿意积极推动两国国家电视台的合作，并对引进中国的电视剧、纪录片表现出强烈的兴趣。

　　　沙加斯还表示，巴西希望系统借鉴中央电视台在大型赛事报道组织方面的经验，将接下来在巴西举办的世界杯、奥运会等体育盛事报道好。同时巴西政府新闻部将为中央电视台在巴西的工作开展提供各方面支持。

● 訳例

ブラジルを訪問している CCTV の胡占凡局長は、このほどブラジリアでブラ

326　第三部　放送通訳

ジルの社会広報庁長官のシャガス女史と会談し、両国国営テレビ局の協力について意見を交わしました。

　席上、胡局長は、中国、ブラジルともに国営テレビは重要な役割を担っている。とりわけ政府の情報発信などで権威のある、またかけがえのない役割を果たしていると述べました。胡局長はまた、CCTVはブラジル国営テレビとのこれまでの協力協定をいっそう強化し、充実させるよう望んでいるとし、番組交換、スタッフの相互訪問、重要行事の報道などで長期にわたって、効果的かついっそう踏み込んだ協力を進め、中国のよいテレビドラマやドキュメンタリーをブラジルに紹介し、両国国民の相互理解を促したいと話しました。

　これに対しシャガス長官は、ブラジル政府は両国国営テレビの協力を積極的に進めたいとし、中国のテレビドラマやドキュメンタリーを導入することに興味を示しました。

　シャガス長官はさらに、ブラジルは大規模なスポーツイベントの報道などでCCTVの経験を系統的に学び、今後ブラジルで開かれるワールドカップ、オリンピックなどのスポーツの祭典の報道を成功裏に行いたい、同時に、ブラジルの社会広報庁は、CCTVのブラジルにおける活動をサポートすると述べました。

 ひとくち解説

　"…将更多中国优质的电视剧、纪录片引入巴西，进一步促进两国国民的相互了解。"　この"引入"をどう訳すか？　直訳すると、ブラジルが取り入れる、導入する、ブラジルに輸出するなどいろいろ考えられますが、下記の英文を参考にすると、"introduced to..."。そこで「紹介する」「伝える」としました。

CCTV局長との会談の英語報道原稿（CCTVホームページ英語版より）

In a meeting with the Brazilian Secretary of Social Communication Helena Chagas, Hu Zhanfan said state TV channels in both China and Brazil are authoritative and irreplaceable in releasing government information. He added CCTV wants to step up cooperation with its Brazilian counterpart in program and personnel exchanges, and report on major events. He also said more high quality Chinese TV series and documentaries are expected to be introduced to Brazil to facilitate the two people's mutual understanding.

Chagas said Brazil hopes to learn from China's experiences on sports coverage for the upcoming World Cup in 2014 and the Olympic Games in 2016.

2—プラスのエネルギーを伝え、「中国の夢」をかなえよう！

🎧 203_3-14-2A   🎤 204_3-14-2B   🎧 205_3-14-2C

"中国梦"、「中国の夢」という言葉は、いま中国社会でもっともホットな言葉になっています。本書第二部でも「プラスのエネルギー」（"正能量"）について紹介していますが、ここではメディア関係者の語る"中国梦"に注目してみましょう。

 STEP1

音声を聴きましょう。

キーワードは以下の四つです。

xīnwén gōngzuòzhě (méitǐrén) zhǎnkāi dàtǎolùn
　　　新闻工作者（媒体人）展开大讨论　　　ジャーナリスト（マスコミ関係者）、
　　　　　　　　　　　　　　　　　　　　　　大討論を展開

gòngyuán "Zhōngguó mèng" de jiànshèzhě
　　　共圆"中国梦"的建设者　　　「中国の夢」をかなえる建設者
zhèngnéngliàng　　　正能量　　　プラスのエネルギー、パワー
"xìnyì xiōngdì" de gùshi　"信义兄弟"的故事　「信義を守った兄弟」の物語

キーワードだけでニュースの内容を推測するには、まだ程遠い感じです。
以下の問いに答えましょう。

一、次の単語を確認しましょう。いずれもいまの中国の社会を反映している示唆
　　に富んだ言葉です。
　　　① yínghé mèisú zhī fēng　迎合媚俗之风
　　　② "kànkè"xīntài　"看客"心态
　　　③ àixīn zhùmáng xíngdòng　爱心助盲行动
　　　④ jízhōng dūndiǎn　集中蹲点
　　　⑤ zhuānxiàng zhěngzhì　专项整治
　　　⑥ yǎnjiǎng bǐsài　演讲比赛
　　　⑦ zǒu zhuǎn gǎi　走转改（走基层，转作风，改文风）
　　　⑧ guàzhí shíxí　挂职实习

328　第三部　放送通訳

二、ニュースの内容は四つにわけられます。段落ごとに最初の数文字を示しましたので、それをヒントに日本語と中国語で大意を述べましょう。
　　①（媒体人是…）
　　②（3月22号，…）
　　③（湖北日報的付勤…）
　　④（从4月份开始，…）

三、次に挙げる述語と目的語を線で結びましょう。
　　①引発　　　　　　A 心愿
　　②刊登　　　　　　B 比赛
　　③享受　　　　　　C 文章
　　④遭受　　　　　　D 响应
　　⑤举办　　　　　　E 乐趣
　　⑥完成　　　　　　F 车祸

● 回答例
一：①迎合する（世俗におもねる）風潮　②傍観者的な心理、野次馬根性　③視覚障害者へのいたわり　④幹部が末端（現場）に根をおろして活動する　⑤案件の処理、特定プロジェクトへの取り組み　⑥スピーチコンテスト　⑦末端に入り、仕事のスタイルを改め、文風（文章のスタイル）を正す　⑧出向いて実地に学ぶ（→「ひとくち解説」参照）
二：①湖北省のジャーナリストが「私たちは『中国の夢』をかなえる建設者」をテーマに大討論を展開。湖北的新聞工作者展开了"我是共圆中国梦的建设者"的大讨论。②ジャーナリストは、社会的責任を肝に銘ずるべきである。新聞工作者应牢记社会责任。③報道番組「信義を守った兄弟」が「感動中国人物」に選ばれる。"信义兄弟"的报道被评选为"感动中国人物"节目。④よい作品を創作することをモットーにマスコミ関係者は社会に有益な様々な活動を行っている。新聞工作者为制作好作品，开展各种有益于社会的活动。
三：①D　②C　③E　④F　⑤B　⑥A

 STEP2

▶ シャドーイング
　ニュースの概要を掌握したら、繰り返しシャドーイングをしましょう。最初はスクリプトを見ながら、自信がついたらスクリプトを見ないでやってみましょう。

▶ サイトトランスレーション

次にサイトトランスレーションをしましょう。

▶ 通訳練習

音声に合わせて同時通訳をしましょう。はじめはスクリプトを見ながら、慣れたらスクリプトを見ないでやってみましょう。

スクリプト

① 媒体人是促进共圆"中国梦"的建设者，而不是这片土地上的过客和看客。连日来，湖北的新闻工作者展开了"我是建设者"大讨论，引发业界和社会的积极反响。

② 3月22号，湖北日报推出了"我是建设者大讨论"专栏，这场大讨论，缘于一位老新闻工作者许万全的来信。来信指出了当前一些新闻媒体迎合媚俗之风、少数新闻从业人员存在"看客"心态等不良现象，呼吁新闻工作者要牢记自己的社会责任。

"立场上是建设大军当中的一员，那么有什么问题要善意地来认识，善意地来分析，那我就要为了人民群众来说话，集聚和传递社会的正能量，就解决了我们新闻界我是谁，我为了谁，我干什么，我怎么干，这样一系列问题。"

专栏开辟后，引起了新闻工作者和各界人士的积极响应，截至今天，该专栏已经刊登了45篇文章。

③ 湖北日报的付勤曾经从一个看似简单的车祸背后，挖掘出"信义兄弟"的故事。她和同事在深入采访后得知，2010年春节前，哥哥从外省赶回湖北老家，为了给农民工发工资而遭遇车祸，出事后，弟弟为了完成哥哥的心愿，在大年三十儿之前把工钱如数发到农民工手中。后来，经中央电视台等各大媒体的报道，"信义兄弟"被评选为2010年度"感动中国人物"。

在这次讨论中，湖北广播电视台的播音员、主持人开展了"爱心

助盲行动"，在帮助视力障碍儿童享受阅读乐趣的同时，也加深了对新闻从业者社会责任的认识。

"我想我所能够做的就是真诚地关心我的听众，然后真诚地面对他们，向他们传递共同努力共同进步的一种正能量"

④ 从 4 月份开始，湖北还组织青年记者集中蹲点，举办"我是建设者"主题演讲比赛，开展新闻职业道德领域突出问题专项整治，引导高校新闻院系师生参与"走转改"和挂职实习等多项主题活动，进一步深入推进大讨论，努力拿出更多人民群众满意的新闻作品。

● 訳例

①ジャーナリストは、「中国の夢」を実現するための建設者であり、この大地の行きずりの旅人でも、傍観者でもありません。このところ連日、湖北省のジャーナリストたちは、「私は建設者」というテーマをめぐって白熱した議論を戦わせ、業界や社会から積極的な反響が寄せられています。

②3 月 22 日付『湖北日報』に掲載されたコラム「私は建設者」をめぐって起きた大討論は、ベテランのジャーナリスト許万全さんの投書に端を発し、広がったのです。投書は、現在一部のメディアにみられる迎合、世論におもねる風潮や少数のジャーナリストにみられる傍観者的な心理が存在するなど好ましくない現象を取り上げ、ジャーナリストが自らの社会的責任を肝に銘じるよう呼びかけています。

「立場上、私たちも建設大軍の一員です。問題があれば、善意に理解し、分析するようにし、みんなに代わってものを言い、社会におけるプラスのエネルギーを汲み上げる。そうすれば、マスコミにおける自分は一体何者か、誰のために、何をすればいいのか、どのようにすればいいのかなど一連の問題が解決できるはずです」。

コラムを開設してから、ジャーナリストや各界の多くの人々の共感を呼び、これまでに 45 篇の文章が掲載されました。

③湖北日報の記者付勤さんは、一見なんの変哲もない車の事故から、「信義を守った兄弟」のエピソードを発見しました。彼女と同僚は取材を通して、2010 年の旧正月前に、兄が出稼ぎ労働者に賃金を給付しようと、他の省から湖北の実家に里帰りする際に車の事故に遭遇し、その後、弟が兄の気持ちを汲んで、暮の 30 日までに予定通り賃金を出稼ぎ労働者に支給したことを知りました。その後、CCTV など各メディアが報道し、「信義を守った兄弟」として、2010

年度の『感動中国人物』に選ばれました。

　今回の討論を通じ、湖北放送テレビ局のアナウンサーや司会者は、「視覚障害者にいたわりを！」のイベントに取組み、視覚障害のある子どもに本を読む喜びを体験してもらい、またジャーナリストとしての社会的な責任感を自覚しました。

　「私ができることは、視聴者のことを気にかけ、誠実に彼らと向き合い、ともに努力して、プラスのエネルギーを彼らに伝えることです」。

　④4月から、湖北省では、若手の記者を組織して末端に入り、「私は建設者」をテーマにしたスピーチコンテストを行い、報道における職業的モラルなど際立った問題に取り組んでいます。また大学の新聞学部の教師学生に「末端に入り、仕事や文章のスタイルを正す」活動やオンザジョブトレーニングなど各種のテーマ別イベントに参加するよう呼びかけ、ディスカッションを大いに広め、さらに多くの人々が満足のゆく作品を創作すべく努力しています。

 ひとくち解説

◆タブー用語

　"爱心助盲活动"は、「視覚障害者にいたわりを！」と訳しました。中国語では、"盲人"でも日本語では「盲人」でなく「目の不自由な人」。「文盲」もすでに死語になり、「識字率が低い」と言い替えたりしています。さらに人体にまつわる語彙は「片手落ち」「盲目的」などもなるべく使わないようにしています。

◆"挂职实习"について

　以前、中国では、"脱产学习"ということがよく言われました。これは、OJT（on the job training）の逆のオフ・ザ・ジョブ・トレーニング、一時的に仕事を離れて研修を行うこと。"挂职实习"も職場に籍を残したまま他の職位につき、仕事や研究をすることです。つまり「出向」でしょう。ただ日本の「出向」は、"靠边站"（窓際族）的な意味合いがある場合もありますが、中国の"挂职实习"は積極的な意味、"产生正能量的平台"のようです。

◆リスニングについて

　リスニングは、わからないものは、いくら聴いてもわからないという気がする時があります。本文に出てくる"爱心助盲活动"も、"帮助盲人"ならまだわか

るとしても、"zhùmáng"ではなかなかついていけません。ただ解決の糸口が全くないわけではありません。例えば目的語に"認識"ときたら、想定できる述語、動詞は多分"加深"や"提高"となるでしょう。したがって、述語か目的語のどちらかが判明すれば、自ずともう一方の述語なり、目的語はある程度推定できます。また聴き取れない時は、略称かどうか疑ってみる必要もあります。

3―台湾の教材を大陸で採用

206_3-14-3A   207_3-14-3B   208_3-14-3C

　台湾で使われてきた中国古典の教科書が、中国本土で編集出版されることが決まりました。

 STEP1

音声を聴いて以下の問いに答えましょう。

一、カッコにあてはまる言葉をA～Eから選びましょう。
　　教材分上下两册，包括（①　　　）、（②　　　）与（③　　　）。以儒家经典的（④　　　）为主要学习内容。将与台湾原版内容保持基本一致。据了解，台湾地区高中很早就把国学作为（⑤　　　），而目前大陆中小学此类系统化的专门教材相对较少。
　　A《孟子选读》　　B《论语选读》　　C必修课程　　D四书　　E《学庸选读》

二、次のキーワードを使って、このニュースを中国語と日本語で要約しましょう。
　　修訂出版　　《中華文化教材》　　首次引入　　主要学習内容　　必修課程

● 回答例
一：①B、②A、③E、④D、⑤C
二：中华书局决定将修订出版台湾地区的《中华文化教材》。这是大陆首次引入台湾版本的一份教科书，该教材是以儒家经典为主要学习内容的。在台湾地区高中早就把它作为必修课程，而目前大陆学校使用此类教材相对较少。中華書局は、台湾地区の『中華文化教材』を改訂出版することを決定した。これは大陸が台湾から初めて導入する教科書で、儒家経典を主な内容としたものである。台湾では早くから必修科目としているが、大陸ではまだ比較的少ない。

14　メディア・文化　333

STEP2

▶ **シャドーイング**
　まず、繰り返しシャドーイングしましょう。最初はスクリプトを見ながら、自信がついたらテキストを閉じてやってみましょう。

▶ **サイトトランスレーション**
　次に、テキストを再び開き、サイトトランスレーションをしてみましょう。

▶ **通訳練習**
　最後に、テキストを閉じて同時通訳してみましょう。

スクリプト

　　　中华书局确定将修订出版台湾地区高中所使用的《中华文化教材》。这也是台湾版本教科书首次引入大陆。教材分上下两册，包括《论语选读》、《孟子选读》与《学庸选读》。以儒家经典的四书为主要学习内容。将与台湾原版内容保持基本一致。据了解，台湾地区高中很早就把国学作为必修课程，而目前大陆中小学此类系统化的专门教材相对较少。

● 訳例
　中華書局は台湾地区の高校で使用している「中華文化教材」を改訂出版することに決めました。これは、台湾版の教科書が初めて中国大陸に導入されるものです。教材は上下2冊に分かれ、『論語選読』『孟子選読』、それに『大学・中庸選読』が含まれます。テキストは儒家経典の四書を主な学習の内容としており、台湾のオリジナル教材の内容とほぼ同じものを採用します。台湾地区の高校では早くから国学を必修科目としていますが、現在中国大陸の小中学校、高校ではこの種の系統だった専用教材は比較的少ない状態にあります。

☀ **ひとくち解説**

　《学庸选读》は、『大学』と『中庸』の「選読」のこと。こうした中国の古典を学ぶことを"国学"と呼んでいます。ちなみに日本の学校で学ぶ「国語」は中国

語では"语文课"です。

　なお、"中学"には中学校と高校が含まれます。また日本で「小中学校」と言うのに対し、中国語は"中小学"と言います。

4—煬帝の墓　発見！

　　　　　　　⊘ 209_3-14-4A　　🔌 210_3-14-4B　　🎧 211_3-14-4C

　隋の煬帝_{ようだい}（569〜618）の評価は、考古学界でも賛否両論のようです。しかし北京と杭州を結ぶ総延長 2500km に及ぶ京杭大運河_{けいこうだいうんが}を築いたのは、隋の文帝と煬帝。完成は 610 年とされ、「暴君と言うなら運河を見よ」とも言われています。また自称を「日出づる処の天子」と記した聖徳太子の手紙を見て、激怒したとか。

　とかく風説の多い人物ですが、本文で取り上げる最近発見された陵墓についても、小さすぎて本物なのかという意見もあったようです。

📌 STEP1

　放送の現場で、この種のニュースの通訳を仰せつかったら、かなり戸惑うでしょう。何よりも限られた時間内の作業で、しかも耳で聴いてすべて文字が浮かぶかどうか不安です。地名のみならず、"Jiāngdū zhī biàn"＝"江都之変"など歴史的な事件にすぐ反応できるかどうかも自信がありません。

まず音声を聴き単語を確認しましょう。

kǎogǔ fāxiàn	考古发现	考古学上の発見
Suí Yángdì	隋炀帝	隋の煬帝
(liǎng chù) língmù	（两处）陵墓	（2 か所の）陵墓
(liǎng zuò) gǔmù	（两座）古墓	（二つの、2 基の）古墓、古い墓、古墳 *
kǎochá	考察	実地に調査する、考察、視察
Suímò Tángchū	隋末唐初	隋の末期唐の初期
zhuānshímù	砖石墓	磚築墓(せんちくぼ)
(yī fāng) mùzhì	（一方）墓志	（1 枚の）墓誌 *
		＊墓の助数詞は"座"(基)、墓誌は"方"(枚)です
mùzhǔ	墓主	被葬者

14　メディア・文化　335

míngwén	铭文	銘文
Yáng Guǎng	杨广	楊広
wājué	挖掘	発掘
kǎozhèng	考证	考証
wénbǎo dānwèi	文保单位	文物保護単位、重要文化財
huányuán lìshǐ	还原历史	歴史を復元する
bīngbiàn móufǎn	兵变谋反	軍部の反逆、軍事クーデター
Yǔwén Huàjí	宇文化及	宇文化及 (うぶん・かきゅう。隋の政治家・軍人)

〔地名〕

Yángzhōu Hánjiāng qū Xīhú zhèn

	扬州邗江区西湖镇	揚州市邗江区 (かんこうく) 西湖鎮
Huáisì zhèn	槐泗镇	槐泗鎮 (かいしちん)
Luòyángchéng	洛阳城	洛陽

🔖 STEP2

▶ シャドーイング
スクリプトを見ないで繰り返しシャドーイングしましょう。

▶ サイトトランスレーション
次にテキストを開いてサイトトランスレーションをしましょう。

▶ 通訳練習
音声に合わせて同時通訳をしましょう。はじめはスクリプトを見ながら、慣れたらスクリプトを見ないでやってみましょう。

> **スクリプト**
>
> 　　记者昨天从江苏扬州市文物考古研究所了解到，在近期的考古发现当中确认一处墓地为隋炀帝陵墓。
>
> 　　据扬州文物考古研究所工作人员介绍，在扬州邗江区西湖镇一处房地产项目开发工地发现了两座古墓。

336　第三部　放送通訳

経考古专家清理考察，确认这两座古墓为隋末唐初砖石墓，其中，西侧墓中出土一方墓志铭文中写有隋故炀帝墓志等的字样，显示墓主为隋炀帝杨广。

古墓被发现之后，房地产开发就暂时停止。据了解，要进一步挖掘，还要等考古专家拿出具体方案。

据介绍，曾经在扬州邗江区槐泗镇考证过一处陵墓，也同为隋炀帝陵，并当时被确认为是省级文保单位。

上世纪八十年代以后，该处经过多次修整，成为扬州著名的旅游景点。

扬州市文物局相关人士表示，仍有待考古专家进一步发掘和考证，才能确定两处陵墓之间的关系，而这处隋炀帝墓的发现将会为还原历史提供有力支撑。

隋炀帝杨广是隋朝第二代皇帝，604 年至 618 年在位，期间修建大运河，营建东都洛阳城，开拓疆土，畅通丝绸之路，开创科举，三征高丽等，618 年 3 月宇文化及等煽动军士兵变谋反，隋炀帝死于江都之变。

● 訳例

昨日の（江蘇省）揚州市文物考古学研究所の説明によると、最近の考古学調査で隋王朝の煬帝のものとみられる陵墓が発見されたとのことです。

揚州文物考古研究所のスタッフの話では、揚州邗江区西湖鎮の不動産開発地域で、二つの古墓が見つかりました。

考古学者が整理し、徹底的に調査した結果、この二つの古墓は、隋代末期から唐代初期の磚築墓で、そのうち西側で出土した墓の墓誌には、「隋故煬帝墓誌」などの文字が記され、被葬者は隋王朝の煬帝楊広であることが明らかになりました。

古墓が発見されてから、不動産開発工事は一時中断され、今後、さらに発掘する場合は考古学者から具体案が示されるとのことです。

かつて揚州市邗江区槐洒鎮で発見された一陵墓を考証し、これが隋の煬帝の墓と見なされ、当時省クラスの文物と認定されました。

この墓地は 1980 年代以降、数回にわたって修復され、いまでは揚州の有名

14　メディア・文化　337

な景勝地になっています。
　揚州市文物局の関係者は、「この二か所の陵墓の関係を明らかにするには、更なる発掘や考証を待たねばならないが、今回の隋煬帝の陵墓の発見は、歴史の復元に大きく役立つものと思われる」としています。
　隋の煬帝楊広は、隋の第二代の皇帝で、604年から618年に在位し、その間大運河を開削、洛陽城を造営し、領土を開拓し、シルクロードを開通させ、科挙を創設し、また3度も高句麗を遠征したりしましたが、618年3月、宇文化及らが下士官や兵士を煽動して謀反を起こし、煬帝はこの「江都の変」で死亡しました。

 ひとくち解説

　このほど上述のニュースから約8か月を経て、揚州で発見されたこの二つの古い墓が、煬帝と妃の墓であることが確認されたとの発表がありました。出土した玉器、銅器など100点余りの精巧な副葬品や男性の歯、女性の人骨などから立証されたそうです。
　時を経て、事象が解き明かされる、これもニュースを追うことの醍醐味です。

【コラム】通訳奮戦記

うぶ毛の生えたシンゾー

「あの人のシンゾーはどうなっているのっってみんな言っていたわよ」。日本のテレビ局に勤めている友人からこう言われたのは去年の香港返還の際、中国の江沢民主席のスピーチをNHKで同時通訳した後のことだった。

しかし見かけと実際とではかなりギャップがある。

思えば駆け出しの通訳のころはせっかくメモしてもいざ通訳しようとすると手が震えて字が読めなくなって困った。「前にいる人を石ころと思え」とは先輩のアドバイス。あまり通訳に向いていないのかなと迷ったりもしたが、三十代の初め中国語教師になってから、緊張による震えは一応収まった。

とはいうもののトーチカ心臓とは程遠い。最近でもリレー通訳などでは冷や汗がみぞおちを駆け抜け、無意識のうちに握り締めたマイクがべっとりぬれていたこともある。ましてや香港返還は中国にとって世紀のイベントだ。

そもそもアメリカではこうしたナマ放送に同時通訳を採用しないそうだが、私たちにはチャレンジ精神がある。日本の優秀な英語通訳者たちは1969年、月面に着陸した宇宙船アポロ11号からの声を同時通訳で伝え、茶の間を大いに沸かせたではないか。

それにしても去年の今ごろは香港返還を間近に不安を募らせていた。そんなとき台所で家事などしていると不思議に心が和む。だが、それで不安解消というほど生易しいものでもない。放送前日には人民日報の社説などをつぎはぎして10分間程度の自己流原稿を作り、それを目で追いながら順送り通訳を試みた。その効用は推し量るすべもないが、プレッシャーを逃れるための暗示的効果はある。

いよいよカウントダウン。だだっ広いスタジオの片隅でスピーチに耳を傾けながら通訳する。そのとき頭をよぎったのは「話の流れに忠実に、内容の理解から声を出すまでの間に『エー』を入れない」ということだけだった。どうもシンゾーにうぶ毛くらいは生えてきているらしい。

（日本経済新聞「通訳奮戦記」1998.6.17）

339

【15】科学技術 2

改めて科学技術関係を取り上げます。

期待の新エネルギーに関する短いニュース、それに漁業資源の科学調査船、衛星測位システムの話題の 3 本立てです。なじみの薄い専門用語や表現が多いかもしれませんが、最初に単語の意味を繰り返しチェックして臨むとよいでしょう。

1― 「燃える氷」メタンハイドレート

🔵 212_3-15-1A 🎙 213_3-15-1B 🎧 214_3-15-1C

新たなエネルギー源として期待を集める「メタンハイドレート」。海底の「燃える氷」とも呼ばれています。

 STEP1

音声を聴いて以下の問いに答えましょう。

一、キーワードを確認しましょう。
　　① kěránbīng　　② jiǎwán　　③ qīngjié néngyuán　　④ yǒngjiǔ dòngtǔ

二、以下の問いにまず中国語で、それから日本語でも答えてみましょう。
　　①"可燃冰"の別名は？　"可燃冰"から分離に成功したものとは？
　　②"可燃冰"の特徴は？
　　③"可燃冰"の採掘が難しいとされる理由は？

● 回答例
一：①可燃冰（メタンハイドレート）②甲烷（メタン）③清洁能源（クリーンエネルギー）
　　④永久冻土（永久凍土）
二：①可燃冰也称甲烷水合物。最近日本从可燃冰中成功分离出甲烷气体。②可燃冰全球蕴藏丰富,是低污染的清洁能源。③由于它通常分布在海底或寒冷地区永久冻土带,因此开采比较困难。
　　＊日本語は訳例を参照してください

340　第三部　放送通訳

STEP2

▶ **シャドーイング**

まず、音声を聴きながらシャドーイングしましょう。はじめはスクリプトを見ながら、次第にスクリプトから目を離してやってみましょう。

▶ **サイトトランスレーション**

次に、スクリプトを見ながらサイトトランスレーションをしましょう。自分のペースでゆっくりと、丁寧に訳してみましょう。

▶ **通訳練習**

今度は、同時通訳の練習です。キーワードなど、メモを作成しておくとよいでしょう。はじめはスクリプトを見ながら、最終的には見ないで日本語訳をしてみましょう。

スクリプト

　　　　日本政府12号宣布,从日本近海地层蕴藏的甲烷水合物,也称"可燃冰"中分离出甲烷气体。日本称,可燃冰开采商业化进程迈出关键一步。可燃冰是全球储量大、污染低的清洁能源,由天然气与水在高压低温条件下形成,通常分布在海底或寒冷地区的永久冻土带,开采比较困难。

● **訳例**

　日本政府は12日、日本近海の地層に埋まるメタンハイドレート（燃える氷）からメタンガスの分離に成功したと発表しました。日本は、メタンハイドレートの採掘商業化のプロセスで重要な一歩を踏み出したと述べています。メタンハイドレートは世界で埋蔵量が多く、汚染の少ないクリーンエネルギーです。天然ガスと水が高圧低温の条件下で形成され、通常は海底または寒冷地帯の永久凍土帯に分布しており、採掘は比較的難しいとされています。

 いかがでしたか。

"快讯"と呼ばれるコーナーで扱われるこの種の短いニュースは、速いうえに技術

用語や数字がちりばめられています。全てを訳すのは物理的に難しいことが多く、ことのほか簡潔さが求められます。

ここで、エネルギー資源に関する用語をいくつか覚えておきましょう。

石炭	煤炭	méitàn
石炭スラリー	水煤浆	shuǐméijiāng
ぼた	煤矸石	méigānshí
炭層ガス（CBM）	煤层气	méicéngqì
石油	石油	shíyóu
ガソリン	汽油	qìyóu
ディーゼル（軽油）	柴油	cháiyóu
ナフサ	石脑油	shínǎoyóu
バイオマスエネルギー	生物质能源	shēngwùzhì néngyuán
原子力	核能（原子能）	hénéng (yuánzǐnéng)
天然ガス	天然气	tiānránqì
液化天然ガス（LNG）	液化天然气	yèhuà tiānránqì
液化石油ガス（LPG）	液化石油气	yèhuà shíyóuqì
シェールガス	页岩气	yèyánqì
シェールオイル	页岩油	yèyányóu

2―科学調査船「南鋒号」

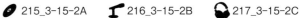 215_3-15-2A　　216_3-15-2B　　217_3-15-2C

科学調査船「南鋒号」が南シナ海で漁業資源の調査に乗り出しました。中国が独自に設計したアジア最大の漁業調査船です。

 STEP1

音声を聴いて以下の問いに答えましょう。

一、キーワードを確認しましょう。
　① yùncángliàng　② kěbǔliàng

二、カッコにあてはまる言葉を聴き取りましょう。

"南锋"号由中国（① 　　　　　　　），也是目前亚洲最大的渔业科考船。该船配备了（② 　　　　　　　），可将（③ 　　　　　　　）下沉到 1500 米深度。可以对（④ 　　　　　　　）进行探测，并可探测（⑤ 　　　　　　　）多少、鱼的大小和种类等情况。

三、中国語と日本語で答えてみましょう。

「南鋒号」が漁業調査を行う目的は？

● 回答例

一：①蕴藏量（賦存量）②可捕量（漁獲可能量）

二：①自行设计建造　②精良的设备　③声纳系统　④海底和鱼群　⑤鱼群

三：为了更加系统地推进南沙渔业发展，并为维护南沙海洋渔业权益提供数据和资料，中国已启动对南沙渔业资源的新一轮调查。

　　＊日本語は訳例を参照してください

STEP2

▶ シャドーイング

まず、音声を聴きながらシャドーイングしましょう。

▶ サイトトランスレーション

次に、サイトトランスレーションをしましょう。自分のペースで、ゆっくり丁寧に訳してみましょう。

▶ 通訳練習

今度は、同時通訳をしてみましょう。はじめはスクリプトを見ながら、最終的には見ないでできるかやってみましょう。

スクリプト

　　　南海的西、中南沙群岛以及北部湾等地渔业资源非常丰富，仅南沙群岛及其海域面积就达到 82 万多平方公里。渔业资源蕴藏量约 180 万吨，年可捕量约 50 万至 60 万吨。名贵和经济价值较高的鱼类

15　科学技術2　343

有 20 多种。

　　为了更加系统地推进南沙渔业发展，并为维护南沙海洋渔业权益提供数据和资料，中国已启动对南沙渔业资源的新一轮调查。

　　中国最大的渔业科考船"南锋"号日前已抵达南沙群岛海域执行专项渔业资源调查任务。

　　"南锋"号由中国自行设计建造，也是目前亚洲最大的渔业科考船。该船配备了精良的设备，可将声纳系统下沉到 1500 米深度，对海底和鱼群进行探测，并可探测鱼群多少、鱼的大小和种类等情况。

● 訳例

　　南海（南シナ海）の西、中沙諸島および北部湾などは漁業資源が非常に豊かです。現在南沙諸島およびその海域面積は 82 万 km² 余りに達します。漁業資源の賦存量は 180 万トン、年間の漁獲可能量はおよそ 50 万から 60 万トンです。貴重で経済価値の比較的高い魚は 20 種余りいます。

　　南沙の漁業の発展を系統的に推進し、南沙の海洋漁業権益を守るためにデータや資料を提供しようと、中国は南沙漁業資源の新たな調査に乗り出しました。

　　中国最大の漁業調査船「南鋒号」がこのほど南沙海域に到着し、漁業資源調査の任にあたります。

　　「南鋒号」は中国が独自に設計・建造したアジア最大の漁業調査船です。優れた装備が備えられ、ソナーシステムを水深 1500m まで沈めることができます。海底と魚群の調査を行い、魚群の規模、魚の大きさや種類などを探知・測定できます。

 いかがでしたか。

　ソナーとは、探査装置のことで、「超音波探信儀」ともいいます。
　このほか、中国の科学調査船や観測船には、海洋総合調査船"东方红号"、遠洋科学調査船"大洋号"、極地観測船"雪龙号"、設計上海底 7000m まで潜れる有人潜水船"蛟龙号"を積載する"向阳红号"などがあります。
　海洋や極地の科学調査に関する新たな動きが出たり著しい成果を上げるたびに、これらの船にかかわる話題がニュースに登場します。

3 ―「北斗2号」衛星測位システム

中国国家航天局が中心となり開発された衛星測位システム「北斗」。「中国版GPS」などとも呼ばれています。

📍 STEP1

まず主な単語を確認しましょう。

pinyin	中文	日本語
quánqiú wèixīng dǎoháng xìtǒng	全球卫星导航系统	衛星測位システム、衛星ナビゲーションシステム
zhōngduān	终端	端末装置
shìfàn gōngcheng	示范工程	モデル事業、実証プロジェクト
dìngwèi fúwù	定位服务	測位サービス
(Měiguó) GPS	（美国）GPS	（米国）GPS
(Ōuzhōu) Jiālìlüè	（欧洲）伽利略	（欧州）ガリレオ
běidǒu jiānróng chēzài zhōngduān	北斗兼容车载终端	北斗用車載端末装置　＊"兼容"は「互換」の意味です
duǎnxìn fúwù	短信服务	ショートメールサービス
yóuhào	油耗	燃費、燃料消費
chūxíngzhě	出行者	外出する人
liǎng kè yī wēi	两客一危	観光バス・路線バス・危険物運搬車　＊"客"は"客车"(バス）の略
zhòngxíng zàihuò qìchē	重型载货汽车	大型トラック
bànguà qiānyǐnchē	半挂牵引车	セミトレーラー
héfā	核发	審査発給
shěnyàn	审验	審査確認

音声を聴いて以下の問いに答えましょう。

一、次の文章のうち間違っているものが1つあります。さあどれでしょう。
　①9つのモデル省で、道路輸送車に北斗用の端末が取り付けられることになった。

②北斗衛星測定システムは、初の民間向けのモデルプロジェクトである。

③所定の端末を搭載しない運転手には運転免許証を発給しない。

二、以下の問いにまず中国語で、それから日本語でも答えてみましょう。

この北斗衛星測位システムを応用することで、どのようなメリット（好処）がありますか？

● 回答例

一：③。正しくは「搭載しない車両は道路輸送証の発給と検査を行ってもらえない」

二：可以提供短信服务。将发动机的情况、油耗以及运输信息等结合起来，可以大大地降低运输成本。可以让出行者更安全。

　＊日本語は訳例を参照してください

🎯 STEP2

▶ シャドーイング

まず、音声を聴きながらシャドーイングをしましょう。スクリプトを見ながらで構いません。次第に見ないでもやってみましょう。

▶ サイトトランスレーション

次に、サイトトランスレーションをしましょう。スクリプトを見ながら自分のペースで、ゆっくり丁寧に日本語訳をつけてみましょう。

▶ 通訳練習

仕上げに、同時通訳に挑戦してみましょう。はじめはスクリプトを見ながら、そのあとできれば見ないでやってみましょう。

```
スクリプト
```

　　　昨天中国北斗 2 号卫星导航系统正式开通服务。8 万台北斗终端将在两年之内安装在 9 个示范省份的道路运输车辆上。这也是北斗卫星导航系统专项启动的第一个民用示范工程。

　　　北斗 2 号卫星导航系统是中国独立开发的全球卫星导航系统，它将提供海陆空全方位的全球导航定位服务，类似于美国的 GPS 和欧

346　第三部　放送通訳

洲的伽利略定位系统。

交通运输部计划用两年时间建设 7 个应用系统和一套支撑平台。在江苏等 9 个省市的道路运输车辆上，安装 8 万台北斗终端作为示范。从今年元旦开始，这些示范省份已经陆续安装北斗兼容车载终端。

目前中国的道路运输车辆大部分安装的是 GPS 导航系统。一般的 GPS 用户只会知道自己在哪个地方，但是北斗卫星导航系统最大的特点就是不仅可以定位自己的位置，还可以让别人知道自己在哪个地方。这对道路运输车辆是否有疲劳驾驶等安全方面的监控管理更为细致。

"这个方式带来的好处，它可以提供短信服务。车辆的使用者包括企业来讲，他应该不仅仅看到的是监控管理给他带来的效益，它其实还有很多的服务。就有些企业就把北斗的这个应用，把监控的管理或者车辆的这个发动机的情况的判断、车辆的油耗、包括（这个）运输的信息结合起来，可以大大地降低这个运输的成本。从政府层面来讲，我们可以让出行者更安全。"

从今年 6 月 1 号起，交通运输部要求所有新进入示范省份运输市场的"两客一危"车辆，即旅游包车、三类以上班线客车和危险品运输车以及重型载货汽车和半挂牵引车，在车辆出厂前应安装北斗兼容车载终端。否则不予核发或审验道路运输证。

● 訳例

昨日、中国が独自に開発した衛星測位システム「北斗 2 号」が正式に運用サービスを開始しました。これにより、8 万台のナビゲーション端末が、2 年以内に九つのモデル省で、道路運送車両に取り付けられます。これは、北斗衛星測位システムの初めての民間向けモデルプロジェクトです。

北斗 2 号衛星測位システムは、陸、海、空全方位的な地球規模の位置情報を提供するもので、アメリカの GPS やヨーロッパの「ガリレオ」に似た測位システムです。

交通輸送省は 2 年間で、七つの運用システムとひとつのサポートシステムを構築する予定で、江蘇省など九つの省市の道路運送車両に 8 万台の端末を据え

付けます。今年元旦からこれらモデル省ではすでに北斗用車載端末の順次取り付けを始めています。
　現在、中国の道路運送車両の大部分が搭載しているのはGPSナビゲーションシステムです。通常GPSのユーザーは、自分の居場所しか特定できません。しかし、北斗システムは、自分の居場所だけでなく、他人の位置も知ることができるのが最大の特徴です。こうして、走行車両に過労運転がないかどうかなど、安全面での監視管理をよりきめ細かく行うことができます。
　「この方式の優れたところは、ショートメッセージのサービスも提供できるところです。企業を含む車の利用者には監視管理を行えることによるメリットがありますし、ほかにも様々なサービスを提供できます。北斗を応用することによって、企業はエンジンの状態判断、燃料消費、それに輸送の情報などをまとめることで、大幅に輸送コストを削減できます。一方政府としては、車ででかける人たちの安全を確保できます」。
　交通運輸省は、今年6月1日から、モデル地域で輸送市場に新規投入する観光バス・送迎バス、危険物運搬車をはじめ、大型トラックやセミトレーラーに、出荷前にあらかじめ北斗対応の端末を取り付けるよう求めます。規定通りに端末を搭載しない車両には、道路輸送証の発給や審査を行わないとしています。

 いかがでしたか。

"平台"はプラットフォームのことですが、"対話平台"（対話の場）、"支撑平台"（サポートシステム）などと訳語の選択肢は様々です。

「北斗」は、2008年に起きた四川大地震の際に被害情報の収集でも活躍しました。なお、このニュースでは触れられていませんが、折からの汚職取り締まりや腐敗防止の一環として、公用車の私用防止にもこのシステムが力を発揮し、広州などでは公用車を私用目的で使うケースが激減したとも報道されています。

【コラム】通訳奮戦記

激励・努力で「何でも屋」に

　経済、医学、出版、地方自治体、環境、言語、農薬……、去年通訳した会議の分野をざっと挙げてみてもやはり多岐にわたる。そこでふと思い浮かぶのは中国語の「万金油幹部」という言葉、「万金油」とは万能薬のことで、ひと通り何にでも効く塗り薬、そこで「何でも屋」となる。フリーランスの通訳をしているとどうしても何でも屋の感を否めない。

　エージェントから電話が入る。「×月×日石炭の会議があるのですが、ご都合はいかがですか？」「石炭？……」一瞬ためらっていると、「石炭と環境の問題です」、「環境」と聞くと経験的になんとなくできそうな気になる。石炭、硫黄酸化物、粉じん、脱硫装置……、それとなく構図が浮かぶ。かくしてカレンダーに予定が書き込まれる。

　しかし会議の一週間ほど前になってどさっと届いた資料を見てびっくり。石炭は石炭でも「液化技術」中心の同時通訳なのだ、それに膨大な日本語資料に英訳はついていても中国語訳はない。そこで毎晩遅くまで分厚い『英日漢工業技術大辞典』を引きまくり、必死で勉強するハメに。

　そう言えばまだ30歳そこそこのころ、石油化学の通訳をおおせつかった。技術交流に入ると、外来語の洪水。「ブタジエン」＝「丁二烯」のレベルまではどうにかマスターしていたが、ことごとく漢字に変換しなければならない化学用語に、一週間でお手上げ。

　しかし中国側の通訳も戦前日本語を覚えたという方で、私以上にカタカナ言葉に疎いようだった。日中双方から再三なだめすかされ、結局二カ月近く勤め上げてしまった。そして仕事を終えて久々に一歳足らずの一人息子と顔を合わせたら、私の顔を忘れてしまっていたようで泣き出されたのには参った。何でも屋の道もそう甘くはなかった。

　しかしいまにして思えば、あの時のしった激励と自分自身の踏ん張りがなかったら、半永久的に「技術通訳？　できません」ということになったかもしれない。

（日本経済新聞「通訳奮戦記」1999.2.24）

語句索引

「語句」として取り上げている語および、第三部 STEP1 で「キーワード」としてピンインを掲載している語を収録しています。地名・人名は最後にまとめました。

A

àixīn zhùmáng xíngdòng
爱心助盲行动 328

ānquán wēixié
安全威胁 305

ānwēi 安危 20

ānzhì (diǎn) 安置（点）207

áoyóu tàikōng
遨游太空 246

B

Bāxī léiyà'ěr
巴西雷亚尔 300

bādà 八大 137

bàwánglóng 霸王龙 124

bái'èjì 白垩纪 124

báipíshū 白皮书 305

bǎifēndiǎn 百分点 195

bàijiàngcǎo 败酱草 223

bǎnfáng 板房 208

bǎnhuà 版画 94

bànguà qiānyǐnchē
半挂牵引车 345

bàn lù chū jiā 半路出家 5

bànsuí… 伴随… 69

bǎo jià hù háng
保驾护航 163

bǎoliú jiémù 保留节目 19

bǎomǎn 饱满 31

běidǒu jiānróng chēzài
zhōngduān
北斗兼容车载终端 345

bèigēng 备耕 264

(B continued)

běntǔhuà jiémù
本土化节目 69

bǐcǐ 彼此 62

bǐzuò 比作 27

biāoqiān 标签 103

biéjiǎo 蹩脚 5

bīngbiàn móufǎn
兵变谋反 336

bīngdiǎn 冰点 93

bìng 摒（=屏）144

bìngdú biànyì 病毒变异 220

bìnglǒng 并拢 228

bìngsǐ zhūròu 病死猪肉 314

bōchū 播出 63

bōchū píngtái 播出平台 66

bōjí fànwéi 波及范围 202

bōsǎ 播撒 19

búduàn shēngwēn
不断升温 70

búduì jìnr 不对劲儿 144

bú jìn rényì 不尽人意 81

bú lù shēng sè
不露声色 27

bù dǒngshì 不懂事 139

bù jié 不竭 309

bùtóng shíduàn
不同时段 73

bù wú 不无… 37

bù xǐng rénshì
不省人事 19

bù yǐ wéi rán 不以为然 40

C

cáizhèng bōkuǎn
财政拨款 200

cǎibùtiáo 彩布条 208

cānshì rényuán
参试人员 246

cáng shēn nízhōng
藏身泥中 27

chāchē 叉车 309

chàyì 诧异 149

chāishì 差事 233

cháihú 柴胡 224

chǎnyè zhuǎnxíng
产业转型 276

chǎnzhí 产值 296

chángguī jiàntǐng
常规舰艇 309

chángmìng bǎisuì
长命百岁 264

chángnián tóngqī
常年同期 195

chángshì 尝试 257

cháowèi 潮位 202

chénxiāng 沉箱 309

chènjī lāo yóushuǐ
趁机捞油水 257

chènzhe…dāngkour
趁着…当口儿 256

chēngyāogāo 撑腰糕 264

chéngfá 惩罚 81

chénggōng shāngyùn
成功商运 252

chéngshìqún 城市群 276

351

chéngxìn	诚信	89
chéngzhènhuà	城镇化	276
chīshang rèfàn		
	吃上热饭	208
chītòu	吃透	20
chí zhī yǐ héng		
	持之以恒	73
chīzhù	吃住	261
chōngjǐng	憧憬	103
chōngyù	充裕	30
chóngchóng zhàng'ài		
	重重障碍	5
chónglián	重联	282
chóngshàng	崇尚	27
chōujīn	抽筋	233
chóubèi	筹备	5
chūguó chūjìng		
	出国出境	199
chūtái	出台	261
chūxíngzhě	出行者	345
chúrǎn zuòyè	除染作业	214
chǔcún	储存	30
chǔyú	处于	5
chùròu	畜肉	228
chuánshén	传神	36
chūngēng	春耕	264
Chūnlóngjié	春龙节	264
chūnyùn	春运	282
císhàn shìyè	慈善事业	89
cóng róng bú pò		
	从容不迫	149
cuī rén fèn jìn		
	催人奋进	103
cuōxǐfǎ	搓洗法	228
cùxiāo	促销	317

D

dāchéng gāotiě		
	搭乘高铁	256
dáchéng gòngshí		
	达成共识	168

dáyì	达意	40
dàbiānzǔ	大编组	282
dàfēng yángshā tiānqì		
	大风扬沙天气	177
dàhuánjìng	大环境	94
dà kāi yìnchāojī		
	大开印钞机	300
dàmǔzhǐ	大拇指	228
dànián	大年	86
dǎi	逮	27
dānjī róngliàng		
	单机容量	252
dānyōu	担忧	20
dàodé huápō	道德滑坡	103
dàojìshí zhǐzhēn		
	倒计时指针	252
dé guò qiě guò		
	得过且过	36
dēnghuǒ guǎnzhì		
	灯火管制	19
dīdiào	低调	27
dīgǔ	低谷	76
dīwāchù	低洼处	185
dīxiàn	底线	89
dìfāng lìfǎ quán		
	地方立法权	261
dìgōuyóu	地沟油	314
dìshuì	地税	257
dìzhènjú yìngjí jiùyuánsī		
	地震局应急救援司	210
dìzhèn lājī	地震垃圾	214
diǎn jīng zhī bǐ		
	点睛之笔	122
diànlì gōngyìng		
	电力供应	250
diànshìjù	电视剧	63
diànshì méitǐ gōngzuò		
	电视媒体工作	62
diànshì píndào		
	电视频道	62

diànzhào fúwù		
	电召服务	289
diāosù	雕塑	86
diào	调	5
dǐngdiǎn	顶点	94
dǐnglì hézuò	鼎力合作	66
dìngwèi fúwù	定位服务	345
dòngchēzǔ	动车组	282
dūnang	嘟囔	40
dújiāonáng	毒胶囊	314
dúnǎifěn	毒奶粉	314
Duānwǔjié	端午节	246
duǎnxìn fúwù	短信服务	345
duànlièdài	断裂带	210
duìxiàngguó	对象国	103
duìzhuó	对酌	15
dùnshí	顿时	149

E

ěrjī	耳机	19
Èr cì dàzhàn	二次大战	19
èrshísì jiéqì	二十四节气	263
èrwéimǎ	二维码	240
èryuè chū'èr	二月初二	263

F

fānyì bānzi	翻译班子	141
fánshì	凡事	73
fǎnhuícāng	返回舱	246
fǎnsī	反思	89
fángwū dǎotā	房屋倒塌	202
Fēiméng	非盟	163
fēnjiǎn	分拣	233
fènnù	愤怒	257
fēng chén pú pú		
	风尘仆仆	19
fēng liú yǎ shì		
	风流雅事	23
fèng máo lín jiǎo		
	凤毛麟角	6
fǒuzé	否则	317

fūyǎn	敷衍	36
fúchén tiānqì	浮尘天气	177
fúyào	服药	223
fúzhǐ	福祉	171
fùgài	覆盖	76
fùnéngliàng	负能量	103
fùshù	复述	73

G

gānhuò	干货	310
gǎnmào	感冒	223
gǎnrǎn zhèngzhuàng		
	感染症状	223
gǎnzhī	感知	69
gāo fúshè	高辐射	214
gāofēng yùnxíngtú		
	高峰运行图	282
gāowēi rénqún		
	高危人群	223
gāoxìng zhī yú		
	高兴之余	139
gǎo wèishēng	搞卫生	256
gēbo	胳膊	310
gēshāng	割伤	233
géduàn	隔断	94
gèrén xìnxī	个人信息	317
gēnzōng fēnxī		
	跟踪分析	195
gōngchéng	工程	81
gòngshí	共识	27
gòngyuán "Zhōngguó mèng" de jiànshèzhě		
	共圆"中国梦"的建设者	328
gòngzhí	供职	139
gōutōng	沟通	94
gòuzhì	购置	199
gū lòu guǎ wén		
	孤陋寡闻	137
gūlì shìjiàn	孤立事件	210
gūsuàn	估算	296
gǔdōng	股东	66

gǔmù	古墓	335
gùdìng fángbáodiǎn		
	固定防雹点	185
gù míng sī yì	顾名思义	63
gùrán	固然	48
guàzhí shíxí	挂职实习	328
guàiquānr	怪圈儿	103
guǎnkòng	管控	171
guànmíng wéi…		
	冠名为…	66
guāngcǎi	光彩	89
guāngdié	光碟	81
guāngpán xíngdòng		
	光盘行动	103
guǐdàocāng	轨道舱	246
guójì huìyì zhōngxīn		
	国际会议中心	270
guónèi shēngchǎn zǒngzhí		
	国内生产总值	189
guóxīnbàn	国新办	209
guǒxié	裹挟	185

H

hǎixiào	海啸	202
hài rén hài jǐ	害人害己	62
hángài	涵盖	297
hányì	含义	27
hànwèi zhǔquán		
	捍卫主权	305
hángtiān fēixíng kòngzhì zhōngxīn		
	航天飞行控制中心	246
hángtiānyuán	航天员	246
háowú	毫无	10
háowú yíwèn	毫无疑问	94
hàohàn	浩瀚	70
hédiànzhàn	核电站	250
héfā	核发	345
héfǎnyìngduī	核反应堆	250
héfúshè	核辐射	214

héxié	和谐	89
hé zé liǎng lì, dòu zé liǎng shāng		
	和则两利，斗则两伤	104
héngliáng duìfāng		
	衡量对方	103
hòudài fányǎn		
	后代繁衍	122
hòuguǒ	后果	62
hòuqín bǎozhàng		
	后勤保障	309
hòuxù zhèngcè		
	后续政策	261
hūshì	忽视	48
hūyù	呼吁	62
hùbǔxìng	互补性	276
hùhuā zhìyuànzhě		
	护花志愿者	257
hùxiāng chuánrǎn		
	互相传染	223
huāxiao	花销	320
huá	滑	26
huápōdiǎn	滑坡点	210
huátóu	滑头	26
huálì xiānyàn	华丽鲜艳	27
huá zhòng qǔ chǒng		
	哗众取宠	27
huàjù	话剧	19
huánbǐ	环比	195
huányuán lìshǐ		
	还原历史	336
huàn jù huà jiǎng		
	换句话讲	86
huàn jù huà shuō		
	换句话说	48
huàngdòng	晃动	202
huíluò	回落	195
huóqínlèi	活禽类	228
huǒbàn guānxi		
	伙伴关系	163
huòyāo	获邀	163

353

J

jīběn céng	基本层	76
jījìn	激进	300
jīlìzhe wǒ…	激励着我…	62
jīxuě hòudù	积雪厚度	183
jīyú	基于	27
jíqiè	急切	20
jíqún xiàoyìng	集群效应	103
jízhōng dūndiǎn	集中蹲点	328
jìlùpiān	纪录片	62
(Ōuzhōu) Jiālìlüè	(欧洲)伽利略	345
jiāqín	家禽	223
jiārù … hángliè	加入…行列	293
jiārù tánpàn	加入谈判	296
jiǎwán	甲烷	340
jiǎyào	假药	81
jiàchéng	驾乘	246
jiānshǒu	坚守	233
jiǎn lājī	捡垃圾	256
jiànzàijī	舰载机	310
jiǎohuá	狡猾	26
jiǎoshuì	缴税	320
jiàoduì	校对	144
jiēduàn	阶段	5
jiěchú	解除	43
jīnyínhuā	金银花	223
Jīnzhuān guójiā	金砖国家	163
jǐnjǐn	仅仅	15
jìnchéng	进程	66
jìn lìliàng	尽…力量	139
jìnniǎolóng	近鸟龙	124
Jīng Guǎng	京广	282
Jīng Hù	京沪	282
jīngjì jiégòu	经济结构	189
jīngjì zhuǎnxíng	经济转型	276
jīngjì zǒngliàng	经济总量	189
jīng yì qiú jīng	精益求精	30
jīngshén jiāyuán	精神家园	69
jīngzhé	惊蛰	263
jìnghuà	净化	89
jìngjiè	境界	89
jìngtài shíyàn	静态实验	310
jìngyǎng	敬仰	73
jìngzhēngxìng biǎnzhí	竞争性贬值	300
jiǔ fù shèngmíng	久负盛名	256
jiǔzhōng	酒盅	16
jiù yī	就医	223
jū…de dì yī míng	居…的第一名	70
jūmín xiāofèi jiàgé zhǐshù	居民消费价格指数	189
jūnì	拘泥	40
jù'é	巨额	89
jùqíng	剧情	20
jūnshǔ	均属	317

K

kāibō zhìjīn	开播至今	66
kāichuàng	开创	70
kāichuàng	开创	93
kāi huái chàng yǐn	开怀畅饮	16
"kànkè"xīntài	"看客"心态	328
kànshangqu	看上去	62
kàng	抗	207
kǎochá	考察	335
kǎogǔ fāxiàn	考古发现	335
kǎozhèng	考证	336
kàobó	靠泊	309
kěbǔliàng	可捕量	343
kèliúliàng	客流量	256
kěránbīng	可燃冰	340
kězhuīsù	可追溯	240
kōngquán	空拳	228
kǒuhào	口号	48
kòuchú	扣除	320
kū xiào bù dé	哭笑不得	48
kùcún	库存	293
kuàyuè…bìlěi	跨越…壁垒	70
kuàizhì rénkǒu	脍炙人口	137
kuǎndài	款待	43

L

lājīshān	垃圾山	214
lánbuzhù	拦不住	257
lántú	蓝图	168
lànyòng	滥用	317
làngmàn	浪漫	23
léibào	雷暴	183
léilóng	雷龙	124
lǐlǐwàiwài	里里外外	86
lǐshì	里氏	202
lìchéng	历程	19
lìyì géjú	利益格局	103
liánhéguó	联合国	139
liánqiáo	连翘	224
liángshi zìjǐlǜ	粮食自给率	297
liǎnghuì	两会	189
liǎng kè yī wēi	两客一危	345
liàngdiǎn	亮点	73
línhézhuǎlóng	临河爪龙	124
líng guānshuì	零关税	297
línghédiàn	零核电	250
línghuó	灵活	36
língkōng áoxiáng	凌空翔翔	121

língmù	陵墓	335
língshòu	零售	293
lǐngdǎorén huìyì		
	领导人会议	163
lǐngtǔ wánzhěng		
	领土完整	305
liúdòng huǒjiàn chē		
	流动火箭车	185
liúgǎn yìfā	流感易发	223
lónglín	龙鳞	264
Lóngtáitóu	龙抬头	263
lóngxūmiàn	龙须面	264
lòudòng	漏洞	36
lùbiāntān	路边摊	228
lùzhì	录制	81
lǚdài shūsòngchē		
	履带输送车	310
lǚyóu kàndiǎn		
	旅游看点	256
lüè dài jīngyà		
	略带惊讶	37
luōsuō	罗嗦	23
luò	摞	94
luòdì	落地	66

M

mǎtou	码头	309
mǎngōnglǜ de yùnxíng		
	满功率的运行	252
mǎnqiāng rèqíng		
	满腔热情	36
mǎnshēn níbā		
	满身泥巴	27
mángcóng	盲从	103
màoyì huǒbàn		
	贸易伙伴	300
méigāng zhònggōngyè		
	煤钢重工业	276
méitǐ qǐyè	媒体企业	62
ménpiào	门票	256
miǎnyìlì	免疫力	223

miànbāofáng	面包房	293
mínshēng kāizhī		
	民生开支	189
míngwén	铭文	336
mō pá gǔn dǎ	摸爬滚打	27
mò'āi	默哀	144
mò míng qí miào		
	莫名其妙	20
móu fúlì	谋福利	90
móulì	牟利	81
mù bù zhuǎn jīng		
	目不转睛	149
mùxiè	木屑	214
mùzhì	墓志	335
mùzhǔ	墓主	335

N

nàdēng	钠灯	293
nǎi	乃	31
nǎiniú	奶牛	240
nǎizhì	乃至	48
nányǐ	难以	16
nǎolú péngdà	脑颅膨大	122
nǎoyìxuè	脑溢血	19
nèibù fājiào	内部发酵	214
nèicéng yìsi	内层意思	40
nèizài qiánnéng		
	内在潜能	103
néngjiàndù jiàngdī		
	能见度降低	177
néngliàngchǎng		
	能量场	103
níqiu	泥鳅	26
níshíliú	泥石流	202
nítǔwèi	泥土味	27
niányè	黏液	27
nǚrén de yìshēng		
	女人的一生	19

O

Ōuzhōu wénhuà zhī dū		
	欧洲文化之都	276

P

pānpá	攀爬	257
pānshēng	攀升	189
pāomáo	抛锚	103
píruò	疲弱	300
piānfèi	偏废	40
pínfù fēnhuà	贫富分化	103
pǐnzhì	品质	89
píngfán	平凡	233
pǔjiàng dàxuě		
	普降大雪	183

Q

qī	漆	94
qīdà	七大	139
qǐdí	启迪	89
qǐhuà	企划	63
qià dào hǎo chù		
	恰到好处	144
qiān jūn yí fà qiān jūn yí fà	千钧一发	144
qiānshǔ hézuò xiéyì		
	签署合作协议	66
qiānyuē shōushì		
	签约收视	76
qiánbèi	前辈	10
qiántí	前提	30
qián suǒ wèi yǒu		
	前所未有	70
qiàn qǐ shēn	欠起身	141
qiàn tuǒdang	欠妥当	257
qiáng duìliú tiānqì		
	强对流天气	185
qiángshì	强势	89
qiǎngjiùxìng xiūfù		
	抢救性修复	257
qīnqíng	亲情	89
qīnrén	亲人	89

355

qīnshēn jiànwén
　　亲身见闻　103
qīngjié néngyuán
　　清洁能源　252, 340
qīngrè jiědúyào
　　清热解毒药　223
qīngxiè　　倾泻　185
qīngxìn　　轻信　103
qíng bú zì jìn 情不自禁　149
qíngjié　　情节　19
qíngyǔbiǎo　晴雨表　103
qiūyǐn　　蚯蚓　264
qūxié　　驱邪　19
qǔchǒng　　取宠　44
qǔxiāo guānshuì
　　取消关税　296
quánguó zhèngxié lǐtáng
　　全国政协礼堂　141
quánnián wúxiū
　　全年无休　69
quánqiú wèixīng dǎoháng
　xìtǒng
　　全球卫星导航系统　345
quánshì　　诠释　103
quēfá　　缺乏　62
quèquèshíshí 确确实实　86
quèzhěn bìngzhèng (lì)
　　确诊病症（例）　224

R

rèliàng　　热量　296
rèpěng　　热捧　282
réngǎnrǎn　人感染　223
rénjì gǎnrǎn 人际感染　220
rénjūn shōurù 人均收入 189
rénliúliàng　人流量　257
rénmài guānxì
　　人脉关系　103
rènshi zhēnxiàng
　　认识真相　103

rén yún yì yún
　　人云亦云　23
rèn zhòng dào yuǎn
　　任重道远　76
Rìyǔ Zhōngwén shuāngyǔ
　bōchū
　　日语中文双语播出　69
rìyuán biǎnzhí
　　日元贬值　293
róngyùgǎn　荣誉感　139
róucuō　　揉搓　228
róuniē　　揉捏　233
rú máo yǐn xuè
　　茹毛饮血　122
rúshí　　如实　16
rù guǐdào　入轨道　246
rùjìng qiānzhèng
　　入境签证　261
rùnsè　　润色　30
ruògān　　若干　30
ruòshì　　弱势　89

S

sāndiéjì　　三叠纪　124
sānjiǎolóng　三角龙　124
sǎngménr　嗓门儿　141
shāchénbào　沙尘暴　177
shànyú　　善于　144
shāngshì　　伤势　202
shǎng yīnghuā 赏樱花　256
shàngtiáo jiàgé
　　上调价格　293
shànghūxīdào 上呼吸道　223
shàngjiāo　　上缴　320
shàngzhǎng　上涨　196, 256
shāo shú zhǔ tòu
　　烧熟煮透　228
shèbèi tiáoshì 设备调试　252
shèqín　　涉禽　223
shēnyǐng　　身影　141

shénjīng ānsuānméi yìzhìjì
　　神经氨酸酶抑制剂　220
shénmì　　神秘　139
shényùn　　神韵　36
Shénzhōu shíhào fēichuán
　　神舟十号飞船　246
shěnhé　　审核　257
shěnyàn　　审验　345
shérén　　舌人　31
shènzhì　　甚至　62
shēngchǎnzhě chūchǎng
　jiàgé　生产者出厂价格　195
shēngmìng jìxiàng
　　生命迹象　202
shēngmìng tǐzhēng
　　生命体征　202
shēngmìngxiàn
　　生命线　202
shēng pà　　生怕　141
shēngpíng　　生平　141
shēngqín　　生禽　228
shēng qíng bìng mào
　　声情并茂　36
shèngrèn　　胜任　234
shīzōng rényuán
　　失踪人员　202
shí jiàn shì zuì hǎo de lǎo
　shī　实践是最好的老师　104
shígàn　　实干　27
shíkōng suìdào
　　时空隧道　122
shílìng shūcài
　　时令蔬菜　293
shíshì xìnxī 时事信息　66
shìfàn gōngcheng
　　示范工程　345
Shìjiè hépíng huìyì
　　世界和平会议　10
shì zài bì xíng
　　势在必行　70

356　語句索引

shōushì fángjiān

　　　　收视房间　76

shōushì xūqiú

　　　　收视需求　73

shǒu fǎng shǒu zhàn

　　　　首访首站　171

shǒubèi　手背　228

shǒubì　手臂　310

shǒudàolóng　手盗龙　124

shǒuxīn　手心　228

shǒuzhǎng　手掌　228

shòuròujīng　瘦肉精　314

shòushāng　受伤　202

shòuzāi　受灾　203

shòu...zhī yāo 受…之邀　62

shuāngqiānglóng

　　　　双腔龙　124

shǔbiāo　鼠标　240

shùjù　数据　296

shùqī shēnghuó

　　　　树栖生活　122

shuǐjiānjì　水煎剂　224

shùnyìng…　顺应…　69

sīwéi　思维　15

sùzhǔ hé chuánbō tújìng

　　宿主和传播途径　220

Suímò Tángchū

　　　　隋末唐初　335

suí xīn suǒ yù

　　　　随心所欲　40

T

táicí　台词　19

tèxǔ jīngyíng quán

　　　　特许经营权　261

téngfēi　腾飞　86

tíxiě　题写　31

tiān zhī jiā yè

　　　　添枝加叶　43

tiān zhuān jiā wǎ

　　　　添砖加瓦　163

tiáokòng mùbiāo

　　　　调控目标　196

tiēqiè　贴切　23

tíngkào　停靠　309

tíngzhì bù qián

　　　　停滞不前　214

tōngsú　通俗　15

tóngbǐ　同比　196

tóngbù shíshí bōchū

　　　　同步实时播出　70

tóngchuán　同传　137

tóngliáo　同僚　5

tóngshēng chuányì

　　　　同声传译　137

tǒngjì kǒujìng

　　　　统计口径　297

tòng　～通　44

tōu gōng jiǎn liào

　　　　偷工减料　43

tóushēnde　投身的…　62

tūchū　突出　141

tūdīshì jiégòu

　　　　突堤式结构　309

tùcáo　吐槽　103

tuīxiè zérèn　推卸责任　37

tuǐdùzi cóng hòumiàn
zhuàndàole qiánmiàn

腿肚子从后面转到了前面10

tuōgǎo　脱稿　144

tuōjǔ　托举　310

tuōlí　脱离　30

W

wājué　挖掘　336

wànwù fùsū　万物复苏　264

wéifǎ fànzuì　违法犯罪　103

wéiràozhe　围绕着…　66

wèi　谓　23

wèijīng tóngyì

　　　　未经同意　317

wèixīng yáogǎn yǐngxiàng

　　　卫星遥感影像　210

wénbǎo dānwèi

　　　　文保单位　336

wénxuézuò　文学座　19

wènshì　问世　66

wūrǎn huánjìng

　　　　污染环境　81

wūshāmào　乌纱帽　43

wūshuǐ　污水　81

wúfǎ shōukàn

　　　　无法收看　66

wú jīng dǎ cǎi

　　　　无精打采　36

wúkě　无可　30

wúnài zhī jǔ　无奈之举　257

wúyōng zhìyí 毋庸置疑　122

wùliánwǎng　物联网　240

wùshí hézuò　务实合作　171

wùsōng　雾凇　183

X

xīchénqì　吸尘器　86

xījiǎolèi kǒnglóng

　　　　蜥脚类恐龙　124

xīxiázhuǎlóng

　　　　西峡爪龙　124

xǐdíjì　洗涤剂　86

xǐyùzhàn　洗浴站　208

xiàtàn fúdù　下探幅度　196

xiānqǐ　掀起　5

xiànchǎng kuàizhào

　　　　现场快照　256

xiāngbǐ　相比　196

xiāng fǔ xiāng chéng

　　　　相辅相成　40

xiāngkè　香客　81

xiǎngliàng　响亮　48

xiàngmù　项目　63

xiāohuà　消化　192

xiāolù　销路　293

357

xiǎo fànwéi huìtán
小范围会谈 171
xiǎochàng 晓畅 40
xiǎochángjià 小长假 282
xiǎofú kuòdà 小幅扩大 196
xīncháo 心潮 149
xīn cún gùjì 心存顾忌 214
xīndé 心得 5
xīnlíng 心灵 81
xīnlíng gōutōng
心灵沟通 73
xīn míngcí shùyǔ
新名词术语 30
xīntián 心田 89
xīnwén fābùhuì
新闻发布会 209
xīnwén gǎo 新闻稿 73
xīnwén gōngzuòzhě
zhǎnkāi dàtǎolùn
新闻工作者展开大讨论 328
xīnwénjiè 新闻界 11
xīnwén jiémù
新闻节目 70
xīnwén lánmù
新闻栏目 63
xīnwén zhǔchírén
新闻主持人 73
xīn xǐ ruò kuáng
欣喜若狂 122
xīnxīng chǎnyè
新兴产业 276
xīn zēng jiù yè
新增就业 189
xìnrèn quēshī
信任缺失 103
xìnyǎng 信仰 90
"xìnyì xiōngdì" de gùshi
"信义兄弟"的故事 328
xíng zhī yǒuxiào
行之有效 214
xíngdetōng 行得通 40

xíngshì fànzuì
刑事犯罪 317
xìng gāo cǎi liè
兴高采烈 149
xiōngdì dǎng 兄弟党 141
xiūxián 休闲 16
xūxīn shǐ rén jìnbù, jiāo'ào
shǐ rén luòhòu 虚心使人进
步，骄傲使人落后 137
xuán ér yòu xuán
玄而又玄 30
xuānnào 喧闹 15

Y

yāshuǐduī hédiàn jìshù
压水堆核电技术 252
yán bǎ shěnhé guān
严把审核关 207
yǎnchū 演出 19
yǎnjiǎng bǐsài
演讲比赛 328
yànsèhú 堰塞湖 203
yànzī 验资 192
yāohe mǎimài
吆喝买卖 256
yàoshàn 药膳 223
yèyú shíjiān 业余时间 62
yīhào jīzǔ 1号机组 252
yī yè zhàng mù, bú jiàn
Tàishān
一叶障目，不见泰山 104
yìliú tóngchuán
一流同传 70
yītuō 依托 86
yílòu 遗漏 36
yíshì 一世 86
yíshùnjiān 一瞬间 93
yísì zhèngzhuàng
疑似症状 224
yíwèi 一味 5
yíxìliè 一系列 62

yǐ…wéi jǐrèn
以…为己任 70
yìlái 一来 6
Yìpán méiyǒu xiàwán de
qí 一盘没有下完的棋 48
yìqíng 疫情 223
yìshí 一时 86
yì sī bù gǒu 一丝不苟 73
yìxué 译学 30
yìyì shēnyuǎn
意义深远 66
yìzhì Rìyǔ zìmù
译制日语字幕 70
yīnfú 音符 89
yǐndùnzhě 隐遁者 15
yǐnshí xíguàn
饮食习惯 223
yìnchāojī 印钞机 293
yīngyǒude 应有的 62
yíngdé…hǎopíng
赢得…好评 69
yínggǎizēng 营改增 320
yínghé mèisú zhī fēng
迎合媚俗之风 328
yíngyèshuì 营业税 320
yōngdǔ 拥堵 282
yǒngjiǔ dòngtǔ
永久冻土 340
yǒng zài ménkǒur
涌在门口儿 257
yòngzì qiǎncí
用字遣词 36
yōurén 幽人 15
yóuhào 油耗 345
yóulún 邮轮 261
yóurén rúzhī 游人如织 256
yǒu shēng yǐ lái
有生以来 139
yǒu xù fāfàng
有序发放 208

yǒuyǎng yùndòng		
	有氧运动	228
yúxīngcǎo	鱼腥草	223
yúzhèn	余震	203
yǔmáo yìnhén		
	羽毛印痕	121
yǔshuǐ chōngpèi		
	雨水充沛	264
yǔwánglóng	羽王龙	124
yùfáng	预防	223
yùfáng cuòshī		
	预防措施	223
yùqī mùbiāo	预期目标	189
yùsuàn zhíxíng shùjù		
	预算执行数据	199
yùzhì	预制	309
yuānyuán	渊源	15
yuánjiàn xiàngmù		
	援建项目	270
yuánzǐnéng guīzhì		
wěiyuánhuì		
	原子能规制委员会	250
yuǎnchāo	远超	192
yuǎnhǎi shíyàn		
	远海实验	310
yuèfā⋯	越发⋯	62
yùncángliàng	蕴藏量	343

Z

zàochéng	造成	94
zēngzhí'é	增值额	320
zēngzhíshuì	增值税	320
zhǎngfú	涨幅	196
zhǎngguì	掌柜	19
zhǎngjià	涨价	293
zhǎngjiàcháo	涨价潮	293
zhǎngxīn	掌心	228
zháojiàn xùnliàn		
	着舰训练	310
zhédié	折叠	310
zhènjí	震级	203

zhènyuán	震源	203
zhènzhōng	震中	203
zhēnglùn bù xiū		
	争论不休	40
zhēngyì hé fánnǎo		
	争议和烦恼	256
zhèngnéngliàng		
	正能量	328
Zhèng Xī	郑西	282
zhèngzhì hùxìn		
	政治互信	171
zhīmíngdù	知名度	256
zhī nán ér tuì		
	知难而退	40
zhídáchē	直达车	70
zhǐbèi	指背	228
zhǐfèng	指缝	228
zhǐjiān	指尖	228
zhǐzé	指责	20
zhìhuì	智慧	94
zhìxù	秩序	149
zhìyí	质疑	257
Zhōng Rì jiànjiāo		
	中日建交	5
zhōngduān	终端	345
zhōngshēn nánwàng		
	终身难忘	11
zhōngyīyào	中医药	223
zhòngdà tūpò		
	重大突破	66
zhòngxíng zàihuò qìchē		
	重型载货汽车	345
zhòngyào chuāngkǒu		
	重要窗口	69
zhòngzāiqū	重灾区	214
zhūluójì	侏罗纪	124
zhújiàn	逐渐	6
zhǔguǎn bùmén		
	主管部门	196
zhǔguǎn yèwù		
	主管业务	66

zhǔrén	主人	10
zhǔxítái	主席台	141
zhùbó	驻泊	309
zhùcè zīběn	注册资本	192
zhùqǐ	筑起	66
zhuānshímù	砖石墓	335
zhuāntí	专题	305
zhuānxiàng zhěngzhì		
	专项整治	328
zhuǎn fāngshì		
	转方式	189
zhuǎngǎng	转岗	234
zhuǎnjī	转机	94
zhuǎnjià	转嫁	293
zhuǎnmài	转卖	317
zhuāng	桩	23
zhuāngyán	庄严	149
zhuōmō	捉摸	26
zīchǎn gòumǎi		
	资产购买	300
zìrán de xiànxiàng		
	自燃的现象	214
zìzhì bōchū	自制播出	69
zìzhǔ pǐnpái	自主品牌	252
zòngzi	粽子	246
zǒu mǎ guān huā		
	走马观花	23
zǒushì	走势	196
zǒuyàng	走样	36
zǒu zhuǎn gǎi		
	走转改	328
zūnxún⋯zōngzhǐ		
	遵循⋯宗旨	69
zǔnáo	阻挠	5

359

地名

Ākèsū dìqū 阿克苏地区 185
Āwǎtí xiàn 阿瓦提县 185
Āisēn 埃森 276
Bādálǐng 八达岭 182
Bāxī Bāxīlìyà
巴西 巴西利亚 325
Bǎoxìng xiàn 宝兴县 206
Bōhóng 波鸿 276
Bó'áo 博鳌 261
Bólín 柏林 276
Chéngdé shì 承德市 182
Chónglǐ 崇礼 182
Dùyīsībǎo 杜伊斯堡 276
Duōtèméngdé 多特蒙德 276
Hànbǎo 汉堡 276
Huáisì zhèn 槐泗镇 336
Huìyuǎn zhèn 惠远镇 185
Huòchéng xiàn
霍城县 185
Lóngmén shān
龙门山 210
Lóngmén xiāng
龙门乡 206
Lúshān dìzhèn
芦山地震 210
Lǔ'ěr qū 鲁尔区 276
Luòyángchéng 洛阳城 336
Mùníhēi 慕尼黑 276
Nánfēi Débān 南非德班 163
Róngbùsì 绒布寺 81
Sāntiáo shì 三条市 93
Sīdégē'ěrmó 斯德哥尔摩 10
Tǎnsāngníyà 坦桑尼亚 270
Táoxiān jīchǎng
桃仙机场 182
Tiānquán xiàn
天全县 206
Wènchuān dìzhèn
汶川地震 210

Xǐmǎlāyǎshān
喜马拉雅山 81
Xīnhé xiàn 新和县 185
Yǎ'ān shì 雅安市 206
Yángzhōu Hànjiāng qū
Xīhú zhèn
扬州邗江区西湖镇 336
Yīchē xiāng 伊车乡 185
Yīlí (Hāsàkè zìzhì) zhōu
伊犁（哈萨克自治）州 185
Zhāngjiākǒu 张家口 182

人名（企業名）

Bāfēitè 巴菲特 89
Bèiduōfēn 贝多芬 81
Bǐ'ěr Gàicí 比尔·盖茨 89
CCTV Dàfù píndào
CCTV 大富频道 62
Chén Yì 陈毅 11
Dèng Xiǎopíng 邓小平 11
Fènghuáng Wèishì píndào
凤凰卫视频道 63
Fùshì diànshìtái
富士电视台 66
Guāng TV 光 TV 66
Guō Mòruò 郭沫若 11
Hèxūlí 赫胥黎 121
Hú Zhànfán 胡占凡 325
Jīngcí Gōngsī 京瓷公司 66
Léi Rènmín 雷任民 11
Lǐ Bái 李白 15
Liú Shàoqí 刘少奇 11
Mòzhātè 莫扎特 81
Péng Déhuái 彭德怀 11
Rìběn nónglín shuǐchǎn
dàchén Lín Fāngzhèng
日本农林水产大臣林芳正
297
Rìběn shǒuxiàng Ānbèi
Jìnsān
日本首相安倍晋三 297

Shājiāsī 沙加斯 325
Shāncūn Chūnzǐ
杉村春子 19
Sū Qí 苏琦 137
Suí Yángdì 隋炀帝 335
Wáng Zhèn 王震 11
Xiānggǎng gèrén zīliào
sīyǐn zhuānyuán gōngshǔ
香港个人资料私隐专员公署
317
Xiàngtián Guāngnán
相田光男（みつを）27
Xiāo Xiàngqián 萧向前 10
Yáng Guǎng 杨广 336
Yětián Jiāyàn 野田佳彦 27
Yè Qǐyōng 叶启庸 137
Yǔdūgōng Démǎ
宇都宫德马 48
Yǔwén Huàjí 宇文化及 336
Zhū Dé 朱德 11

あとがき

　本書の企画段階では、ビジュアルな臨場感あふれる雰囲気を醸し出し、通訳の現場により近い環境でトレーニングを積んでいただければと願っていました。しかし、技術的な制約もあり、また、忙しい現代の生活サイクルでは移動などの合間に学習可能な形式のほうが使い勝手がよいのではないかという判断から、音声のみの教材といたしました。

　本書では、全編にわたってリスニングの重要性を強調してきましたが、通訳者にとっては、視覚による情報も大切です。原稿がある場合は、言うまでもなく目は原稿を追いながら通訳するわけですが、とくに原稿なし、ぶっつけ本番の場合は、演者の表情や一挙一動に注目しながら通訳できれば、緊張感もいくらか和らぎ、以心伝心の域に少しでも近づくことができます。しかし実際には、いかに近代的なブースでも演壇を真正面から眺められず、死角になって演者やパワーポイントなどが通訳席から見えにくい会議場もあります。

　60年近く前、劉徳有先生が初めて同時通訳をなさった政治協商会議礼堂の二階にあるブースも、腰をやや浮かして辛うじて客席の一部と壇上の演者が見えたとおっしゃっています（142ページ）。たしかあそこは、舞台の袖にお芝居のお囃子の方が入るような、狭い「箱」があったように記憶しています。

　第三部まえがきにもあるとおり、放送通訳の現場では、CCTV大富の場合、「生同通」で、耳と口はもちろん目も映像やスーパーを追いながら、全神経を集中しつつただちに訳出しています。一方NHKのBSでは、時間的な余裕はあまりないものの、まずは映像を観ながら日本語に翻訳することができるので、映像はきわめて貴重な情報だと実感できます。しかし、実際にオンエア（放送）する段階に入ると、90％音声に頼って訳出していると言っても過言ではありません。とどのつまり訳文を見ながら発話するので、あくまでも耳と口が中心であり、映像は二の次、やはり決定的なのは、リスニングといえましょう。そのつもりで本書を大いに活用していただければ幸いです。

執筆にあたっては次のように分担しました。

第一部　基礎編　　　　　　　梅田純子
第二部　さまざまな通訳　　　神崎多實子　　梅田純子
第三部　放送通訳　　　　　　神崎多實子　　大森喜久恵
コラム　　　　　　　　　　　神崎多實子

・同時通訳音声の吹き込み
　神崎多實子　　大森喜久恵　　神崎龍志
・ニュースのゆっくりバージョンの吹き込み
　李軼倫　　李洵

　トレーニングの基本となる中国語スピーチは、下記の方々にご協力いただきました。ここに心よりお礼申し上げます。

・直接インタビューに応じていただいた方々（敬称略）
　劉徳有　　張麗玲　　盛中国　　楊琳　　徐星
　とりわけ放送通訳のトレーニングのために貴重な音源を提供し、ご協力くださいました CCTV 大富の張麗玲社長、張煥琦副社長に深く感謝申し上げます。

・翻訳などのご協力をいただいた方々
　待場裕子　流通科学大学名誉教授
　樺澤愛恵など三条市チャイナネットワーク通訳講座受講生
　鴨川潤一　在瀋陽日本国総領事館勤務

　なお中国語教材の編集には付きもののきわめて煩雑な作業を快く引き受け、貴重なアドバイスをしてくださった東方書店コンテンツ部部長の川崎道雄さん、家本奈都さんに心から感謝申し上げます。お二人のお力添えなしに、本書が日の目を見ることはなかったでしょう。

著者一同

著者略歴

神崎多實子（かんざき たみこ）
東京都生まれ。幼年期に中国へ渡航、1953年帰国。都立大学付属高校（現桜修館）卒。北京人民画報社、銀行勤務などを経て、フリーの通訳者に。通訳歴50年余り。NHK・BS放送通訳、サイマル・アカデミー講師、エコール国際ネットワーク顧問。
編著書：『中国語通訳トレーニング講座　逐次通訳から同時通訳まで』、神崎勇夫遺稿集『夢のあと』（いずれも東方書店）

大森喜久恵（おおもり きくえ）
東京都生まれ。15歳で中国へ渡航。東北師範大学中文学部卒。帰国後サイマル・アカデミーで通訳訓練を受ける。フリーの会議通訳者。閣僚会合など政治経済分野を中心に活動。1989年から同時通訳。NHK・BS、CCTV大富放送通訳、サイマル・アカデミー講師。

梅田純子（うめだ じゅんこ）
新潟県生まれ。新潟大学大学院人文科学研究科修士課程終了。エコール国際ネットワーク代表取締役社長。新潟経営大学客員教授、長岡技術科学大学、新潟中央短期大学非常勤講師。

聴いて鍛える　中国語通訳実践講座
ニュースとスピーチで学ぶ〔音声ダウンロード版〕

2014 年 7 月 31 日　初版第 1 刷発行（MP3CD 版）
2018 年 9 月 30 日　初版第 2 刷発行（音声ダウンロード版）

著　者●神崎多實子・大森喜久恵・梅田純子
発行者●山田真史
発行所●株式会社東方書店
　　　　東京都千代田区神田神保町 1-3　〒 101-0051
　　　　電話（03）3294-1001　営業電話（03）3937-0300
装　幀●加藤浩志（木曜舎）
録　音●中録新社
印刷・製本●モリモト印刷

※定価はカバーに表示してあります

Ⓒ2014　神崎多實子・大森喜久恵・梅田純子　　　Printed in Japan
ISBN978-4-497-21817-9 C3087
乱丁・落丁本はお取り替え致します。恐れ入りますが直接本社へご郵送ください。
Ⓡ本書を無断で複写複製（コピー）することは、著作権法上での例外を除き、
禁じられています。本書をコピーされる場合は、事前に日本複製権センター
（JRRC）の許諾を受けてください。
JRRC〈http://www.jrrc.or.jp　E メール：info@jrrc.or.jp　電話：03-3401-2382〉
小社ホームページ〈中国・本の情報館〉で小社出版物のご案内をしております。
http://www.toho-shoten.co.jp/